ゴルバチョフ
上
その人生と時代
ウィリアム・トーブマン
William Taubman
訳◆松島芳彦
GORBACHEV
His Life
and
Times

白水社

ゴルバチョフ——その人生と時代◆上

GORBACHEV: HIS LIFE AND TIMES
by William Taubman

Japanese translation published by arrangement with
The Robbins Office, Inc. and Aitken Alexander Associates Ltd.
through The English Agency (Japan) Ltd.

Cover Photo:Georges De Keerle/Getty Images
イギリスを訪問したミハイル・ゴルバチョフ=1989年4月6日、ロンドン

ジェーンへ
そして孫のミロ、ジェイコブ、ノラへ

ゴルバチョフ——その人生と時代◆上

目次

作者から◆7
はじめに「ゴルバチョフは謎だ」◆11
第1章 幼少期と青少年時代 一九三一-一九四九年◆19
第2章 モスクワ国立大学 一九五〇-一九五五年◆53
第3章 出世の階段 一九五五-一九六八年◆90
第4章 地方を牛耳る党のボス 一九六九-一九七八年◆135
第5章 再びモスクワへ 一九七八-一九八五年◆173
第6章 何をなすべきか? 一九八五-一九八六年◆222

第7章 世界の檜舞台へ 一九八五年三月-一九八六年一二月◆271
第8章 瓶の中の二匹のサソリ 一九八七年◆328
用語解説◆57
登場人物一覧（人名索引）◆44
原注◆2
略語一覧◆1

作者から

政治家の分類、共産党政治局の議事録、ロシア語からの翻訳という三つの問題には、特別な注意を要する。ゴルバチョフ時代にソヴィエト・ウォッチャーや西側世界の人々は、彼の政敵を共産党内の左派、右派、強硬派、あるいは軍部、治安機関と分類していた。そして彼の改革に反対する者は誰でも右派と仕分けした。民主派、特にゴルバチョフに性急な市場経済への移行を求めた急進的な民主派を左派と分類した。しかしソヴィエトを除けば、共産主義者は通常、左派であり、市場経済の信奉者は右派である。そこで筆者は混乱を避けるために、改革に抵抗する勢力を強硬派あるいは保守派（この呼称にも様々な理解があることは承知している）とした。ゴルバチョフの改革があまりに緩慢であると批判する勢力は急進派と呼んだ。彼らの中でも、比較的穏健な立場をとる者はリベラル派と記した。

一九九六年の初頭、政治局の議事録(ラボーチエ・ザーピシー)は、共産党中央委員会総務部長のメモをもとに作成されていたが、のちには本職の速記者がやり取りを書き取るようになった。ゴルバチョフが党書記長だった時、彼を補佐したアナトーリー・チェルニャーエフ、ゲオルギー・シャフナザーロフ、ワジーム・メドヴェージェフが、政治局会議へ参加した。彼らに発言権はなかったが、会議の内容を詳細に記録していた。その記録の多くがモスクワのゴルバチョフ財団で保管されている。極めて数は少ないが公式の議事録も読むことができる。多くは「フォンド〔コレクション、あるいは書庫〕89」に収録され、一九九二年に当時の大統領であったボリース・エリツィンが公開した。「フォンド89」はモスクワの国立現代史文書館（RGANI）で閲覧できる。またスタンフォード大学フーバー研究所がのちに権利を買い取り、一般に公開している。ドミートリー・ウォルコゴノフが収集し、アメリカ議会図書館が所蔵する文書の中には、政治局の議事録の中から彼が特に選んだ重要な記録が含まれている。筆者はワシントンの国家安全保障文書館（NSA）で多くの調査に取り組んだ。この文書館は「フォンド89」に属する議事録、ウォルコゴノフ収集文書、さらに文書館の専門家が収集した政治局にかかわる文書を所蔵している。筆者の見解では、公式な議事録とゴルバチョフの補佐官たちが書き留めた記録は、内容の相違が実質的にない。ただ補佐官たちのメモは、ゴルバチョフの発言を中心に記録しており、公式の議事録より短い。公式議事録はゴルバチョフ批判を含め、他の政治局員の発言も同じ密度で記録している。議事録作成を取り仕切ったのはワレーリー・ボルディンである。彼はゴルバチョフの補佐官だったが、しだいにゴルバチョフへの幻滅を深めていたので、議事録の作成にも影響を及ぼした可能性はある[1]。

本書は公式議事録と補佐官メモの双方を採用した。特別のことわりがない限り、国家安全保障文書館のREADD—RADD文書は公式の議事録であり、ゴルバチョフ財団文書館（GFA）の記録は、チェルニャーエフ、シャフナザーロフ、メドヴェージェフが書き残したものである。誰がいつ記述したかは、巻末の出典に記した。（現段階で）二六巻に及ぶゴルバチョフ著作集（ソブラーニエ・ソチニェーニー）や、ロシアや西側で公刊された諸文献にも依拠したので、記載の出典を明らかにしである。

ロシア語を他言語へ移す際、翻字法は幾種類もある。本書では、ロシア語を知らない読者が最も親しみやすく、かつ最も原音に近い読み方ができるよう心がけた。ただ出典や参考文献のロシア語記述を訳す場合は、文献目録に多く採用される議会図書館の翻字法に従った。例えばゴルバチョフの長年の補佐官として親しい関係にあったアナトーリー・チェルニャーエフは、Anatolii Cherniaev と表記した。

本書が主な対象とする時代を通じ、ウクライナはソヴィエト連邦の一部だった。ウクライナの人物名も、公的、あるいは半ば公的な文書では、ロシア語で記録されていた。このため、ウクライナが独立国家となった後に公刊された文献を除き、読者の混乱を避ける意味でも、ロシア語の表記を採用した。

休養先のフォロスでくつろぐゴルバチョフ夫妻＝1990年8月

はじめに「ゴルバチョフは謎だ」

「ゴルバチョフは謎だ」。彼は自分について他人事のように語る癖がある。私は二〇〇五年にゴルバチョフの伝記を書き始めた。一年が経ったころ、彼は「進み具合はどうだね」と尋ねた。私が「難航しています」と詫びると、彼は「当然だろう。ゴルバチョフは謎だ」と語った。

彼にはユーモアの感覚がある。だが、その言葉は本質を突いてもいた。ゴルバチョフへの評価は真っ二つに分かれる。西側では概ね、二〇世紀後半で最高の国家指導者とみなされる。ロシアにおいては、ソヴィエト連邦を崩壊させ、その後の経済危機を招いた張本人と蔑まれている。彼の構想力と勇気に賛嘆する人々もいれば、愚かな裏切り者と罵倒する人々もいる。かつてクレムリンで同志関係にあった者からも、ゴルバチョフを批判する声は聞かれる。だが、彼が祖国と世界をたった一人で変えてしまったという事実を否定する者はいない。

ゴルバチョフは一九八五年三月に書記長の座へ就いた。ソヴィエトは二大超大国の一つだった。彼は一九八九年までにソヴィエトの国家システムを変えた。冷戦を終結させたのも彼にほかならない。ソヴィエトは一九九一年末に崩壊した。彼は大統領として治める国を失った。

ゴルバチョフは一人で権力の座に上り詰めたわけではない。一九八五年のソヴィエトは惨めな状態にあった。クレムリンの同僚たちは改革へ着手するために、この人物を選んだ。だがゴルバチョフは同僚たちが予想もできなかった結末へとソヴィエトを導いた。国内のリベラル派は長期的な展望をもつ改革に賛同し、彼のために働いた。だがのちには、ロシアを約束の地へ導く人物としてボリース・エリツィンを支持した。ゴルバチョフにはソヴィエト体制が育んだ強硬な敵がいた。彼らは当初、表面へ出なかったが、そのうち抵抗はあからさまとなり、激しさを増した。エリツィンとは個人的な対立があった。ゴルバチョフはエリツィンを苦しめ、やがてエリツィンがゴルバチョフを苦しめた。そして終にクーデターの一撃が、ゴルバチョフとソヴィエト連邦を葬り去った。西側の指導者たちのゴルバチョフに対する態度は、懐疑から賛美へと移り、最後はゴルバチョフが渇望した経済援助を拒否して見殺しにした。おそらくゴルバチョフは、外国ではなくロシアと折り合いをつける必要があったのだ。伝統的に権威主義が強く西側を嫌悪するロシアは、ゴルバチョフとエリツィンを排除し、ウラジーミル・プーチンへ祝福を与えた。

　ゴルバチョフは共産党書記長として、ほぼ全てを変えるだけの権限を有していた。彼は独特の立場にあった。ソヴィエトの上層階級には彼と価値観を共有する人々が多かった。しかし、権力の頂上を成す者たちは、彼と全く別の価値観に支配されていた。政治局でゴルバチョフを最後まで支持したのは、アレクサンドル・ヤコヴレフ、エドゥアルド・シェワルナゼ、ワジーム・メドヴェージェフだけだった。この三人でさえ、ゴルバチョフに任命されてその地位を保ち、解任されなかったという理由で背かなかったにすぎない。イギリスのソヴィエト専門家で長老格であるアーチー・ブラウンが指摘している。「一九八〇年代半ばの時点で、ゴルバチョフをおいて他の誰が、マルクス・レーニン主義を覆し、祖国と国際関係のあり方を根本から変えることができただろう。当時の潮流は〔ソヴィエトの〕システムにも彼自身にとっても、すぐに手を打たねば脅威が直接迫るようなものではなかった」[1]

碩学の故ドミートリー・フルマンはゴルバチョフの特異性について、「全能の権限を握りながら、倫理の原則にこだわり、その権限を自ら制限し、失う危険さえおかしたロシア史上唯一の政治家である」と喝破している。ゴルバチョフにとって、権力にしがみつくため強制と暴力に頼る選択は「敗北」にほかならなかったというのだ。フルマンによれば「最終的な敗北こそが彼の勝利であった」。ただ付言すれば、当時のゴルバチョフ自身が、そのように感じていたわけではなかった。[2]

ゴルバチョフはいかにして、ゴルバチョフたり得たのか？　スターリンに心酔し高校の優等生として表彰までされた農村の少年が、なぜソヴィエト体制の墓掘り人と化したのか？「誰にも分らない」というのが、ゴルバチョフ体制で長く首相を務め、最後は敵に回ったニコライ・ルイシコフの言葉である。[3]側近のアンドレイ・グラチョフによれば、ゴルバチョフは「体制が生んだ突然変異」である。[4]ゴルバチョフは自分について、体制の「産物」であると同時に「抗体」であったと振り返る。[5]しかし一人の人物が、同時にそのいずれでもありうるだろうか？

ソヴィエトには体制を守るため、ゴルバチョフのような人物を排除すべく、あらゆる可能性を想定した緻密な防御システムがあったはずだ。[6]ゴルバチョフは「正常とは決して言えない国家が、正常な倫理観と常識を備えた指導者のもとで破たんしたのは何故であろうか」と問いかけている。[7]アメリカの中央情報局から依頼を受け、外国の指導者の精神分析に携わってきたアメリカ人の精神科医は、あの「硬直したシステム」からなぜ、ゴルバチョフのように「革新的で創造的な」指導者が登場したのか、今でも「不思議」で仕方がないと語っている。[8]

ゴルバチョフは一九八五年に政権を握った時、どのような変革を目指したのだろうか？　彼が語る通り、当時は緩やかな経済改革のみを志向したが、結果が伴わないので、より急激な改革へ走ったのだろうか？　あるいは最初から全体主義体制の解体を意図しつつも、自分を選出した政治局の反発を招かないために隠していたのか？　ソヴィエト社会主義共和国連邦の共産主義を改革したい、という欲求の震源はどこにあるのか？　なぜ独裁主義を民主主義へ、統制経済を市場経済へ移行できる、と判断したのか？　究極の中央集権型国家を真の連邦国家ソヴィエトに再生し、彼が言うところの「進化」の手法を用い、各国が武力行使を一斉に放棄して新たな国際秩序をつくり、冷戦を終わらせることが可能であると、どうして考えたのか？　ロシアの政治、経済、社会の在り方は、幾世期もの歳月をかけて出来上がったものだ。ソヴィエトの権威主義は、帝政の権威主義の変形に過ぎない。奴隷のように権力へ服従する伝統は、時に流血の反乱で途切れたかに見えても、結局は復活した。市民が自ら行動を起こし、妥協や合意を探る経験も極めて少なく、民主主義を規範に自ら組織を律する考え方も、真の法治主義もなかった。このような体質を、ゴルバチョフはわずか数年で変革しようと試みた。できる、と考えた根拠はどこにあるのか？

ゴルバチョフ自身がのちに、改革を妨げたロシアの心理について語っている。「我々、ロシアのメンタリティでは、社会の変革などなくても、新しい生活は銀の皿に盛られて、その場ですぐ提供されねばならないのだ[9]」

ゴルバチョフには成算があったのだろうか？　祖国と世界を変える戦略を有していたのだろうか？そのいずれも彼は持ち合わせなかった、という批判的な見解もある。ゴルバチョフを評価する人々は反論する。祖国と世界を同時に変える青写真を描ける人物が、いったいどこに存在しうるだろうか、と。

ゴルバチョフが優れた戦略家であったかどうかはさておき、手練れの戦術家であったとは言えるのではないか？　大きな変化を嫌う政治局の多数派を説き伏せ、急進的な改革を承認させることが、ゴルバチョフ以外の誰にできたであろうか？「決断力と持続性に欠ける」との批判が、果たして妥当であろうか、と側近のゲオルギー・シャフナザーロフは疑問を呈する。[10] 突然の失脚を招く危険、場合によっては投獄の恐れさえあった六年の間、ゴルバチョフの選択肢は限られていたのではないか？ゴルバチョフはクレムリンの多くの同志に背かれた。一九九一年八月のクーデターへ加担した一団の顔ぶれを見れば、彼に任命された人物が相当数いる。そのような面々に囲まれた状況で、ゴルバチョフに何ができたであろうか？　反対派は彼がソヴィエト体制を近代化しつつ、破滅に追いやっていると思い込んだ。そう仕向けてしまったゴルバチョフのほうが、仲間を裏切ったのであろうか？ゴルバチョフは容赦ない報復の鬼であったのだろうか？　ボリース・エリツィンへの対応を誤ったのは、復讐心のためと言えるのだろうか？　側近の何人かはゴルバチョフを鋭く批判した。しかしゴルバチョフは、一九九一年に大統領の地位を失った後で設立した財団へ、彼らを迎えた。ゴルバチョフは後年、「私は誰にも復讐する気にはなれなかった」と語っている。「許す以外に仕方がなかったのだ[11]」

あれほど数多くの障害に行く手を阻まれていながら、ゴルバチョフは理想しか見えない夢想家にすぎなかったのだろうか？　決してそうではなかった。本人も自分の性格について、「ゴルバチョフは星のように瞳を輝かせて、夢を見るような人間ではなかった」と評する。ゴルバチョフは「モーセは賢明だった。ユダヤ人に四〇年も荒野をさまよわせて……奴隷だったエジプト時代を忘れさせた」と語っている。[12]

ゴルバチョフは国家の指導者、とりわけソヴィエトの指導者としては、穏健という点で極めて例外的な存在だった。ロシアでも欧米でも常に指摘されるのだが、自ら創造した民主的なソヴィエト連邦を救うため武力の行使が必要な時でさえ、彼は別の方法を選んだ。せっかく導入した自由を、敵対者たちが武力で打ち壊そうとたくらんでいるというのに、なぜ武力を以て対処しようとしなかったのか？[13]　ロシアでは過去に、おびただしい血が流されてきた。特に数々の戦争や二〇世紀の粛清では膨大な数の犠牲者が出た。ゴルバチョフはそのような流血は、もう繰り返してはならない、とでも考えていたのだろうか？

ゴルバチョフは家庭においても穏やかだった。妻ライーサは（ナンシー・レーガンの見立てとは異なり）知性と上品な趣味の持ち主だった。多くの政治家と異なり、彼は妻を愛し大切にした。娘は父に信頼と親愛の情を寄せ、二人の孫もよくなついていた。ソヴィエトの指導者としては、例外的な存在だった。ライーサは白血病の苦悶のうちに、六七歳で一生を終えた。ゴルバチョフは「私の罪だ。私が彼女をこのような目に遭わせたのだ」と嘆いた。[14]

もしゴルバチョフが本当に異色の男であり、他の人物が彼の地位にあったら迷わず選択したであろう行動とは対極の選択をしたとすれば、それは彼の性格へ帰すべきであろう。しかし、彼の性格を一義的に見定めるのは容易ではない。自分の理想がないので、他人の意見へ常に耳を傾け、現実から学んでいた、との見方もあるが、果たして正しいだろうか？　しゃべり始めると止まらなかったという者もいるが、真実だろうか？　ソヴィエトの著名な精神科医アロン・ベールキンは、ゴルバチョフを自信過剰で自己陶酔型のナルシシストと評した。ベールキンはゴルバチョフと面識がなかったが、ゴルバチョフに最も近い補佐官であったアナトーリー・チェルニャーエフは、ベールキンの診断に同意している。[15]　しかし「エゴイズム」や「自己過信」が高じてナルシシズムに酔う政治指導者はいくらでもいる。[16]　確かにゴルバチョフは並外れた自信家であった。だがゴルバチョフ自身は、紹介されて最も不快な人物の類型は「自信家」である、と述べている。最もいらだちを覚えるのは「傲慢な人物」である、とも語っている。[17]　自信を備えた人物には畏怖を覚えたのであろうか？　あるいは傲慢な相手の中に自分を見出していたのであろうか？

アレクサンドル・ヤコヴレフによれば、ゴルバチョフにも自分という人間がよく分からなかったという。ヤコヴレフはソヴィエト指導部においてゴルバチョフの最良の協力者だったが、後年は疎遠となった人物である。ヤコヴレフは折にふれて、「ゴルバチョフは自分の心をのぞき込み、本音で自分と語り合うことを恐れている。自分が知らない、知りたくない何かを見出すことを恐れている」と感じることがあった。ゴルバチョフは「常に反響、称賛、支持、共感、理解を必要としていた。彼はそれで虚栄心を満たし、尊厳を保ち、さらに創造的行為の糧としていた[18]」。そのような人物が、自分の壮大な構想が次々と消え失せる光景を、傍観せざるを得なかった時の気持ちは、いかなるものであっただろうか？　果たして真に偉大な指導者と言えるだろうか？　自分の致命的な欠陥が災いを招いたというよりは、むしろ強靭な敵の前に屈した悲劇の英雄であったのだろうか？

第1章　幼少期と青少年時代

一九三一-一九四九年

ミハイル・ゴルバチョフは、一九三一年三月二日に生まれた。生地のプリヴォリノエ村は、北カフカス地方のロシア都市スタヴロポリから一四五キロほど北に位置する。両親は彼をヴィクトルと名づけた。五カ年計画の来るべき「勝利」（ヴィクトリー）をスターリンが予告したので、あわよくばあやかろうとしたのかもしれない。母と祖母の強い希望で、彼は極秘に洗礼を受けた。父方の祖父は聖書で馴染みが深いミハイルという洗礼名を彼に与えた。彼の額には生まれつき、赤ワイン色の痣があった。それはロシアの伝承によれば悪魔のしるしだが、両親も祖父母もさほど気にかけなかったらしい。

村名のプリヴォリノエとは、大雑把に言えば「勝手気ままに」という意味である。しかしゴルバチョフは、その言葉とは無縁の幼少期を過ごした(1)。プリヴォリノエの土地は農業の強制集団化で、一九三一年に接収された。ソヴィエト連邦の全土で進んだ過酷な集団化は、農民数百万人の命を奪った。一九三二年から三三年にかけての飢饉で、ゴルバチョフの二人のおじのうち一人、おば一人が死んだ。スターリンによる一九三〇年代の大テロルはゴルバチョフから二人の祖父を奪い去った。母方の祖父は一九三四年に、父方の祖父は一九三七年に、それぞれ逮捕された。

一九四一年六月二二日に、ナチス・ドイツがソヴィエト連邦へ侵攻した。一九四二年、ゴルバチョフの村は四カ月半の間、占領下にあった。飢饉は一九四四年と一九四六年にも起きた。戦争が終わり、ようやく楽な生活ができると思ったのも束の間、スターリンが期待をぶち壊した。共産主義が約束した輝かしい未来を実現するために、国民へ自己犠牲を強制したのだ。だが栄光は遂に訪れなかった。

時代は悲惨を極めた。ゴルバチョフはスターリン主義を否定的にとらえ、強制と暴力に頼るべきではない、と考えるようになった。その根底には当時の体験が明らかに影を落としている。だが、それは物語の一面にすぎない。恐怖の時代を通じてソヴィエトの学校では、「幸せな子供時代」を過ごせるのは「スターリン同志のおかげ」であると教えた。そして驚くべきことに、ゴルバチョフは本当に幸せな幼少期を過ごした。生来の明るく楽観的な性格も作用したであろう。だが頭上の黒い雲の中に、奇跡的に現れた希望の兆しもあった。彼を溺愛した祖父は集団農場の長であった。ゴルバチョフにとって農業集団化がいかに恐ろしいものであったかは、容易に想像できる。父方の祖父も母方の祖父もグラーグへ送られ、間もなく解放されている。ナチスは、ゴルバチョフ一家を集団農場長の親族として拘束しようとしたが、プリヴォリノエから撤退を迫られたため、一家は難を逃れた。ゴルバチョフが心から慕った父は、戦死したと伝えられた。だが、それは間違いだった。父セルゲイ・ゴルバチョフは前線で四年間戦い、勝ち誇って帰郷した。ミハイル・ゴルバチョフは学業が優秀で、コムソモール（共産主義青年同盟）に入団した。コンバインの運転手だった父を助けて、収穫量の記録を更新した功績で、ソヴィエト連邦で最高級の権威がある労働赤旗勲章を授けられた。

精神科医の分析によれば、不運や悲劇の末に幸福な結末を迎えると、それが偶然というより本人の努力に帰する場合は、猜疑心や抑鬱ではなく自信と楽観性が生まれる。[2] さらに言えば、ミハイル・ゴルバチョフには、最悪の事態が生じたわけではなかった。むしろ事態は理想へ近い形で推移した。父セルゲイ・ゴルバチョフは素晴らしい人物で、ミハイルも村民も彼を尊敬していた。ゴルバチョフは幼少期を振り返り、自分は母方の祖父パンテレイ・ゴプカロの「おじいちゃん子」で、「ぴったりつきまとっていた」と語っている。お互いに気持ちを言葉で伝えあうことはしなかったが、「一緒に存在していた[3]」。ゴルバチョフによれば、ゴプカロは孫を「優しさ」で包んでくれた。ロシアの男は「優しさ」をあからさまに出さないのが普通である。一方では大家族特有の緊張もあったようだ。父方の祖父アンドレイ・ゴルバチョフは「かなりの権威主義者」だったという。祖父アンドレイとゴルバチョフの父セルゲイの仲は疎遠となり、一度は殴り合いとなった。だが祖父アンドレイも、孫やゴルバチョフの祖母たちには優しい一面を持ち合わせていた。ゴルバチョフの母マリーヤは、冷たくて過酷な女性だった。彼女には望まない結婚を強いられたという恨みがあり、息子が一三歳になるまで皮ベルトで折檻した。家庭の緊張はミハイルの心に禍根を残した。成長の過程で、そして成人となってからも、自分にふさわしい注目と尊敬を受けたい、という異常なほどの欲求に支配された。[4]

両親は貧しかったが、勤勉で仕事もよくできた。息子にも同様の生活態度を教え込んだ。十代を迎える頃、戦争がゴルバチョフから少年らしい日々を奪い去った。戦後は模

少年時代のゴルバチョフ。母方の祖父パンテレイ・ゴプカロ、ワシリーサと一緒に

範的な優等生となった。穀物の収穫で高い実績を上げ、勲章を授与された。一九五〇年、プリヴォリノエを離れモスクワ国立大学に入学した。有能で自立心に富み、自尊心が強く、傲慢ともいえる男になっていた。ゴルバチョフは当時の心境について「我々は貧乏で乞食のようでさえあった。だが総じて言えば、私は意気軒高だった」と回想している。[5]

　ゴルバチョフが最初の地位を築いたスタヴロポリの一帯は、さまざまな部族が北カフカスに現れた紀元前一千年紀まで、その前史をさかのぼる。スタヴロポリ自体は一七七七年に置かれた軍事拠点が転じて、一七八五年には人々が普通の生活を営む街となった。（ポチョムキン村の逸話で有名な）グリゴーリー・ポチョムキンは、愛人のエカテリーナ大帝の命を受け、アゾフからモズドクを結ぶ一帯に一連の要塞を建設した。ロシア帝国の南部国境を守るためだった。スタヴロポリの中心にある要塞は、その一つである。まずコサックが入植し、さらに地主の抑圧を逃れた農奴や、追放された農民がやってきた。ゴルバチョフの父方の祖先は一九世紀後半に、ロシア南部のウォロネジから移住してきた。母方はウクライナ北部のチェルニゴフから来た。ゴルバチョフによれば、帝国の南部国境周辺は「いつも騒然」としていた。ステパン・ラージン〔通称ステンカ・ラージン〕、エミリヤン・プガチョフがそれぞれ指導した二つの農民反乱が起きたのも南部である。一六世紀のコサック首領でシベリアを探検したエルマークも、この一帯で活動した。ゴルバチョフは「どうも見るところ、「このような精神は」土地の人々に世代を超えて受け継がれてきたらしい」[6]と、誇らしげに語っている。ソヴィエトの保守的な反体制作家、アレクサンドル・ソルジェニーツィンも、この不安定な一帯で一九一八年に生まれている。

　プリヴォリノエの開村は一八六一年である。スタヴロポリ地方で北西部のはずれにあり、ロストフやクラスノダールに近い。今ではスタヴロポリから車で、小麦とヒマワリの畑を抜けて行くのが普通である。村の入り口には色とりどりの大きな看板が立ち、「プリヴォリノエへようこそ!」と大書きしてある。村の広場から延びる道路は、最初のうちは舗装してあるが、やがて泥の道となる。ざっと一キロ半も行けば、エゴルルイク川の岸から大地が穏やかに隆起する平原へ至る。一九三〇年代の村民はロシア人とウクライナ人が、ほぼ同数を占めていた。中心部の近くでは川をはさんで、ロシア人とウクライナ人の居住区が分かれていた。

ゴルバチョフ一家は当初、道路から岸辺へ下った場所に入植した。今は誰も住んでいない。ステップへ延びる一帯は、低木や雑草が生い茂るばかりで、地平線上にわずか二軒の家屋が見えるだけだ。ゴルバチョフはソヴィエト大統領だった頃、プリヴォリノエに数々の木造家屋や大きな教会を建てることに尽力した。それらの建物は、ゴルバチョフ一家が最初に落ち着いた場所からは見えない。ゴルバチョフの曽祖父であるモイセイ・ゴルバチョフは、村はずれに木造の大きな家を造り、妻、三人の子供、アレクセイ、グリゴーリー、アンドレイとともに住んだ。そこは頻繁に洪水に見舞われた。ミハイルが大きくなった頃、一家は村の奥へ引っ越した。最初の家は川から二〇〇メートル近く離れていた。周囲は「草原、草原、また草原」[7]で、アメリカの大草原をそのままロシアで再現したような光景だった。モイセイ・ゴルバチョフの代になると、家族は一八人に増えた。同じ屋根の下で、幾つもの部屋を分け合って暮らすようになった。近くには親戚もいた。三人の息子がそれぞれ、自分の家を建てて独立した。ゴルバチョフの祖父母、アンドレイとステパニーダも結婚して間もなく、別に家庭を構えた。ゴルバチョフの父、セルゲイはそこで、一九〇九年に生まれた。

祖父のアンドレイは第一次世界大戦に従軍し、西部戦線で戦った。彼は疲れ知らずの強靭な男だった。孫のゴルバチョフは「彼は自分でも手抜きをしなかったが、他人にも容赦がなかった」と回想する。「何もかも、きちんとしないと気が済まなかった」[8]。彼は「厳格で無慈悲だった」[9]。別の証言者によれば、アンドレイは「けち」だった。「肉体も精神も強かったが、不愛想で短気だった」との証言もある[10]。多くの者をおびえさせた祖父も、孫の目には、それほど恐ろしい人物とは映らなかった。「彼は私を、あちこち連れて歩いた。いろいろな物語を聞かせてくれた。食べ物もくれた。そして無理やり食べさせた」[11]。ステパニーダは「善良で優しかった」。とりわけ孫には良い「友達」だった。ゴルバチョフはこうした面でも「幸運だった」[12]。

アンドレイとステパニーダは六人の子に恵まれた。だが男の子は二人しかできなかった。農村の慣習では男子だけに土地を割り当てたので、ゴルバチョフ家が耕作できる土地は少なかった。ゴルバチョフによれば、小さな末子も含め一家全員が「昼も夜も」働いた。そして貧困から抜け出し、いわゆる「中農」となった。それでも三人の娘に持参金を用意するため、穀物や家畜を売らねばならなかった。

祖父アンドレイは家族が必要とする農産物のほとんどを、広い家庭菜園でまかなった。ゴルバチョフが回想する。「見事な菜園が川岸の方角へ延々と広がっていた。じいさんが植えた様々な林檎の樹が、赤や緑の実を結んだ。それは美しく見事だったが、菜園に駆け込むのは危険だった。祖父は厳格な男だった。とても怖かった[13]」

祖父アンドレイは共産主義に対しても厳しい態度を示した。ゴルバチョフの母方のおじは、アンドレイは共産党員だったのかと質問を受け、「いいや。あり得ない話だ[14]」と笑った。アンドレイは集団農場へ移ることを拒否し、少なくとも一定の期間は、以前のように個人農として過ごしていた。だが穀物の一定量を供出しなければならなかった。国家への販売も強制された。代金も含め財産の私有は認められなかった。飢饉に見舞われた時、通常は食物にはしなかったものまで家族へ与えねばならなかった。アンドレイはカエルを食べさせた。ゴルバチョフの最初の回想記には、大釜でゆでたカエルが白い腹部を上にして浮いてくるのを眺める場面がある。それを食べたかどうか、彼は記憶していない。しかし、わずか五歳年上の一番若いおじと一緒に、「植え付けのため保管してあった種を食べた」思い出は詳細に語っている[15]。

アンドレイは一九三四年に逮捕された。ゴルバチョフによれば、「播く種がないのに、「種播きの」計画を完遂しなかった」罪に問われたのだった[15]。祖父はシベリアのイルクーツクにある強制労働収容所へ送られた。囚人たちはそこで、木材の伐採と運搬に従事した。アンドレイは四回も成績優秀の認定を受け、早期に釈放された。彼は以前より、いっそう不機嫌な人間となってプリヴォリノエへ戻ってきた。収容所でもらった四個のメダルを、正教のイコンと並べて壁に飾った。そして集団農場へ入った。ほかに選択肢はなかった。それから一七年間、彼は集団農場の養豚場で働き、自分の職場を地区で最も優良な養豚場に育て上げた。ゴルバチョフはあるインタビューで「お分かりでしょう。どのような境遇にあっても、彼は自ら懸命に働き、他人にも同様の姿勢を求めたのです[16]」と語っている。孫は祖父の教訓に学んだ。もう一人の祖父、パンテレイ・ゴプカロは政治的にも人格的にも、アンドレイ・ゴルバチョフとは正反対の人物だった。パンテレイはボリシェヴィキ革命を歓迎した。彼は極貧の農家に生まれ、第一次世界大戦をトルコ戦線で戦い抜いた男だった。パンテレイは「ソヴィエト権力が我々を救い、我々に土地を与えてくれた」と、繰り返し家庭で語った。その言葉は、彼が「貧しい」農民から「中流」の農民になったという事実とともに、孫のゴルバチョフへ強い印象を残した。ゴプカロは一九二〇年代、農民の新しい共同体づくりに力を入れた。同じウクライナ出身の妻ワシリーサと、娘でのちにミハイル・ゴルバチョフを生むマリーヤがゴプカロを支えた。パンテレイ・ゴプカロは一九二八年に共産党員となった。翌二九年、彼はプリヴォリノエで最初の集団農場創設にかかわった。ミハイル・ゴルバチョフが若い時、祖母に当時の様子を尋ねると、ワシリーサは笑って「あんたのじいさんは、徹夜でみんなを説得して結束させたけど、翌日になると連中はみんな逃げちまった」と話した。[17] その後に起きたことについては、祖母もこのような気楽な話し方をしなかったらしい。ゴルバチョフが一九八七年一〇月の政治局会議で語っている。「集団化が、いかに深い怨嗟を招いたことか！　上が兄弟や父子が互いに対立し、家族全員を巻き込んだ。上が全てを割り当て、膨大な数の富農が追放された。彼らが実際に富農であったか否かも分からないのに[18]」

いわゆる富農（クラーク、ロシア語では本来「こぶし」を意味する）は「資産家」とみなされた。だが実際は大部分が零細な個人農で、勤勉と才覚で「中流」農民をわずかにしのぐ地位を手に入れるのがやっとだった。ゴプカロの息子に、ゴルバチョフの実父と同じセルゲイという名の男がいた。ゴルバチョフの母方のおじに当たる。彼は「俺はコムソモールの細胞だった」ので、随分と「吸血鬼を叩きつぶした」と語っている。「農家を次々に訪れ、上から指定された人物を追い出した。一人も残さずに。俺は彼らが気の毒だった。俺の隊長は、いつも酔っていた。ある小屋で彼は、屋根裏へ登り、そこにある物を全部放り出せ、と俺に命じた。そこで屋根裏をちょっと見て〝何もありませんよ〟と言った。隊長は〝どいていろ。自分で調べる〟と言った。奴は泥酔していたが、羊皮の外套を何着か見つけた。俺が後からせしめるはずだったのに[19]」

「富農撲滅」は、月間目標を立てて全て計画通りに進むはずだった。それがソヴィエトの流儀だった。農民は資産をはく奪され、大量に追放された。スタヴロポリ地方北東部に広がる不毛の草原へ放りだされた人々もいた。さらに東へ送るため家畜用の貨車に詰め込まれ、そこで命を落とした農民もいた。その頃のパンテレイ・ゴプカロが、実際にどのような役割を果たしたのかは分からない。だが「赤い十月」という集団農場の長に任命されたところをみると、上司から高い評価を受けていたようだ。ゴプカロは集団化の過程で、相当に過酷な仕打ちをしたのかもしれない。だが、いったん集団農場の指導者となると、折り目正しい人物として振る舞ったようだ。スタヴロポリのあるジャーナリストが随分と後になって、集団農場の職員たちにゴプカロについてインタビューをしている。多くが上司の場長から受けた好ましい印象を語ったという[20]。パンテレイは一九三七年、スタヴロポリ地方で土地を管理する部門の責任者となった。ゴルバチョフによれば、そこでもパンテレイは「平凡な人物だった。彼には大きな権力があったが、非常に面白い男で、静かに、そして、ゆっくり話した」[21]。ゴルバチョフの二人の祖父は各々、異なる権威の持ち主だった。アンドレイは粗野だが自立しており、権威主義的だった。パンテレイは、孫の目から見た限りでは、穏やかで思慮深く、集団化された農業に向いていた。

ゴルバチョフは三歳からの数年間を、母方の祖父母と一緒に、プリヴォリノエから約二〇キロ離れた集団農場で暮らした。両親といる時間より祖父母と過ごす時間のほうが長かった。祖父は、長くて荷台が深く幌がない馬車を使っていた。ゴルバチョフはその後を追って走り回った。彼の回想を引く。「祖父母のもとで、私は完全な自由を享受していた。彼らは心から愛してくれた。私は自分が、家族で一番重要な人物であるかのように感じていた。祖父母は一生懸命に、私が両親と一緒にいるよう仕向けたものだ。だが、どんなにがんばっても、ほんのわずかな時間でさえ、その試みは成功しなかった。そのほうが、私だけでなく両親にも好都合だった……[22]」。「手がかからないで済んだからだ[23]」。とりわけ飢饉の際は、祖父母がゴルバチョフを養ってくれることが、両親にはありがたかった。ゴルバチョフが生まれた時、両親はまだ二〇代になったばかりだった。祖父母も、それほど高齢ではなかった。ワシリーサはまだ三八歳だった。ゴルバチョフを溺愛していたし、暮らしが比較的豊かという事情もあった。しかしゴルバチョフは本当に祖父母との暮らしに満足していたのだろうか？ 回想が真実だとすれば、それは何を意味するのだろうか？ 祖父はある時、ゴルバチョフを荷馬車に乗せて、両親のもとへ帰そうとした。ゴルバチョフは荷台を飛び降り、もと来た道を集団農場へと駆け出した。祖父は約一キロ追いかけて孫をつかまえたが、一緒に引き返すしかなかった。ゴルバチョフは自分が祖父母の生活において、最も大切な人間であると信じ切っていた。ワシリーサもしょっちゅう、孫の中でゴルバチョフが一番のお気に入りであると話していた。では両親にとって、ゴルバチョフはいったいどのような存在であったのだろうか[24]？

父セルゲイ・ゴルバチョフ

ゴルバチョフの父は公的教育を四年間しか受けなかった。ボリシェヴィキの〝読み書き講習〟を受け、トラクター運転手と機械工の訓練を積んだ。セルゲイ・ゴルバチョフについて、息子はこのように述べている。「単なる農村の男だが、生まれつき気持ちの良い性格で、知恵、好奇心、思いやりに限らず、多くの長所を備えていた。これら数々の長所によって、村民から抜きん出た存在だった。村民は彼を尊敬し信頼した。彼は〝頼りになる〟人物だった[25]」

ゴルバチョフの評価は、その他の証言と矛盾しない。セルゲイ・ゴルバチョフは「賢い人物」だった。ある知り合いは、「謙虚で、途方もない働き者だった。……人から好かれた。いつも物静かで善良だった。人々の相談役だった。彼は多くを語らなかったが、一つ一つの言葉に重みがあった。演説をぶつのは嫌いだった[26]」と語っている。コムソモールの同僚によれば、セルゲイは「決して声を荒げず、分別があり、規律正しく、慎み深かった[27]」。ライーサは「ミハイル・セルゲイエヴィチ［夫ゴルバチョフ］と、彼の父はとてもよく似ていた。二人は友達同士だった。セルゲイ・アンドレイエヴィチ［夫ミハイルの父］は一度も正規の教育を受けていなかったが、ごく自然に身についた教養があり、一種の高潔さを備え、広くものごとに関心を示した[28]」と語っている。

このような資質を備えた父セルゲイが、性格が異なる祖父アンドレイと馬が合わなくても不思議ではなかった。だからといってセルゲイが実父より義父へ従い、パンテレイの集団農場で働くという結果にもなりはしなかった。セルゲイとマリーヤが、まだアンドレイ・ゴルバチョフの家にいたころの出来事である。セルゲイへ割り当てられた敷地に穀物が積んであった。セルゲイが働いているすきに、父アンドレイがその穀物の一部を盗み、屋根裏へ隠した。セルゲイが盗まれた穀物を探しに屋根裏へのはしごを登りかけた時、父が彼に体当たりをした。当時二三歳のセルゲイは体が頑健で、父を床へ叩き落とした。父は腕の骨を折った。セルゲイはその事件を秘密にした。最後は父が盗んだ穀物を折半して決着した。「しかし、間違いなくこの出来事のせいで、二人の関係は複雑となった」とミハイル・ゴルバチョフは語る[29]。ゴルバチョフは二人の祖父の関係は緊張したかと問われ、いったんは「いや、普通にやっていた」と答えた。だが「もちろん、アンドレイはパンテレイをねたんでいた[30]」とも付け加えた。

パンテレイの娘、マリーヤ・ゴプカロは一九一一年に生まれ、一九二八年に一七歳でセルゲイ・ゴルバチョフと結婚した。セルゲイは一九歳だった。ミハイル・ゴルバチョフによると「彼女は美しかった[31]」。そして「毅然としていて、精神力が強かった」。マリーヤは生涯、読み書きができなかった。「元気一杯で率直、舌鋒鋭く押しが強かった[32]」との証言もある。村では亭主より粗野な女とみられていたというが、ゴルバチョフは否定する。「私の父とパンテレイは一見、インテリゲンチヤだった。二人はこの点で似た者同士で、人と接する態度もそっくりだった。だが私の母は全く異なる人間だった」

ゴルバチョフはあるインタビューで、母親は父との結婚を全く望んでいなかった、と明かしている。一七歳だった彼女には別の求婚者がいたのかもしれない。美人であったというのなら、なおさらのことだ。一方でセルゲイは「母を深く愛していた。後年、スタヴロポリに私たちを訪ねると、いつでも帰る前に商店で母への贈り物を買った。彼はどこへ行っても、かならず母に贈り物を買った[33]」。マリーヤはセルゲイを愛するようになったのだろうか。その問いにゴルバチョフは、ためらいつつも「やがて子供ができて家族を持ち、愛するようになったと思う」と語っている。

当時のロシアで農村の女性は、子沢山が当たり前だった。ところがマリーヤは最初二人をもうけた後、ゴルバチョフが一六歳だった一九四七年になって、ようやく三人目のアレクサンドルを生んだだけだった。ゴルバチョフは「戦争の後は、どんな女性でも、復員した夫を惚れ直したものだ」[34]と言う。

マリーヤとセルゲイは農村の習慣に従い、セルゲイの父の家で結婚生活を始めた。泥とわらを固めた土塀に囲まれ、東西に長い藁ぶき屋根の建物だった。ゴルバチョフは二〇〇七年のインタビューで、ノートの切れ端にこの家のあらましを描いて説明している。「左のここにある最初の部屋が、こぎれいで、ほかよりましな場所だった。家の東側の部分に細長い絨毯が敷いてあった。家の女たちが織ったものだった。〝客間かだって?〟違う、違う。どんな客が来るって言うんだね? 私はよく覚えている。そこには祖父母の寝台があった。部屋の角には、金箔を張った一〇枚から一二枚のイコンをはめ込んだ大きなイコノスタシス［聖障］があった。横に置いた灯明がイコンを照らしていた」。祖父パンテレイは集団農場の場長だったので、イコノスタシスにはレーニンとスターリンの肖像画が並んでいた。戸をへだてた部屋には、大小の暖炉があって、大きな暖炉で女たちがパンを焼いたりした。小さな暖炉では、どんな料理もできた。子供たちは大きな暖炉の上で寝た。片隅にダイニング・テーブルと長椅子があった。反対側の角を仕切って、ゴルバチョフの父母がささやかな私生活を守る場所を設け、新婚の日々を送った。風呂はなく、桶に湯をためて入浴した[35]。

小さな玄関間を挟んで反対側には、農機具、馬具、鞭を入れる部屋があった。穀物もそこで貯蔵した。その上に屋根裏部屋があって、ゴルバチョフはよく登った。「居心地が良くて、私は時々、居眠りをしたものだ」。そこで彼はある時、ずだ袋にびっしり入った紙の束を見つけた。帝政時代の紙幣だった。「何の価値もなかったが、祖父のアンドレイは〝いつの日か……〟と思っていた」[36]。ゴルバチョフは、生まれたばかりの子牛の隣で眠ったこともある。近くでガチョウが卵を温めていた[37]。

家畜を飼う一角もあった。暖炉を除けば、室内を温めるものは人間や動物の体温だけだった。「全てをよく覚えている。小僧だった私は、あらゆるものによじ登った」

異なる世代が狭い空間に雑居していたので、緊張も生まれた。ゴルバチョフの両親は夫婦だけの居場所を求めた。パンテレイは娘夫婦のために、祖父アンドレイの家から、さほど遠くない場所で小屋を建てた。そしてセルゲイ・ゴルバチョフにトラクターとコンバインの運転を覚えさせた。

飢饉が村を襲った。ミハイル・ゴルバチョフによれば、「村民の三分の一から半数が命を落とした。あらゆる家庭が崩壊した。戦争はずっと先だったが、村では持ち主が消えて半壊した小屋が、孤児たちのように立ちつくしていた」[38]。一九三四年には祖父アンドレイが逮捕された。祖母ステパニーダと二人の小さな子供が残された。父セルゲイが、みんなの面倒をみなければならなかった。

アンドレイの逮捕で家族は「無用」の存在となった。村のはずれに住んでいたことも、家族の孤立を深める要因となった。だがアンドレイは間もなく戻ってきた。祖父パンテレイは娘婿セルゲイに、機械トラクター・ステーション（MTS）での仕事を世話した。MTSは国営で、集団農場より「格上の国家資産」だった。職員は農民というよりプロレタリアートとして遇された。セルゲイは農民の親類たちより高い地位を得て、収入も増えた。収穫高の記録を更新して、地元の新聞で称賛された[39]。

パンテレイは一九三七年、穀物など農産物の調達を管轄する事務所へ転職し、その年にスターリンの大テロルで逮捕された。モスクワが「割り当てる」数だけ、人を捕まえねばならなかった。隣接地区では、割り当てを上回る人数を逮捕した内務官僚が、のちに批判を受けた。彼は「大勢いするのか？」と問い返したという[40]。パンテレイは彼の権威をねたむ者や、彼の力で痛い目に遭わされた者にとって、格好の攻撃対象だった。大テロルは、農業集団化を進めた地方官吏も襲った。このため集団化で苦しんだ農民が、大テロルを大いに歓迎したのは皮肉な巡りあわせと言えた[41]。パンテレイが拘束されたのは深夜だった。スターリンの時代は、それが当たり前だった。妻のワシリーサはプリヴォリノエへ行き、ゴルバチョフの両親と一緒に住んだ。ミハイル・ゴルバチョフが回想する。「彼が逮捕された後、隣人たちが我が家へ近づかなくなったことを覚えている。疫病に感染した家族のように忌避された。親しい人々が密かに、ごく短時間訪ねて来たりしたが、決まって夜となってからだった。近所の子供たちも、私をのけ者にした。私は愕然とした。その記憶は生涯消えないだろう」[42]

パンテレイは一四カ月の間、獄中にあった。右派トロツキーの反革命策動を地下で組織した、として死刑を宣告された。だが現地の検察官が「業務上の不正」へ減刑したおかげで、一九三八年一二月に釈放され、プリヴォリノエへ戻った。ゴルバチョフによれば、近しい親戚が両親の家へ集まり、粗削りの机を囲んだ。パンテレイは泣きながら、どのような仕打ちを受けたかを話した。「尋問では、強い照明を目に当てて視覚を奪い、彼の体を戸に押し付けて腕をひしぎ、荒々しく殴りつけた。これらの〝標準的な〟拷問で効果がないとみると、別の方法を考案した。濡れた羊皮の外套で、きつく締め付け熱いかまどの上に転がした。パンテレイ・エフィーモヴィチはそれにも耐えた。さらに、もっと酷い責め苦も乗り越えた」[43]

パンテレイは獄から帰ってきた時、全く「別人」になっていた[44]。彼はその後、二度と辛い体験を語ろうとしなかった。家族もみな、その話を避けた。だが一回だけ聞いた体験談が、孫のゴルバチョフに鮮烈な印象を残した。獄を生き抜いた者の多くが、過酷な体験の詳細を語ろうとはしなかった。家族にスターリン体制への反感を抱かせまいと配慮したからだ。だがニキータ・フルシチョフが一九五六年、「秘密報告」でスターリンを批判して、ついに真実を暴いたため、国民のスターリン観は急速に悪化する[45]。パンテレイはひどい目に遭わされてもなお、「スターリンはNKVDが、どのような組織か分かっていなかった」と言い、独裁者を信奉していたようだ。だがミハイル・ゴルバチョフは当初から、もっと均衡のとれたスターリン観を備えていた。ゴルバチョフ一家が沈黙したのは、忘れたいからではなく、思い出すのが怖かったためである。ゴルバチョフも沈黙を守った。彼はスタヴロポリで党の高い地位に就き、中央委員へ昇格、さらに党書記長の座を射止め、のちにソヴィエト大統領となり、激しくスターリンとスターリン主義を糾弾した。それでもなお、パンテレイの逮捕と尋問に関する記録を見ようとはしなかった。彼がようやく、祖父の記録に接したのは、一九九一年八月のクーデターで危うく失脚する窮地へ追い込まれた後である。一九六〇年代から七〇年代にかけて、ブレジネフはフルシチョフが否定したスターリンの名誉を、ある程度回復した。その後で、ゴルバチョフが不用意にスターリンを批判することは危険を伴った。ゴルバチョフ自身が国民の先頭に立って非スターリン化を進めたからと言って、スターリン批判が安全になったと、果たして言えただろうか？　ゴルバチョフは「私はある種の心の壁を乗り越えられなかった」[46]と告白している。

一九四一年のプリヴォリノエは、以前より暮らしが豊かになっていた。靴、綿布、塩、ニシン、マッチ、石鹸、灯油が再び店頭に並んだ。集団農場はかなり昔の約束をようやく果たし、穀物で給与を支払った。祖父パンテレイは、家屋の藁葺き屋根を瓦の屋根へ変えた。蓄音機が商品として店頭に現れた。ごくまれにではあったが、村では移動式の映写機を使って無声映画を見せる機会もあった。ゴルバチョフが回想する。「どこからかたまに手に入るアイスクリームは、子供だった私たちを有頂天にさせた。夏の日曜日は森へピクニックに出かけた。そこで男たちはロシアやウクライナの哀愁を帯びた民謡を歌った。ウオッカを飲んでけんか腰になったりした。小さい男の子たちはボールを蹴って走り回り、女たちは噂話に花を咲かせたり、男たちの品定めをしたりして時間を過ごした[47]」

一九四一年六月二二日、日曜日の未明に、ドイツ軍がソヴィエトを攻撃した。プリヴォリノエの村民は正午、村の中心にある広場へ集まった。彼らは固唾を飲んで、村で唯一の拡声器から聞こえるラジオの公式声明に耳を傾けた。ゴルバチョフが語る。「誇張に聞こえるかもしれないが、戦争のことは一つも忘れていない。戦後の生活についてはは多くの記憶が薄れたが、戦時の印象や出来事は私の記憶へ永遠に刻み込まれている。戦争が始まった時、私は一〇歳だった[48]」

ゴルバチョフは父が前線へ向かった日を、鮮明に記憶している。夜になって地区の徴兵司令部から、使いの男が馬に乗ってやってきた。セルゲイ・ゴルバチョフは収穫が終わるまで短期間、応召を延期する許可を得た。入隊は八月となった。ある朝、ゴルバチョフ一家は荷馬車に乗り込み、地区の中心であるモロトフスコエ（のちにクラスノグヴァルジェイスク）へ向かった。二〇キロの道のりだった。モロトフスコエの広場は見送りの家族で一杯だった。女や子供、老人がすすり泣き、「悲しみで胸が張り裂けんばかりだった」。父はゴルバチョフにアイスクリームを買ってくれた。猛暑だったので若いゴルバチョフは、すぐ丸ごと食べてしまった。父は記念にバラライカもくれた。ゴルバチョフはそのバラライカに、一九四一年八月三日の日付を彫り込んだ[49]。健康な男たちは前線へ去り、プリヴォリノエには女と子供、病人、老人が残された。最初の冬は例年より早く訪れ、厳しさもひとしおだった。一〇月八日に激しい雪が村を襲い、地吹雪となって全てを白く覆いつくした。当初は食物もあったが、家畜に与えるほどの余裕はなかった。家屋を暖める燃料もなくなろうとしていた。

女たちは総出で道の雪をかき、干し草をかき入れた。女たちと道路の雪かきに出かけ、母マリーヤが三日も帰らなかったこともある。国が保管していた干し草を自分たちの橇へ積み込んだため、逮捕されて檻に入れられてしまったのだ。しかし女たちの亭主が前線で戦い、村では子供たちが食べ物を待っていると分かると釈放された[50]。

ゴルバチョフのような少年たちは、父に代わって働かねばならなかった。ゴルバチョフは「まさにその時、子供時代は終わりを告げ、大人になった[51]」。春が訪れると、彼は畑を耕し家族を養った。母は夜が明ける前に起きて、土を起こし雑草を抜いた。母が集団農場の畑へ行く時刻が来ると、自分の家の畑仕事をゴルバチョフが引き継いだ。家で飼っている牛に食べさせる干し草を集めるのが、彼の主な仕事だった。干し草は暖炉の燃料ともなった。ステップには森が少なかったので、村人は牛糞を固めた燃料でパンを焼き、料理をした。とげのある低木を薪にして室内を暖めた。ゴルバチョフは一人で働いた。「冬は猛吹雪に包まれ、夏は庭で樹木の葉がささやく。そんな時、ふと地上の全てを忘れ、まるで遠い場所にいるような錯覚にとらわれた。そこは現実の世界ではなく、どこか希望に満ちた、子供の夢物語を紡ぎ出す王国のようだった[52]」。自分の輝かしい未来を夢見ていたのだろうか？　ゴルバチョフはあるインタビューで、「はっきりとした夢があったわけではない」、「自分がいる場所から、どこか遠くを眺めていただけだ」と答えている[53]。たぶん謙虚な印象を与えようとしたのだろう。のちには「全く異なる未来が待っている、と思える理由が幾つかあった」と友人へ打ち明けている[54]。

父から手紙が届くと、読み書きができない母は、ゴルバチョフに返事を口述筆記させた。時にはゴルバチョフが自分で返事を書いた。父は共産党機関紙のプラウダを購読していた。留守宅へ届くプラウダは、まずゴルバチョフが自分で読んだ。それから、何か知らせはないかと、夜になると集まってくる近所の女たちへも読んできかせた。そんな時、ゴルバチョフがいつも腰をかけるのは、大きな暖炉の上だった。ある日、プラウダに挟んで小冊子が届いた。ナチスの手で絞首刑となった若い女性パルチザンのゾーヤ・コスモデミヤンスカヤの英雄物語が載っていた。「彼女たちはナチスの残虐行為に声を失い、若き共産主義者の勇気に感嘆した[55]」

ゴルバチョフはかなり長い間、良くないニュースばかりを隣近所の者に読み聞かせねばならなかった。一九四一年になるまでは、彼と遊び仲間の少年たちは、家屋の裏の菜園で「戦争ごっこ」をして遊んだ。行進をしたり、一九三二年の飢饉で放棄され荒れ果てた空き家へ「突撃」したりした。互いに「撃ち合い」、勇気を鼓舞するいろいろな愛国歌を歌った。少年たちは、ドイツ軍が攻めてきたら「叩きのめしてやるぞ」と考えていた。ところが敵は瞬く間にモスクワの目前まで殺到した。スタヴロポリから約三五〇キロのロストフ・ナ・ドヌーの近くにもドイツ軍が迫った。一九四二年の夏になると、プリヴォリノエへ避難民がやって来るようになった。彼らは背嚢を負い、旅行鞄を持ち、乳母車や手押し車を押して村を徘徊した。持ち物を食料と交換し、牛馬や羊を追い立てて去った。[56]パンテレイとワシリーサは、ドイツ軍が集団農場の場長に過酷な仕打ちをするのではないかと恐れ、どこかへ姿をくらませてしまった。

役場は貯蔵していた燃料をエゴルルイク川に全て流し、収穫が終わっていない農地を焼き払った。ソヴィエト軍はロストフを放棄し、分散したまま七月二七日にプリヴォリノエを経由して、さらに東へ向かった。敗残の痛手は深く、ゴルバチョフは「悲しみと罪悪感が刻みこまれた」兵士の表情を覚えている。爆発音、重火器のうなり、銃声がしだいに近づいてきたが、突然それらが消え、二日間の静寂が訪れた。ドイツ軍は三日目になって、村へなだれ込んできた。オートバイの後に歩兵が続いた。ゴルバチョフは二人のいとこと一緒に立ったまま、最初に現れたドイツ兵を見ていた。いとこの一人が「逃げよう！」と叫んだ。ゴルバチョフによれば、彼はいとこを静止して「待て！ 奴らを恐れることはない」と言ったという。[57]

ドイツ兵の一人は親切そうに見えた。彼は村の子供へ、自分の子供の写真を見せた。ほかのドイツ兵たちは、牛、豚、鶏、穀物などを、ほしいままに略奪した。井戸へ隠れていたゴルバチョフと友達を見つけると、水を持ってこい、と命じた。[58]「我々はいいように使われた。どうすることもできなかった」。間もなく大部分のドイツ兵はモロトフスコエの方角へ去った。ドイツ軍は赤軍の投降兵を、治安を守る警官としてプリヴォリノエに残した。彼らは泥酔し、略奪、レイプと悪事の限りを尽くした。[59]ゴルバチョフの母と祖母は恐怖心を表へ出さないように努めていた。ワシリーサは、ドイツ軍がスタヴロポリに達した時、村へ戻ってきた。パンテレイは、トウモロコシ畑や土地の窪みに隠れながら逃げおおせた。ワシリーサは警官たちに捕まってしまった。彼らはゴルバチョフの家を踏み荒らし、略奪した。「母はたじろがなかった」という。「彼女には勇気があり、強い女性だったが、それだけが理由ではなかった。事態はどこまでも悪くなるだろうという絶望感が、彼女を支配していた」。そんな彼女に「考えてもみろ。赤軍はもう、お前さんを守ってはくれないのだよ」と忠告する村人もいた。隣の町で多くの人間が処刑された、という噂を聞いた。一九四三年一月二六日に、共産主義者が大量処刑されるとの話も耳へ入った。マリーヤと祖父アンドレイは、プリヴォリノエから数キロ離れたアンドレイの農場へ、ゴルバチョフを隠すことにした。ゴルバチョフと母は深夜に家を出たが、暗闇で迷ってしまった。ようやく農場が見えた。周囲は激しい戦闘の最中だった。閃光が農場への道を照らしていた。ソヴィエト軍は一月二一日、プリヴォリノエを奪還した[60]。

ドイツ軍はプリヴォリノエで居座っていた間に、村人がサフカ爺さんと呼ぶ老人を指導者に任命しようとした。ゴルバチョフの記憶では、サフカは嫌がったが、村人が説得した。占領軍との折衝役は、気心の知れた人間のほうがよいと考えたからだ。「サフカは村民が危害を受けないように全力を尽くした。それはみんなが知っていた」。サフカはのちにソヴィエト側に逮捕され、「祖国を裏切った罪」で一〇年の刑を宣告された。その時も村人の幾人かは、サフカは村人をかばったのだ、と主張した。祖父たちがかつて不当な扱いを受けた過去に加え、サフカの悲運を知り、ゴルバチョフは、ソヴィエト政権には何か理不尽なものが潜んでいる、と漠然と感じ始めた。むろん一二歳の少年が全てを理解できるはずもなかった。だがサフカ爺さんが連れてゆかれ、「人民の敵」として獄中で死んだという話は、記憶に刻み込まれた。

ドイツ軍が撤退した後の、プリヴォリノエには何も残らなかった。機械や集団農場の家畜、種もなかった。春が来た。個人が飼っている牛に鋤を引かせた。「今でも目に浮かぶ」とゴルバチョフは言う。「女は目に涙をため、牛の瞳は悲しげだった」。牛は農作業で使うだけでなく、家族の栄養源でもあったので、女たちは時々、自分たちで鋤を引いた。収穫は極めて悪かった。しかも国へ供出しなければならなかったので、農民には食物がほとんど残らなかった。その冬から春へかけて、またも飢饉が襲った。母は幾人かの女性と一緒に、生き残った牛二頭に荷車を引かせてクバン地方へ行った。そこで夫が残した牛皮長靴を二そろい、夫が着たことがない背広一着を、トウモロコシと交換した。こうしてゴルバチョフは命拾いした。ゴルバチョフは家に残された。夜はおじのサーニャが来たが、昼間は一人だった。「母は最後に残ったトウモロコシを持って、どこかへ行った。家には一カップほどを量って残した」「私はそれをひき割りにして、カーシャ［粥］をつくった。一週間が過ぎ、二週間が過ぎても、母は戻らなかった。ようやく一五日目に、三二キロばかりのトウモロコシを詰めた袋を一つ持って帰ってきた。私たちは、それで救われた」[61]

　戦争の最中に、ほぼ一人で置きざりにされた一五日間は、一二歳の少年には気が遠くなるほど長い時間だった。両親が戻って来るという保証もなかった。プリヴォリノエへ物資が来るようになるまで、さらに長い期間が経過した。ゴルバチョフによれば「衣服や靴、塩、石鹸、灯油もマッチもなかった」。村人は自分で履物や衣類を繕い、いよいよ使い物にならなくなると、シャツを作るため麻を育てた。「そのシャツは、まるで木のような着心地がした」。羊の毛で外套を、皮は石油に浸して長靴を仕立てた。火打ち石を使って灰まみれの綿布を燃やした。対戦車爆弾のTNT火薬が、マッチの代わりだった。ゴルバチョフは「何もかも一から作らねばならなかった。私はその技術を完璧に習得した」と自賛する。「古いハンドルを一つ見つけ、工夫して取り付けた機械で、トウモロコシの種播きをした。……牛のために干し草を積み、藪へ入って薪を切り出して蓄えるのが、一三歳となった私の仕事だった。想像できるかね。おかげで肩幅が広がった。身体を酷使する辛い仕事だった」[62]

　戦時の試練がゴルバチョフの自信となった。「私が一三歳の時、母は再びベルトで私を鞭打とうとした。私はベルトをつかみ、奪い取った。そして、こう言った。〝これでおしまいだ。もうたくさんだ〟と。彼女はワッと泣き出した。その頃、母の言うことを聞くのは私だけだった。その私さえ、もう自由にはならないと知ったからだ」[63]。農家では父親が子供を叩くのが普通だった。一三歳で父の代わりに働いていたゴルバチョフは、母に鞭打たれることが耐えがたかった。彼女は責任感から息子をしつけていたのだろうか？　ゴルバチョフは「何事にも彼女は無責任だった」と言う。母はゴルバチョフが間違いを犯すと、父が帰ってきたら言いつけると脅した。「しかし、父と私の間には特別な関係があった」。母にはそれが気に入らなかった。「彼女は私が父を擁護するのを決して許そうとしなかった。〝お前は父さんが好きなのね〟と母が言うと、私は〝俺は母さんも好きなんだ。だけど母さんは、俺がもう大きくなったことに気がつかない〟と答えたものだ」[64]

　ゴルバチョフは「母とのいざこざを解決しなければなら

なかった」。そして「我々は瞬く間に問題を片づけた」。約七〇年の歳月を経てゴルバチョフは、戦争の間、母がいつも傍にいたことを思い出す。「私は母を愛していた。父も死ぬまで母を愛した。彼女は美しかったし、とても強かった。てきぱきと物事を運んだ。父は母を誇りとしていた。父は母の尊大なところを大目に見て、母をいつも助けた。両親の夫婦仲は、私や兄弟のお手本となった[65]」。だが、それを真似るのは容易ではなかった。モスクワ行きが決まった一九七八年、ゴルバチョフはライーサ・グダレンコという女性に、年老いた母のことを頼んだ。グダレンコはまだ若く、プリヴォリノエに近い地区で党の第一書記だった。グダレンコによれば、マリーヤ・ゴルバチョフは体が丈夫で、もう若くはない年齢なのに、自宅の屋根をわらでふいたほどだ。好き嫌いが「激しすぎて、しかもそれを隠さなかった」。そして「とっつきにくかった」。マリーヤは加齢とともに、ますます強情になった。家の中のことを、すべて思い通りにしようとした。お客が来ると、料理や飲み物は自分で「テーブルへ並べた」。他人の助けは決して借りようとしなかった。家事の助けを拒み、衣服は自分で洗った。家には新しい風呂場があったが、屋外の風呂を使い続けた。村の水事情を考え、水を節約するためだった[66]。

そんな母を好むと好まざるとにかかわらず、ゴルバチョフが選んだ妻もまた、母によく似た完全主義者だった。

一九四四年の夏、ゴルバチョフと母へ、前線から一通の封書が届いた。中には父セルゲイの書類と家族の写真が入っていた。父がカルパチア山脈で「勇敢な戦死を遂げた」との通知だった。ゴルバチョフによれば、「家族は三日間、泣き通した。父自身からの手紙が届いたのは、その後だった。父は生きて元気だと告げていた」。最初の封書も父の手紙も、同じ八月二七日付けだった。戦いに倒れる前に書いた手紙なのだろうか？　さらに四日後、また父自身から手紙が来た。彼は生きていたのだ。ゴルバチョフは父に返事を書き、間違った死亡通知を書いた人物がいる、と不満を伝えた。父は「いや、息子よ、兵士たちを責めてはならない。前線では、どんなことでも起きるものだ」と書いてきた。ゴルバチョフは父からとがめを受けて気分を害したが、父の寛容さも見習うべきだと感じた[67]。一九四四年も押し迫ったころ、セルゲイ・ゴルバチョフは重傷を負った。近くで爆弾がさく裂して、大きくて鋭い破片が足へ食い込んだ。彼の戦争が終わった。「父は何回死んでも不思議ではなかった」。ゴルバチョフは驚嘆した。父は猛

ゴルバチョフと母マリーヤ・ゴプカロ。父出征の日に＝1941年8月

爆撃の下でドニエプル川を突破した功績で、勇猛勲章を授与された。赤星勲章も二つもらった。一九四五年のある日のことだ。誰かがゴルバチョフのほうへ走り寄りながら、「お前の父さんが来るぞ」と叫んだ。「私は父を見るまで信じられなかった。互いに歩み寄り、父は私を見た。その時の我々の気持ちは何と言葉にしたらよいか分からない。父は私を引き寄せ、抱きしめた。私は麻でつくった、ひどいシャツを着て、粗末な羊毛のズボンをはいていた。どちらも家で作ったものだ。靴は履いていなかった。健康に問題はなかった。私は立ちすくんでいた。父はそんな私を見て、言った。「俺たちは戦いから解放されるまで戦った。お前も、そんな生き方をしなければならない[68]」。ゴルバチョフはその言葉を決して忘れなかった。

父セルゲイ・ゴルバチョフは、戦争体験を生涯引きずった。息子も同様だった。戦争が終わって間もない頃も、かなり後に畑で一緒に何時間も働いた時も、セルゲイは開戦から数カ月の恐ろしい体験を息子に語り聞かせた。赤軍兵士は小銃も持たず戦った。小銃が二人に一丁しかない有様だった。倒れた同志の小銃を取って戦い続けた。仲間が機関銃になぎ倒されたことや、血まみれとなった残虐な白兵戦の体験を語った。殺し合った後は何時間も正気へ戻れなかった、と話した。「殺すか殺されるか、どちらかひとつだ。ぶちかまし、なぐりつけ、銃弾を撃ち込んだ。獣のようだった」。父はクルスクで戦った。史上最大の戦車戦である。勝利を得て、キエフとハリコフを解放した。父の工兵隊が重要な橋を爆破する任務に失敗し、上官に射殺されそうになったこともある。息子ゴルバチョフも、戦争の恐怖は身近に味わった。一九四三年の冬が終わりかけていたころ、彼は友達とドイツ兵が遺棄した武器を探しに、遠い森へ出かけた。そして赤軍兵士の死体につまずいた。「死体は腐敗し、一部は獣に食い荒らされていた。錆びたヘルメットの中に頭蓋骨が見えた。白骨が露出し、ボロボロの袖から小銃が突き出ていた……。幾つもの死体が埋葬もされず、溝や亀裂の泥濘に沈み、暗くぽっかりとくぼんだ眼窩の奥から我々を見据えていた[69]」

ゴルバチョフはソヴィエトの指導者へ上り詰めた後、帝国を維持するため武力や暴力を駆使することに極めて消極的だった。戦争体験が影響したのだろうか？　このような態度は西側では称賛されるが、ロシアでは強い批判を受ける。ゴルバチョフがあるインタビューで、この問題に関する回答を拒んだのは、おそらくそのためであろう。

ゴルバチョフは一四歳で終戦を迎えた。プリヴォリノエの学校は戦時下で二年間休校したが、一九四四年の秋に再開した。ゴルバチョフには勉学の意欲がわかなかった。「学校へ着てゆく服はなかったが、どうでもよかった。それより、生き延びたということに、大した意味を見いだせなかったのだ」。両親と母方の祖父は愕然とした。「私は狼であるかのように取り囲まれた[70]」。父セルゲイは前線から妻に手紙をよこして、「持ち物を全て売り、服と靴と本を買ってやれ。ミハイルは勉強しなければならない[71]」と命じた。祖父パンテレイは「わしの長靴を持っていけ」と言った。「でも僕には外套もない」と孫はむくれた。パンテレイは「俺の外套を着ろ。学校へ行かなくてはだめだ。ミーシカ〔ミハイルの愛称[72]〕、それが一人前になるということだ。しっかり学べ！」と引こうとしなかった。

ゴルバチョフは大きすぎる服を着て、家から二キロ離れた学校へ通った。学業は「落ちこぼれだった。学校に行き、席へ着き、授業を聴いたが、何も分からなかった。途中で家へ帰った。たった一冊持っていた本を投げ捨て、母にもう学校へは行かないと宣言した」。気丈な母がワッと泣き出した。間もなく彼女は、あたりの品々をかき集めて家を出た。夜になって何冊も本を抱えて戻ってきた。本を買うため、日常品を売ったのだ。だが「本の束を眺めているうちに、読んでみる気になり、手に取った。母は眠りについていた。私の目は本の文字を追っていた。とりわけロシア語の教科書に惹かれた。その夜、私の頭の中で何かが起きた。翌朝、目をさますと学校へ行った。その年の末には「優等賞」をもらい、その後は「最優等賞」で通した[73]。本に引き込まれたあの夜が大きな転機だった。失敗や屈辱を恐れる心が、ようやく育ちつつあった自信へ影を落とした時に、厳格な態度をめったに和らげなかった母が、愛情を示したのだった。それからというもの、ゴルバチョフは読書と思考を重ね、同級生に抜きん出ることを、人生における成功の証と考えるようになった。「私はごく若いころから、同級生の指導者となるのが好きだった。そういう性格だったのだ[74]」。学校ではゴルバチョフ自身をはじめ、同級生も教師たちも、まず学ぶ環境を整えねばならなかった。教科書、地図、黒板、白墨が足りなかった。「不足分は自分たちで作るしかなかった[75]」。ノートがないので、父が運転するトラクターの説明書の余白に文字を連ねた。生徒たちはインクも自ら調合した。教室を温める燃料を運ばせるため、衰弱して痩せた馬へ餌を与えた。ゴルバチョフは素人演芸の夕べを催し、一三八五ルーブルを稼いだ。それで靴を一〇足、下着の上下を四組買って、自分より貧しい生徒に与えた。[76]

ゴルバチョフは一九四六年にコムソモールへ入団した。まだプリヴォリノエの小さな八年生学校に在学していた。上級の学校は地区の中心にあり、約千人の生徒がいた。ゴルバチョフはそこでコムソモールの指導者となった。彼は生徒たちを動員して、さまざまな「政治」活動を組織した。夜は「ウリヤーノフ［レーニンの実名］の家族」と銘打った討論会や、海外の出来事をめぐり「政治情報の議論」をする会を催した。スターリンが大いに好んだヴィクトル・ネクラーソフの小説に関する討論会を、「スターリングラードの塹壕で」と題して開いた。「小さな夜明け」と名付けた雑誌もつくった。壁新聞「若いスターリン主義者」に、「我々の学習計画を語り合おう」という記事を書いた。[77] ゴルバチョフは学校の花形だった。しかし、誰からも愛された、とは言えない。「私は小さい時から、人を驚かすのが好きだった。仲間の上で君臨するのが好きだった。自分をいつも成長させたいと願っていた」。コムソモールの指導者を選ぶ際、近隣の七つの村の学生が、それぞれの候補を出した。ゴルバチョフが演説を終えて座ろうとした時、誰かが椅子を引いたので、彼は床へ尻もちをついてしまった。ゴルバチョフは人を率いる地位を強く願ったが、彼に従うことを強く嫌う者もいたのだろうか？「ところが、私が選出されたのは、その事件のおかげだった」。六五年の歳月を経てゴルバチョフは、聴衆の中にいた一人のアメリカ人学生を相手に冗談を飛ばしている。[78] ゴルバチョフは間もなく、地域全体を管轄するコムソモール委員会の委員に指名された。

ゴルバチョフは手当たり次第に書物を読んだ。干し草置き場に三日間こもって、トーマス・メイン・リードの『首のない騎手』を読んだ。リード（一八一八―一八八三年）はアイルランド系アメリカ人の作家で、アメリカ西部を舞台とした冒険小説は、ソヴィエトの青少年にも大きな人気があった。その作品にかぶれた少年たちは、カウボーイとインディアンになり切って遊んだ。ただソヴィエトでは、カウボーイではなくインディアンが「善玉」だった。年を経るにつれて、ゴルバチョフはさらに水準の高い書物を手に取るようになった。彼は学校の粗末な図書館で、ヴィッサリオン・ベリンスキーの一巻選集を見つけた。ベリンスキーは一九世紀前半の先駆的な哲学者で文芸評論家である。帝政の仇敵で、扇動的な西欧的インテリゲンチヤだっ

プリヴォリノエで8年級修了の日に。最後列の左端がゴルバチョフ＝1947年

た。彼は一八四一年に自分を社会主義者と定義した。その強い個性にゴルバチョフは鮮烈な印象を受け、深く感化された。「その本は私のバイブルとなった。むさぼり読んだ。どこへ行くにも持参して、何回も繰り返し読んだ」。ゴルバチョフは一九九〇年代前半に初めて回想録を執筆した。その時も手元には、ベリンスキーの一巻選集のコピーがあった。プリヴォリノエから初めてモスクワ大学に進学する若者への贈り物だった。「私はまだ、その本を所持している。私が関心を寄せ、特別な注意を払ったのは、批評家の哲学的見解だった」[79]

ゴルバチョフはベリンスキーを足掛かりに、プーシキン、ゴーゴリ、レールモントフを読むようになった。特に一九世紀前半の詩人レールモントフに入れ込んだ。詩人はカフカスに足跡を残し、プリヴォリノエから約二〇〇キロ離れたピャチゴルスクで決闘に倒れた。レールモントフのロマン主義がゴルバチョフの心をとらえた。「私は短詩だけでなく、彼の長大な詩も暗記していた」。次に彼の心をとらえたのはマヤコフスキーだった。恋の情熱、性への憧憬、反逆性が、レールモントフにも増して迫ってきた。「彼らのような若い書き手が、哲学的な世界観を会得する高みへ上り詰めたことに、私は昔も今も感動を覚える。それは神の贈り物なのだ！」[80]。若き日に作家や詩人の哲学的省察に惹かれたゴルバチョフは、のちにソヴィエトの指導者となってからも、ものごとを深く理解したいと願う気持ちを失わなかった。

九年生になるゴルバチョフは、地区の中心地モロトフスコエにある高等学校に就学した。プリヴォリノエからモロトフスコエまでは約二〇キロの距離があった。今なら舗装道路を車で行けるので、大した時間もかからない。夏にドライブをすれば、道路の両側に緑地が広がり、背の高いヒマワリが地平線まで黄色い花を咲かせている。だが一九四八年当時、ゴルバチョフとプリヴォリノエの級友は、泥濘の道を約二時間かけて歩いた。土曜の午後、授業を終えて家へ戻り、日曜の夜までに学校へ戻った。牛に荷車を引かせてモロトフスコエのチーズ工場へ牛乳を運ぶ人に出会うと、便乗させてもらうこともあった。だが真冬はしばしば、起伏する雪原をあえぎながら往復しなければならなかった。家に戻ると、ラード、豚肉、パン、菓子など翌週の食料を用意した。衣服の洗濯は母親たちがしてくれた。ゴルバチョフと村の同窓生たちは、学校のある街で部屋を借りていた[81]。今や「全く独立した人間」だった。「私の勉強に口を出す者は誰もいなかった」。そもそも両親も親戚も「読み書きがようやくできる」程度だったので、干渉のしようがなかった。「両親は私を、自分のことは自分でできる大人とみなした。背中を押したり、強制したりする必要はないと考えていた。ある時、私は保護者の集会に出席するよう父を説得した。私が父に何かを頼んだのは、その時の一回だけだった」。私はさらに年を重ね、パーティーへ出たり、仲間とたむろするようになった。父は母に、「ミハイルの帰りが遅くなったようだ。奴に注意してくれ」と言った[82]。

ゴルバチョフの学校は、帝政時代の中学校の校舎を使っていた。二階建ての大きな校舎は、廊下の左右に教室が並び、廊下の奥に鉄の階段があった。階段には手の込んだ装飾が施されていた。二〇〇五年、この学校の教師たちは、黒板へ向かって木製の机が並ぶ教室に来客を招き入れ、ミハイル・ゴルバチョフが座っていた机を見せた。同級生が回想する。「私たちは皆よく勉強した。でもゴルバチョフは特に熱心で、知識欲が旺盛だった。学期の合間も、みんなが家で勉強した。そして一緒に学校へと戻っていったものだ。学校が、もう一つの家だった。映画へも行った。そこで先生に偶然会うこともあったが、あえて邪魔はしないほうがいいと感じていた。だがゴルバチョフは別だった。

母と二人の息子。右がミハイル、中央がアレクサンドル＝1948年以降

彼は映画を見に来た数学の女性教師に近づき、授業で分からなかった点を質問した。ゴルバチョフは映画が始まるまで、彼女の横に一〇分か一五分腰をかけ、説明を受けていた[83]」

　ゴルバチョフはよく、もめごとの解決やけんかの仲裁も頼まれた。同級生によれば、彼自身はけんかを好まなかった。臆病ではなかったが、争いが好きではなかった。だが断固として自分を守った。ゴルバチョフと仲間を殴ったという同年配の男性が思い出を語る。「ちょっとした悪ふざけでした。私はミハイルより、少し年上だった。ミハイルは私の弟と同じ年齢だった。私は二人を何回も殴った。二人は大きくなってから、私を捕まえて馬乗りになって地面へ押し付けたのです[84]」

　ゴルバチョフは生まれながらのリーダーだった。「彼には人を組織する優れた力量があった」と高校の同級生は言う。「人に好かれ信頼された。正直で公正だった。勤勉で友達をつくるのがうまかった」。ゴルバチョフ本人が五〇年を経て語っている。「子供のころから、いつもリーダーだった。人を率いる野心が、いつも私を突き動かしていた[85]」。先頭に立ってスポーツ行事を催し、社会活動に取り組んだ。早朝の体操教室も指導した。大きなメガフォンを手に「全員、準備！　一、二、三、四！　一、二、三、四！」[86]と号令をかけた。同級生は「ミハイルは重量挙げが好きだった」と語る。「我々は三五キロの重量を六〇回から七〇回挙げた。ジャーク、プッシュ、プレスの順番で繰り返した」。ゴルバチョフが一番熱を入れたのは演劇だった。

学校では演劇部は人気の的だった。入部するには選抜試験を受けねばならなかった。顧問の文学教師ユーリヤ・スムツォーワは生徒に人気があった。部員は頻繁に彼女の自宅へ集まった。彼女は実家が遠いので官舎に住んでいた。生徒たちはそこで、リハーサルや勉強に時を過ごした。舞台衣装は母親たちからもらった布切れで、自らこしらえた。同級生によれば、素材はチーズを包む目の粗い布ばかりだった。「ほかに何もなかったからだ」。誰かの父親が戦利品としてドイツから絨毯を持ち帰ったと聞くと、懇願してもらい受けたりした。ゴルバチョフは演劇部の指導者として頭角を現した。ゴルバチョフは「級友を組織化し、自分自身を表現し、未知だったものを知ることができた」と演劇の魅力を語っている。ユーリヤ・カラゴディナという女生徒がいて、主役にはうってつけだった。ゴルバチョフは彼女に恋心を抱いていた。二人はオストロフスキーの「スネグーロチカ［雪姫］」や、レールモントフの「仮面舞踏会」で共演した。演劇部はプーシキンの「ルサルカ」や、チェーホフの様々な戯曲にも取り組んだ。舞台は長い廊下の奥にある鉄の階段の前だった。発表会には大人たちもやってきた。地区の村々にも行って、芝居を見せた。見物料で出た利益で靴を買い、学校に履いてくる靴がない級友に贈った。ゴルバチョフによれば、彼も仲間も出し物を選ぶ際、自分たちにできるかどうかという疑いを一度として抱かなかった。「我々は、ありとあらゆる種類の演目に取り組んだ。ご想像の通りの出来栄えとなった作品もあるが、気にしなかった……」。ある劇団が巡回公演先のスタヴロポリから、ゴルバチョフたちの舞台を見るため立ち寄った。ゴルバチョフらの演じた「仮面舞踏会」を見て、本職の俳優たちは「ほめてくれた。そして、ひとつだけ注意をした。私はそれを今も覚えている。アルベーニンとズヴェズディチがわたり合う場面で……互いに袖を引き合う演技はいただけない、と劇団員たちは言った。激しい議論となっても、上流社会には、それなりの流儀があるというのだ」[87]。

ゴルバチョフ独特の遊び心とユーモアは、演劇をめぐるこの回想にもうかがわれる。自分の演技に誇りと興趣を覚えていたようだ。カラゴディナは「彼は実にうまい役者で

演劇部に所属しレールモントフの仮面舞踏会を演じるゴルバチョフ(中央)＝1948-49年

した。演劇の専門学校へ入ろうか、と私と話していた時期さえありました[88]」と証言している。

ゴルバチョフは一九四六年から五年続けて、夏の収穫期に大型コンバインを操る父を助けて働いた。二人は収穫のために、六月末から八月末まで家を空けた。雨で作業が中断しても、父子は野外で機械の整備をして過ごした。「仕事ができない日は、父と多くのことを語り合った。話題は仕事から人生に及び、実に様々だった。単なる父と子の関係は、共通の価値観と仕事を持つ二人の男の絆へと変わった[89]」

ゴルバチョフ父子は午前二時、三時まで、一日二〇時間も働いた。好天の日は休憩も取らず、交代で大型機械を操りながら収穫に没頭した。「地獄より熱かった」とゴルバチョフは言う。「あたり一面に埃が舞い、機械の音が絶え間なく響いていた。私たちは頭の先から足の先まで、泥と燃料の油にまみれ、見分けがつくのは目と歯だけとなった。一日に一五時間から二〇時間も働いた後で、コンバインの車輪の横で眠った。最初の年はよく鼻血が出た……[90]」

悪い仕事ではなかった。収入もそこそこあった。だがコンバイン運転手の家族でさえ、食料は自家菜園に頼らねばならなかった。どこの家も税金の支払いや、その他もろもろの義務にあえいでいた。牛を飼っているかどうかにかかわらず、農民は国家に一二〇リットルの牛乳とバターや肉を納めなければならなかった。果樹にも税金がかかった。実がならなくても納税の義務は免れなかった。ゴルバチョフは語る。「だから、農民は果樹を切り倒した。逃亡もできなかった。農民には身分を示すパスポートも発給されなかったからだ……農奴制とどこが違うだろうか？」。だが当時は、そんな考えをめぐらす余裕さえなかった。後年の農業政策に関する演説で「私は農民の生活実態を知っているので、極めて厳しい評価を下さざるを得ない」[91]とも語っている。とはいえ青年ゴルバチョフが農業を通じて、強さと自信を蓄えていったのは事実である。体重はひと夏で四キロ半減った。しかし「ますます頑健になった」。ユーリヤ・カラゴディナは、その頃のゴルバチョフを覚えている。「顔は日焼けして真っ黒。手のひらはタコができて血まみれでした」[92]。だがゴルバチョフには「手のタコが誇りだった」。父は親身になって息子に仕事を教えたので、「一年か二年で、機械のどこが故障しても直せるようになった。機械の音を聴けば、どのような不都合が起きているのか判断できたので、それが誇らしくて仕方なかった。動いているコンバインに、どの方向からもよじ登れるのが自慢だった。カッターの刃がうなりを上げていても平気だった」[93]。

一九四六年、戦後初めての収穫が終わった。父セルゲイ・ゴルバチョフの作業班は、ほとんどが前線帰りだった。ミハイル・ゴルバチョフを一人前の男にしようという話がまとまった。彼らはウオッカを「飲み干し」、まだ一五歳のミハイルにも同じことを強要した。男たちは「さあ、お前も一杯やれ」、「真の男になるためだ」と大声を出した。ゴルバチョフは父の顔を見た。父は笑った。ゴルバチョフはコップを手に、見よう見まねで学んだウオッカの飲み方を思い出した。まず息を吐き、すばやく飲み干す。間をおかず冷たい水を流し込む。ゴルバチョフはコップに継がれた液体がウオッカではなく、もっと度数が高い飲用アルコールであると知らなかった。「その時に私がどうなったか！　男たちは、どっと笑った。父が一番大きな声で笑った」[94]

一九四六年は過酷な年だった。飢饉が各地を襲った。ソヴィエトの農業収穫高は一九四〇年に九五七〇万トンだったが、四六年には三九六〇万トンまで落ちた。スタヴロポリは痛手が比較的小さかったので、品物を穀物と交換するために、よそ者が押し寄せた。一九四七年も干ばつだったが、収穫高は六五九〇万トンまで回復した。それでも決して十分な量ではなかった。一九四八年の春は激しく粉塵が舞った後に雨が降り、豊かな収穫が見込まれた。収穫量の記録を更新すれば、栄誉と特別報酬が期待できる。地元当局は管轄下の農民に競争を持ちかけた。性能が良い「スターリニスト6型」コンバイン二台を用意し、最も優れた運転手たちを乗せることにした。一組はセルゲイ・ゴルバチョフと息子ミハイル、もう一組はヤコフ・ヤコベンコと彼の息子だった。力強いS－80型トラクター二台を、復員軍人と信頼がおける党員が、それぞれ動かした。農地に燃料を運ぶトラックも一台調達した。コンバインから穀物を降ろす役割は、二人の党員が担った。穀物を運搬するトラックも配置についた。夜間でも収穫を続けるため、コンバインとトラクターに照明を付けた。

「同志ゴルバチョフ、収穫へ準備万端」との見出しが、一九四八年六月二〇日付の地元紙「イリイチの道」〔イリイチはレーニンの父称〕に躍った[95]。一九四八年七月二五日の時点では、セルゲイ・ゴルバチョフのコンバインが、約九平方キロメートルの収穫を終えて優位に立っていた。さらに数日を経ても、ゴルバチョフ組は一二平方キロ余りの収穫を済ませて、相手に差をつけていた[96]。ソヴィエト連邦最高会議は、コンバインで八〇〇〇トンを収穫した農民にレーニン勲章を授与すると発表していた。ゴルバチョフ父子の収穫高は八八八・八トンだった。ゴルバチョフの級友によると、当局は父だけに勲章を贈ろうとしたが、父は息子と栄誉を分かち合いたいと願い出た。当局はレーニン勲章を二つに分けることはできないという理由で拒んだ。結局、父にはレーニン勲章、息子には赤旗労働勲章が贈られた。ミハイルは一七歳にして、ソヴィエトで最高級の勲章を手にした。レーニン勲章がだめなら別の勲章を、と父が頼んでくれたおかげだった。

その年の秋、受賞が発表されると、ゴルバチョフの級友たちがお祝いにやってきた。「私にとっては初めての体験だった……当惑しつつも、もちろん嬉しかった[97]」。ユーリヤ・カラゴディナはゴルバチョフのあいさつを報じた新聞を、切り抜いて今も保存している。「あらゆる幸福と未来を約束するのは労働です。労働こそが社会主義の社会を前進させる最も重要な要素なのです。ボリシェヴィキの党、レーニン主義のコムソモール、そして私の先生方に心から感謝します。先生方は社会主義的労働への愛、ゆるぎない気持ち、忍耐の力を教えてくれました」。カラゴディナは一九九一年に「彼は一字一句、このように述べたと考えていいでしょう……私たちは、このようなコミュニケーションの方法しか知らなかったので、全く不自然ではなかったのです[98]」と語っている。ユーリヤは当時一〇年生、ゴルバチョフは九年生だった。彼女によれば、ゴルバチョフは「強靭で頑健、決然」としていた。「ゴルバチョフは誰をも自分の意思に従わせる際立った才能に恵まれていました」。歴史の授業ではゴルバチョフが教師の誤りを正す場面もあった。ある時、怒ったゴルバチョフは「教師の資格を失いたくないでしょう?」と言い放ったという。ユーリヤは「ゴルバチョフは自分が正しいと思えば、誰でも説得できる人間でした」と語る。

ある日、カラゴディナはスムツォーワの家で勉強をしていた。そこへゴルバチョフが立ち寄った。数学の定理で教えを受けるためだった。カラゴディナは数学が得意だった。ゴルバチョフはどちらかと言えば、文学や歴史が好きだった。ゴルバチョフは、彼女が説明を始めたが、ゴルバチョフは、彼女が編集している学校の壁新聞に空白があることに気がついて注意を与えた。「君はまだ仕事を残しているんだね。新聞の発行は明日のはずだ。それまでに完成しなきゃ!」。ユーリヤは「彼は私のボスになろうとしているのだわ」と考えた。そして対抗策として「絶対に何もしない」と心に決めた。二日後にコムソモール委員会の会議があった。ゴルバチョフはユーリヤを皆の前で叱責した。「私はカニのように赤面しました」とユーリヤは回想する。「彼は私を罰するように幾分、声を荒げていました。泣き出そうとしたその時、ミハイルが追い付いてきて、その日のうちに映画へ行こうと誘うのです[99]」。演劇部の部員たちは、よく一緒に映画を見た。スムツォーワから演技の個人指導を受けた仲間同士は、何度も同じ顔触れで出かけた。だがカラゴディナは気分を害していたので、自分をあんな目にあわせておいて、よく映画に誘えたものね、となじった。ゴルバチョフは言った。

「ごめんよ。あれは僕たち二人の個人的関係とは別の問題なんだ[100]」

校長はゴルバチョフを称賛した。彼女はゴルバチョフに「将来は極めて有望よ。ここを卒業したら自分の好きなところへ行けますよ。あのメダルがあれば、どの大学も受け入れてくれます」と請け合った。校長は「あなたたちが一緒にいる時間が多いので、同級生たちが気を取られて勉強に身が入らない」と言って、ゴルバチョフではなくユーリヤをしかった。カラゴディナは言われるまま、ゴルバチョフと会う時間を減らすと約束した。ゴルバチョフはそのいきさつを知るや、校長室へ駆け込んだ。ユーリヤによれば、校長は「赤面して取り乱した様子」で部屋から出てきた。後ろにゴルバチョフがいて、笑みを浮かべていた。ユーリヤはゴルバチョフに尋ねた。「あんた、校長先生に何を言ったの?」。ゴルバチョフは答えた。「いやあ、何も特別なことは言ってないよ。ただ、こう言ったんだ。僕は模範生でユーリヤも模範生です。僕は社会活動に熱心で、彼女も同じです。僕たち二人が友達であることは、誰にも害を与えません。僕たちをお手本にしたらいいです、とね」。校長は反論ができなかったという[101]。

ゴルバチョフは誰も追随できない模範生だった。ユーリヤは「私は自分がゴルバチョフにふさわしくない女の子だと感じていました。二人は釣り合いがとれなかったのです。彼はとても精力的で真面目で規律正しい人物でした。そして、知性も私の比ではありませんでした。彼はいつも注目を集めていました」。しばらくの間、「二人には愛、そう、恋愛感情がありました」。しかし二人とも「愛している」という言葉は互いに決して使わなかった。だがゴルバチョフは別の方法で思いを伝えた。「スネグーロチカ」のリハーサルをしている時だった。ユーリヤが台本通りに「親愛なるツァーリ、彼を愛しているのか、と私に百たびお尋ねくださいい。愛している、と百たびお答えしましょう」と言うと、ゴルバチョフは身を乗り出し、校長が目の前で見ているというのに、ユーリヤの耳元で「それは本当かい?」とささやいた。ユーリヤは「何ということでしょう! 私はすっかり慌ててしまいました。みんなが、いったいどうしたんだ、と尋ねます。ゴルバチョフは脇へ寄って笑みを浮かべていました」と回想している[102]。

カラゴディナはゴルバチョフより一年早く卒業して、モスクワで教師育成の課程に進んだ。しかし寄宿舎が満員で、住む部屋が見つからなかったので、間もなく故郷へ帰ってきた。ゴルバチョフは「なぜ、しっかりと自分の計画を遂行しなかったのかい?」と詰め寄った。「君は学長室の入り口に泊まり込んで、寄宿舎へ入れてもらえるまで、頑張るべきだった」。カラゴディナは後年、「それをやりかねないのが、彼という人でした。でも私にはできませんでした」と振り返っている。彼女はその代わり、モロトフスコエに近い村の学校で教職に就いた。ゴルバチョフが訪ねてきた。しかし、と彼女は言う。「もう以前の二人ではありませんでした。彼はもう私を追い求めようとはしま

ゴルバチョフ一家＝1949年

せんでした。私たちは二度と愛や将来について語りませんでした。お互いふさわしい相手ではなかったのだと思います。彼は意思が強く決然とした人間が好きでした。どこかで読んだ覚えがあります。彼はライーサ・マクシーモヴナ［ゴルバチョフ夫人］を、冗談めかして〝私の将軍〟と呼んだというのです。私のような人間は、完全主義でいつも最高水準を求める彼についていけませんでした」

カラゴディナが言う「完全主義」が、不可能を可能にするという意味なら、ゴルバチョフはまさにそのような男だった。彼女がクラスノダールの大学で三年生だった時、ゴルバチョフから葉書が届いた。ラテン語の「Dum spiro spero」で文章の最後を結んであった。バルト三国から来ていた女友達が、その言葉を「生きる限り希望を捨てない」と訳してくれた。ソヴィエトの再生を実現する夢が、目の前で崩れ去ろうとしていた時でさえ、ゴルバチョフはこの理想に己をかけていたのかもしれないのだ。カラゴディナは返事の葉書にこう書き、のちに世界を変えようとした男に警告を発した。(103)「生きるのは結構。でもあまり高望みはいけませんよ！」

第2章 モスクワ国立大学 一九五〇－一九五五年

「卒業したらどうするつもりだ。お前が望むなら一緒に働いてもいいし、勉強を続けたいのなら、できるだけの支援はする。大切な問題だから、決めるのはお前自身だ」。セルゲイ・ゴルバチョフは息子を従属させようとはしなかった。農業に携わる男としては、やや変わり種と言えた。ミハイルは父と祖父の真意を知っていた。「二人とも高い教育は受けていなかったが、教育があれば、もっと何かができたはずだと感じていた。ゴルバチョフに迷いはなかった。「僕は進学したい」と答えた(1)。

多くの級友が進学を望んでいた(2)。ソヴィエト連邦は再建の過程にあった。戦前のテロルと戦争の結果、技術者や農学者、医師や教師、その他の専門家が不足していた。ゴルバチョフによれば、「成績が一番悪い生徒」でさえ、「形ばかりの」入学試験を受けて進学した。「私は誇りがとても高く、野心的（アムビツィオーズヌイ）だった。なぜかって？ たぶん生来の性格なのだろう。世界で生まれる人間のうち五―七パーセントが指導者となり、残りはその下で働く。それは持って生まれた資質がものを言うからだ(3)」。ロシアでは「アムビツィオーズヌイ」という言葉を、あまり良い意味で使わない。「野心的」というより、「傲慢」という感じを与える。

一九五〇年代に地方で野心に燃える少年が目指すべき場所は、「紛れもなく大学の最高峰であるモスクワ国立大学（MGU）」を除いてほかになかった(4)。ソヴィエトのMGUはアメリカのハーバード大学のような存在である。ただソヴィエトにおいてはMGUのほかに、アメリカのエール、プリンストン、スタンフォードのような有力大学がない。国立大学にもアイビー・リーグを構成するような有力校が存在しない。自由な気風の芸術大学もない。モスクワは独特の都市である。ワシントン、ニューヨーク、シカゴ、ロサンゼルスでは、行政、産業、文化、映画産業までそろっていて、意欲さえあれば立身出世のチャンスは、どこにでも転がっている。もちろんソヴィエトにはソヴィエト流の「平等な機会」がある。ゴルバチョフのような労働者階級の家庭で生まれた青年も、大学入学に際して特別の待遇を受けられた。父親がコンバインを運転する農家の息子であっても、プロレタリアートとして「最優遇」の恩恵を享受できた。赤旗労働勲章を受章した経歴も有利に作用して、通常の入学試験を免除された。

ゴルバチョフはスタヴロポリの学校を終える半年前に、MGUへ手紙を出して、大学の教科や課程について説明を求めた。間もなく、全ての学部を網羅して就学規定などを説明した冊子が大学から届いた。ゴルバチョフは一〇年生学校で、物理学、数学、歴史、文学など広範囲の科目が得意だった。彼はMGUのほかに、工学、エネルギー、経済などの専門大学へ進む選択肢も考えた。地区の徴兵司令部はゴルバチョフに、軍の大学へ行けば徴兵は免除されると説き、ぜひバクー海軍大学に入学するよう勧めた。ゴルバチョフは「それも悪くない」と考えたという。「若い男は総じて軍艦や制服に惹かれるものだが、なぜか私は思いとどまった。理由を知りたいと思うが今も分からない。兵役に就く覚悟はあったが、今度は法律か運輸の大学に入れば兵役は延期されるという話を聞いた[5]」

ゴルバチョフは一時、ロストフ近郊にある鉄道大学への進学を真剣に考えた。次に外交官として身を立てる道も検討した。そして最後に、MGUの法学部へ願書を出した[6]。ソヴィエトには法の支配がなかった。法学はあまり有望な専門ではなかったが、彼はまだそれを知らなかった。「判事や検察官の役割に大いに興味があった」とはいえ、法律や法学には「曖昧な理解」しかなかった。

そのせいであろうか、MGUはゴルバチョフの願書に当初は反応しなかった。ゴルバチョフはコンバインに乗って仕事に通い続けていたが、ある日、草原に父を残して、ヒッチハイクで隣町へ出かけた。返信料を発信者が負担する電報をMGUに打ち、願書への返信を催促した。三日後、農作業をしていたゴルバチョフは、郵便配達夫から返信を受け取った。「入学と寄宿舎の使用を認める」との文字が奇跡のように並んでいた。ゴルバチョフが卒業の際に獲得したのは、金メダルではなく銀メダルだった。ドイツ語の評価が四点で、最高の五点に届かなったからだ。彼の理解では、MGUに入学できたのは、この銀メダルのおかげではなく、赤旗労働勲章と労農階級という出自の恩恵だった。最も重要なのは「試験も口頭試問も何もなしに入学できたということだった。一問の質問も受けなかった。まあ、いいだろう。私は入学できて当然の人間だった。頼りになる男だった。だから大学が受け入れたのだ[7]」。ゴルバチョフは残りの夏を父と一緒に、コンバインに乗って過ごした。もう仕事も辛いとは感じなかった。「私は喜びに満ちあふれていた。〝俺はモスクワ大学の学生なんだ〟という言葉が、頭の中で鳴り響いていた[8]」

ゴルバチョフがMGUへ入れたのは、運だけではなく努力の成果でもあった。彼にはそれが十分に分からなかった。一九五〇年六月、ゴルバチョフは党員候補の地位を得た。そのころMGUでは彼の入学について是非を審議していた。党員候補の地位は入学を認める決定に間違いなく寄与したであろう。一九五〇年六月五日付で、手書きの入党申請書が残る。「前衛の枠であり、真に革命的であるボリシェヴィキの共産党へ加わることは、この上ない名誉であります。レーニンとスターリンの偉大な理念に忠誠を誓い、共産主義完成を目指す党の闘争に全生涯を捧げることを約束します」。申請書に添えた推薦状で、彼が学んだ学校の校長は「わが校で最も優秀な生徒の一人」、「感受性に富み、同志に対して責任を負える」、「常に道義をわきまえ、堅固な思想を有している」と称賛した。別の推薦状を読むと、ロシアの農村では一九五〇年になっても、優れた運動選手が大学入学でも有利であったことが分かる。学校の体育教師はゴルバチョフが卒業まで二年間、体育の教師補佐を務めたと報告している。ゴルバチョフが名を連ねていた地区コムソモール委員会は、彼には「政治的な教養がある」、つまり「レーニンとスターリンの党が進める政策を正しく理解している」と評価していた。委員会はゴルバチョフについて、一二歳でナチ占領下の村にいたが「コンプロマト［不審な噂］は存在しない」[9]とも報告した。スターリン時代は、こちらのほうが、体育の評価より、さらに重要な意味を持っていた。

ゴルバチョフは一三歳になるまで、列車を見たことがなかった。スタヴロポリまで初めて行ったのは一七歳の時だった。スタヴロポリ地方を出た経験もなかった。一九歳で父とともに、プリヴォリノエから三五キロ離れたチホレツキーの駅頭に立った。古びた旅行鞄の中身は、母が詰めてくれたわずかな衣類と、旅の途中で空腹を満たす食料だった。祖父パンテレイは、駅に向かうトラックへ乗り込むゴルバチョフ父子と別れを交わし「万感胸に迫る様子だった。彼は私の門出を喜んでくれたが、別れがつらかったのだ。目には涙を浮かべ、とても悲しそうだった」[10]。父も別れを惜しんで、いつまでも列車の中に残っていた。列車が動き出して、ようやく飛び降りたが、切符をゴルバチョフに渡すのを忘れてしまった。三等車の乗客たちが助けてくれなかったら、車掌はゴルバチョフを列車から降ろしてしまうところだった。乗客たちは車掌に「何をするんだ。彼の父親は前線で戦った。たくさんの勲章を付けていたのが見えなかったのか?」。車掌のほうが折れたが、ゴルバチョフは次の駅で、なけなしの所持金をはたいて、新たに切符を購入しなければならなかった[11]。

モスクワ行きの列車は、ロストフ、スターリングラード、ハリコフ、オリョール、クルスク、ウォロネジで停車した。話には聞いていたが、初めて目にする都市ばかりだった。いずれも戦争で破壊された傷跡を随所に残していた。気楽な滑り出しではなかった。最初はとても「快適な気分」にはなれなかった。モスクワでできた知人は、「モスクワは大きな村だ」と言ったが、ゴルバチョフは同感できなかった。プリヴォリノエには電気もラジオも電話もなく、中央の広場に拡声器があるだけだった。ただ空気は清浄で良い香りがした。「夜空に輝く星は、まるで誰かが空にランタンを掛けたかのようだった」。モスクワでは路面電車や地下鉄が、轟音を立てて走っていた。「私には何もかもが新しかった。赤の広場、クレムリン、ボリショイ劇場、初めて見るオペラやバレエ、トレチャコフ美術館、プーシキン美術館、モスクワ川で初めて乗った遊覧船、郊外までの小旅行、革命記念日の行進。新鮮な驚きの連続だった[12]」

スターリン時代末期のモスクワで、農民の地位は非常に低かった。マルクスは「愚かな農村生活」へ言及し、レーニンは「プロレタリア革命」完遂を宣言、スターリンは農民を搾取し、迫害した。洗練されたモスクワ市民の目に、農民は「暗愚な人間」の如く映った[13]。最初はゴルバチョフもまた、モスクワ生まれの同級生から見れば、あきれるほどの田舎者だった。彼らは両親と一緒に共同住宅で暮らしていたが、地方出身者は学生寮に住んだ。同級生だったドミートリー・ゴロヴァーノフは「我々はモスクワのエリートの代表格だったが、ゴルバチョフは我々にそれほど関心を寄せなかった[14]」と語る。ゾーヤ・ベコワはゴルバチョフについて、「田舎者丸出しで、一目見ただけで農民と分かる風貌だった[15]」と言う。ゴロヴァーノフによれば「言葉にも強い訛りがあった[16]」。グの発音がフになった。「五年の間、背広一着で通した」と言うのはナジェージダ・ミハリョーワである[17]。「靴下がなくて、素足に靴をはいて出かけることもありました」

だが一年も経つと、ゴルバチョフの印象は変わった。ルドリフ・コルチャーノフは「やがて彼を見下す者はいなくなり、対等に付き合うになった[18]」と語る。ゴルバチョフは都会のエリート学生と交わっても自分を失わず、五年後には自分なりの世界観を形成した。一九五五年にMGUを去る前夜、彼は大学で過ごした五年間が自分にどのような意味を持つのか考えた。一九五〇年に入学した「農村の少年」は五年の歳月を経て、「全く別の人間」となった。家族も彼を「一人前の社会人」として扱うようになった。それは郷里の級友や教師も同じだった。ゴルバチョフは一緒に農作業をした人々に感謝の気持ちを抱いた。彼らは「働き方を教えてくれたし、働く男が築く価値観の体系について、私の理解を助けてくれた」。それでも「決定を下す際に欠かせない基礎知識と内面の強さ」を彼に植え付けたのは、やはりモスクワ大学だった。「祖国の歴史、その現在と未来を考え直す長いプロセスに踏み出した場もそこだった。あの五年間がなければ、政治家ゴルバチョフもなかったことだけは間違いない[19]」

　低い階層の出自ながら、大学の高等教育によって出世の道を歩みだした人物は、なにもゴルバチョフ一人に限らない。スターリン時代末期の大学では、プロパガンダによる洗脳教育が主流だった。だがスターリンが死去した一九五三年を待たずとも、MGUには真の教育を受ける環境があった。教授陣には一九一七年の革命前後に教育を受け、思想や政治について広い知識を授けられる人材がいた。首都の知的、文化的環境にあって、ゴルバチョフは自分を知識人と意識するようになった。彼は哲学的な思考を身につけた。のちに政治家として構想を語り、指導者としての限界を見つめる際に、それが役立つことになる。

　ゴルバチョフはMGUで、人生を左右する二人の友人を得た。一人はチェコから留学していたズデネク・ムリナーシである。彼は一九六八年の「プラハの春」で、理論的な支柱となる。もう一人が妻となるライーサ・チタレンコだった。

　スターリンは一九五三年三月五日に死去した。晩年は新たな弾圧を繰り返した。一九四九年の「レニングラード事件」では、かつて帝都だったこの都市を足場とする党の指導者たちを排除した。一九五二年の「コスモポリタニズム批判」では、ユダヤ人を標的にした。一九五三年一月には、「医師団の陰謀」が発覚したと発表した。クレムリンの医師たちが指導者たちの暗殺を企てた、というのだ。医師の多くがユダヤ人だった。公にされた「陰謀」の内容は流言飛語を氾濫させた。病院で幼児らが殺されたという噂が広がり、病院や薬局を訪れる人々が急減した。著名な病理学者ヤコフ・ラポポルトも逮捕された。彼が後年語った逸話がある。肺炎を起こした子供に与えるペニシリンを母親に渡そうとした時のことだ。彼女は「私の手で毒を与えるより、病気で死なせるほうがましです」[20]と拒否した。モスクワ大学も聖域ではなかった。ゴルバチョフは「イデオロギー臭がまん延していた」と振り返る。講義は「若者の洗脳」を目的としているかのようだった。教授も学生も「厳しい監視下にあった」[21]。それでも戦後に生まれた変革の息吹は残っていた。モスクワ大学は権威があったし、ソヴィエト社会が高度な専門家を必要としていた。社会全体を覆う恐怖感も、学内に浸透していなかった。

ゴルバチョフの世代は戦争の惨禍を踏まえ、楽観主義と生活を向上させる固い決意を抱いて登場した。貧しい地方からやって来た若者たちは、共産主義が約束する人間の平等を信じ、自分たちもエリートの子弟と同等であると思っていた。大学は前線帰りを優先的に受け入れた。死線を乗り越えて凱旋した彼らは、軍務を知らない年下の学生と交わろうとしなかったが、未来を築く強い気概は持ち合わせていた。一九四八年から五三年にかけてMGUで歴史を学んだレオニード・ゴルドンは、「我々の世代は誰もが社会主義の価値観を信じ込んでいた。財産などブルジョア的なものを軽蔑していた。ソヴィエト流の愛国主義は堅固だった」と語る。のちにゴルバチョフの顧問となったナイーリ・ビッケニンは、「私も友も、祖国と祖国が掲げる理想を信じ……ソヴィエト連邦は巨大な潜在性を秘めた国家であり、私たちの未来には多くの仕事が待ち受けている、と考えていた」と回想している。ライーサ・チタレンコが一九四九年に入学したMGU哲学部は、知的な刺激に満ちていた。ソヴィエト社会学と世論調査の草分けとなったユーリー・レヴァダ（社会学は哲学部の科目だった）は「あんなに面白い連中がそろった時代は、後にも先にもなかった」と振り返っている。同じ社会学で名声を博したボリース・グルシンによれば、MGUに在籍した前線帰りは軍隊経験がない学生に、「別世界の感受性と世間の相場、新しい人生観、世界観を植え付けた」[22]。

ゴルバチョフは、既定の秩序に学生を組み込む圧力を感じていた。「公式の路線から少しでも外れたり、たとえわずかでも疑問を呈したりすれば、困難な結果を招いた。最悪の場合は、コムソモールや党の集会でやり玉に挙げられた」[23]。彼はコムソモールで一年生のリーダーとなり、やがて法学部コムソモールの副書記として、教宣、プロパガンダを担当した。コムソモールで最初に取り組んだ大きな仕事は、モスクワのクラスノプレスネンスキー地区の選挙監視だった。共産党は投票率一〇〇パーセントを目標にしていたので、それを達成するための見張り役だった。この仕事をしている間は学業を免除された。ゴルバチョフは大部分の人々が「恐怖心から[24]」投票する実態を見た。

ゴルバチョフは一九五二年、二一歳の若さで正式の党員となった。コムソモールの役職もそのまま維持したので、学生たちはゴルバチョフが自分たちの監視役（一部は以前から、そのような目で彼を見ていた）に就任したとみなしただろう[25]。だが現実は単純ではなかった。彼は立場上、スターリンとその業績に敬意を示す必要があった。一九五三年初頭にあった法学部の党集会では、「スターリンの業績と、第一九回党大会［一九五二年に開催］の議事を学べば、学術を極めようとする我々の能力は向上する」と述べた上で、「わが教授陣と講師たちは、明らかにこれらの勉強が足りない。だからセミナーの質が低い[26]」と指弾した。ゴルバチョフが異例の若さで党員となったのは、不十分な政治審査の恩恵でもあった。同級生の証言によると、ゴルバチョフは仲間の監視という職責で最低限の務めを果たしただけだった。党員候補から正式党員となる人事は、MGUがあるレーニンスキー地区党委員会が所管した。ゴルバチョフは申請段階で祖父二人の逮捕歴を正直に告げた。だが不利な材料となるという理由で委員会が削除した。当局者は「心配は無用です。必要事項を記入するだけで十分です[27]」と言った。同級生はゴルバチョフに、秘密は守ると約束した。ナジェージダ・ミハリョーワによれば、コムソモールがゴルバチョフに託した学生寮の「秩序」とは、反体制派の摘発ではなく、主に酔っ払いの取り締まりだった。ある時、大学で「医師団の陰謀」を糾弾する集会があった。ガリーナ・ダニュシェフスカヤは今でも思い出すたびに驚きを感じる。ゴルバチョフが批判声明を読み上げると誰もが思っていた。だが「彼は登壇さえしなかった[28]」。彼はその間、会場で自分の勉強をしていて、大方の予想を裏切ったのだった。

MGUでは自然科学でさえ政治色を帯びた。生物学や物理学は長年、政治的圧力にさらされてきた。教条的スターリン主義は法律もねじ曲げた。推定無罪を認めず、自白をもって有罪とみなした。それでもローマ法、政治思想史、「ブルジョア国家」、アメリカの憲法に関する講座まで存在した。異なるイデオロギーを無視するのではなく、注意深く観察する態度を学生に求めた。階級の敵について知る必要があったからだ。党の方針に従いつつ自己主張を試みる教授も、いないわけではなかった。ある教授は講義の間、いつも水でのどを潤していた。彼は笑みを浮かべつつ学生に、「最良の講義でさえ、水に流さねばならないのである[29]」

と述べた。セラフィム・ユシコフは、モスクワ大公国の前身である中世のキエフ・ロシア研究に人生を捧げた老大家だった。「根なしのコスモポリタニズム」という批判が、彼を突然襲った。ゴルバチョフによれば、それは「およそばかげていた」。コスモポリタニズムは通常、ユダヤ人を糾弾するときに使う言葉だが、ユシコフは古風なロシアの服装をしていた。つばが広い麦藁の帽子をかぶり、刺繍のあるシャツをズボンの外へ出し、その上からベルトをしていた。彼を「吊し上げる」ため法学部の教授会が開かれた。ユシコフは古びた帽子を手に、たった一言、「私の身なりを見たまえ！」と言った。査問は取り下げとなった。ゴルバチョフは「我々は彼の講義が好きだった」と語る。だが好意を表現する時でさえ「イデオロギーの悪ふざけ」が伴った。学生はユシコフに、キエフの歴史を分析するのに、どうしてマルクス・レーニン主義に言及しないのか、と尋ねた。「彼はあわてて書類が一杯詰まった大きな鞄を開け、古風な眼鏡を取り出してかけた。そして、我々を満足させる文言がないかと書類に目を走らせた[30]」。学生たちは政治統制を拒絶できなかったので、冷笑的に監視体制の一角を成すことで現実を揶揄したのだった。

ＭＧＵ入学当初のゴルバチョフは田舎者丸出しだったので、よく同級生にからかわれた。「私が初めて知ることを、彼らはとっくに知っていた。学校で習ったと言うのだ。私が通った村の学校と、彼らの学校は違っていた」。ゴルバチョフは無知を逆手に取ろう、と自分へ言い聞かせた。モスクワの人間はよく「知らないことでも知っているふりをした。講義でも質問をしたがらなかった」。ゴルバチョフは違った。「好奇心に燃え、学び取りたい、理解したい、という熱意を抱いていた。私には決して気負いがなかった。新しいものを容易に吸収できた」。彼は猛烈に勉強した。やがて「最も優秀な同級生たちと議論をしても、負けないようになった[31]」。

ゴルバチョフは当時の自分について、勉学に「貪欲で夢中だった」と語る。級友ルドリフ・コルチャーノフは「私たちは猛烈に勉強した。だがゴルバチョフは誰よりも熱心だった[32]」と証言する。ミハリョーワによれば「他の学生が一時間か二時間で済ませることに、彼は三時間も四時間も費やした。彼は勤勉だった。みんなが寝ても、まだ勉強していた」。ゾーヤ・ベコワは「朝の五時か六時に起床して、未明の二時、三時まで勉強する」ゴルバチョフの姿を覚えている。「彼は自分の頭で考え、文献を読み、モスクワ出身者の水準へ自分を引き上げるためなら、何でもした[33]」。「彼の知性には、何ら田舎じみたものは感じられなかった」と語るのは、ワロージャ・リーベルマンだ。ゴルバチョフ、リーベルマン、ミハリョーワ、ズデネク・ムリナーシが、一つのグループを形成して学習するようになった。

ゴルバチョフは労働者としての実績では抜きんでていた。リーベルマンによれば、ゴルバチョフは赤旗労働勲章を「一年生の最初から最後まで身に着けていたので、人目を引いた」。ゴルバチョフには「劣等感がなく、自分の教養不足を認識していたので、積極的に教えを求めた」と語るのはミハリョーワだ。彼女は青い目と黒髪の女子大生で、ゴルバチョフの指南役だった。ある日、ゴルバチョフを自宅に誘った思い出がある。「ミーシャ、あんたは寮暮らしでかわいそうだわ。まずいソーセージばかり食べていてはだめよ。私の家に勉強に来ない？　ママの料理は素晴らしいのよ」。ミハリョーワもゴルバチョフをモスクワ暮らしに馴染ませようと助けてくれた。ゴルバチョフは彼女に「ナジェージダ、美術館に行くときは誘ってくれないか。そして画家が作品に込めた感情を説明してほしい」とか、「音楽を聴きに出かけるなら連れていってくれ。作曲家が何を思って曲をつくったか教えてほしい」と頼んだ。ゴルバチョフは知らないことを、素直に尋ねた。バレエについては「曲を聴いたことはあるが、見たことがないんだ」と言い、友人に説明を求めたりした。

ミハリョーワが語る。「ゴルバチョフは私に気があるようでした。でも女の子に対しては、いつも無関心を装っていた」。リーベルマンによれば、ゴルバチョフは「アルコールにもカード遊びにも興味がなかった」。そして「髪の毛が豊かで、とてもハンサムだったのに、女にはあまり関心を示さなかった」。当時の写真を見ると、黒い髪と黒い瞳のゴルバチョフは中折れ帽をかぶり、まるでフランスの映画俳優のようだ。「ゴルバチョフはいつも驚くべき勤勉家だった。……趣味もなければ、脇道にそれる気配もなかった。ひたすら学業にいそしんだ[34]」。ゴルバチョフ自身も「私には固い決意があった。MGUでの五年間を勉学に捧げようと考えていた。色恋は自分に禁じていた[35]」と述べている。

だが間もなく、MGU学生寮の雑然とした熱気が彼の決意を変えた。学部の古びた建物はクレムリンに近い中心部のマホヴァヤにあった。学生寮は七キロ離れたソコロニキ地区ストロムインカ三二番地にあり、近くをヤウザ川が

赤旗労働勲章を着けたゴルバチョフ＝
1949年以降

流れていた[36]。ピョートル大帝が一八世紀の早い時期に兵舎として造った黄色い大きな建物で、四階まであった。学生や大学院生は、歴史、哲学、物理、生物、文学、法学など学部ごとに別れて生活していた。一年生は一部屋に二二人も詰め込まれた。寝台と小さなサイドテーブルが一人一人にあてがわれた。学生は持ち物を旅行鞄に入れて、ベッドの下へ置いた。部屋には大きな机が一つ、その周りに椅子が何脚かあった。書棚が一つか二つ、洋服ダンスが一つあった。二年生になると「たったの」一一人で一部屋を使った。三年生は一部屋に六人「しか」いなかった。各階に共用の炊事場とお湯が出ないバスルームが一つずつあり、それを数百人で使った。ライーサ・ゴルバチョワも地方で育った。彼女は女性用のバスルームには、トイレと湯船しかなかったことを覚えている[37]。コルチャーノフによれば、男性用のバスルームには、入り口に戸がなく、中には仕切りもなかった。仕切りがあるのはトイレだけだった。母国のチェコスロヴァキアで快適な水回りに慣れていたズデネク・ムリナーシは、「共用トイレと洗面所が一緒だった」、「その建物の住人にとって、たった一つのバーニャ[浴場]が中庭にあった[38]」と回想している。バーニャは男子と女子が一日交代で使った[39]。

両親と自宅暮らしだったドミートリー・ゴロヴァーノフは、ストロムインカを「監獄のようなひどい場所だった[40]」と証言する。だがゴルバチョフのような地方出身者には、ぜいたくな環境だった。最小限の着替えで済ませたのは、彼だけではなかった。学生の多くは古着のズボン、よれよれの上着、学校で上級生だった時の制服や軍服で過ごしていた[41]。ゴルバチョフの記憶では、カフェや軽食を出すバーもあった。「数コペイカでお茶が一杯飲めた。テーブルのパンは食べ放題だった。理髪店も洗濯屋もあったが、私たちはお金がないので、服は自分で洗った。洗濯は気分転換にもなった。学生専用の病院さえあった。応急処置の施設しかない村から来た私には驚きだった。図書館は閲覧室が広々としていた。[だがコルチャーノフによれば、椅子が足りなかったので、学生たちは昼夜を問わず、交代で椅子を使った]。学生クラブは盛んに文化やスポーツの行事を催した。寮はそれ自体で完結した世界で、学生が規則だけでなく友情や、不文律によって運営していた[42]」

寮は学生の不夜城だった。明かりは一晩中消えなかった。ストロムインカには大通り（学生たちがたむろしておしゃべりする長い廊下のことだ）さえあった。即席の討論会は、主に浴室が会場となった。ゴルバチョフのように貧乏な学生が、田舎の両親から届いた食料を、金銭や品物と替える市場も出現した。街へ繰り出す時は、路面電車に大人数で乗り込み、車掌が人数を数えられないようにして、運賃をごまかすすべも編み出した。彼らにとっては、ただ乗りは日常茶飯事だった。一九五三年の後半、ストロムインカの住人はレーニン丘にできた豪華な建物へ移った。巨大なスターリン建築には、ウェディング・ケーキのような摩天楼がそびえていた。その中に二つのベッドを備えた個室が並び、全員共用の浴室を含む「居住区画」があった。だがゴルバチョフは回想録や思い出話で、レーニン丘の生活よりストロムインカの日々に、はるかに強い郷愁を吐露している。

MGU時代のゴルバチョフには、祖国や世界の指導者となる片鱗が既に見られたのだろうか？　ルドリフ・コルチャーノフは「我々のクラスで彼が最も注目された人物である、とは全く思わなかった」と言う。「偉大なる改革者、世界の指導者となるのは時間の問題である、とは思えなかった[43]」。著名な社会学者となったナターリヤ・リマシェフスカヤが語る。「[ゴルバチョフは]決して目立とうとしなかった。むしろ陰に埋没しているほうだった。教室ではいつも、後ろから二番目の列に座った。指導者と認められたい野心家は、決まって一番前の列で中央に腰掛けた。ゴルバチョフが着けている勲章にちなんで、私たちは冗談めかして〝傑出したコンバイン操縦士〟と彼を呼んだ[44]」。しかし、ゴルバチョフには誰もが認める長所があった。何人もの同級生が口をそろえるのは、話し相手の気持ちを「とらえて離さない」すべを身につけていた。「ミーシャは物欲がなく淡泊だった」と語るのはリーベルマンだ[45]。コルチャーノフによれば、ゴルバチョフは「率直で暖かく、人付き合いがよかった」。そして「友人が大勢いた[46]」。

ゴルバチョフによれば、彼は杓子定規の講義や丸暗記の学習を嫌っていた。高校時代と同じように、教師に食ってかかる癖が抜けなかった。頑迷な教授とは特に対立した。ワレーリー・シャプコはゴルバチョフが教わる教授陣の「長老（スターロスタ）」だった。彼は試験が終わるまで席で待つように指示した。ゴルバチョフは従わなかった。教授はゴルバチョフにAではなくBをつけて報復した。ゴルバチョフは奨学金の増額を認められ、生活費の多くをそれに頼っていたが、受給の権利も奪われた。「天才」スターリンの最後の著作となった『ソヴィエト連邦における社会主義の経済的諸問題』が、一九五二年秋に刊行された。講義の最初から最後まで、この偉大な著作の音読だけという教授がいた。ゴルバチョフは署名のないメモを彼に渡した。そこには「ここは大学です。学生はみな一〇年制の学校を卒業しています。つまり、本は自分で読めるのです」と書いてあった。教授は軽蔑を込めて、そのメモを音読した。そして、メモを書いたのはマルクス・レーニン主義、共産党、ソヴィエト連邦に敬意を抱かない者に違いない、「英雄」が名乗らないのは、そのためだろう、と述べた。ゴルバチョフはゆっくり立って、名乗りを上げた。彼の「反逆」は、党のモスクワ市委員会まで報告が上がったが、もみ消された。労農階級という出自が、またもゴルバチョフを救ったのだった[47]。

歯に衣を着せないゴルバチョフの性格については、同級生も口をそろえて証言する。一九三〇年代の粛清裁判で主席検事を務めたアンドレイ・ヴィシンスキーは、有罪の根拠は容疑者の自白だけで十分である、との学説を定着させた。級友のゴロヴァーノフが語る。「多くの学生はその説を当然のものとして受け入れた。ゴルバチョフは違った。だが公言はできなかった。退学処分の危険があったからだ。ただ友人には〝これは間違いだ。明らかに誤りだ。自白は強要できる〟と自説を漏らしていた[48]」。一九五二年の

「医師団の陰謀」事件で、社会は異常な不安感に包まれていた。ゴルバチョフと親しかったワロージャ・リーベルマンは講義に三時間遅刻した。彼は「打ちひしがれて、死人のように表情がなかった」。彼は涙ながらに、ユダヤ人とみなされてバスから降ろされたいきさつを語った。その後、法学部の集会で、ある学生が、リーベルマンは信用できないと糾弾した。リーベルマンは勲章をもらった前線帰りで、雄弁家としても知られていた。彼は「ここにいるたった一人のユダヤ人である私が、なぜユダヤ人全体の責任を引き受けなければならないのか?」と問い返した。その時、ゴルバチョフが敢然と立ち上がり、親友を責め立てる学生に「お前は意気地なしのけだものだ![49]」と叫んだことを、リーベルマンは記憶している。

ゴルバチョフは「私の反抗に政治的な意味はなかった。まだ機は熟していなかった。知性が抗議を命じたにすぎない。戦争に参加した人物が、あのような扱いを受けることが納得できなかった[50]」と回想している。討論は深夜まで続いた。コルチャーノフが証言する。「意見の相違が、学生を幾つかのグループに分けた。トロツキーを引き合いに出す者もいれば、レーニンがブレスト・リトフスクで講和条約［一九一八年、ドイツと締結］に調印した判断を非難する者もいた。スターリンは哲学的思想をあまりに粗野に解釈した、と言い張る学生まで現れた。私自身は［ピョートル］ストルーヴェ［一九一七年革命へ至る時期に活躍した自由主義者］を称賛した……もちろん、我々は冷静な判断力を失っていた。大きな代償を払っても不思議ではなかった。このような討論に参加すれば、卒業まで一〇年を費やす恐れがあった。しかし、我々は幸運だった。誰も当局に密告しなかった[51]」

体制と対立する見解を公言する者はいなかった。だがコルチャーノフの見るところ、ゴルバチョフは「懐疑派」だった。ゴルバチョフは「スターリンの農業集団化について、大きな誤りであるという明確な自説を持っていた。自分の考えを表立っては言わなかったが、私たちのような都会の学生より、はるかに多くを知っていた」。ゴルバチョフには討論を前へ進める才能があった。「君の考えは分かった。別の意見もある。だが、今はこの点を話し合おうじゃないか」。このような感じで議論を仕切った。白熱した議論をマルクス流に収めた様子を、リマシェフスカヤが記憶している。「弁証法的に［この問題を］解決しなければならない」とゴルバチョフは言った。二つの対立する立場を踏まえ、双方をともに生かして新たな次元へ進む考え方だ。「このような資質がおそらく、妥協により物事を達成する生き様に現れたのだろう」[52]。言い換えれば、それは政治家への道でもあった。ゴルバチョフはのちに、補佐官だったアンドレイ・グラチョフにこう語っている。自分の「情熱と好奇心」は、MGUで「哲学と政治理論に対する飽くなき関心となり、今でも継続している。私は自分を理論家であるとは思わない。私の本質は政治家だ。一人の政治家にほかならない」[53]。グラチョフは補佐官を辞してからゴルバチョフの評伝を執筆した人物である。

ズデネク・ムリナーシは、ゴルバチョフがMGUで最も親しく交わった友人の一人である。ゴロヴァーノフによれば「ミーシャは彼をほめちぎっていた。ズデネクは驚くほど頭の回転が速かった」[54]。ムリナーシが語る。「同じ区画で五年間、一緒に過ごした。同じグループで勉強した。試験の準備も一緒にした。二人とも優等賞をもらった。単なる学友ではなかった。誰もが認める親友同士だった」[55]。ムリナーシは一九四六年、チェコスロヴァキア共産党に入党した。自ら認める確信的な共産主義者だった。「私は共産主義には、いかなる誤りもあり得ないと信じ込んでいた。だから、どのような思想や論拠で挑まれようと、あるいは自分の実際の経験によってさえ、信念は揺るがなかった」。ムリナーシは政治的な観点から申し分がない人物だった。チェコスロヴァキアからモスクワに留学している学生たちで構成する党組織の指導者となった。ところが、こともあろうにチェコスロヴァキアの同胞から「破壊主義者」の嫌疑をかけられた。プラハでは一九五二年、チェコスロヴァキア共産党のルドリフ・スラーンスキー書記長が、見せしめ裁判で死刑判決を受けた。ムリナーシ批判には本国の政治情勢が影を落としていた。ムリナーシにとって幸運なことに、その年の一二月、チェコスロヴァキア共産党の幹部団がモスクワを訪れ、留学生たちを集め、「信頼関係と勉学を忘れ、互いに嫌疑をかけ合うために諸君を派遣したのではない」と言い渡した。その態度を見てムリナーシは、「党への信頼感をさらに深めた」。そして「正義に照らして全てを見直した結果、誤解は解けた」[56]。

ムリナーシは「モスクワに五年滞在した間に、イデオロギーに最初の深い疑念が芽生えた」とも述懐している。「ソヴィエト国民の劣悪な生活水準、貧しく遅れた日常生活」が原因ではなかったと言う。「モスクワは木造家屋の巨大な村落だった。食料は不足し、戦後五年を経ても古い軍装が衣服の主流という有様。大部分の家族が、一部屋で

ズデネク・ムリナーシ。モスクワ大学時代のゴルバチョフの級友。
のちに「プラハの春」でアレクサンデル・ドゥプチェクの盟友として重要な役割を果たす

一緒に暮らし、トイレは水洗ではなく下水管への垂れ流しだった。学生寮でも街頭でも、人々は手鼻をかんだ。人混みへ出れば、持ち物をしっかり握っていなければ盗まれた。意識のない酔いどれが道端に横たわり、道行く人々がかまったところで、いずれは死んでしまう……」。叙述にはひとかけらの好意もない。容赦ない罵りの言葉が連なるばかりだ。

だがムリナーシに共産主義への疑念を植え付けたのは、このようなモスクワの生活実態ではない。彼は人々の悲惨な暮らしを「まさに戦争の結果であり、帝政ロシアが残した後進性である」と理解した。このような重荷に人々が耐えられるのは、「『新しいソヴィエト人』に人間としての強さが備わっているからだ」とも考えた。ムリナーシが本当に心を痛めたのは「ソヴィエトの日常における否定的な要素」ではなく、「そこには何ら肯定的なものがない」という落胆、つまり共産主義そのものに価値が見いだせないという現実であった。ムリナーシにとっては「人前で言うことと、私的な生活で考えることは一致するのが当然」だった。ところが彼が会ったソヴィエト国民のほとんどは、「私的生活から政治を完全に切り離そうとしていた」。ムリナーシは学生寮で、赤軍兵士として前線で戦った六人と相部屋だった。部屋の壁には社会主義リアリズムの典型的なポスターが張ってあった。スターリンがソヴィエト連邦の大きな地図の前に立ち、ヴォルガ流域のステップ地帯に緑の森林帯を出現させる構想を示す有名な構図だ。ウオッカが手に入ると、彼らはスターリンのポスターを裏返しにした。裏側は一九一七年以前のロシアの売春婦を描いた卑猥な素人画だった。彼らは何時間も飲んだくれて「いつもの二枚舌を忘れた。ろれつが回らなくなれば、逆に話の内容は筋が通ってくるのだった」。

ムリナーシは同室の前線帰りから戦争の話を聞いた。そこにはソヴィエトの映画や文学が描く戦争とは全く異なる現実があった。ムリナーシが「至極まともな」意見を吐くと、ハシェクの小説『善良な兵士シュヴェイク』に登場する士官学校生並みの馬鹿者扱いを受けた。

同室のある学生はムリナーシに、集団農場の農民はドイツ軍の到来を待ち望んでいたと明かした。この学生は党員だった。ドイツ軍が集団農場を解体し、土地を農民へ返してくれると期待したからだという。同室の級友たちはムリナーシを前に、「自分たちの倫理的な弱さを恥じ、恥ずべき状況を変える力を持たない己を憐れんだ」。ムリナーシは五年間のモスクワ暮らしで、「ソヴィエト国民の心の内面を理解したいのなら、社会主義リアリズムの全作品を読破するより、トルストイやドストエフスキー、ゴーゴリの作品を読むほうが、はるかに有益である」と知った。

ストロムインカの寮を下着姿で走れるかどうか賭けをして、実際にやってのけた学生がいた。彼を寮から追放する是否を問う投票があった。ムリナーシの友人である若い党職員は追放に賛成する票を投じた。彼は泥酔してムリナーシに言った。「俺は卑怯者か？　言ってくれ、さあ、お前は卑怯者だと」。ムリナーシが理由を尋ねると、彼は「君は卑怯者じゃないからだ。分かっているだろう」と答えた。ムリナーシは、下着姿で寮を駆けても犯罪とはならない、と説いた。ロシアより奔放な気風のチェコスロヴァキアでは実際、そのような行為は「日常茶飯事」だった。だが党員は「ばかばかしい。そんな問題じゃあない。お前はレーニンを読んだはずだ。だから分かるだろう」と言い、泣きじゃくるばかりだった。

ムリナーシは検察で実務研修をした。官僚や市民に法を厳守させるのが、検察官の本来の仕事だ。しかしソヴィエトにおける検察官の実際の職務は、党の指令を実行させることにあった。ムリナーシはソヴィエト司法界の現実に触れ、疑念を深めた。週に一度、「労働者階級の不満」を口頭で聴き取る制度があった。その日になると人々が大勢、検察事務所へ押しかけ、担当検事に差し迫った問題の解決を求めた。「一件の処理に要する時間は五分か一〇分だった。……〝新ソヴィエト人〟が検事の前で、脱いだ帽子を手に握り、おずおずと、どもりながらも、不当な出来事や我慢ならない扱いについて訴えた。検察官はたいてい、大きな机の向こうで全く別件の書類を処理しながら、片耳だけで訴えを聴いているのだった。当然ながら九九パーセントの訴えは、根拠なし、として却下された[57]」

ムリナーシは共産主義に疑問を感じつつも、信じ続ける理由を見出した。ソヴィエト連邦がいかなる過ちを犯しても、そこには資本主義の搾取はなかった。失業者が群れ成す光景も見られなかった。侵略と戦争を旨とする外交政策もなかった。ムリナーシによれば、彼もゴルバチョフも「確信的な共産主義者」だった。「我々は共産主義こそ人類の未来であり、スターリンは唯一の偉大な指導者である、と信じ込んでいた[58]」。ゴルバチョフは高校時代の作文で、「スターリンは戦時の栄光である。スターリンは若者に飛躍をもたらす」と書いて、高い点をもらった。非常に出来栄えが良いというので、その後の数年間は他の生徒に作文のお手本として紹介されたほどだ。ゴルバチョフは「高校時代でさえ、我々はいろいろなことに批判的な意見を述べ合ったものだ……だが一地方の限られた集団における内輪の議論でしかなかった。……自分たちが社会主義のもとで生きてゆくという大枠に、疑問の余地はなかった[59]」と述べている。

ゴルバチョフとムリナーシは互いに信頼し、体制への疑問も共有した。疑問は膨らむばかりだった。二人はミュージカル・コメディ映画『クバンのコサック』（一九五〇年）を一緒に見た。スターリン時代の人気作品は、集団農場で幸せ一杯の農民が収穫に取り組む姿を描いていた。生活が最悪の状態にある時こそ、人々は現実と全く異なる世界に惹かれた。ゴルバチョフはムリナーシに「これは真実ではない」とささやいた。「集団農場の議長が容赦なく尻を叩かなければ、農民は全く働かないだろう」。スクリーンには可愛い金髪娘が、おしゃれな夏服を着て登場する。彼女は乳しぼりの「社会主義者の競争」で、達成目標を上回る成果を出したばかりだ。その賞品（帽子、靴、キャンディ、ゴム風船）を受け取りに、近所の店へと駆け出してゆく。彼女は集団農場のために、ピアノまで買おうと考える。「全くのプロパガンダだ」。ゴルバチョフがムリナーシに語りかけた。「現実生活では、誰も何も買えないというのに[60]」

　ゴルバチョフとムリナーシは一緒に、党が公認したソヴィエト連邦史を学んだ。この歴史観では「反党行為」を犯した者は粛清の対象だった。「だがレーニンは［対立するメンシェヴィキの］マルトフを逮捕せずに、国外へ逃したではないか」。ゴルバチョフは疑問を呈した。ムリナーシによれば、ゴルバチョフは「真実は常に明白である」という哲学的な格言が好きだった。「ほとんど現実に合致しない」マルクス哲学の講義が長々と続くと、ゴルバチョフはこの格言をよく引き合いに出した。ムリナーシはゴルバチョフの性格を、このように評している。「均衡がとれて楽観的だった。感極まる時も、鉄の意思で自分を抑制できた。率直で好奇心が強かった。人の意見をよく聴き、そこから学ぶ能力があった。適応力も優れていた。これらの資質が自信の源となっていた[61]」

　スターリンの死はゴルバチョフとムリナーシに衝撃を与えた。ゲルツェン通りにあった法学部の講堂でスターリンの栄光を称え、二分間の黙とうを捧げる学生の中に、二人の姿もあった。ムリナーシが振り返る。「私は君に〝ミーシャ、俺たちはどうなるのだろう〟と問いかけた。君はひどく緊張して不安そうに、〝分からない〟と答えた。我々の世界、スターリンに従う共産主義者の世界は、分裂しようとしていた」

　ゴルバチョフも「本当だ。まさにそのような感じがした[62]」と当時の心境を語る。ゴルバチョフとムリナーシは何万人もの群衆とともに、スターリンの遺体が安置された労働組合会館の円柱の間へ向かった。多くの市民が口を閉ざし、深い悲しみに沈んでいた。だがムリナーシによると「泥棒やスリ、女性のスカートの下をまさぐる痴漢、ポケットの瓶からそのままウオッカをあおる者もいた。葬儀であろうが、公開処刑であろうが、珍しい見世物を見逃すまい、という気持ちだけは誰もが同じだった」。馬に乗った警官が群衆を、遺体が安置された会館へ通じる狭い通りへ導いた。身動きがとれなくなった人々は当初、大声で調子を取りながら前進を試みた。だが次第に「人の密集度が極限に達し」、倒れた人々を後ろから来た者が踏みつぶす惨事となった。ムリナーシは「多くの市民が傷つき気を失う光景を、私はこの目で見た。死人も何人か目撃した[63]」と記している。ムリナーシはこの日、遺体との面会を断念した。翌日は「元首」というロシア語しか知らない外国人のふりをしたので、警官が行列の先頭へ立たせてくれた。ゴルバチョフは群衆が集まって身動きできない狭い場所を避けて、徹夜で行列に並んだ。「初めて間近にスターリンを見た。遺体は石のように硬直し、顔は蠟を塗ったようだった。生の痕跡はどこにもなかった。私は彼の顔に、偉大さを示す何らかのしるしを見いだそうと努めた。困惑して複雑な気持ちになった[64]」

スターリンの死から数カ月が経過した。秘密警察を率いていたラヴレンチー・ベリヤが七月に逮捕され、一二月に処刑された。新聞、雑誌はスターリンへの言及を避けながらも、「個人崇拝」を批判する記事を掲載するようになった。新聞は一九五四年、スターリンの一周忌を無視した。フルシチョフは一九五六年二月、第二〇回党大会において、スターリンを直接批判する有名な秘密報告を行った。ゴルバチョフは既にモスクワ大学を卒業していた。モスクワ大学や社会を、異なる雰囲気が包み始めていた。ムリナーシの見たところ、MGUの学友たちは「スターリンが祖国を恐怖で支配した実態を肌で感じ取り、多くの知識を蓄えていた。それはスターリンが生きている間、私が彼らから吸収した知識とは比べものにならなかった。一九五四年から一九五五年へかけて、人々は日が経つにつれて、その種の話題を大っぴらに語るようになった」。ムリナーシは一九五五年にプラハへ帰った。祖国の人々はモスクワの大学生より萎縮していた。ゴルバチョフは語る。「もちろん開かれた真の多元主義を実現するためには、まだ本当に長い道のりだった。党やその他の諸機関は、イデオロギーの手綱を緩めはしたものの、手放すつもりは全くなかった[65]」

ストロムインカの寮では戦後の数年間、ホールに男女が集まってダンスに熱中した。だがゴルバチョフは近寄ろうとしなかった。「本を読んでいるほうがよかった」。ダンスで知り合った女性の話をするために友人が来ても、関心を示さなかった。一九五一年のことだ。ワロージャ・リーベルマンとユーラ・トピリンがある晩、図書閲覧室に駆け込んできた。二人はゴルバチョフを見つけると、急いで連れだそうとした。「ミーシャ、いかした娘だぜ！　新顔だ！　見に行こうぜ！」

「今までの女の子たちでは、もの足りないとでも言うのかい」。ゴルバチョフは苦笑いしつつも、「分かった、分かった。先に行ってくれ。後から行くから」と応じた。

「友人たちは姿を消した。私は読書を続けた。しかし好奇心が頭をもたげて、クラブへ行ってみた。そこで運命の出会いが起きた[66]」

ライーサ・チタレンコは、将来の夫より一つ年下だったが、MGUには一年早く入学し、哲学部に在籍していた。哲学部はMGUでも権威が高く、野心的な学生が集まっていた。ライーサはとびきり「真面目」で「模範的」だった。学生評議会で衛生委員になったのも当然だった。本当の女性らしさも兼ね備えていた。寮はひどく粗末で、プライバシーは全くなかった。女子学生は化粧もしなければ、宝飾品とも無縁だった。同室の友人によれば、ライーサは何もしなくても自分を美しく見せる「素晴らしい容姿」を備えていた。髪を三つ編みにして王冠のように結っていた。女子は服を貸し借りして、装いに変化をつけていた。ライーサも決して衣装持ちではなかったが、どれもよく似合った。特にフリルのあるブラウスを着ると、「豪華な衣装部屋から登場したような趣」があった。ライーサにとって「家庭」は極めて大切な意味を持っていた。シベリア鉄道で居場所を転々としながら少女時代を過ごしたせいかもしれない。ライーサはカフェで飲食するより自炊を好み、友達にも料理を振る舞った。友達同士で買い出しへ出かけ、共同の炊事場で料理をつくるようになった。だが長続きはしなかった。あるだけの食べ物を、誰彼かまわず振る舞う伝統があったからだ。

ライーサはいつも静かで落ち着いていた。怒った姿を同室の友人が目撃したのは、たった一回だけだった。上昇志向が強い女子が若い男を相手に浮き名を流した時のことだ。その男は「生物本能の権化」と皆から蔑まれていた。ライーサが声をあげて泣いたことも一回しかなかった。将来を約束した男が婚約を破棄した時だった[67]。

哲学部と法学部は中心部の同じ建物にあり、ライーサもストロムインカの寮に住んでいた。ゴルバチョフがライーサを初めて目にしたのはダンスの場だった。同じ寮にいながら、それまで見かけたことがないのが不思議だった。ライーサは「優雅だった。そして大変にきまじめだった。髪は明るい茶色で、とても細身だった」。ゴルバチョフがホールに入ると、既に幾人もの男子が彼女にダンスを申し込んでいた。彼女はゴルバチョフの友人であるユーラの求めに応じた。ライーサは「私たちは同僚よ」と言った。なぜなら二人はともに、寮の運営委員だったからだ。「だからダンスをしながら、話し合うことがあるの[68]」

ゴルバチョフによれば、ライーサには一目惚れだった。「苦悩と歓喜の日々が続いた。最初の出会いは彼女に何も特別な印象を全く残さなかったように思えた。彼女は相変わらず静かだった」。ゴルバチョフはライーサにもう一度会おうと試みた。ユーラ・トピリンは自分の部屋に、ライ

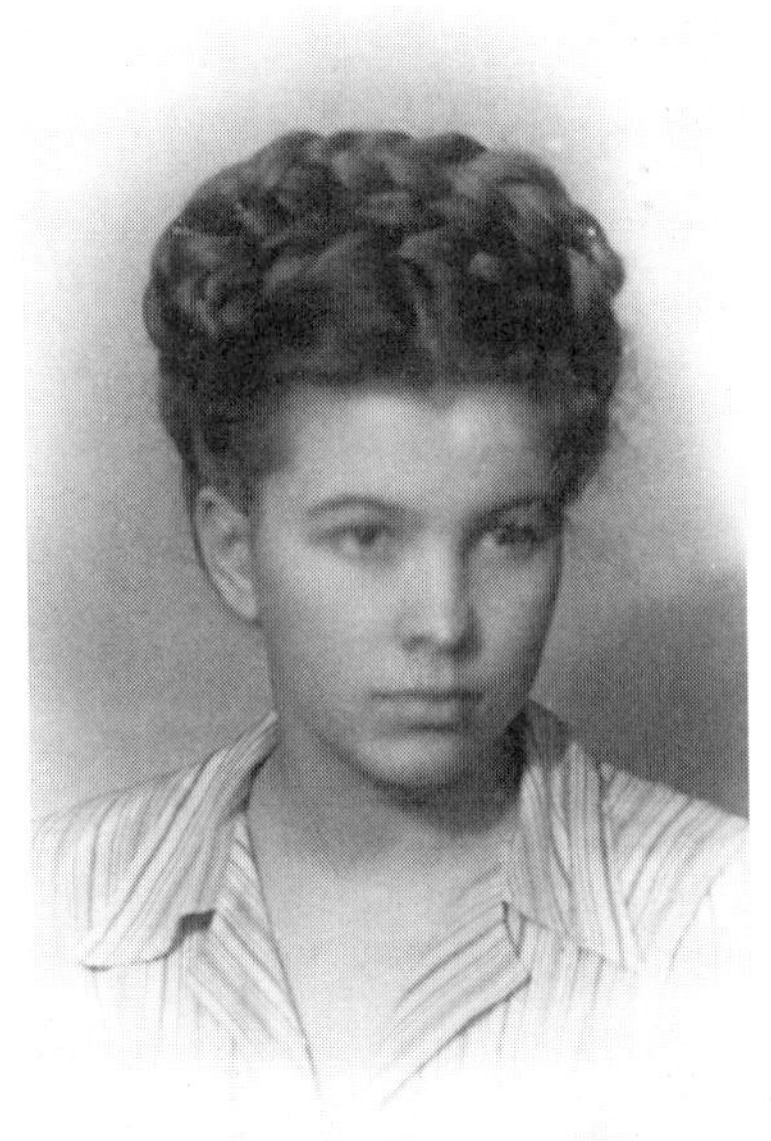

モスクワ大学1年生のライーサ・チタレンコ。
後にゴルバチョフと結婚

ライーサ・チタレンコ(右)とモスクワ大学の級友ニーナ・リャキシェワ=学生寮の近くで、1952年5-6月

ーサだけでなく彼女と同室の女子学生たちを招待した。お茶を飲みながら話をした。ゴルバチョフが語る。「私は何とか彼女の気を引こうとした。だが自分でばかげた結果を招いてしまった」。他の男子はみな戦場帰りだった。女たちは、ゴルバチョフに、どこで戦ったのか尋ねた。彼は決まり悪そうに、わずか一四歳で終戦を迎えたことを白状した。ライーサはゴルバチョフが、そんなに若いとは信じなかった。ゴルバチョフはパスポートを取り出して見せた。そしてすぐに自分がしたことを悔いた。「きっと、あがっていたのだろう。どう考えても、彼女は私を変人と受け止めたに違いなかった」[69]。ゴルバチョフとの最初の短い会話で、ライーサは口数が少なかった。他人行儀に「あなた」の呼称を互いに使った。ライーサは間もなく、そろそろ集いを終えて帰ろうと提案した[70]。

その後もゴルバチョフは幾度か、ライーサとの出会いを画策した。ある時は寮の廊下ですれ違ったが、彼女は会釈をしただけで行き過ぎてしまった。「この上なく質素な服を着ていても、彼女を見ると夢見心地になってしまう。ましてベールを巻いた小さな帽子をかぶっていたりすると、もう、すっかりのぼせ上がってしまうのだった」。大学院生たちも、彼女をものにしようと殺到した。ゴルバチョフはある時、眼鏡をかけた背の高い男の学生が、彼女にチョコレートを贈っている光景を目撃した。ゴルバチョフは友人たちから、その男がライーサを崇拝するアナトーリー・ザレツキーであると聞かされた。物理学の優れた学徒で、彼女と婚約したという。「まあ、そんなわけで、私は出遅れたと思い知ったのだった」[71]

二カ月が過ぎた。一九五一年一二月、学生クラブで音楽会が催された。ゴルバチョフはごった返す人混みの中で席を探していた。「突然、誰かの視線を感じた。ライーサだった。挨拶をして、空いた席を探している、と言った」。彼女は「私の席におかけなさい。あまり興味がわかないので」と立ち上がった。体調が悪いのだと察したゴルバチョフは、送っていこうと申し出た。ライーサは断らなかった。二人はストロムインカ通りを長い時間歩いた。翌日、ゴルバチョフはライーサを映画へ連れ出した。間もなく散歩が二人の日課となった。ライーサはある日、ゴルバチョフを自分の部屋へ招いた。同室の女子も加わって、楽しい時間を過ごした。ゴルバチョフは前回と違って、ほとんど口をきかなかった。ライーサから目を離せなかった。「典型的な美人ではなかったが、言いようもなく甘美で魅惑的だった。生き生きと輝く表情、優美な姿態……そして、とろけるような声」。その時のライーサの声は六〇年を経ても「私の耳の中で響き続けている」。

二人は時間があれば一緒に過ごすようになった。ゴルバチョフの友人たちは、彼を「取られた」と冗談を言い合った。「私の生活の全てが、まるで後方へ遠のいていくようだった。試験は何とか切り抜けたが、正直に言えば、学業さえ手につかなかった」

ある冬の日、二人は中心部にある学部の建物からストロムインカの寮へ向かっていた。ライーサは黙りこくっていた。ゴルバチョフが何か聞いても、答えは上の空だった。ライーサは突然、「私たち、もう会うのはやめましょう。あなたと一緒で、ずっと幸せだったわ。まるで生き返ったようだった。信用していた男性と別れたばかりだったの。あなたにはとても感謝している。でも、また同じようなことになったら、私はもう生きていられない。今のうちにお別れしましょう。手遅れになってはいけないわ」。二人は黙ったまま歩いた。「私はライーサに、そんなことはできない、僕を破滅させる気かい、と言った」。ゴルバチョフはライーサを部屋の中まで送り、二日後にまた、中心部の学部の建物の近くで会おうと言った。

「もう会えないわ」。彼女は言い張った。「僕は待っているよ」。ゴルバチョフは引き下がらなかった。「二日後に二人は再会した[72]」

ライーサが恋に破れたザレッキーの父は、バルト三国の鉄道部門の責任者だった。ライーサによれば、彼の母は「活動的で目立つ野心家」だった。彼女は息子の婚約者を検分するために、特別列車を仕立ててモスクワへ来た。ライーサと同室にいたニーナは、ザレッキー一家が「相当に上流の階級」だったと語る。ザレッキーの母はライーサが貧しい庶民階級の出身であることを理由に、彼女を嫁として認めなかった。ライーサがのちにゴルバチョフに語ったところによると、ザレッキー本人も「義務として」母親に服従した。その後、ライーサに「求婚しようと思う男がわんさと現れた」。しかし彼女はゴルバチョフを選んだ。ライーサは同室の友人たちと、将来の夫の条件について、よく語り合った。気持ちと頭が良い美男子で、その上でモスクワ出身なら、夫婦で首都に住めるので理想的だった。身分の高さも大切だった。大学教授が理想的だが、それでも外国人には及ばなかった。だがライーサには別の考えがあった。彼女はゴルバチョフに愛を誓い、生涯をともにした。「彼を愛していると分かったので結婚した[73]」。彼女のルームメイトは、ゴルバチョフが選ばれたのは、「生物本能の権化」[74]ではなかったからだと言う。ゴルバチョフの言葉を信じれば、交際した一年半、どこへ行くのも一緒だったが、彼は手をつなぐ以上の行為を自分に許さなかった。

若い二人は共通点が多かった。ライーサの父もゴルバチョフの母もウクライナ人だった。二人とも家族にできた最初の子供だった。ライーサと親しかったリディア・ブドゥイカによると、両親同士も似ていた。父親は双方とも「もの静かで落ち着きがあり、そして優しかった」。ライーサの父はセルゲイ・ゴルバチョフと同様に、「並外れて子煩悩」だった。ライーサという名前は、ロシア語で天国を意味するライにちなんで父がつけた。ライーサが語る。「私は父にとって自慢の娘だった。父は死の数カ月前からモスクワで入院していた。病床で彼は私に、自分の母と私のことをいつも考えていると打ち明けた。私は父から見れば、まだ少女だった。父は〝私の命を救ってくれるのはお前しかいない。いつも、そう考えてきた。そう感じてきた〟と言った」。しかし娘は父の命を救えなかった。彼は困難な手術を受けて、一九八六年に死去した。

ゴルバチョフの両親もライーサの両親も農民だった。ライーサの父マクシム・チタレンコは、一九〇七年にチェルニゴフで生まれた。チェルニゴフはゴルバチョフの母の家族がかつて住んだ土地である。マクシムは一九二九年にシベリアへ移住し、妻となるアレクサンドラと出会う。ライーサはアルタイ地方のルブツォフスク村で生まれた。プリヴォリノエと同じくらい小さな村だった。いずれの両親も子供の頃は苦労した。ライーサの母は娘に語り聞かせた。「つらくて希望のない仕事だった。お前のかわいそうなおばあちゃんときたら！……土地を耕し、種を播き、洗濯をして六人の子供を育てた。それでも死ぬまで一言も文句を言わなかった」。ライーサの母はゴルバチョフの母方の祖父と同様に、ボリシェヴィキを支持していた。ライーサは「レーニンが私の父母に土地をくれた、というのが母の口癖だった」と回想している。

鉄道は一九一七年以前からボリシェヴィキの勢力基盤だった。ライーサの父は鉄道員だった。ライーサが結婚の後で語ったところによると、父は入党を強く願ったが実現しなかった。ライーサの母方の祖父は、ゴルバチョフの二人の祖父と同じように、一九三〇年代に逮捕された過去を持つ。農業集団化の過程で、「富農」として家や土地を奪われた。さらにトロツキー主義者として追放され、二度と戻らなかった。ライーサが一九九〇年に語っている。「私の母は今でも、トロツキーが誰であるのかさえ知らないのです。ましてや祖父が知るはずもありませんでした……祖母は〝人民の敵〟の妻として、悲しみと飢えに耐えつつ、四人の子供を運命に託して死にました」

ゴルバチョフの母と同様にライーサの母、アレクサンドラ・チタレンコも最低限の教育しか受けていなかった。ゴルバチョフはそんな義母を高く評価していた。「才能のある女性である。少なくとも［政府の］閣僚になれるだけの能力を備えている。極めて有能だが、富農の出身だった」[75]。ライーサによれば、母は生まれつき聡明な女性だった。彼女は自分に教育がないことを「悲劇」ととらえ、子供たちの養育を人生最大の目的と考えていた。アレクサンドラは専業主婦として夫につき従い、鉄道沿線を転々と移動した。暑熱に焼かれた有蓋車両に揺られ、バラックや移動宿舎に住んで、二五歳までに三人の子供を生んだ。生涯を「縫いものや繕いもの、穴かがり、編み物、料理、刺繍や掃除に費やした」。彼女は「すべてをきちんと整頓し、野良仕事にも精を出した。余裕があれば牛や羊を飼って、その乳を子供たちに与えた」。

ライーサによれば、両親は「自分たち自身についてはとても願い通りの人生を過ごせるはずがない、とあきらめていた」。だから「自分たちにはとても手が届かない大切な価値を、子供たちを通じて実現することが人生の目的であると考えていた」。つまり、「両親は私たちに教育の機会を授けてくれただけではなかった。彼らは自分の人生をかけて、私たちに言動や態度に対する責任感を植え付けてくれた。両親が私にくれた最も大事な贈り物は、おそらく、他人が必要とするものを理解し、悲しみや痛みを分かち合う姿勢、つまり、他人の気持ちを受け入れる広い心だった。この罪深い地上にあって、どのような世代も無駄に存在しているわけではない」[76]。ライーサは父が転勤するたびに、学校を転々とした。彼女は将来の夫と同様に、自家製の乏しい学用品で我慢しなければならなかった。教科書は五人に一冊しかなかった。帳面は新聞紙を綴じ、インクは煤から作った[77]。ライーサは転校を繰り返したので、「一種の抑うつ感、疎外感、時には孤立感」を覚えた、と回想している。それでも、ゴルバチョフと同じように、ライーサも授業が好きになった。合唱や演劇、体操、パーティーも楽しんだ。学友たちと「互いに忠誠を尽くし、いつも団結し、助け合い、隠し事をしない」と厳かに誓い合った。「私たちは指に切り傷をつけて、お互いの血を混ぜさえした」[78]。猛烈な勉強ぶりも、将来の夫と共通する資質だった。成績が極めて良かったので、両親も娘の学業に口出しをしなかった。「両親が学校へ呼び出された記憶はない。宿題をしたかどうか、両親は聞きもしなかった」

ゴルバチョフに似てライーサも本の虫だった。「子供時代の最も幸せで楽しいページは……家庭での読書だった。私は声を出して読むのが大好きだった。何と素晴らしい夜が続いたことか。暖炉で火がパチパチとはじけ、ママが夕食を準備していた」。妹のリュドミラ（一九三八年生まれ）、弟のエヴゲーニー（一九三五年生まれ）が「いつもまとわりついていた。私は本を読んでやった」。ライーサはバシキール自治共和国のステルリタマークで、一九四九年に高等学年を終えた。ゴルバチョフは銀メダルだったが、彼女は金メダルの成績だった。成績優秀を理由に、無試験で大学に入る資格を得た。ゴルバチョフと同様にライーサにとって、モスクワ大学への進学は勝利の証だった。しかし、満員の乗客でむせるような列車で首都へ一人旅立つのは、一七歳の少女には辛い試練だった。列車には寝台もなかった。食べ物も母が持たせてくれたものしかなかった。「家族や学校の友人たち、慣れ親しんだ世界と別れる辛さ。悲しみと不安。未知の世界への旅立ちだった……[79]」

モスクワ大学では哲学部のほうが法学部より人気があった。だが数学や自然科学の学部ほどではなかった。自然科学の分野では、スターリン主義による政治的制約に縛られずに、勉学の成果を発揮できた。法学部と哲学部は気風が異なっていたが、学生同士の相性はおおむね良かった。ゴルバチョフの友人、ルドリフ・コルチャーノフによれば、哲学部の学生は「やや浮世離れしていた[80]」。特に女子は変わり者が多かったという。「現実から遊離して雲の上にいるような印象を受けた。ライーサも例外ではなかった[81]」

ライーサの同窓生には、著名な新カント派の哲学者となるメラブ・ママルダシヴィリ、世論調査で有名な社会学者となるユーリー・レヴァダがいた。彼らによれば、ライーサは目的意識が極めて高い学生だった。魅力的ではあったが、媚びを売る気配はなかった[82]。ゴルバチョフが誇らしげに語る。「衛生係にはうってつけのお嬢様だと、誰もが好意的に考えていた。みんなが彼女に目をつけて、まとわりつこうとしていた[83]」。ムリナーシに言わせれば、ライーサは「あこがれの的」だった。彼女が話す時は「一語一語に独自の生命が宿っていた[84]」。ゴルバチョフは「優雅な身のこなし、控え目だが誇り高い性格に、私は一日ぼれしてしまった[85]」と告白している。

モスクワ暮らしでは、ライーサがゴルバチョフより一年先輩だったので、ナジェージダ・ミハリョーワに代わってゴルバチョフのガイド役を務めるだけの知識を持っていた。二人は格安の切符を入手して観劇に出かけた。切符には「天井桟敷、視界に制限」と印刷してあり、舞台の一部しか見えなかった。ライーサはのちに書いている。「どの劇場に行っても、私は天井桟敷を見上げる。生まれて初めてボリショイ劇場でビゼーのオペラ、カルメンを見たのも、チャイコフスキーの交響曲第一番、第六番を聴いたのも、天井桟敷からだった。初めてのバレエ、ミンクスのドン・キホーテもあの席で見た。モスクワ芸術座でチェーホフの三人姉妹を見た時も、私は天井桟敷にいた[86]」。ライーサとミハイルは書店、博物館、外国美術の展覧会にも一緒に出掛けた[87]。コルチャーノフによれば、ゴルバチョフは「三年生の時には、美術、文学、文化、スポーツの知識でクラスの誰にも引けをとらなかった」。ミハリョーワは「もちろん、彼の文化的発展の初期段階で大きな役割を果たしたのは、ライーサ・マクシーモヴナだった[88]」と言う。ゴルバチョフは「哲学で彼女の読書量は私をしのいでいた。そして私の傍らにあって、彼女はいつも哲学の徒であり続けた。私は歴史上の事実を知るだけでは満足せず、それらを哲学と思想の枠内に位置付けようと努めた[89]」。MGUの学生は偉大な哲学者について、教科書や概説書で学ぶだけで、著書も翻訳の抜粋で読むにとどまっていた。しかしライーサは、ヘーゲル、フィヒテ、カントをドイツ語の原文で読む意欲を燃やし、ゴルバチョフに支援を求めた[90]。ライーサはトーマス・ジェファーソンらによる西側の政治理論も原書で読んだ。ゴルバチョフは「人の心を覆うあらゆる形態の専制」に関するジェファーソンの言葉に、強い感銘を受けた[91]。

リーベルマンは「政治の本も、彼より彼女のほうが多く読んでいた」と証言する。ゴルバチョフはコムソモールの仕事に時間をとられていた。「彼は勉学に当てる時間が足りなかった……講義も時に欠席した。彼女が彼の勉強を助けていた[92]」

ライーサは後年になって、イデオロギーによる当時の制約に不満を漏らしている。「ロシアの歴史や世界の文化について、十分な知識を得られなかった。第一九回党大会におけるスターリンの演説を暗記させられた。ソロヴィヨフ、カラムジン、ベルジャーエフ、フロレンスキーなど、ロシア思想史を学ぶ機会はほとんどなかった」。ましてや「外国語の真の知識」など望めるはずもなかった。それでも「私たちはドイツ語やラテン語を勉強した……だが実際に外国語を使う機会はなかった」。そして「私は人生で一度も、自分より美しい衣服や装飾品を身に着けている人を羨んだことはない。でも外国語を自由に話す人には、本当に羨望を感じてしまう[93]」と心情を明かしている。

このころ、ゴルバチョフはまだ自分を「最大限追求主義者」と考えていた。だがゴルバチョフによれば、ライーサこそ「まさに、その立場を貫いた。私は妥協主義者に転じた」。ゴルバチョフを変えたのは、「自分が受けた教育や、のちに直面した多くの問題」だった。ライーサの「毅然とした性格」がゴルバチョフを惹きつけた、とグラチョフは語る。彼によれば、ライーサは「秩序を重んじ、一歩間違えば頑迷とさえ言えるほど生真面目な気性だった。いい加減に済ませたり、ごまかしたりするのは嫌いだった。ものごとを適当に総括する態度も好まなかった」。ゴルバチョフが共産党の指導者になってからも、妻を冗談交じりに「我が家の党細胞の統率者[94]」と呼んだのは、彼女の性格と無関係ではない。ナジェージダ・ミハリョーワはゴルバチョフ夫妻を二人ともよく知る（そして、おそらくはライーサに少し嫉妬を感じている）女性である。そのミハリョーワの鋭い見立てによれば、ゴルバチョフは妻より「やわな」人間で「恐妻家だった[95]」。

ゴルバチョフとライーサは一九五三年九月に結婚した。離れ難い仲になって既に久しかった。ゴルバチョフは「私たちは別れられないし、離れてはならない、と信じていた[96]」と語る。ライーサは一九九〇年に応じたインタビューで、言葉を慎重に選びながらも「二人の関係と互いに抱く気持ちは、ごく自然なもので、私たちの運命の不可分な一部を成していました。どちらか一方が欠けた人生など想像もできませんでした。そのような気持ちに浸ることが、まさに日々の生活そのものだったのです……二人でいるだけで満ち足りていました……Omnia mea mecum porto――今あるものは全て携えて」。ライーサはラテン語の慣用句を引いて当時の心境を語った。ゴルバチョフもかつて高校時代に好きだったユーリヤへの恋文で、ラテン語の慣用句を使っている。Dum spiro, spero――生きている限り希望を捨てない[97]。だがユーリヤは彼の求愛を拒んだ。

ゴルバチョフとライーサは結婚に先立ち、住居と生活費を心配していた。ゴルバチョフは一九五三年夏、プリヴォリノエに帰って父と収穫作業に精を出した。これまでにないほど懸命に働いた。セルゲイ・ゴルバチョフは「働かなきゃならない理由が、できたってわけだ」と笑った。ライーサはきれいな服が好きだった。それでこそ「本当の王女さまだ」とゴルバチョフは考えた。二人は過ぎた贅沢と知りながら、ライーサが着る新しいスカートとブラウス、外套を仕立てる布地を購入した。ゴルバチョフは「腰のところで締まった外套」を鮮明に記憶している。「明るい緑色で毛皮のつつましい立て襟が付いていた。ライーサはこの外套を八年間着た。表が擦り切れると、裏返しにして着た」。ゴルバチョフには、ライーサが何を着ても似合うように思われた。彼女は体重が増えないよう気を使った。ゴルバチョフによれば、「三〇歳まで化粧をしなかった」。そして「いかなる場合でも見苦しくてはいけない、という信念に突き動かされていた。私はライーサと生涯をともにして一度たりとも、起き抜けの乱れた髪のまま夫の前に現れた姿を見ていない(98)」。

ゴルバチョフ父子は、国家に納入する規定量を上回る収穫を達成した。その結果、九〇〇キロの穀物を売ることができた。当時としては破格の一千ルーブルの資金を手に入れ、結婚の費用に充てた。ミハイルはライーサのために、軽いシフォン地の「ウエディング・ドレス」をあつらえた。それを着たライーサは「華やいで見えた」という。だがライーサによれば、「本当のウエディング・ドレスではなかった。そのころは特別に花嫁衣裳をつくるということはなかった」。ゴルバチョフは自分の結婚衣装も夏の稼ぎで買った。「突貫労働者」という名の工場が製作した濃紺の派手な高級品だった。結婚指輪や新婦の新しい靴までは買えなかった。ライーサは友達から靴を借りた。結婚届は一九五三年の九月二五日に出した。ストロムインカ寮の隣に役所の大きな建物があった。二人はどこにいようと、結婚記念日を祝うことだけは忘れなかった。ボリシェヴィキの革命記念日に当たる一一月七日、学生寮のカフェ「ダイエット」で披露宴を催した。メインの献立は、ビーツ、ジャガイモ、ピクルスを混ぜた学生の定番サラダ「ヴィネグレット」だった。シャンパンとウオッカはたくさんあった。そして乾杯に次ぐ乾杯。ムリナーシとゴルバチョフが振り返る。「しゃれた〝舶来の〟背広は、大きな油のしみだらけになった。皆が大声を張り上げ、ダンスに興じ、パーティーは大いに盛り上がった。学生結婚を祝うパーティーと言えば、いつもこんなものだった」。ロシアの伝統で、客が「苦いぞ」と叫べば、新郎新婦はキスでその場を甘くしなければならない。だがこの時ばかりは、「それが問題だった」とゴルバチョフが明かす。ライーサの考えでは、「キスは厳密に二人だけの行為で、見せものではなかったからだ(99)」。

結婚前のゴルバチョフ=1953年9月25日以前

結婚前のライーサ・チタレンコ=1953年9月25日以前

新婚初夜は二人だけになれなかった。ストロムインカの寮で三〇人ほどの御客と一緒に過ごした。ゴルバチョフによれば、本当に「夫と妻」の関係になったのは、一〇月初めにレーニン丘にある高層の学生寮へ移ってからだった。そこでも夫婦生活は簡単ではなかった。寮には規則があって、夜はそれぞれ別の部屋へ引き上げねばならなかった。ゴルバチョフは結婚証明書を武器に抵抗した。学長が結婚証明書を長靴で踏みにじる漫画を壁に帖った。大学当局もようやく折れた。[100]ライーサが語る。「いつも一緒に過ごせるようになりました。論文「ゴルバチョフのテーマは「地方における国家行政への大衆参加」だった」を書き、試験の準備をしました。多くの本を読み、ドイツ語を勉強しました[101]」

間もなくライーサが妊娠した。ゴルバチョフが言う。「我々はその方面で全く経験不足だった。学校でも大学でも病院でも、誰も何も教えてくれなかった。妻の妊娠は〝晴天の霹靂〟だった」。二人は子供の誕生を心待ちにした。ところがライーサは関節がひどく腫れて、動けなくなってしまった。ゴルバチョフは友人の助けを借りて、彼女を病院へ運んだ。入院は約一カ月に及んだ。ソヴィエトの病院では満足な食事ができなかったので、ゴルバチョフがストロムインカの調理場でジャガイモを揚げて、それを友人たちが届けたりした。病気と治療がライーサの心臓に負担をかけた。医師は母体を救うか、赤子を救うかの選択を迫られるかもしれないと警告した。ゴルバチョフが語る。「我々はどうしたらよいのか、途方にくれてしまった。ライーサは泣いてばかりいた」。ライーサはついに、シャボロフカ通りの産院で堕胎手術を受ける決心をした。ゴルバチョフは今後について医師に相談した。医師は「避妊をしなさい」と言った。でも、いったいどうやって？　最も効果があるのは禁欲生活だ、と医師は答えた。[102]

ゴルバチョフの両親は息子の結婚について、「曖昧に」しか知らなかった。ゴルバチョフとライーサは一九五四年夏、「自分たちを思い出してもらうために」プリヴォリノエへ帰省した。列車を降りた後は通りがかりの車に便乗して故郷を目指した。最初にワシリーサばあさんのところへ寄った。ワシリーサはライーサを見て「なんて痩せているの！　まあ綺麗だこと！」と言った。父セルゲイ・ゴルバチョフも一目でライーサを気に入り、「実の娘のように受け入れた」。だが母は嫉妬心からか、夫のようには嫁を受け入れなかった。

「役に立たない嫁を連れてきたもんだね」

ゴルバチョフはライーサについて、大学を出たら教師になる女性だと説明した。

「じゃあ、いったい誰があたしたちを助けてくれるんだね？　なぜ、ここの土地の女と結婚しなかった？」

ゴルバチョフは怒った。「ママ、今から言うことを忘れないでくれ。俺は彼女を愛している。彼女は俺の妻だ。さっきからの文句は二度と聞きたくないよ」

母はライーサに庭の水まきを命じた。母は怒ったが、何とか自分を抑えた。父セルゲイが「一緒にやろう」と割って入った。しかし、ライーサとの緊張が消えたわけではなかった。ライーサはある時、義母と言い争いを避けるために家を出た。ゴルバチョフは川のほとりにたたずむライーサを見つけた。

「いったい、どうしたの？」

「何でもないの」

「そう、その気持ちが大切だ[103]」

ライーサの母も婿に冷たかった。ライーサは豊かではない両親に負担をかけたくなかったので、直前まで結婚を知らせなかった。だが心遣いが裏目に出た。ゴルバチョフとライーサは翌年の夏、「無沙汰の罪を償うため」シベリアへ帰郷した。ゴルバチョフによれば、ライーサの両親の態度は「決して邪険ではなかったが、自分たちは傷ついたという様子も隠そうとはしなかった」。ライーサの弟と妹はすぐにゴルバチョフになついた。父親もゴルバチョフと親しい関係を築いた。だが母親だけは時間がかかった。ゴルバチョフとライーサが別の機会に訪れた時のことだ。ゴルバチョフが妻より早く起床して台所へ行くと、義母が朝食の支度をしていた。ゴルバチョフは「ママ、何かお手伝いしましょうか？」と声を掛けた。台所で男に助けてもらった経験などない彼女は驚いてしまった。そして落ち着かない様子で「ライーサはどこ？」と尋ねた。ゴルバチョフは口の前で指を立てて、「どうぞ、お静かに。彼女はまだ寝ていますよ」とささやいた。ライーサは不眠症に悩んでいた。義母はライーサに「あんたの連れ合いはユダヤ人かい？」と言った。ゴルバチョフとライーサは「批判でなく好意の証と受け止めた。なぜならユダヤ人は愛妻家と決まっていたからだ[104]」。

それからは、ゴルバチョフと義母の関係も良好になった。と言うより、実の息子のように受け入れてくれた」。ゴルバチョフの父とライーサの父は、意気投合した。二人の性格を思えば、驚くには当たらなかった。ゴルバチョフが語る。「二人はプリヴォリノエで初めて会って二時間で、百年も前から知っている旧友のような関係になった。兄弟と言ってもいいくらい親密になった。二人とも戦争へ行ったし、筋金入りの働き者だった。マクシム・アンドレイエヴィチは穏やかで人間味にあふれた人物だった。この点でも私の父に似ていた[105]」

ＭＧＵ法学部は学生を地区の行政府へ派遣して、実務研修を経験させた。ズデネク・ムリナーシはモスクワの無味乾燥な官僚主義に愕然とした。ゴルバチョフは検察官と一緒に、流血の犯罪事件を担当した。彼は法廷で「非公式の立会人」となった。彼はその役回りを「実務をこなす力を証明する機会[106]」として、喜んで受け入れた。だが一九五三年の夏に故郷で参加した研修は、ゴルバチョフの前向きの意欲をもってしても耐え難かったらしい。彼が見たのは、地方の検察官の無能ぶりと傲慢な態度だった。ライーサへ送った手紙は、彼には珍しいほど憤りに満ちている。

ゴルバチョフはその夏、プリヴォリノエで収穫を手伝う前に、モロトフスコエ地区の検察事務所で働いた。事務所は彼が高等学年を過ごした町にあった。ゴルバチョフが事務所の便せんを使い、一九五三年六月二〇日付けで、モスクワにいる将来の妻へ出した書簡を引く。

「ここには、とてもがっかりした。君から手紙を受け取る時は特に、ここのひどさが身に染みる。君の手紙には、善意、敬愛、親密と合理性が満ちているからだ。ここで私を取り巻く環境には幻滅した。土地を牛耳るボスの生き様は、とり分け見るに耐えない。因習に束縛され、従属がはびこっている。全ては事前に決まっている。役人は人目もはばからず、傲慢で横柄だ。君が土地のボスを見ても、太鼓腹のほかに何も突出したものを見出せないだろう。それなのに何という落ち着きと自信、そして人を食ったような恩着せがましさ！　科学を侮蔑しているのだ。だから若い専門家など相手にしない。私は新聞で、畜産の専門家の意見を読んだ。彼はスタヴロポリ農業大学の卒業生だ。実に恥ずかしい話なのだ。彼は素晴らしい計画を携え、情熱に燃えて、この地に来た。だが、ここでは彼の計画に誰も関心がない、という現実をすぐ感じ取った。彼は笑い者にされ、嘲笑の対象となった。なんという怠惰、そして保守性！……

私は多くの若い専門家と意見を交換した。彼らは誰もが不満を感じている。私はいつものように、多くの仕事、かなりの量の仕事をこなしている。常に遅くまで机に向かっている……ここが私の居場所だ。だが本当のことを言うと、他に行くところがないのだ。全てが退屈だ[107]」

皮肉なことに、ゴルバチョフは大学を出て、ここまで罵倒したスタヴロポリ地方で働く定めにあった。モスクワに残るため手を尽くしたが、かなわなかった。

ソヴィエトでは大学生が卒業して働く場所を、国家が決めた。国家は学生に教育を施し、その成果を摘み取るため地方へ「配置」した。ＭＧＵの法学部には、そのような機能を果たす国家機関「配置委員会」があった。コムソモールが運営していたので、ゴルバチョフも委員だった。委員は一二人いて、ゴルバチョフを除く一一人が前線帰りだった。この構成はゴルバチョフの就職に、決して不利ではなかった。彼は希望通り、ソヴィエト連邦検察庁で働くことになった。一九五五年の時点で検察庁は、ゴルバチョフの「政治的かつ倫理的な信念」にふさわしい仕事をしていた。スターリン体制下で無実の罪により弾圧された人々の名誉回復である。ゴルバチョフは治安機関の職務を監視するため新設された部門へ配属を希望した。治安機関が法律を遵守しているかどうかを調べるのが仕事だった。「採用通知を寮のベッドの上に見つけた時の気持ときたら！　ウォーと声を上げたいくらいだった。私はこの上ない満足感を味わった。私にとって全てが順調に運んだばかりか、ライーサもモスクワで学究生活を続けられることになった[108]」。ライーサはゴルバチョフより一年早く大学を卒業し、哲学の研究を続けるために、モスクワのレーニン教育大学の大学院へ籍を移していた。

しかし、ゴルバチョフにとって不幸なことに、検察にあってＫＧＢを監視するのは若者ではなく、経験豊かな人物の仕事と決まっていた。秘密警察は相手が若者と分かれば、圧力をかけやすかった。ゴルバチョフは検察庁へ就職すると決めたものの、自分が取り組みたい仕事がないという現実に直面した。「それは非常に痛い一撃だった。一分も経たないうちに、私のもくろみは崩れ落ちた。もちろん、モスクワへ残るため、大学で楽な職を見つけてもよかった。実際に友人の幾人かは、そのように動いていた。だが私は別の道を望んだ[109]」

ゴルバチョフはＭＧＵの大学院で集団農場法を専攻する提案を受けた[110]。「原則に照らせば、同意できるはずがなかった。いわゆるコルホーズ法に関して、私には明確な考えがあった。このような統制は全くの誤りだと信じていた[111]。「私は集団農場の何たるかを知っていた。そこで何が起きているのか、農民階級がどのような生活をしているのか、分かっていた。私自身がそこでの暮らしを経験していた。二度と戻るつもりはなかった。私は提案を断った。私の関心は政治に関する法理論にあった。その他の分野の法律で専門家になるつもりはなかった[112]」

就職をめぐるゴルバチョフの態度には、その後の彼の歩みを決定づける特徴が既に見て取れる。モスクワへ残ることに強いこだわりがあった。妻がいるというだけの理由ではなかった。ソヴィエト連邦において、人並みはずれた出世を遂げる場所はモスクワ以外になかった。凡人にとっては、組織で希望の地位が得られるかどうかは、くじ引きのようなものだが、彼には組織や制度を自分のために生かす能力があった。信念に照らして後退と判断すれば、拒否するだけの気概があった。遠くシベリアのトムスクの検察で働く提案も拒否した。対岸の中国に黒河という都市を望むブラゴヴェシチェンスクや、中央アジアのタジキスタンへの赴任も断った。モスクワから一〇〇キロ南に位置するストゥーピノの検事補佐になれば、夫婦一緒に過ごす時間が制限されても、ライーサはモスクワで研究を続けられた。それでもゴルバチョフは同意しなかった[113]。最初の三つの提案が受け入れがたい理由は、ソヴィエト連邦の事情に疎い西側の人間にさえ容易に想像できる。だが第四の提案もゴルバチョフには論外だった。モスクワ郊外の小さな都市が置かれた環境は、ニューヨーク、ロンドンやパリの郊外都市とは全く異なる。それを彼は知っていた。

ゴルバチョフもライーサも、これらの提案について、どれも本気で考慮しなかった。「知らない土地へ行って、見ず知らずの環境で生涯の運試しをする」理由が見出せなかった。シベリアの寒気と中央アジアの暑熱が理由ではなかった。スタヴロポリには寒気も暑熱も両方あったからだ。「決定はなされた。赴任先のソヴィエト連邦検察庁の〝連邦〟を線で消して、〝スタヴロポリ地方〟と書き換えて、正式の文書が完成した[114]」

ゴルバチョフは故郷へ帰ることになった。スタヴロポリに近い町で、彼が一九五三年に経験した不愉快な出来事は既述した。それでも故郷は彼を惹きつけた。だがライーサの両親は不満だった。モスクワの大学院で学ぶ娘を「スタヴロポリとかいう〝穴倉〟へ連れ去る」行為に激怒した[115]。この間の経緯についてライーサは回想録でも、詳細は語っていない。「全てを捨てて、スタヴロポリで働くことにした……そう、私は大学院をあきらめた。既に試験も合格して講義にも出てはいたが」[116]。彼女はのちに社会学の博士候補になろうと勉学を再開する。

ライーサが夫と同行する判断を下したのは驚くに当たらない。ソヴィエトではそれが妻として当然だった。あるいは医師たちがライーサの健康のため、「転地療養」を勧めたのかもしれない[117]。だが一番の理由は夫への愛情であっただろう。三五年後の一九九〇年、ライーサは彼女特有の感情の高ぶりに身をまかせて書いた。

「ミハイル・セルゲイエヴィチが私の目の前に現れた時の様子?……そう、知的で信頼できる友人だった。そして、自分の意見を持ち、情熱を注いでそれを守れる男性だった。……でも、それだけでは言い尽くせない。彼は仲間を愛していた。彼は相手を尊敬し……人間としての尊厳を誰にも認めることができた。他人の尊厳や権利を踏みにじってでも自分の利益を主張しようとはしなかった。(ああ、私は幾度、そんな彼の性格について考え込んでしまったことだろう)。……彼の顔、彼の目が今も私を見守っている。三七年間の歳月を一緒に過ごした。何もかも変わってしまった。でも私の胸には、たった一つの願いが残っている。彼、つまり私の夫が、若き日に私の人生の舞台に登場した時と変わらずにいてほしい。男らしく冷静で、強く、そして優しく[118]」

歳月を経ても、なおこのように初々しい愛情を抱き、ゴルバチョフとライーサは未来へと歩を踏み出した。しかし、ライーサは大きな困難が待ち受けているとの予感も、ぬぐい去ることができなかった。ゴルバチョフによれば、彼女がその夢を見たのは二人が結婚を決めた直後だった。

「彼女と私はとても深く暗い穴の底にいた。わずかな光がどこか上の方から弱々しく差し込んでいた。助け合いながら壁をよじ登った。私たちの手は傷つき、血が流れた。耐えきれない痛みだった。上から落ちてきたライーサを受け止めた。再びゆっくりと登り始めた。ついに我々は暗い穴から抜け出した。精も根も尽きていた。眼前には、まっすぐでなだらかな並木道が延びていた。地平線のかなたに、巨大でまぶしい太陽が見えた。並木道はそこで光の中へ溶け込んでいるようだった。私たちは太陽へ向かって歩いた。道の両側から恐ろしい黒い影が立ち上がり、我々を覆ってしまった。いったいこれは何だろう？〝敵、敵、かたき〟と言う声を聞いた。私たちは胸を締めつけられたような気持になった。互いに手を握り、太陽への道を歩み続けた……」[119]

第3章

出世の階段

一九五五-一九六八年

ゴルバチョフは一九五五年八月五日、スタヴロポリ地方の法務局に初出勤した。気持ちはすぐに変わった。彼はまだモスクワにいた妻へ「法務局は私が働くべき場所ではない」と手紙を書いた。[1] 初出勤の当日に冷たい扱いを受け、数日後に担当を言い渡すまで待機するよう命じられた。それが気に入らなかったという。だがソヴィエトではごく当たり前のことだった。それとも凱旋した英雄のように迎えられるとでも思っていたのだろうか？ 彼ほど自尊心が高くない農村青年なら、おそらく我慢したであろう。ゴルバチョフは地元のコムソモールで、ある幹部を探し当てた。「昔から私を知っている」人物だった。党の青年組織でもっとましな職を世話してもらおう、と考えたのだ。[2] もくろみは成功した。モスクワ大学の卒業証書と、大学でコムソモール活動に従事した経歴が効を奏した。[3]

コムソモールで人事を担当する局長だったニコライ・ポロトフは、髪が薄く赤ら顔で既に腹が出はじめた若者に好感を抱いた。ポロトフはこの男を採用しようと考えたが、まず検察の仕事を望まない理由を執拗に尋ねた。「彼らには私を迎え入れる気持ちがないのです。私を見下しています」とゴルバチョフは不満げに答えた。ポロトフは法務局のワシーリー・ペトゥホフに電話を入れた。ペトゥホフはゴルバチョフを引見し、転職を認めた。ペトゥホフはポロトフに「法律家はいくらでもいる。彼一人いなくても支障はない」と語った。二人ともゴルバチョフについて「悪くない男」との印象を共有していた。しかし、その日のうちにゴルバチョフは妻へ手紙でこう書いた。「法務局長と長々と不愉快な話をした。彼は、さんざん悪態をついた挙句、コムソモールで働くことに同意した」。ゴルバチョフはのちに、「その会話は私の舌に嫌な味を残した」と回想している。[4]

このやりとりは、はたしてゴルバチョフが語るほど、とげとげしかったのだろうか？ それとも彼の志があまりに高く、仕事への期待が高すぎたのだろうか？ ポロトフは農村のコムソモール委員会書記（つまりトップ）の地位を提示したが、ゴルバチョフは難色を示したと伝えられる。「私は農村出身なので、地方勤務は厭いません。ただわびしい草原に送り込もうというのではないでしょうね？ 唯一の問題は妻の甲状腺障害です。彼女は哲学部を卒業しているので、僻地の暮らしに向きませんが、最大の問題は甲状腺なのです。私が妻とその任地へ赴けば、時を経ずして転勤を申し出るでしょう。そしてあなたは私を〝裏切り者〟とか〝不満分子〟と批判するに違いないのです[5]」

ライーサ・ゴルバチョフが患っていたのは甲状腺ではなかった（リウマチ性関節炎という説がある）。スタヴロポリの政敵はゴルバチョフが虚偽を述べ立てたと批判するが、ポロトフが病名を誤って記憶した可能性もある。ポロトフは上司であるコムソモール地区委員会第一書記、ヴィクトル・ミロネンコに電話をかけた。ミロネンコがゴルバチョフに会うことになった。ゴルバチョフは緊張したが試験に合格した。ミロネンコはポロトフに「このモスクワ大学卒業生は、物事を把握する能力がある。地方の事情も知っている。弁も立つ。それで十分ではないかね？」と言った[6]。

コムソモールは一四歳から二七歳の青年を数百万人も抱える組織である。指導層は年長者で構成され、共産党が示す課題を遂行する。ゴルバチョフは当初、スタヴロポリ地区コムソモールの教宣局次長という比較的低い地位を与えられた。だがその後の二〇年間で、コムソモールと共産党の出世階段を順調に上り続ける。一九五七年にスタヴロポリ市コムソモールの指導者となり、一九五八年に地区コムソモールの序列第二位、一九六一年に地区コムソモールのトップへ昇任した。一九六二年に農業地帯で党の地区指導者となり、一九六三年にはスタヴロポリ地方の党人事を管轄する地位に就く。一九六六年、スタヴロポリ市の党委員会第一書記、一九六八年にスタヴロポリ地方の党委員会ナンバー2へと駆け上がる。

ゴルバチョフは二〇〇七年に、スタヴロポリ時代を「私の小さなペレストロイカ」と振り返っている。当時の経験がなければ「のちのゴルバチョフもなかっただろう。私はいつも何か仕事を見つけて忙しくしていた。それが性分だった。だがその後の人生は、同じシナリオ通りには運ばなかった」。彼は小学校、高校、モスクワ大学を通じて、傑出した存在だった。スタヴロポリ時代は彼の自信をさらに強めた。一九五五年に率いたコムソモール教宣局の活動家と比べて、自分は「いわば、頭一つ抜け出ていた」と言う。大学で学んだ学歴で「明らかな優位」に立った。同僚との議論では、MGUでの経験を引き合いに出し、彼らには「思いもつかない根拠を持ち出し、そこから法則を導き出した」。ゴルバチョフは実際、後へ引かなかった。議論

スタヴロポリ地方コムソモールが催した「プロパガンダ活動家」の講座で。中列右から4人目がゴルバチョフ＝1955年

の中心となり、一人で真実を主張した。コムソモールの地域集会で彼は正面から批判された。ゴルバチョフによれば、「私が大学卒業の経歴を不当に利用し」、地元の活動家を「無知な連中、もっとひどく言えば愚か者」と見下した、と糾弾された。集会の参加者はゴルバチョフに、学歴が低いのは自分たちの責任だろうか、二流の夜学にしか行けなかったのは、自分たちが悪いからだろうか、と詰問した。彼らはゴルバチョフに「同僚をもっと理解して付き合わねばならない」と言った。ゴルバチョフは「肝に銘じた」。自分は生来「社交的で他人を尊重してきた」。だが「自分のラディカリズムと戦わねばならない」ことも学んだ。では彼の「ラディカリズム」とは、どのようなものであったのだろうか？　二〇〇七年に本人が述懐したところによれば、それは「過度の原則主義」だった。彼は「与えられた権力を最新の注意を払って駆使する方法」を学ばねばならなかった。[7]

　ゴルバチョフの学歴が同僚に対する優越をもたらした事実は否定できない。だが何もかも全てを背負い込んでしまう危険性もまた高かった。彼は体制の動かし方を学びつつあった。部下を疎外せず、自分を上司に印象付ける術を体得していった。それを人は「出世主義」と呼ぶかもしれない。だがゴルバチョフは周囲の出世主義者とは一味違っていた。スタヴロポリ時代のゴルバチョフを知る人々が異口同音に語るのは、彼の「博識ぶり」である。権力に溺れる者もいたが、ゴルバチョフは実直さを失わなかった。それは政治的な見地からも無難だった。クレムリンがスタヴロポリへ送り込む党の高級幹部たちは、誰もが早い段階でゴルバチョフに目を留めた。そして、ゴルバチョフがとんとん拍子で出世の階段を上る条件を整えた。彼らの目にゴルバチョフは、新世代の党幹部として一流の逸材と映った。この男にならば将来を託せる、という印象を抱いた[8]。

スタヴロポリはゴルバチョフが赴任した一九五五年当時、ライーサの言葉を借りれば「田舎の中の田舎[9]」だった。ゴルバチョフは「何世紀も前」に逆戻りしたような感じを覚えた。そこは「ゴーゴリが描いた田舎そのものだった[10]」。ゴーゴリの田舎は「死せる魂」と化した人々と、皇帝の下僕である不運な「監察官」の世界だ。

スタヴロポリの中心街は丘の上にあった。一九六〇年代は、広い中央広場と市場が街を代表する賑わいを見せていた。市場には地方全域から農民が集まり、農産物の売買で個人収入を得ていた。一九五五年当時は革命前の立派な建築物が広場を囲んでいた。帝政期の中学校の建物もあった。ゴルバチョフによれば、カール・マルクスによる『資本論』の最初のロシア語訳に取り組んだ人物が学んだ場所である。教育大学の建物は昔の貴族女学院だった。カフカス軍司令部、貴族院会館、カフカス地方で最初にできたレールモントフ劇場もある。かつての総督公邸は共産党地方委員会の本拠となっていた。映画館は大型の「巨人」、小型の「一〇月」と「祖国」があった。ソヴィエトではどこでも、地方都市の主要な映画館は「巨人」という名称だった。広場の周辺には、図書館、音楽会場、地元の歴史を展示する博物館もあった。ライーサの記憶では「クラブや映写室が幾つかあった」。一九五〇年代、アメリカの平均的な地方都市に比べれば、スタヴロポリははるかに文化的な街だった。だがライーサはモスクワで五年間を過ごしたので、基準が異なった。「文化施設と言えるのは、それで全てだった[11]」

ライーサにはスタヴロポリの後進性が目についた。広場は一つしかないし、舗装道路も数えるほどであった。集中暖房は行政府と限られた住居にしかなかった。飲み水は共通の水道口から運ぶ必要があった。「街の真ん中だというのに、教育大学の前は一年を通じて泥の海だった。徒歩でも車でも通り抜けられなかった」。だがスタヴロポリの豊かな緑には惹かれた。「街全体が華やかな緑の衣をまとったようだ。ポプラや栗、柳やオーク、そして楡の樹が繁茂している。ライラックの茂みもある。どこでも花が咲いていた。秋になると、これら樹木の衣装に包まれた街は、深い紅と黄金色に染まり、たおやかな面影を宿し、人の心を震わせるのだった」。スタヴロポリを「ある種の静寂」が支配していた[12]。ゴルバチョフ夫妻はどのような天気でも、一時間から二時間の散歩を日課とした。小さな街の隅々まで足を運んだ。一日の終わりに過ごす、くつろぎの時間だった。人々の暮らしと仕事ぶりをつぶさに見た。日曜日は郊外へ出かけた。街を出ると丘陵が波打ち、草原地帯が何キロも東へ広がっていた。保養地ピャチゴルスクがある南の方角へ四〇分も行けば、自然保護区ストリジャメントがある。丘の上はお気に入りのハイキングコースだった。

ゴルバチョフがスタヴロポリへ来たのは八月五日だった。たった一人だった。「誰も迎えに来なかった」。駅で荷物を預け、二階建てのホテル「エリブルース」に部屋を取った。二〇〇八年当時、地元で「街一番のひどいホテル」と言われた宿だった。ゴルバチョフの記憶では、そのホテルは「信じられないほど汚い下町の市場の近く」にあった。「市場では果物や野菜が驚くような安い値段だった。トマトひと山が、わずか数コペイカで買えた。だが私は節約に努めた。ライーサが来る前に部屋を借りる必要があったからだ[13]」。街の建物は平屋か二階建てが大部分だった。ゴルバチョフは何日も通りから通りを歩き回り部屋を探したが、適当な貸し物件は見つからなかった。検察事務所の誰かが「ブローカー」と相談するよう忠告してくれた。ブローカーとは闇市場の担い手だ。検察や警察にとっては、絶え間なく取り締まるべき対象だった。ブローカーの女性は来訪者が自分を逮捕するためではなく、助けを求めているのだとすぐに理解した。そして五〇ルーブルの紹介料で、三つの物件を教えてくれた。そのうちのひとつ、カザンスキー通りの部屋に「以後の数年間、私たちは住むこととなった[14]」。

その建物は現存する。スタヴロポリの中央広場から北へ二区画進み、今もソヴィエト通りと呼ばれている道を東へ一キロ弱行く。さらにクララ・ゼトキン通り（ゼトキンはドイツのマルクス主義理論家で女性の権利を求める活動家でもあった）へ左折し、急な坂を下る。あるいはゴルバチョフのように、崩れ落ちそうな建物に挟まれた長くて狭い、でこぼこの石階段を下りてもいい。カザンスキー通り

ゴルバチョフ一家。ライーサの母アレクサンドラ、妹リュドミラとともに=1955年

も平坦ではない。轍が深く刻まれ、ごく一部しか舗装されていない。カザンスキー通りとクララ・ゼトキン通りが交錯するところが四九番地だ。一九世紀末にセルゲイ・ビビコフという地主が建てた家は、一九一七年革命の後に国営化され農業大学となった。さらに一九三〇年代初頭にグリゴーリー・ドリンスキーという人物が、農業大学に近いトルストイ通りの自宅と交換して所有者となった。

ゴルバチョフ夫妻が住んだ二階家は、道路に面して三つの窓がある。右側の入り口から中庭へ入ると、隅に崩れかけた建物がある。当時は屋外便所だったが、今は配管小屋だ。その裏の階段を上がると、ゴルバチョフ夫妻が住んだ部屋がある。わずか一一平方メートルの小さな空間だ。そのうち南側の壁にある暖炉が三平方メートルを占めている。東向きに二つ窓があり、その下にかつて寝台がひとつあった。ゴルバチョフが入居した時、その寝台は三本しか脚がなかった。彼は金網を張った四本脚のベッドに代えた。狭い部屋はそれだけで、ほぼ一杯になった。ほかに家具といえば、モスクワから送った夫妻の本を入れるベニヤ板の箱しかなかった。後でゴルバチョフ手製の衣装棚が加わった。ベニヤ板の箱は本を入れるだけでなく、机としても使った。ライーサは共用の大部屋にあった灯油のコンロで料理をした。電話はなかった。電話をかける時は、中心部の市役所まで駆けて行かねばならなかった[15]。

家主のドリンスキー夫妻は、ともに退職した教師だった。娘のリュボーフィ、養子の男、孫と同居していた。ライーサによれば、家主一家は「善良で親切」だった。特に夫人と話好きの娘とは温かい関係を築いた。養子は地元の記者だった。彼も酒に酔いさえしなければ、付き合いやすかった。泥酔すると外に飛び出して庭の樹へ登った。ドリンスキーも普段はおとなしかったが、深酒をすると素面の店子たちに、いろいろと説教をした。ゴルバチョフの隣の部屋には、かつて白衛軍の士官だった年上の男が住んでいた。口ひげを小ぎれいに蓄え、白衛軍の士官に特有な貴族のような雰囲気を残していた。彼は大のライーサ贔屓だった。ゴルバチョフは「おそらく彼女が、とうとう実現しなかった過去の夢を、彼に思い起こさせたからだろう[16]」と推測している。

ゴルバチョフは毎朝、自宅の裏にある小屋からバケツ一杯の石炭を、夫婦の部屋まで運び上げた。ライーサはそれを、暖炉に残っている前夜の燃えさしの石炭と混ぜて使った。ゴルバチョフは夕方になると薪で暖炉に火をつけた。薪は中庭に積んであった。ゴルバチョフは「朝起きると歯がカタカタ鳴った」と回想する。北向きの窓から中庭が見えた。その向こうには丘が連なっていた。ライーサはこの光景を愛した。だが窓枠は歪んでいて、しっかり締まらなかった。隙間に綿や紙を詰め込み、その上からテープで密封した。それがロシアの流儀だった。だが遠くの渓谷からうなりを上げて吹き付ける強風を、完全に防げはしなかった。庭のポンプから水を運び上げる仕事を、ゴルバチョフは妻に許さなかった。そのポンプは今も残っている。街の中心部で買い物をするため、ライーサが狭い石段を登り降りするのも好まなかった。スタヴロポリに来て一年の間、ゴルバチョフには十分な時間があったので、妻の買い物を助けることができた。

ライーサは職を探した。「最初の数カ月が過ぎても仕事は全く見つからなかった。一年半後に専門外の職［図書館の外国文学取り扱い係］に就いた。さらに二年が経過し、自分の専門領域で働いたが、実際の権限はない地位だった。たまたま生じた欠員の穴埋めだったので、時給や規定の半分の月給で働いた。私は当時のスタヴロポリでは珍しい〝モスクワで大学教育を受けた人〟だった。それでも定職には恵まれなかった[17]」

ゴルバチョフによれば、スタヴロポリにＭＧＵの卒業者はライーサしかいなかった。地方全域でも大学で哲学を専攻した人物は二人にすぎなかった。スタヴロポリ地方では歴史を専攻した者が哲学も教えていた。このような環境がライーサの孤立を深めた。彼女はこの地に不釣り合いなほど洗練されて、教養が豊かだった。あまりにモスクワの水になじんでいたので、夫の同僚の夫人たちの水準まで自ら降りてゆく気持ちになれなかった。アンドレイ・グラチョフによれば、「モスクワ国立大学の卒業証書が、闘牛士の赤い布の役割を果たしてしまった[18]」。地元の大学教師は、通信制で資格を取った者やスタヴロポリ教育大学の卒業生が多かった。ライーサは彼らについて、十分に言葉を選びつつ、すぐれた専門家であったと回想している。だが大方は何も研究せず、他人の講義をそのまま盗用したり、自分で学生に教えず代用講師を雇ったりしていた。それでも解雇の心配はなかった。大学は彼らを「身内の者とみなしていた。お互いによく知っていたので、扱いやすかった[19]」。

ライーサは身なりの良さも目立った。若い時はやせぎすで、体重が四〇キロ余りしかなかった。軽々しい印象を与えるのではないかと心配した。「持っている服を全て使って、重ね着をした。ママは〝まあ！　いったいそれは何？

スタヴロポリ時代のゴルバチョフ夫妻

さあ、着ぶくれた服を脱ぎなさい!〟と叫んだ」。大学でも同様だった。セーターの上にさらに上着を重ねた。「相変わらず、軽く見られたくなかったからだ」。スタヴロポリで教壇に立って一年目は、「しっかりした大人として見られるように[20]」努めた。専属のデザイナーがいるのだ、と噂になった。実際、ゴルバチョフ夫妻が一九五八年に入居した共同住宅で、隣に住んでいた女性がライーサの服をつくっていた。

「ライーサは生粋の教師だった」とゴルバチョフは語る。「子供時代から、弟や妹をかたわらに座らせ、本を読んで聞かせていた」。カザンスキー通りに住んで一年目、ライーサは無職だったので、リュボーフィ・ドリンスカヤが働いている間、彼女の小さな息子を散歩に連れ出したり、童話を読んでやったりした。悲しい結末をハッピーエンドに変えてしまうことも、しばしばだった[21]。人に教える態度が染みついていた。ロシア語で高学年の教師をウチリカと呼ぶが、彼女は典型的なウチリカだった。禁欲的で人を寄せ付けない面もあった。夫に言わせれば、「彼女が教師だった」からにほかならない。「それが話し方にも表れたので、まるで説教をしているように受け取られてしまった[22]」

ライーサはとうとう医科大学で正式の教職に就いた。その後、農業大学の経済学部でも教えた。向上心が常に負担を重くした。講義内容は読み上げるのではなく、すべて暗記した。「学生の前で緊張から完全に解放されるためだった」。ライーサが自分を厳しく律した結果、学生のほうは「緊張から完全に解放された」とは言えなかっただろう。講義の棒読みをしないのは、苦い思い出があったからだ。まだモスクワ大学にいた頃、工場の教養講座で初めての講義に臨んだ。題目は「I・P・パヴロフの講義における眠りと夢」だった。白髪混じりの豊かなあごひげを蓄えた老人が最前列に座っていた。緊張のあまり、一度も顔を上げずに講義を終えた。「そして恐る恐る反応をうかがった」。聴講者は「完全に沈黙していた」。医科大学での初講義には、スタヴロポリの学術部門の責任者らを網羅した委員会や、著名な社会科学者が姿を見せた。彼らは何かの手違いで現れたのだった。だから、この講義がライーサの「お目見え」であることも知らなかった。ライーサは講義の間ずっと動揺を鎮められなかった。終了のベルが鳴るかなり前に、あらかじめ準備した内容を全て語り尽くした時は恐怖に立ちすくんだ。その後でようやく、眼前のお偉方が招かれざる客であることを知った。

ライーサが語る。「一回一回の講義が私の試練だった。講義を始める時は、いつも緊張していた。初めての聴講者を前にする時は特に神経質になった」。題目も難解なものばかりだった。ヘーゲルの論理学、カントの純粋理性批判、反省と社会的認識に関するレーニンの理論、歴史における個人の役割、社会意識の構造と形態、海外における哲学の潮流などについて、田舎で語るのは容易ではなかった。思想政策や啓蒙という観点からは、もちろん正しい題目であった。分かりやすくおおざっぱにまとめてはみたものの、人々が興味を覚えるはずもなかった。ライーサがまだ党員でなかったという事実も不利に作用した。ゴルバチョフはある時、地元の党機関に「いったいどういうことか？ 私の妻を思想的に信用しないというのか」と食ってかかった。当局者はゴルバチョフに、夫人には党籍がありません、と告げた。ライーサがようやく入党したのは、この出来事の後だった。[23]

ゴルバチョフ夫妻は心から子供が欲しかった。だがライーサの主治医は、以前の病気で心臓が弱っているかもしれないので、出産は彼女の健康を脅かす恐れがあると告げた。[24] ライーサは聞く耳を持たなかった。一九五七年一月六日に娘のイリーナが生まれた。ライーサが二五歳の誕生日を迎えた翌日だった。ゴルバチョフは喜んだ。だが妻は「もっと喜んだ」。彼女は「普通の家庭」は持てないのではないか、と心配していたが、それも過去の話となった。ゴルバチョフは母に数日の助けを求めた。ライーサは義母が孫を風呂に入れている間、浴槽の周辺を離れなかった。彼女の目には、年配の女性が赤子を荒々しく扱いすぎるように映った。ゴルバチョフの母は一週間滞在して、帰っていった。[25]

夫妻は子供が生まれてもカザンスキー通りに住んでいた。ライーサが臨時の仕事に就いたので、近くの村から子守を雇った。ライーサはイリーナに母乳を与えるため、職場から急いで帰宅しなければならなかった。イリーナが後で飲む母乳を残して、再び職場へ戻る毎日だった。イリーナが少し大きくなると託児所に預けた。ライーサは「まだ半分寝ている娘に大急ぎで服を着せ」、送り出した。ライーサによれば、言葉が達者になると「イリーナは〝どうして遠くに行ったの！ どうして遠くにいるの！〟と言い続けた。小さな目に涙を一杯ためて落胆した表情を、私は忘れない。仕事で迎えが遅くなると、託児所の扉のガラスに鼻がつぶれるほど顔を寄せて待っていた。大急ぎで私が駆

スタヴロポリ農業大学哲学部の同僚とともに。前列左から3人目がライーサ

け込むと、娘は〝私を忘れちゃったの？　置いて行っちゃうの？〟と泣きじゃくった。……娘が子供だった時に、十分な面倒をみてやれなかったという気持ちが、昔も今も私をとらえて離さない」。

　ライーサは相変わらず、自分を追い詰めるように日々を過ごしていた。ソヴィエトでは母親が働くのは当たり前だった。泊りがけで預かる託児所もあって、子供を数日間預ける共働きの家庭もあった。だがライーサは気が進まなかった。ゴルバチョフは集団農場の売店（国営商店より品数が豊富だった）で買い物をしたり、皿洗いや家の掃除をしたりして妻を助けた。だが党の仕事が増すにつれて、家事に割く時間は減っていった[26]。ゴルバチョフが深夜に帰宅すると、ライーサが泣いていることもあった。翌日の講義の準備をしなければならないのに、イリーナが寝ようとしないのだった。ゴルバチョフが出張で家を留守にする機会も多くなった。それでもライーサは決して夫を責めようとはしなかった。ゴルバチョフはそのような妻の態度を思い出しては讃嘆する。ライーサは生活環境について「一言も文句を言わなかった」。そして「涙にくれるような女性でもなかった」。ゴルバチョフ夫婦は「互いにしっかりと結ばれていた。絆の強さは信じがたいほどだった。ほとんど異常とも言えるほどだった」。何かいさかいが起きても「妻を傷つけたり攻撃したりはしなかった。一回たりとも! 言い合いになると、私は途中で家を出た。彼女がそうすることもあった。彼女が戻って来るころには、私は既に寝入っているという寸法だった」。為すすべがない時、目の前で起きたことが気持ちの上で受け入れられない時、彼は動揺の余り、言葉を失ってしまうのだった。「おそらく、気持ちがひどく動転したためだろう。私の神経システムが作動した。彼女が帰ってくると、私は眠りに落ちていた[27]」

ゴルバチョフは妻に感謝もしたが、一方で負い目も感じていた。夫婦には明らかに、もっとましな生活環境が必要だった。一九五八年にコムソモールの同僚の助けを借りて、ソヴィエト特有の共同住宅に二部屋の自宅を得たが、根本的な改善ではなかった。共同住宅はかつて「行政府」が使っていた四階建てで、中心部に近いジェルジンスキー通りにあった。二〇〇八年になってもこの通りは、ボリシェヴィキの秘密警察を初代議長として率いた人物の名を冠したままだ。五〇年代の住宅不足は深刻だった。共同住宅の三階と四階には、比較的広い住宅空間があった。だが一階では、一家族に一部屋か二部屋しかなく、台所もトイレも共有だった。これが悪名高いソヴィエトの「コムナルカ」の実態だった。平穏な暮らしが送れるかどうかは、隣人しだいだった[28]。ゴルバチョフ夫妻の隣には、退役中佐が住んでいた。ライーサに服を縫ってくれたのは彼の妻である。溶接工や服飾工場の職工、病院の雇員、アルコール依存症の独身男、それに独身の女性が四人いた。ライーサが語る。「それは小さな国家のようだった。……明文化されてはいないけれど、誰もが理解している規律が存在していた。住人はその枠内で働き、愛し合ったり別れたり、ロシア流に飲んだくれ、ロシア流にいさかい、ロシア流に和解して暮らしていた。夜になるとドミノに興じた。誕生日はみんなで祝った」。ゴルバチョフは出張先から妻へ出した手紙で、冗談交じりに忠告している。「他の主権単位と外交的な関係を維持できるかどうかは君しだいなのだ。誇りをもって外交政策を進めてほしい。その際、相互利益という原則を決して忘れてはならない[29]」

ロシア人の多くは農村の小屋にしか住んだ経験がなかった。ライーサもそうだった。寮や借家の類は、たとえコムナルカでさえ、「生まれて初めて自分の部屋を持った[30]」という感慨をもたらした。ゴルバチョフは三年後、コムソモールの地方指導者となり、快適なモロゾフ通りに、二部屋

ライーサ・ゴルバチョワと娘のイリーナ＝1961年

で約四〇平方メートルの住居を提供された。自分たちだけの台所、風呂場、トイレ、廊下を初めて手に入れた。九年後には小さな一軒家へ移った。改修の手は入っていたが、まだ十分な状態ではなかった。娘のイリーナは大きな庭と、裏庭の小さな池を覚えている。[31] ライーサはスタヴロポリの「ゆったりした生活と家父長的な落ち着き」を好むようになっていた。「交通の問題はなかった。通勤時の混雑もなし。……職場や店、サウナや美容院、病院や市場、どこへでも歩いて行けた[32]」

ゴルバチョフがスタヴロポリで台頭できた事情を理解するためには、フルシチョフ時代とブレジネフ支配の初期について知らねばならない。フルシチョフ時代の改革の息吹が、ゴルバチョフの体質に宿った。そしてブレジネフの時代に、しかるべき自分の居場所を見いだした。一九五六年二月二五日、第二〇回ソヴィエト共産党大会において、党の指導者であるフルシチョフはある秘密報告を行った。スターリンが死去して初めての党大会だった。体制を引き継いだ者たちは、四半世紀にわたり国を支配した人物について評価を下す立場にあった。スターリンはソヴィエト連邦を工業国に変貌させ、第二次大戦で勝利した。だがクレムリンの同僚や国民を恐怖のどん底に陥れた人物でもあった。クレムリンの奥深く、スターリン体制の後継者たちは、かつての主人について党大会で何を語るべきか議論を重ねた。フルシチョフはスターリンを批判する準備を進めた。それは自らが受け継いだ体制の根幹を揺るがす危険性も秘めていた。フルシチョフは、自分よりスターリンに近い立場にあったライバルを出し抜こうともくろんでいた。スターリンの犯罪に連座した自らの過去を悔いる大芝居でもあった。スターリンはフルシチョフを、庇護したが苦しめもした。単純に割り切れる関係ではなかった。フルシチョフ報告はスターリンを責めはしたが、ソヴィエト体制そのものは否定しなかった。それでも政治的な動揺は決して小さくなかった。クレムリンの党大会には数千人の代表者が集まった。誰もがフルシチョフ報告に絶句した。党大会が終わって数週間のうちに、何百万人もの国民が報告の全文や要約を読み、同様に言葉を失った。フルシチョフは「秘密報告」を、秘密のままにしておくつもりはなかった。彼は報告書の内容を広く知らしめようとした。だが知識人階級がどのような反応を示すか読み切れなかった。若い世代は、古い世代がなぜスターリンの恐怖政治の蔓延を許したのか、明らかにせよと求めた。ＭＧＵの学生たちは、大学のコムソモール指導部を入れ替えた。履修課程にさえ公然と異論を唱える一団も現れた。のちにゴルバチョフのグラスノスチを担う学生たちは、「マルクスとレーニンは陳腐だ」、「レーニンは時代遅れだ」、「党中央委を偶像化してはならない」と公言した。ゴルバチョフ夫妻が住んだ寮では、学生が食堂の使用を拒否した。「家畜の餌が食べたくなければ、ボイコットを支持せよ！」とスローガンを掲げた。[33]

フルシチョフは、スターリンが逸脱したレーニン主義へ回帰せよと訴えた。将来に改革派となる人材たちが同調した。ゴルバチョフによれば、レーニンが圧制の土台を築いた人物として広く批判の対象となるのは、一九八〇年代後半になってからである。スターリンはレーニンが構想した抑圧体制を完成させたにすぎなかった。だが一九五六年の時点で、このような見方を提示するのは危険だった。ハンガリーで一〇月、ソヴィエト支配へ抗議する市民の動乱が起きた。レーニン批判はますます難しい情勢となったが、MGUの学生や教授はひるまなかった。一九五七年に過激な意見を持つ学生の多くが逮捕され、大方が沈黙を強いられた。それでも、ごく一部の者は信念を隠さなかった。

一九五七年から一九六四年の失脚まで、フルシチョフが推し進めた非スターリン化路線は、矛盾を伴い一貫性に欠けた。彼は自由主義的な作家や芸術家の創作活動を鼓舞する一方で、彼らをなじりもした。開放路線を歩み、西側の新鮮な空気を取り込むかと思えば、国を閉ざす政策も厭わなかった。それでも概ね楽観的な雰囲気が社会を支配していた。人工衛星スプートニクの打ち上げ成功など科学技術の躍進が、明るい未来へ前進しているのだという心理を醸成していた。だが全ての進歩は根底に共産主義のイデオロギーを踏まえていた。この時代の空気を吸ったゴルバチョフたちは、後に「六〇年世代」と呼ばれる。教育と文明の進化により人間の社会は完成する、科学と技術の力で自然を征服できる。それがこの世代の考え方だった。

ソヴィエトの文化に「雪解け」の時代が到来した。アンナ・アフマートワ、オシプ・マンデリシタム、マリーナ・ツヴェターエワら実力がある詩人の作品が再評価された。アンドレイ・ヴォズネセンスキー、エヴゲーニー・エフトシェンコ、ヴェーラ・アフマドゥーリナら新進気鋭の詩人も登場した。「硬派の」雑誌が全盛期を迎えた。アレクサンドル・トワルドフスキーの「ノーヴィ・ミール」は一九六二年、アレクサンドル・ソルジェニーツィンの「イワン・デニーソヴィチの一日」を掲載した。愛国主義的な

「農村派」の作家たちも当時は、のちにゴルバチョフの改革を反逆とみなして批判する過激な民族派には転化していなかった。演劇や映画の世界では、機械的な集団主義のプロパガンダは影をひそめ、個人の生き様を照らし出す作品が脚光を浴びた。科学の分野でも、トロフィム・ルイセンコのようにイデオロギーで真理をゆがめる学説から、研究が解き放たれた。「真実を伝えるジャーナリズム」が生まれた。

このような状況下で、共産党の機関においてさえ、改革を志向する党員が散見されるようになった。〝真のマルクス主義者〟や〝本当の共産主義者〟を自認する者たちは、自らを「第二〇回大会の子」と呼んだ。ゴルバチョフもその一人だった。MGU哲学部を一九五二年に卒業したレン・カルピンスキーは、マルクス主義者の社会経済理論が「大会で完全に信任された」との立場から「プラウダ」紙へ寄稿した。ゴルバチョフ政権下で、改革的な新聞「モスコフスキエ・ノーヴォスチー」の編集に携わる人物である。アゼルバイジャン国立大学を一九四九年に卒業したゲオルギー・シャフナザーロフは、一九五二年から六一年まで党中央委員会の政治出版局に在籍した後、プラハを本拠とする国際共産主義雑誌「平和と社会主義の諸問題」に勤務。さらに中央委員会国際部へ移る。その過程で彼は自らを共産主義者というより、社会民主主義者とみなし[34]、一九八八年にゴルバチョフに近い補佐官グループの一員となる。アナトーリー・チェルニャーエフは戦前にMGUへ入学、戦後に卒業した。彼は「雪解け」の時期にMGUで教えた。さらに「平和と社会主義の諸問題」でも働き、中央委員会国際部を経て、一九八六年にゴルバチョフのもとで外交担当の首席補佐官となる。

彼らを育んだ改革の気運は、フルシチョフが一九六四年一〇月に失脚した後も、まだ数年間は命脈を保っていた。フルシチョフ自身が政権末期は一貫性を欠いた。予想できない行動に走り、自らの改革路線を支持した勢力さえ遠ざけた。クレムリンの同僚にあっさり追放された時は、ほとんど味方を失っていた。レオニード・ブレジネフ書記長、アレクセイ・コスイギン首相による新体制は、安定と継続性を重視した。新体制が最初に打ち出した改革の一つに、経済における中央統制の緩和があった。ゴルバチョフら地方の指導者はこれを歓迎した。だがモスクワの官僚集団が、すぐにこの改革を骨抜きにした。彼らは自らの権限が損なわれる事態を恐れた。新体制はフルシチョフが進めた非スターリン化に歯止めをかけ、自由化へ向かっていた潮流を変えた。リベラルな知識人を弾圧し、一九六六年にアンドレイ・シニャフスキー、ユーリー・ダニエーリを逮捕して投獄した。一九六八年八月には、プラハの春を押しつぶした。

チェコスロヴァキアではアレクサンデル・ドゥプチェクが率いる改革派が、「人間の顔」をした共産主義を目指し、言論と報道、移動の自由を認め、中央統制経済の刷新を行動に移した。モスクワでは党機関の内外を問わず、プラハの改革を歓迎した。いずれは同様の改革が、ソヴィエトでも実現されると期待した。当時の中央委員会国際部はリベラル派の拠点となっていた。アンドレイ・グラチョフによれば、国際部の面々は外国でソヴィエトの外交政策の支持者を獲得する活動には熱が入らなかった。その代わり会合をしきりに開いては、スターリン主義の悪しき遺産をいかに解消するかを議論した[35]。ゴルバチョフの経済補佐官となるニコライ・シメリョフが、一九六八年夏の雰囲気を語っている。「後にも先にも、リベラリズムがあれほど高揚した時はなかった。中央委員会の廊下で声の限りに〝チェコスロヴァキアへ戦車を派遣してはいけない！〟と叫ぶこともできた。だが同じ廊下を別の方角から来る者は〝チェコスロヴァキアに戦車を送り、あの売春宿をぶち壊す時が来た〟と大声で言い返す始末だった[36]」。理性的な党職員であったアレクサンドル・ボーヴィンは、プラハへソヴィエトの戦車が出現する直前の日記に、中央委員会国際部や外務省の様子を記している。「反発が激しかった。［介入は］不当な、あるいは少なくとも時期尚早の措置であった[37]」。ボーヴィンは介入を正当化する宣伝文の起草を命じられた。チェルニャーエフによれば、ボーヴィンは「うんざりするような文章をひねり出し、夜は私の台所に来て、酒と涙で羞恥心と失望を紛らわせていた[38]」。ボーヴィンはのちにブレジネフの演説草稿の執筆者となった。だからと言って彼が変節したわけではない。党官僚としては、信念に反する仕事もしなければ生きていけなかった。

歴史家のウラディスラフ・ズボクの記述によれば、ソヴィエトが介入する前のプラハでは「開明的な党職員、改革を志向する経済専門家や科学者、前衛的な〝左翼〟文化人が連携する可能性があった」。ゴルバチョフ改革より二〇年前の時点で、プラハの春がモスクワの春へと波及する素地があったのだろうか？　ボーヴィンの考えでは「二〇回党大会が開催された時、私たちは若すぎた。だから雪解けを春と成し得なかった。クレムリン指導部にはゴルバチョフのように、広く指導力を発揮できる人物がまだ存在しなかった[39]」。

一九五八年二月のことである。スタヴロポリ地方のコムソモールは「コムソモールの指導者が備えるべき資質」について討論会を催した。「良き家庭人」「卓越した労働者、あるいは極めて優秀な学生」、「音楽や詩が理解できる人物、ダンスや歌がうまく、アコーディオンができれば申し分なし」、「原則を決して逸脱せず、他人のみならず自分にも厳しい」等々の意見が出た。自己中心型で「いつでもどこでも自分が一番と主張するタイプはお断り」、「見てくれが大事」、「几帳面」との注文もついた。時宜にかなった討論だった。指導者にふさわしいズボンの幅や、妻と不仲なのに他人を指導できるかという命題も提起された[40]。

ゴルバチョフはアコーディオンを弾けなかった。歌はうまかった。フォークや歌謡曲が得意だった。そして党が若者に見習わせたいと願う「模範的な」精神の持ち主だった。模範的であるがゆえに、良心的な共産党幹部を悩ませる矛盾にも敏感だった。理想主義と目を覆うような現実との間に深い亀裂があった。公人は自分だけでなく、集団の利益も考慮するのが理想的だ。しかし多くは飲酒にふけり、犯罪に関与していた。自身の在り方も社会も顧みようとしなかった。公共の利益に献身する指導者の理想像は、利権と権力を手に入れようと互いに貶め合う現実を前にして、地に落ちたも同然だった。イデオロギーでは労働者を鼓舞できなかった。イデオロギーの基準に照らせば、金銭が不平等を生む現実は好ましくなかった。だが人は金銭のため働くようになっていた。スターリン時代のように、恐怖感を与えて働かせることもできなかった。スタヴロポリの党やコムソモールの文書に記録として残る社会的発展とは、（政治色が強い）教育の拡充、（最低限の）保健、そして（悲惨な環境破壊を伴う）工業化である。スタヴロポリ地方の大部分は農業地帯だった。現存する記録文書のほとんどは、実現しなかった公約と災厄の証でもある。それらは、ゴルバチョフのような立場にいた指導者たちが未来永劫、職務怠慢のそしりを受ける根拠となりそうだ。経済は汚職にまみれ、ほぼ全ての公務員が何らかの法律を犯していた。袋小路に迷い込んだ以上は、お決まりの題目を繰り返すしかなかった。全ては申し分なく運んでいる、稀には例外もあるが容易に修正できるのだと。この場合、例外とは自分とは無関係という意味でもある。良心的な指導者でも、自分の管轄領域では少なからぬ欠陥がある、と認めるのが精一杯だった。

ゴルバチョフは一九五六年一一月、スタヴロポリ市コムソモールの議長として初めての演説をした。そこには責任感と幻滅が、こもごも反映されている。党の負託は「我々コムソモールの隊員にとって未来への切符である。最も困難な労働が待つ場、我々の若い力が最も必要とされている場へ赴く召集令である。……収穫の戦いでわがソヴィエトの青年は隊列の先頭に立った」。しかし演説は以下のように転調する。建設現場においては、労働者は恒常的に建設資材の不足に直面し、大工は木材がないので穴掘りをしている。このような混沌の中で、若者たちが職場と仕事を放棄している。何カ月もコムソモールの集会が開かれないこともあった。誰もコムソモール隊員を組織化しようとはせず、コムソモールの会費さえ誰も集めようとしなかった。[41]

この演説には何ら反体制の要素はない。ゴルバチョフは一見したところ、用心深く有能な若手の党専従職員だった。首都で五年の歳月を過ごして戻った彼は、沈滞の底に沈む貧しい地方農民の生活実態に触れ、農村がいかに劣悪な条件のもとにあるかを再認識した。そして何とか事態を改善しようと試みた。

行動力は旺盛だったが、彼には公用車も自家用車もなかった。列車とトラックのヒッチハイクで移動し、農村を自分の足で歩いて、実態をつぶさに見た。仕事を改善すれば生活も向上する、と訴えた。ある時、僻地の農村ゴーリカヤ・バルカを訪れた。農村の名は悲しげな窪地という意味である。村は同じ名前の川をはさんで両岸に広がっていた。近くの丘から見下ろすと「低い小屋から煙がたちのぼっていた。黒ずんで崩れかけた塀が見えた。……そこでは、人々がみじめな住居で、生活と言えば言えなくもない日々を送っていた。道路（それを道路と呼べれば、の話だが）は荒れ果てていた。まるで疫病が村全体を襲ったようだった。この寒村では小屋と小屋を結ぶ通信手段もなく、犬の吠える声だけが絶え間なく聞こえた。私は理解した。〝若者がこのような荒れた村を捨てるのは当然だ。若者は孤絶と恐怖、生きたまま埋葬されるような恐れから逃避するのだ〟。私は自問した。〝どうして、こんなことになったのか？ 人はこんなところでも生きられるのだろうか？〟」[42]。

ゴルバチョフはいかなる手段でゴーリカヤ・バルカを救おうとしたのか？ モスクワ大学の卒業生である彼は、「幾人かの専門家、特に私のように若い専門家」に相談した。妻ライーサの意見を聴いたに違いない。彼らはゴーリカヤ・バルカの青年たちには、社会との交流が必要だと述べた。そこでゴルバチョフは「政治をはじめ様々な問題を議論する集会を組織した。いわゆる外界への窓を開け放つためだった」。ソヴィエトでは政治的な啓発は当たり前だった。だがゴルバチョフは、もっと実質的な意識改革を農村青年に求めた。それが彼の流儀だった。一回目の集会へ現れた若者たちは半信半疑だった。ゴルバチョフはスタヴロポリで、モスクワ大学出の妻が仕事に就けなかったと明かした。ある若い女性は「私たちに勉強をしろ、と言うのですか？　勉強して何か意味があるのですか？」と尋ねた。それでも、今後定期的にこのような場を設ける方向で意見がまとまった。スタヴロポリ市に戻ったゴルバチョフを、ゴーリカヤ・バルカを管轄する地区を仕切る党幹部の中傷が待っていた。「ゴルバチョフとやらがコムソモールの地方委員会からやって来て、ある種の集団を組織した。秩序の回復、労働規律の順守、先進的な生産方法の普及をないがしろにした」。ゴルバチョフの理解では、それは「先制攻撃」だった。農村を「悲惨な状況」に置いた責任、生活向上の自助努力を農民に促す義務を怠った責任を、回避するための自衛措置だった[43]。

ゴルバチョフは自分の体験を誰か親しい者と分かち合いたかったので、毎晩のように妻へ手紙を書いた。故郷のプリヴォリノエ村がゴーリカヤ・バルカより、格段に良いわけではなかった。「プリヴォリノエへ来るたびに話をしたものだ。父は一年中働いているのに、二〇ルーブルの金さえ思いのままとならない。私は心が痛む。正直に言えば、泣き出したいくらいだ。同時に、彼らの生活が最悪ではないとも分かっている。でも別の農村はどうだろうか？　まだまだ、やるべきことは多い。私の両親や、数千人の似たような農民には、もっとましな生活を送る権利がある[44]」

第二〇回党大会におけるフルシチョフ報告は、共産党の変革を党自体が率先して遂行できる、という期待を生んだ。中央委員会は報告内容を非公式文書として地方の党組織に配布した。ゴルバチョフも地方の党本部で読んだ。「多くの者が、そんなことはあり得ないと疑った。私は違った。自分の家族が圧制の犠牲者だったからだ……[45]」。ゴルバチョフはフルシチョフ報告を、勇気ある一歩として歓迎した。だが反対の意見も、たちまち勢いを得た。数十年に及ぶ党支配を支えてきたのは、神格化されたスターリンの権威だった。それを突然、後継者が揺るがしたのだ。党の鉄の規律によれば、党員は指導者の新たな方針に従うべきだった。だがゴルバチョフによれば、「多くの者は何が起きたか理解できず、変化を受け入れられなかった。大部分は自分の見解を隠し、事態の推移を見守った……」[46]。

農村部の普通の人々は、フルシチョフ報告に不安を覚えた。スターリンの犯罪より、フルシチョフがそれを暴露した事実に衝撃を受けた。コムソモールは報告について若者に説明するようゴルバチョフに指示した。彼はノヴォアレクサンドロフスキー地区に赴いた。地区でイデオロギーを担当する党書記は、温かくゴルバチョフを迎えた。まるでゴルバチョフ自身の動揺を鎮めようとしているかのようだった。書記は「率直に言って、人々は個人崇拝の否定を受け入れていません[47]」と語った。一般党員に対して、フルシチョフ報告を曖昧にごまかして下達した例もあった。ある地区ではコンサートの前座に、「なぜ個人崇拝はマルクス・レーニン主義と相いれないのか」と題した講演をして、お茶を濁した。別の地区へコムソモールが派遣した講師は、自分はスターリンの誤りではなく、地方の党幹部の誤りから教訓を学んだと述べ、青年が完遂すべき唯一の「具体的で実際的な課題」は、「友好通り」に四〇〇本の樹木を植える仕事であると訴えた。スタヴロポリのコムソモールが党大会を受けて、農村部でいかに活動したかを指導部に報告した文書が残っている。内容、文章の優劣、使用したタイプライター（文字が欠落していたり、印字の濃淡があったりした）に至るまで種々雑多だ。だがスターリンの犯罪について、注意深く丁寧に検討したことを示唆する記述は、ほぼ皆無だった[48]。

ゴルバチョフは、党官僚が「人民のために」語る権利を乱用しすぎる、と考えていた。ノヴォアレクサンドロフスキー地区には二週間滞在した。多くの時間をコムソモールや党員と意見を交わして過ごしたが、一般市民とも話をした。比較的若い世代の党員、教養のある人々、スターリンの弾圧で苦しんだ人々は、ゴルバチョフの見解に同調した。しかし、フルシチョフによるスターリン批判を受け入れない人々も少なくなかった。あるいは、スターリンの悪行は事実として認めながらも、公式に批判することについては、「なぜ必要なのか？　なぜ公衆の面前で汚れたシャツを洗うのか？」と問い掛ける者もいた。ゴルバチョフがさらに不快に感じたのは農民の反応だった。農民は自分たちを苦しめた地方の指導者を、スターリンが退治してくれた、と思い込んでいた。農村のある女性は「自業自得だったのよ！」と叫んだ。「あたしたちを集団農場へ追い込んだのは奴らで、スターリンは何もしていないわ」。別の農民は「俺たちを泣かせた代償を払わされただけさ」と言った。ゴルバチョフは回想録で「これが一九三〇年代に、恐ろしい血まみれの肉挽き機に苛まれた地域の実態なのだ！[49]」と記している。

　スタヴロポリ市へ戻ったゴルバチョフは、これまでにないほど自問自答を繰り返した。だが多くの問題は答えを見いだせなかった。彼はフルシチョフの報告自体に問題があることに気づいた。それはスターリン時代の犯罪を理由に、スターリン個人を告発していた。ゴルバチョフはフルシチョフ報告について、「分析と論理に欠けるアプローチであり、むしろ、個人的で感情的なおしゃべり」であると結論づけた。「極めて複雑な政治的、社会経済的、社会心理学的プロセスを、指導者のさまざまな悪しき個性に関連づけてしまった[50]」と考えた。ここにゴルバチョフのスターリン主義批判の特徴が既にみられる。元凶は個人ではなく、むしろソヴィエトのシステムにある、という考え方である。フルシチョフは常に、複雑な事象を単純化した。分析力に自信があるゴルバチョフは、その流儀を忌避した。だが自らの分析結果を押し付けることの危険性も認識していた。ゴルバチョフは語る。「指導部の面々は即座に……スターリン批判がシステム全体への批判にほかならないという事実を理解した。……それゆえに体制の生き残りを危うくする行為であることも」。ゴルバチョフはまだ、理論的にも政治的にも上層部に抵抗するだけの力を備えてはいなかった。

　フルシチョフは五年の歳月を経て、第二二回党大会を舞台にスターリン批判を再開した。モスクワではスターリンの遺体を赤の広場の霊廟から運び出し、深夜に武装兵士の警戒下、すぐ脇のクレムリンの壁際へ埋葬した。スタヴロポリの党指導部もモスクワの党中央にならって、スターリン像をトラクターで引き倒した。現場で反対したのは一握りの人々だけだった。像の撤去だけではおさまらず、スターリン通りはカール・マルクス通りと名を変えた。ゴルバチョフはコムソモールでプロパガンダの専門家だったので、再燃したスターリン批判に乗じて怒りの声を上げた。スターリンがもたらした「恐ろしい痛手」を嘆き、フルシチョフが党から追放したスターリン一派（モロトフ、マレンコフ、カガノーヴィチ）が「無実の人々を血で染めた」と糾弾した。ゴルバチョフは党の指導に従い、「個人崇拝の禍根は永久に取り除かれた……[51]」とも述べた。だがゴルバチョフには、スターリン問題は未解決であり、今後も懊悩の種であり続けることが、よく分かっていた。ライーサの研究仲間の一人は、一九三七年に母を逮捕されたためスターリンには厳しかった。だが、そのように振る舞えるのは、どちらかと言えば少数派だった。この人物は、「私たちはスターリンをめぐり、ミハイルと長時間の議論をした」[52]と回想している。

一九五六年九月、ゴルバチョフはスタヴロポリ市のコムソモール指導者となった。独立した権威らしきものを、初めて手に入れた感じがした。党の市委員会やスタヴロポリ地方のコムソモールに従属する立場ではあったが、自分の考えを示すこともできた。一九五六年一一月、市のコムソモール指導者として最初の演説で、教育問題を取り上げた。「いったい、どういうことでしょう？　[スタヴロポリ]教育大学に通う多くのコムソモール隊員の成績がCクラスという事態は？　二流の学生は二流の専門家にしかならない。そして彼らが働く職場も二流となるのです」。彼は問い掛けた。これまでコムソモールの指導者たちは、若い活動家に「これは良い。あれは悪い」と、単純な価値観しか教えてこなかった[53]。それでよいのだろうか？

ゴルバチョフは、高校や大学を卒業しても職がなければ、明るい未来は描けないと主張した。そして、祖国の改革へ参画する気概を若者が抱くように、討論クラブを創設しようと呼びかけた。討論はゴルバチョフが得意とするところだった。この種のクラブは後年、他の都市でも出現するが、ゴルバチョフは「当時としては全く斬新なアイデアだった」と誇らしげに回想する。第一回の討論会は「教員会館」で催した。ゴルバチョフは政治的に当たり障りがないように、「趣味を語ろう」と論題を設定した。それでもイデオロギーの番人を自任する連中は、党の有力者たちに、「市のど真ん中で……ある種のカモフラージュをほどこし……明らかな挑発行為」があった、と注進した。第一回の討論会は、まずまずの成功を収めた。次回から参加者も増え、会場も広くなった。会場はなんと地元警察の集会所だった。ゴルバチョフは司会者として、討論が過熱しないように制御した。ある時「一生忘れない」出来事があった。「一見して書物をよく読み、教育もある」青年が発言した。彼は「人類の全歴史」の反映として理解すべき思想を、ゴルバチョフたちが共産党のイデオロギーに矮小化していると非難した。ゴルバチョフは反論した。「社会主義だけが人類の精神的遺産の全てを継承し、体現している。そして社会主義だけが文化を大衆に解放できる」。一緒に討論クラブの設立に関わった教育大学の学部長もゴルバチョフへ同調した。ゴルバチョフはイデオロギーに関する討論にはたけていた。議長なので有利な立場にもあった。

彼は「イデオロギー上の敵」を打ち負かした。ゴルバチョフは誇らしげに、学生たちが「問題について論証する」ことを学んだと語る。だがのちに「我々の討論クラブが閉鎖されないように心を砕いていた[54]」とも振り返っている。

ゴルバチョフはさらに新たな実験へ乗り出した。最初は極めて順調だったが、すぐに問題が起きた。地元警察は深酒、不良行為、犯罪に「強制的な手段だけで」対処したが、全くと言っていいほど効果がなかった。ゴルバチョフはコムソモールの志願者を募り、警察より穏やかで小回りが利く部隊を構成した。だが悪党たちは、この部隊を乗っ取りにかかった。隊員をそそのかして人々を拘束させたり、暴力沙汰を起こさせたりした[55]。ゴルバチョフはスタヴロポリの高校生を動員して「科学的生産の作業班」を立ち上げた。こちらのほうが平凡な企てではあった。スタヴロポリで初めて、ピオネールの地方組織も立ち上げた。ピオネールはソヴィエト版のボーイ・スカウトで、入団はコムソモールに入る試金石だった。スタヴロポリ市の郊外へ延びる道路に沿って樹木を植えるため、コムソモールを動員したのもゴルバチョフだった[56]。ゴルバチョフは一九五八年、コムソモール地方委員会の第二書記へ昇進した。彼はフルシチョフによる大衆動員の呼びかけに応え、ネヴィンノムイススク近郊で窒素肥料の大工場を建設する現場へ、青年を大量に送り込んだ。トウモロコシ畑の耕作、羊やウサギ、カモの飼育にも若者を派遣した。フルシチョフはカモ肉の味を称賛した。スタヴロポリのコムソモール機関紙は活動家に脅しをかけた。「コムソモールの仲間よ！ 君たちは最近、カモのために何かをしたか？[57]」

スタヴロポリのジャーナリストであるボリース・クチマエフは、コムソモールの春季集会で、養鶏で表彰された集団農場の〝鶏肉娘〟たちを称賛するゴルバチョフの姿を覚えている。会場を一歩出ればライラックが咲き誇っていた。ゴルバチョフのグレーの背広は、たくましい肉体ではちきれんばかりだった。モスクワ大学のバッジを目立つように付けていた。派手なネクタイを緩め、燃えるような瞳で頰を紅潮させていた。クチマエフによれば、ゴルバチョフは「揺るぎない自信」に満ち、「専門家でなければ難しいと思われる問題でも、頭越しに指示を出せた[58]」。

一九五八年四月、ゴルバチョフはモスクワで開催された第一三回コムソモール大会に出席した。フルシチョフの演説を聴いてライーサへ送った書簡にも、当時の情熱が読み取れる。「大会から非常に力強い印象を受けた……地元にいては得られない数々の結論を出すことができた……私が抱く数々の懸念、励み、緊張に、相応の理由を見出した」。同じ手紙には次のくだりもある。「君の願いをかなえたい……何を買ったかは言えない……すまないが持ち金を使い果たしてしまった……一〇巻本の世界史を君のために注文した。それから、ソヴィエト小百科事典とプレハーノフ［ゲオルギー・プレハーノフはロシアにおけるマルクス主義草創期の理論家］の哲学書を少々……もうすぐ帰るよ。たぶんこの手紙より早く。飛行機に間に合うと思う[59]」

ゴルバチョフ回想録によれば、彼は労働指令、とりわけモスクワのコムソモール中央委から来る大量の命令にうんざりしていた。「指導部の面々は、自分たちが官僚的な指示を出さなければ、草一本も育たず、牛一頭も生まれない、と固く信じ込んでいた。〝絶え間なき動員体制〟のもとでしか、経済は機能しないと考えていた。そこに自発的発展という概念が入り込む余地はなかった[60]」。それでもこの時代のゴルバチョフは自制的に職務をこなし、将来有望な人物として自分を印象づけることに成功した。

ニコライ・エリョーミンがゴルバチョフと初めて会ったのは、一九五六年の秋である。エリョーミンはスタヴロポリ北西のノヴォアレクサンドロフスキー地区でトラクター運転手をしていた。一九五八年にはコムソモールの指導員になっており、スタヴロポリで頻繁にゴルバチョフと居合わせた。ゴルバチョフについて「彼は頑健で、周囲を元気づける男だった」と言う。「勇敢で、眼差しは洞察力に満ち、親しみやすかった」。エリョーミンのゴルバチョフ賛美は二〇〇五年になっても変わらなかった。ゴルバチョフが彼を引き立て、支援したためかもしれない。だが二〇〇五年の時点でゴルバチョフが既に他人の出世を助けられる立場になかった事実を考慮すれば、次のようなエリョーミンの賛辞は驚きに値する。「有能で粘り強かった。創造的で集中力があり、厳格かつ原則的だった。慎み深く規律正しく、洗練されていて教養があった。上品で決然として一貫性があった。セミナーや会議で、学者と現場の人間をともに引き込み、経済の長期的発展を論議するのが得意だった[61]」

ロシア語と文学の教師、ライーサ・バジコワとゴルバチョフの初対面は一九五八年だった。彼女はブジョンヌイ地区でコムソモール指導者の地位にあった。ゴルバチョフは彼女をスタヴロポリ地方コムソモールで、子供や学校、社会団体を担当する書記に任命した。のちには、オクチャーブリ地区党委員会の副委員長に据えた。バジコワはゴルバチョフの妻ライーサ、ライーサの妹リュドミラ、ゴルバ

スタヴロポリでメーデーの行進に参加した後のゴルバチョフ一家＝1964年

チョフの娘イリーナ、イリーナの夫とも知り合う。バジコワもエリョーミン同様に、ゴルバチョフへの賛辞を惜しまない。ゴルバチョフの仕事は几帳面で、全ての人材と事象を管理下に置いて点検し、農場や企業を頻繁に訪れた。決定を下すために時間をかけたが、疑問が残る時でも「落ち着いて決然としていました」。バジコワはゴルバチョフについて「彼は虚栄心が強かった」と言う。「でも、うぬぼれは誰にもあるでしょう?」。ゴルバチョフは高い地位を望んでいた。人一倍「出世欲が強い人でした」。

スタヴロポリ地方の党や行政府の幹部は、ふしだらで有名だった。(筆者はソヴィエト時代のドネツクで、党と行政府の行状を実見した。朝食で数百グラムのウオッカを飲み干し、レストランでは色気のあるウェイトレスを調理場まで追い回していた)。酒や女に飽きると、仲間同士で狩猟や釣りに遠征したが、釣りやゲームに費やすのと同じ時間を、強い酒を飲んで過ごすのだった。バジコワによると、ゴルバチョフは実際、スタヴロポリの公人の中では特異な存在だった。「見栄っ張りや変わり者」が多かったが、ゴルバチョフは「洗練されて堅実」だった。多くは「粗雑で傲慢、女ぐせが悪かった」。ゴルバチョフは女性を「丁寧に扱った」だけでなく、市や地区の指導者に女性を任命した。

ゴルバチョフは西側で言うところのフェミニストではなかった。共産主義社会は、その種のフェミニズムを快く受け入れなかった。ソヴィエト流の女性「解放」とは、道路の清掃など男性並みの重労働をする「特権」と引き換えに、政治的な権利を与えることだった。ゴルバチョフはライーサと暮らして、女性が抱える負担を理解していた。女性に敬意を払い、可能な範囲で女性を登用した。バジコワによれば、ゴルバチョフに最も近い顧問は彼の妻だった。夫妻は驚くほど、お互いに「率直で真摯」だった。ライーサは「とても洗練されていました」。ゴルバチョフには「それがよく分かっていたので、彼女の言葉によく耳を傾けたのです。ゴルバチョフが信用する党幹部は多くはありませんでした。でも彼女だけは、あらゆる問題で本当に頼りにしていました」。彼女の助言が正しくない時もあったが、少なくとも「真剣な」ものではあった。当時の補佐役たちは「彼の水準には達していなかったのです」。ライーサが私的な問題も含め、ゴルバチョフへ影響を与えたのは当然だった。[62]

ヴィクトル・カリャーギンには獣医の資格があったが、国営農場の責任者から、のちに党の地区委員会の指導者となった。彼は一九六一年から六二年にかけてゴルバチョフと知り合った。ゴルバチョフとライーサは模範的な夫婦だったと言う。「なんていい男だろう！　彼は妻を本当に大切にし、愛していた。私たちは女房連中からよく言われたものだ。〝見てごらんよ、ゴルバチョフを。どれほど女房を大切にしていることか！　あんたらも見習ったらどうだい！〟」[63]

　ゴルバチョフは洗練された成功者だったが、同僚から見れば特異な存在でもあった。恨まれても不思議ではなかった。一九五五年からコムソモールで一緒だったアレクセイ・ゴノチェンコの意見では、ゴルバチョフの早い出世が、長い目で見れば必要な基本的経験を積む機会を彼から奪った。ゴノチェンコによれば、ゴルバチョフは「軟弱」の度が過ぎた。「説得すれば彼は気持ちが変わった」。ロシアでは伝統的に、断固として権威主義的でさえある指導者が好まれた[64]。ゴルバチョフの開放性が裏目に出たというのだ。ゴノチェンコよりゴルバチョフに好意的で寛容なカリャーギンでさえ、「ゴルバチョフは他人の意見に疑問を感じても、結論を下す前に彼らの話に耳を傾けた」と言う。カリャーギンはゴルバチョフの両親を知っていた。「彼は父親の性格を受け継いだ。母親似であったら、〝私が言ったことを聞いたはずだ。それが全てだ！〟と言い放っただろう。だが実際は、いつでも相手に配慮して合意に歩み寄った[65]」

　最も厳しくゴルバチョフを批判するのは、ヴィクトル・カズナチェイエフである。彼はゴルバチョフと同様に貧しい家庭環境で育ったが、勉学を通じて社会的地位を築いた。ただモスクワ大学ではなく、スタヴロポリ教育大学へ進学した。三年生の時、学生労組を代表してコムソモール市委員会に参加した。そこでゴルバチョフに出会い、親しい関係になった。ゴルバチョフは「精力的で才覚がある」との印象を与えた。「物事を成就させる方法を知っていた」。だがカズナチェイエフに言わせれば、それはゴルバチョフの「見せかけ」であり、「うわべだけの知識」がなせるわざにすぎなかった。「彼はレーニン、スターリン、その他の著名なマルクス主義者の言葉を頻繁に引用した」。そして「故郷の学校でコムソモールを率い、コンバインに乗って働き、赤旗労働勲章をもらったことを、機会をとらえては吹聴した」。カズナチェイエフは「長年の間、彼の魅力のとりこになっていた」。だが最後には、ゴルバチョフは「スタヴロポリのナルキッソス」である、と結論づけた。カズナチェイエフの目にゴルバチョフは、地元の最高位に就くことをあえて避けて上司にへつらい、太刀打ちできない競争相手を「ねたみ、復讐する」男に映った。必要があれば人を「批判」し、「羽振りの良い相手にはすり寄るが、相手が自分に過度に接近するのは嫌がった」。そして、他人が自分より目立たないように脅しをかけた[66]。

カズナチェイエフは批判の矛先を、ゴルバチョフの妻にも向ける。ライーサは「家ではほとんど何もしようとしなかった」と言うのだ。カズナチェイエフの推測では、彼や同僚の夫人たちとは異なり、ライーサには部屋の掃除や洗濯、炊事までしてくれる複数の家政婦がいて、そのうち一人の報酬はゴルバチョフの昇給でまかなっていたという。ゴルバチョフ夫妻はスタヴロポリに来て間もないころ、カズナチェイエフ夫妻、その他の二組の夫婦と親密になり、誰かの誕生日や休日に集まったり、郊外のピクニックを楽しんだりしていた。だがカズナチェイエフの言い分では、ライーサは料理が嫌いだったので、ゴルバチョフ夫妻はもっぱら他人の料理を楽しむだけだった。夫妻はお高く止まり、やがて友人たちと距離を置いたという[67]。

カズナチェイエフによるゴルバチョフ「弾劾」から、何を酌み取るべきか？　カズナチェイエフは二〇〇五年の時点で、ピャチゴルスクの国立工科大学の学長だった。ピャチゴルスクはスタヴロポリ地方の南に広がる山岳地帯の保養地である。彼はゴルバチョフを非常に手厳しく批判する本を何冊も出版した。筆者のインタビューにも喜んで応じた。だが自分の話をして大半の時間を費やした。背が低くずんぐりして、頭がはげていた。永久に凍りついたように表情に乏しかった。彼はインタビューの途中で、名誉市民の称号を授与される式典に出席するため中座した。式典の後の昼食会にアメリカ人である筆者を招待した。昼食会の席では、大学の教授陣、事務職員、学生が彼のために乾杯の音頭を取った。広報担当の金髪女性が「彼はまことに並外れた人です。夜明けとともに起床し、午前六時までに会議を済ませます。私たちは皆、彼の妻なのです」と持ち上げた。カズナチェイエフは嫌がる女子学生に、彼へ捧げる歌を歌え、としつこく求めた。歌の題名は「王様に万歳！」だった。

ゴルバチョフがスタヴロポリのナルキッソスなら、カズナチェイエフこそピャチゴルスクの肥大化したナルキッソスだった。ゴルバチョフはカズナチェイエフが党の出世階段を上ることを認めず、二回にわたり昇任対象から外した。ゴルバチョフはカズナチェイエフについてインタビューで問われると、最初は「彼が述べたり書いたりする内容について、私は何も言わない」と受け流していた。だがのちには、悪口にさえ論理性を重んじる能力を発揮して、「石鹸を使わずに尻の穴へもぐり込もうとする輩だ[68]」と蔑んだ。

ゴルバチョフ夫妻とカズナチェイエフ夫妻の関係は、当初からうまくいっていなかったらしい。カズナチェイエフ夫妻とゴルバチョフ夫妻が、別の二組の夫婦と一枚の写真に収まっている。カズナチェイエフが言うところの「温かい」交際の一コマであろう。男女が飲んだり、煙草を吸ったりして楽しそうだ。ロシアで友達が集まれば、きっとこうなるという光景である。だがゴルバチョフ夫妻だけが、心ここにあらずという風情で不機嫌な様子を見せている。

野心が渦巻くソヴィエトの党機関において、下が上を突き上げるのは、スタヴロポリに限らずどこでも見られる現象だった。党官僚たちは出世欲が強く、上司にへつらい、部下を支配し、競争相手を出し抜く機会をうかがっていた。とはいえゴルバチョフへの賛辞には、時々誇張が過ぎるきらいもある。彼の優れた資質が、地方ではそれだけ際立っていたからであろう。長い目で見れば、彼の運命を決めるのは周囲の同輩ではなく、スタヴロポリとモスクワの党指導部だった。党の上層部はゴルバチョフを傑出した存在として認識するようになっていた。

フョードル・クラコフは、一九六〇年代半ばにスタヴロポリの実権を握った。彼はゴルバチョフの出世に決定的な役割を果たした。クラコフは四二歳の若さで、スタヴロポリの党機関を指導する地位に就いた。それまではロシア共和国の穀物製品相だった。ある同僚によれば「背が高く、意思が強く、精力的だった」。黒髪が豊かだが、文化にはあまり造詣がなかった。名前のように(クラコフは拳を意味するクラークに由来する)粗野だった。ゴルバチョフと同様に農家の出身だった。有名なモスクワのチミリャーゼフ農業大学の通信講座で学んだ。スタヴロポリの鶏卵の生産が目標を下回った時は、睾丸を意味する隠語を使って、仮病で休んでいる党官僚をどやしつけた。「卵の生産目標を達成できなければ、自分の卵を差し出せ[69]」。様々な証言がある。「冷たく湿った拳を組んで指を鳴らすのが好きだった」、「がらがら声が金属のように響いた」、「謎めいた微笑を浮かべ、コロンの刺激的な匂いがした」、「ウオッカを何杯も際限なく飲み干せた」、「腕を激しく振り回す癖があった。腕が勝手に回っているかのようだった」。そして

「壁を越えて」自分に近づいてくる者を特に好んだ[70]。ゴルバチョフによれば、クラコフは相手が専門家でも普通の人間でも同じように、話し込むことができた。そして「透徹した」分析ができた。しかし「弱点」は、側近たちとの「大酒盛り」だった。時には「乱痴気騒ぎ[71]」となった。

　ゴルバチョフは自分の運命をクラコフが左右することを承知していた。クラコフの長所は断固たる姿勢や、「率直な性格や人間的魅力」、「心を込めた仕事ぶり、目的のため全力を尽くす」流儀にあった。ゴルバチョフはこれらの資質に学ぶ一方で、大酒や女癖の悪さは他山の石と自ら戒めた。ゴルバチョフによれば、クラコフは幸い「面倒なことは私に頼まなかった。だが他の連中に対しては、思いつくまま欲しいままに、やみくもな要求をしていた[72]」。

　クラコフはゴルバチョフを寵愛するようになった。クラコフはしばしば、ゴルバチョフの権限を超える仕事を公にまかせた。地方視察へも伴った。クラフコフは説明や説教はしなかったが、ゴルバチョフには「生きた勉強[73]」になった。だがクラコフはうぬぼれの強い若僧の増長を許さなかった。クラコフは一九六一年三月、ゴルバチョフをスタヴロポリ地方のコムソモール第一書記に据え、その一年後には広大な農業地帯を統括する党オルグに任命した。一方で一九六二年一月にスタヴロポリ地方コムソモールが開催した代表者会議では、登り調子のゴルバチョフを厳しく批判した。

　モスクワの党中央委員会は一九六一年一二月、スタヴロポリ地方委員会が第二二回党大会の決定を末端まで十分に伝えなかったと批判した。地方コムソモールの代表者会議は、こうした経緯を受けて開催された。クラコフは慣習に従って自己批判をしつつも、ゴルバチョフの名を挙げて罪をなすりつけた。党大会はコムソモールが生産活動に主体的役割を果たす決定を下していた。クラコフに言わせれば、ゴルバチョフはこの決定を歓迎したが、「言葉だけで行動しなかった」。ゴルバチョフは約一万八〇〇〇人の若者を、収穫のため農村へ派遣したと報告した。だがクラコフによれば、何の効果も上げなかった。なぜなら、同じ時期に同じ人数が農場を留守にしたからだ、というのだ。「婚礼のためにではありませんよ。同志ゴルバチョフ」。クラコフは冷笑まじりに言い、さらに続けた。「酷薄な」コムソモール指導部は、「若者の日常生活の基本条件」を改善する措置を講じなかった、住宅事情は劣悪、搾乳係の女たちは暖房のない納屋で寝ている、新聞も雑誌もラジオもないではないか。同志ゴルバチョフは農場経営のあり方を批判したが、「共産主義者としては、コムソモールの地方委員会を責めるほうが、正直かつ適切だったでしょう」。

クラコフの発言に参加者は拍手を送った。批判の矛先が自分たちに向かず、期待の星がこきおろされたので安堵し、かつ溜飲もを下げたのだった。そこでクラコフは追及の手を緩めた。「友人の皆さん、期待に応えられない人々を責めるのは時間の無駄です」。批判に値するのは「批判から正しい教訓を学び、コムソモールの〝臨戦態勢〟を向上させるために働く人材なのです[74]」。

一九六二年夏、スタヴロポリ地方党委員会の本部で会議があり、クラコフはまたもゴルバチョフ批判を展開した。これに先立ち中央委の代表団が来訪し、スタヴロポリの党を正常化せよと求めていた。クラコフとその周囲の幹部は、またも自己批判を求められる状況に置かれていた。スタヴロポリ地方のプロパガンダ責任者は、ゴルバチョフに言わせれば、「頭の上に落ちてくる煉瓦のようなこずるい」人物だった。彼は、ゴルバチョフが「社会主義的競争」を鼓舞しなかったと追及した。ソヴィエトでは金銭も与えず人を働かせるため、看板に労働者の顔を並べて表彰するのが常套手段だった。これを怠ったというのだった。ゴルバチョフは反論し、「小競り合い」が起きた。クラコフはゴルバチョフの仕事ぶりを調査する委員会の設置を命じた。結果は八月の会議で報告された。ゴルバチョフによれば、クラコフは「全力で襲い掛かった」。ゴルバチョフの「無責任さ」をなじり、「不当で激烈で、がさつな」総括へ導いた。

ゴルバチョフはその場で反論の機会を強く求めたが、許されなかった。彼は勲章を飾りたてたある農学者に不満を漏らした。農学者は諭した。誰がクラコフに逆らってまで君を支持するだろうか？　そんなことをしたらクラコフが許さないだろう。農学者は「最良の演説は沈黙なのだ」と至言を吐いた。ゴルバチョフはソヴィエトの指導者になってから、それができなかった。だが当時は自分を抑えられたので、一九六三年一月、スタヴロポリ地方の党農業委員会第一書記に任命された。フルシチョフはこれに先立ち、党の地方委員会を工業部門と農業部門に分割していた。その後、クラコフとゴルバチョフの関係は親密の度を増した。ゴルバチョフは語る。「[クラコフは]私の部門を監督する立場にあったので、ほぼ毎日、顔を合わせた。仕事の上では、次第に対等の付き合いをするようになった」。クラコフはその後、モスクワで中央委農業部の部長に就任した。「私たちは友人同士として別れた。その後の歳月を通して親しい関係を保った[75]」

フルシチョフが一九六四年に宮廷クーデターで追放された際、クラコフはクーデター派を支持した。このためフルシチョフ後継体制の指導部に厚遇された。クラコフはゴルバチョフにとって、従来にも増して力強い庇護者となった。だがクラコフには下心があった。クラコフはモスクワに赴任する前、ゴルバチョフの家族に便宜を図った。ライーサは一九六一年秋、キエフで社会科学の教師として再講習を受けることになった。彼女は四歳の娘イリーナを残して行きたくなかったが、娘をプリヴォリノエのゴルバチョフの両親のもとに預けることに、しぶしぶ合意した。イリーナはそこで水疱瘡に罹った。祖父母は秘密のうちに、孫娘に洗礼を受けさせた。ゴルバチョフは妻と数カ月会えなかった。第二二回党大会が一九六一年一〇月にモスクワで開催される予定だった。ゴルバチョフはクラコフに、モスクワへ行く途中にキエフで妻に会う許可を求めた。ゴルバチョフはキエフのホテルで妻と過ごそうとした。ホテルが賄賂を要求して妨害したものの、「[我々は]一緒に三日間を過ごせた。まるで一生の半分を会わないでいたような気分だった[76]」。

クラコフはゴルバチョフ夫人に関心があった。ある時、ゴルバチョフはスタヴロポリの遠方へ二週間の出張に出かけた。帰宅してライーサに旅の話をしていると、彼女が突然「私たちにもニュースがあるの」と言った。

「私たちって誰のことかい?」

「私よ」

「どんなニュースだい?」

夏だったのでライーサの仕事は休みだった。

「フョードル・クラコフが電話をかけてきたの」

「ほう、何の話だった?」

「私を誘ったの」

「断ったんだろ?」

「もちろんよ。私は〝フョードル・ダヴィドヴィチ、私とミハイルの夫婦仲はご存知ですね?〟と言ったわ。クラコフは〝知っているとも〟と答えた。〝それを尊重して下さい〟と言って電話を切ったの」

「実に興味深いやりとりだね。どういうつもりか彼に尋ねてみよう」

「やめて。私は彼に自分の答えを伝えたし、あなたにも話したわ。だからあなたには、もうニュースではないでしょう」

ゴルバチョフはそれでもクラコフに尋ねた。「ライーサに電話をしましたか?」

ゴルバチョフによれば、クラコフは「しばらくためらっていたが、意を決したように〝君を探していたんだ。君が戻っていると思っていた。出張の話を聞きたかったのでね〟と言った[77]」。

クラコフの後任としてスタヴロポリにやって来たのは、レオニード・エフレイモフという男だった。フルシチョフ失脚の犠牲者だった。フルシチョフ配下として、党中央委ロシア共和国局で第一次長の地位にあった。スタヴロポリへの左遷は不満だった。だが、土地の人々には好印象を残した[78]。「力強く」、「賢い」人物と受け止められた。学歴はウォロネジ農業機械化大学を卒業したにすぎなかったが、「極めて教養があった」。妻は既に名声を勝ち得た名優だったのでモスクワに残った。短期間の客演でスタヴロポリの舞台に立つ機会もあった。息子は作曲家だった。エフレイモフは「深く豊かな声の持ち主だった。その声はまるで、彼の胸郭で鐘が鳴り響く様を思わせた」。クラコフとは異なり、声を荒げて部下をしかりつけはしなかった。自分の基準では「ふしだらで恥知らずな」行為に遭遇しても、抑制された態度を保てた。彼は部下を「納得させる」すべを心得ていた。部下の命運を握っているので、難しいことではなかったのだ[79]。

ゴルバチョフにとっては、クラコフよりエフレイモフのほうが、上司としてやりやすかった。ゴルバチョフはエフレイモフについて、「広い政治的視野と高い教養を持ち、教育と文化の恩恵を十分に受けている」と評した。エフレイモフもゴルバチョフに同様の資質を見出した。エフレイモフは体制に育まれ、党の「組織講座」で学んだ「優等生」として、ゴルバチョフに多くを「伝授した」。だが相性の良さにもかかわらず、二人の間には緊張が高まり始めた。教養や知識へ重きを置くエフレイモフにしてみれば、ゴルバチョフは手ごわい競争相手だった。クラコフにはそのような観点はなかった。またエフレイモフの運勢は下降しているのに、ゴルバチョフは上り調子のやり手だった。ゴルバチョフもエフレイモフを敗者とみなし、自分の出世に役立つ人物とはみていなかっただろう。ゴルバチョフとクラコフが政府専用回線でしきりに話していることに、エフレイモフが気づいた。エフレイモフは会話の内容と、なぜ自分がないがしろにされているのかを知りたがった。ゴルバチョフは「全く私的な会話」であると言い張った。エフレイモフとは何の関わりもない内容であるとも主張したので、エフレイモフは「さらに怒った」。エフレイモフはスタヴロポリ地方とスタヴロポリ市の党指導部を構成する幹部人事で候補を指名した。ゴルバチョフはあえて疑問を表明した。エフレイモフはゴルバチョフが「身の丈を知らない」と罵倒した。ゴルバチョフも怒りへ身をまかせ、「あらん限りの声で」反論した。ゴルバチョフはスタヴロポリ地方全域から集まった党幹部らを前に、エフレイモフや党の面々が自分の意見へ耳を傾けないと言うのなら、「この会合には私を公然と貶めるだけの意味しかない。そのような場になぜ居なければならないのか」とたんかを切った。

ゴルバチョフによれば「会場にいたゴマすり男たちは、命じられるまでもなく、この時とばかり私を非難した」。エフレイモフは、それを見届けた上でようやく口を閉ざした。ゴルバチョフが語る。「外交的な手練手管や柔軟性が、私に欠けていたわけではない。ただ自分の尊厳が傷つけられると、決して耐えられない性分なのだ[80]」

一九六六年になると、ゴルバチョフは多くの仕事で満足な成果を挙げられるようになっていた。回想録では一九六二年から六六年にかけての章に、「私の主要な仕事」との見出しを付けている。有能な人材を発掘して庇護し、ものごとが動くように取り計らった。「能力はあるが融通がきかない連中は守った。知識に乏しい不適格者は、容赦なく排除した。どのように人に対処するか分からず、試みようともしない者にも去ってもらった」。スタヴロポリに戻って最初に強烈な印象を受けたゴーリカヤ・バルカの惨状を改善する仕事にも着手した。彼は手腕を遺憾なく発揮した。ゴーリカヤ・バルカの集団農場長に任命したのは、顔に痛々しい傷を残す退役軍人だった。彼によって農場は生産性を上げただけでなく、見た目も立派になった。別の農場では、ニコライ・テレシチェンコという若い農場長が、夜な夜な畑に盗みに入る農民に手を焼いていた。彼はとうとう散弾銃を持ち出し、盗んだトウモロコシを運ぶロバを撃った。ゴルバチョフはクラコフにかけあい、テレシチェンコを更迭せずに、彼の農場がトウモロコシ栽培で上げた成果について、スタヴロポリ地方の全域で講習会を開催した[81]。

仕事ばかりでなく私生活も随分と楽になった。ついに「まともな部屋」を手に入れた。一〇年間働いたおかげで収入は増え、月給三〇〇ルーブルになった。ライーサは一九六七年に博士候補となった。教師としての地位も上

スタヴロポリ近郊の山麓で友人たちと過ごすゴルバチョフ夫妻＝1960年代

がったので、三二〇ルーブルの月給をもらうようになった。夫妻には家具や洋服を買う余裕が生まれた。ごく親しい交遊関係ができた。新しい友人たちは、党の粗野な同僚でもなく、生活に疲れた女房連中でもなかった。アレクサンドルとリディヤのブドゥイカ夫妻、ミハイルとインナのワルシャフスキー夫妻とは、特に親密な関係を結んだ。ブドゥイカ夫妻はドン流域の出身で、ワルシャフスキー夫妻はオデッサから来た。ともに夫は技師だった。フルシチョフは一九五三年以降、農業の機械化を推進したが、彼らはその波に乗ってスタヴロポリにやって来た。妻はともに医師だった。リディヤ・ブドゥイカは小児科が専門だった。ライーサは後に「イリーシャ［イリーナの愛称］を生むときに助けてくれた」と話している。リディヤはライーサの最も親しい友達になった。ゴルバチョフ夫妻は誰よりも、ブドゥイカ夫妻、ワルシャフスキー夫妻と多くの時間を過ごした。ゴルバチョフは「どんなことでも互いに助け合った」[82]と語る。

ライーサに博士候補の地位をもたらしたのは、ソヴィエトではまだ新しい分野である社会学の論文だった。ソヴィエトの博士候補は欧米の博士に、ほぼ相当する。そしてソヴィエト及びロシアの博士は、欧米における博士より高い権威がある。ライーサによると、社会学は一九三〇年代に「科学として認められなくなった」。スターリン体制にとって「危険」とみなされたからだ。スターリン体制には、社会学が抽出する社会の「意見」など必要ではなかった。当時のシステムは「社会学とは無縁で、社会学もそのシステムとは異質な学問だった」。

社会学はフルシチョフの「雪解け」時代に息を吹き返し、一九六〇―七〇年代に発展を遂げた。それでも頑迷なイデオロギー主義者は、この学問に強く抵抗した[83]。ライーサが社会学を選択したのは、精神が自立していたからだ。論文の題は「集団農場における新しい日常生活の構築　スタヴロポリ地方の社会学的調査」とした。ごく当たり前の題だが、調査方法は斬新だった。既存の文献に依拠せず実地調査を重視した。ゴルバチョフは党やコムソモールの友人を使って、ライーサが訪問先の農村で歓迎されるようお膳立てをした。ライーサは数百キロの泥道を、ジープのGAZ、トラック、オートバイ、そして多くの場合はゴム長靴を履いて徒歩で踏破した。数百人から聴き取りをした。特に女性を重視した。文献や統計を集め、約三〇〇〇枚のアンケート用紙を配布した。村々では哲学者や社会学者の訪問など前代未聞だった。ライーサは進んで講演したり、夜の時間を割いて討論会を催したりした。スタヴロポリに戻り、会議やセミナー、集会の場で体験と発見を語り、農村の生活向上について提言をした。ライーサは「人間の顔をした社会学」を目指した。「実際の暮らし」、特に農家を四、五軒訪ねると必ず一人はいる高齢女性の実態について理解を深めた。戦争で全てを失った世代だった。「彼女たちは、恋の喜びも、母としての幸せも知らない。そして人生最後の日々を、崩れ落ちそうな小屋で、たった一人で過ごしている。その家も遠からず朽ち果てる」。それでも、老女たちの多くは「恨みに身をまかせず、世の中を厭いもせず、自分の殻に引きこもってはいない。無私の心を失わず、他人の不幸や悲しみに同情を寄せている。ロシアの女性の本当の心とは、このようなものなのだ」。

感傷的だろうか？　そう、ライーサは感傷的になっていた。ある日の夜遅く、彼女は一人暮らしの老婦人を訪ね、入り口の扉を叩いた。老婆は一連の質問に答えた後、ため息をついてライーサに尋ねた。

「どうしたというのかい、お前さん、なんでそんなにやせているの」

ライーサは「いいえ、これが私の普通の体型です」と答えた。

老婆は信じなかった。「お前さんは亭主持ちじゃないだろ」

「いいえ夫がいます」

「亭主は飲んだくれだろうが」

「いいえ」

「お前さんをぶつだろう?」

「決して」

「もうおよしよ、お前さん、あたしゃだまされないよ。ずいぶん長く生きたから分かるが、小屋から小屋を訪ね歩くには、それなりのワケがあろうってもんさね[84]」

ライーサはある時、元気で丈夫なコサック女に聴き取り調査をした。家族の絆は何か、と質問した。愛、友情、子供への愛情、あるいは、もしかしたらセックス?

「何だい、そりゃ?」

ライーサは説明した。「あなたのご主人との男女関係です」。まだ分からないような顔をしているので、「あのう、つまり、夫と妻が個人的関係を結び……ああ、もう、これくらいにしましょう」と話を打ち切ろうとした。すると相手は言った。「しっかり書き留めておきな。男に他の使い道があるかい?[85]」

このような会話も、貧しい一人暮らしの老婆に対する同情の言葉も、ライーサの学術論文には出てこない。論文は一九六七年、モスクワ教育大学で審査に合格した。論文の執筆では、明確な主張を控え、あいまいな物言いにとどめる伝統的手法を駆使した。彼女は既に現状へ批判的な見解を秘めていたので、論文にも全くその気配がないというわけではなかった。ライーサは農村における識字率の向上などを例に挙げ、ソヴィエト政権の功績を強調した。それがソヴィエトの学術論文の定型だった。一方で農村の荒廃ぶりを、一九一七年革命の前の時代と比べることも忘れなかった。例えば「社会主義はコルホーズの村を再建したが、不平等を完全に解消するには至らなかった」と述べ、都市と農村の間に大きな格差がある事実を示唆した。党は地域格差が解消に向かっているとの公式見解を崩していなかった。論文の行間を読めば、その名に値しないような図書館、病院、保育園、老人ホームで、ポチョムキン村の物語が進行している様子が想像できた[86]。

ライーサは自助努力の結果、第一級の社会学者の資質を既に備えていた。論文の第三章「家族生活に見える相互関係の変化　集団農場の非生産的分野における社会主義的規範と慣習」は、女性の低い地位に着目している。西欧のフェミニズムへの志向がうかがわれる。だが、そのような用語を使えるわけもなかった。ライーサは村々で見たり聞いたりした現実を夫に話した。出会った人々を助けたい、という気持ちがあったからだ。ゴルバチョフは立場や特権を利用し、モスクワにいる知己を介し、著名な社会学者G・O・オシポフに、ライーサの論文指導を頼んだ。ゴルバチョフは妻の論文を絶賛している。「彼女は、ほとんど博士論文に匹敵するものを書き上げた。唯一欠けているのは、調査結果に基づく総括だが、それを明らかにするのは時期尚早だろう。彼女の仕事から真剣な結論を導くためには、さらに長い長い時間が必要だった[87]」

ライーサは論文を完成させるために、四回もモスクワへ出かけた。指導教官と相談し、論文の要約を提出した。口頭試問の準備をして、実際にそれを乗り越えねばならなかった。娘のイリーナは一〇歳になり、多くの時間を学校で過ごしていた。ゴルバチョフは娘が帰宅する頃には、たとえ短時間でも家にいるように努めた。一緒に料理をしたり、歌ったりした。何もすることがなくなると、週末は映画へ連れ出した。ライーサは自分の母や祖母に似て、家の中をこぎれいに整頓しなければ気が済まない性格だった。イリーナも、そのようにしつけた。ライーサが実地調査に使うアンケート用紙を床に並べ、イリーナが仕分けを手伝った。リディヤ・ブドゥイカによれば、ライーサは秩序そのものを大切にしたわけではない。ただ我が家を愛し、温かく心地よい雰囲気を満たしたいと願っていた。度が過ぎる時もあった。ライーサはイリーナに夫婦の蔵書の目録カードを作成するよう指示した。ゴルバチョフ家には、ライーサの専門である膨大な哲学書をはじめ、数千冊とは言わないまでも数百冊の本があった。ライーサは一九六〇年代、夫の助けを借りて、聖書、福音書、コーランを所持していた。宗教書は無神論のソヴィエトでは入手が難しかった。マルクスとレーニンの全著作もあった。ゴルバチョフがモスクワ出張の際に注文した二〇〇巻もの世界文学翻訳全集もそろっていた。ゴルバチョフは「うちは読書一家だった」と語る。特に娘は「熱烈な」読書家だった、と誇らしげだ。イリーナは四歳で本を読み始めた。親として「本好きに」育てようと工夫もした。イリーナは両親や自分が読書に没頭すると、家中が長い間、静まり返っていたと回想している。ゴルバチョフは娘が読んだという本の量を最初は信じられなかった。「本当に全部読んだのかい?」と尋ねたのは、イリーナがまだ小学生の時だった。イリーナは両親が寝てから、深夜に読んでいるのだと答えた。イリーナはテレビに関心を示さなかった。両親がわざと買わなかったからだ。[88]

ゴルバチョフは再び学位を取ることにした。知的な野心があったし、妻にも刺激を受けた。党で出世の階段を昇るためにも有利に働くと考えた。クラコフは一九六〇年代、ゴルバチョフに学位をもう一つ取るよう強く勧めた。ゴルバチョフが語る。「彼は私に執拗に言った。〝聞き給え。自分の仕事に経済が含まれるのに、君は経済の知識に乏しすぎる〟。私を守護する天使の思し召しだった」

ゴルバチョフは一九六一年、妻が教える農業大学に学士入学した。ライーサは大学当局に、夫の試験とは一切の関わりを持たないと宣言した。ゴルバチョフは農業経済学部の通信講座を受けた。農学部と経済学部を統合して新学部が誕生したばかりだった。彼は論文のテーマに「スタヴロポリ地方における農業生産の集中化と特殊化」[89]を据えた。「私は勉強に没頭した。より高度の数学試験に合格しなければならなかった。毎朝五時に起床して二時間学習した。我が家の〝女性部門〟は、まだ寝ている時間帯だった」

クラコフは自分が学んだ講座で作ったノートを貸してくれた。そしてゴルバチョフがさぼらないように、質問を浴びせてくるのだった。

「どんな科目をやっているのかね？」とクラコフは尋ねた。「成績は？」

「土壌学です」とゴルバチョフ。

「オールAです」

「党幹部の地位を使って影響力を行使したからだろう？」。クラコフはからかった。そして、すぐ質問に転じ、塩類集積土壌の成分を五つ挙げるよう求めた。[90]

ゴルバチョフはクラコフの試験に合格した。大学の試験にも通り、一九六七年に二つ目の学士号を取得した。ライーサが博士候補の資格を認められたのも、その頃だった。

一年後、ゴルバチョフは党職員の地位を捨てて学者になろうか、と考えるようになった。彼は疲弊していた。その頃のゴルバチョフは、土曜日も含め朝の五時に起きて農業経済の宿題をこなし、妻子を七時に起こしていた。日中は業務多忙で昼食を抜いていた。夜九時ないし一〇時に、空き腹を抱えて帰宅するので、夕食を食べすぎて体重が増えた。のちに三年かけて二〇キロ近く減量した。モスクワ大学の学生だった頃から、規則正しく食事をする習慣がなかった。ほとんどピロシキ（肉やキャベツを詰めたパイ）ですませていたので胃炎になり、とうとう胃潰瘍ができた。スタヴロポリに来ても、一九七一年に四〇歳で「ようやく正常な生活を取り戻す」[91]まで、減量に取り組んだり、カフカス地方の保養所に出かけたりする余裕はなかった。

ゴルバチョフが転職を考えた別の理由は、エフレイモフとの緊張関係だった。フルシチョフ後継体制による約束が、見せかけだった現実にも失望した。新たに首相の座に就いたアレクセイ・コスイギンは一九六五年、経済改革に乗り出した。ゴルバチョフはこれを歓迎した。だが改革は抵抗を受け、頓挫した。その実態をゴルバチョフはスタヴロポリで、つぶさに実見した。スタヴロポリの党官僚は「モスクワのやつらは、おしゃべりばかりしている。だが計画を遂行するのが、我々の仕事だ」と話していた。

一九六七年一月、ゴルバチョフが評価していたインノケンティ・バラコフという官僚が更迭された。バラコフは改革に真剣に取り組んでいた。管轄下にある集団農場へ中央作成の計画を下達しなかった罪を問われた。計画はそもそも達成不可能な内容だった。バラコフは現場の工夫と独立性を高めるために、あえて伝えなかったのだ。バラコフはモスクワの改革派経済学者ゲンナージー・リシチキンの影響を受けていた。リシチキンはリベラルな雑誌「ノーヴィ・ミール」で、農業改革に健筆を振るっていた。この年の九月、エフレイモフの配下にある官僚たちが、中央委員会の新聞「農村生活」でリシチキンを排撃した。[92]

一九六七年の夏、モスクワ大学時代に親しかったチェコ人のズデネク・ムリナーシが、再びゴルバチョフの前に姿を見せた。ムリナーシは柔軟な考え方ができる人物だった。彼は大学を出てからプラハの検察庁で働き、科学アカデミーへ移った。ムリナーシはそこで、MGUのケチェキャン教授が「講義で語っていたような」古典的な書物を読んだ。「それだけではない」と彼は続けた。「マルクス主義者の中でも修正主義者、あるいは裏切者と呼ばれるトロツキーのような人物の問題作も読んだ」。ムリナーシはユーゴスラヴィアを二回訪れた。チトーが非ソヴィエト化に取り組み、「自主管理社会主義」の独自路線を進む様子を目の当たりにした。一九五八年にブリュッセルで開催された万国博覧会にも出かけた。イタリアにも行き、ベルギーは二回訪問した。随分と後になるが、ムリナーシはこの間の経験について「私にとって文字通り〝世界への窓〟が開けた」[93]と語っている。ムリナーシは一九六七年にモスクワを再訪した。チェコスロヴァキアで改革派が模索する政治改革を、ソヴィエト指導部がどこまで容認するか探るためだった。しかし改革への支持はほとんど得られなかった。ムリナーシはゴルバチョフを訪ねるために、スタヴロポリまで足を延ばした。四階にある二部屋の住居を見て、チェコスロヴァキアの党幹部が地方の中心都市で住む部屋と比べれば質素だね、と感想を漏らした。ムリナーシとゴルバチョフは二日間を一緒に過ごした。ミネラーリヌイエ・ヴォードゥイ周辺の山へハイキングに出かけ、酒食をともにしながら胸襟を開き、大いに語り合った。

ムリナーシは祖国チェコスロヴァキアが、大変革の時を迎えつつあると言った。ゴルバチョフによれば、ムリナーシは「チェコスロヴァキアの政治体制を民主化しなければならない、と自分の考えを披歴した」。ムリナーシはゴルバチョフにソヴィエトの状況を尋ねた。ゴルバチョフは「君の国では何でも起こりうるだろう。だが私の国ではとても無理だ」[94]と答えた。のちに自らの力でこの見解を変えることになろうとは、まだ知る由もなかった。

ゴルバチョフはソヴィエトにおける社会主義の「ゆがみ」を是正するためには、進取の気性に富む新たな「人材」を発掘し、登用しなければならないと信じていた。しかし一九六七年の時点で、ブレジネフが人事政策を「抜本的に」改める気配は全くなかった。「指導部の中で様々な勢力の権力闘争が渦巻いていた」[95]。その枠内で家来を引き上げるのが、人事の目的だった。

ゴルバチョフが転職を考えた理由の一つは、このような状況であったのかもしれない。だが本人が意識したかどうかは別にして、別の事情が作用した可能性もある。一九六一年四月にコムソモール指導部がゴルバチョフに下した評価がある。「同志ゴルバチョフは自ら始めた課題を、最後まで遂行しないことがある。時として［コムソモールの部下に］しかるべき指示をしない傾向もある」[96]。政治的あるいは個人的にゴルバチョフをひきずり降ろしたい何者かの仕業にすぎなかったのかもしれない。ペレストロイカが始まってから、同じような誹謗中傷をしたのは、まさに従来の同僚であり友人たちだった。ではゴルバチョフ本人も自身の行政能力に疑問を感じ、政治より学問に向いていると考えたのだろうか？

ゴルバチョフは象牙の塔にこもり、沈思黙考するような性格ではなかった。そもそもソヴィエトには象牙の塔など存在しなかった。だが誰にも人当たりが良く、党の官僚機構で成功するタイプでもなかった。国の祝祭日に賑やかな祝宴を催すぐらいの才覚は持ち合わせていたが、その宴は世の男たちが好むようなものではなかった。リディヤ・ブドゥイカによれば、ゴルバチョフはある晩、広い屋敷を借りて、料理を持ち寄るパーティーに友人たちを招待した。

ゴルバチョフはビリヤードがある部屋のドアに鍵をかけ、妻をダンスに誘うよう男たちに言った[97]。

スタヴロポリに残る一九六〇年代の党関連文書を調べると、ゴルバチョフが党の仕事に失望していた可能性も浮上する。党の会議で彼は驚くほど無口だった。討論という名の形式的な意見交換でも、あまり積極的ではなかった。彼の先進的な意見は危険視される恐れがあったので、適当に調子を合わせただけで済ませたのだろう。通常の場合、多くを語らないのは、自分より上の者を支持する所作である。ゴルバチョフは自分の立場を主張してしゃべり過ぎる傾向を自覚していたので、あえておとなしくしていたのかもしれない。だが教育、深酒、犯罪などが議題になると、つい話が長くなった。自負と優越の本音を隠しおおせなかったらしい。

党の仕事にほとんど身が入らない事情について、ゴルバチョフには別の言い分があった。「ボスとしてちやほやされるのが嫌だったのだ。私は自立性が強い人間だ。何事が起きても対応はできた。やっかいな人物ではなかったし、増長もしていなかった。そのようなことは断じてなかった。だが私の性格では、強制されたり、せがまれたりするより、自分で考えて決めた時のほうが、一〇倍もの働きができる[98]」。だから「学問の世界への転身を、内心ではほぼ決めていた。博士候補を目指す試験にも合格した。論文のテーマも決めて、資料を集め始めた。後は実際に前へ踏み出すばかりだった[99]」

一九六八年の春、ズデネク・ムリナーシはチェコスロヴァキア共産党中央委で働いていた。彼はプラハの「行動綱領」を作成し、民主改革を呼びかけた主要人物の一人だった。改革を主導するアレクサンデル・ドゥプチェク第一書記の側近でもあった。ソヴィエト指導部はプラハ情勢の推移に危機感を募らせていた。ゴルバチョフはムリナーシに電報を打ち、「ズデネク、困難な時にこそ関係を保たねばならない」と伝えた。返信はなかった。スタヴロポリ地方のKGB責任者は、ゴルバチョフにうなずきながらウインクをしてみせた。ムリナーシに送った電報は「別の宛先に転送された」。つまりソヴィエトの秘密警察の手に落ちたというわけだった[100]。

一九六八年七月、ブレジネフとソヴィエト指導部の面々は、「プラハの春」を打ち壊す意向を固めた。国民の動揺を防ぐため、全国の党機関を使って、チェコスロヴァキアの改革は共産圏に危険をもたらす、と宣伝した。スタヴロポリの党を指導するエフレイモフは、チェコスロヴァキアの「異端」を糾弾した。ゴルバチョフも（ムリナーシの名前には触れずに）、プラハの改革派は「わが［ソヴィエトの］党が社会主義の統一、共産主義の建設を勝ち取る戦いで得た偉大な教訓を無視し」、チェコスロヴァキア国民に「ストライキ、暴動、無政府状態」へ加わるよう呼び掛けている、と批判した。さらには「チェコスロヴァキアの社会主義を防衛」するのがソヴィエトの責務である、と訴えた。[101]

チェコスロヴァキアの改革を批判したゴルバチョフに、良心の呵責はなかったのだろうか？　それとも、このように振る舞わねばならない現実に直面したがゆえに、「学術の世界のほうが居心地はいい。自分の力を注ぎ、得意の分析もできる。自分にも他の人々にも利益を生むように、私の好奇心を活用できる」と考えたのであろうか？　だがゴルバチョフが別の機会に語ったように、大学教授は「ほかの職業より自由ではあったが、時代を縦横に語れるほどの自由はなかった」。[102]それから一カ月にも満たない一九六八年八月五日、ゴルバチョフはスタヴロポリ地方党委員会でエフレイモフに次ぐ地位に就いた。転職願望など吹き飛ばすほどの昇進だった。党へ見切りをつけるどころか、ますますのめり込むようになった。それでもゴルバチョフは「学術と文化の世界に親しみを覚え続けた」。気持ちは「インテリゲンツィヤ」へ近かったとも言う。しかしゴルバチョフは今や、上り調子の期待の星だった。それは共産党あってこその栄達にほかならなかった。[103]

第4章 地方を牛耳る党のボス
一九六九―一九七八年

一九七〇年四月一〇日、スタヴロポリ地方党委員会の総会が開催された。第一書記のレオニード・エフレイモフはモスクワに招かれ、科学技術国家委員会の第一書記に就任することが決まっていた。彼は政治局入りを切望したが、かなわなかった。だが首都に戻る希望は実現した。総会はエフレイモフの退任を承認し、後任にゴルバチョフを満場一致で選んだ。それはモスクワ中央の決定だった。

一五の共和国がソヴィエトを構成していた。最も大きいロシア共和国には、州や地方などが八三あり、それぞれを管轄する党委員会の指導者として第一書記がいた。彼らはアメリカやフランスの知事とは異なり、管轄する領域において、あらゆる事象と人事に権限が及んだ。民間企業は存在せず、すべての経済活動を国が統制したので、地方経済もまた第一書記の支配下にあった。労働組合など各種の社会団体も国家と党に従属した。モスクワの党中央委員会が地域の党指導者を統括した。この構図自体が、地方における第一書記の権力と権威の源泉でもあった。地方においては司法当局やKGBの支局に加え、党幹部への不満や告発を受け付ける党の統制委員会でさえ、中央の書記長の許可がなければ、地方の第一書記に異を唱えることができなかった。[1]

地方の第一書記は、さまざまな国家要人とともに、中央委員会の構成員である。党書記長も中央委員会が「選出」するのだが、ソヴィエトの歴史を通じて、その「選出」はほとんどの場合、事後承認にすぎない。一九五七年にフルシチョフ解任の試みを中央委が退けたのは例外である。だが一九六四年にはブレジネフとその仲間が、中央委員会の大部分の支持を得て、フルシチョフを解任した。ゴルバチョフのスタヴロポリ時代に、彼の下で働いたヴィターリー・ミハイレンコは「第一書記は神だった。少なくとも半分神で半分人間のような存在だった。望めば何でもできた。全てが許された」と語っている。[2]

一九七〇年当時、ゴルバチョフはまだ三九歳だった。スタヴロポリ地方の党幹部は誰もが、かなり年上だったので、彼によれば「珍しい状況」[3]が生まれた。一九六九年には共産主義青年同盟の議長に就任する寸前までこぎつけた。彼は十分に若かったが、頭髪の失せた前頭部があだとなった[4]。モスクワにあってゴルバチョフの庇護者となったクラコフは、ゴルバチョフをスタヴロポリの第一書記に推した。

ユーリー・アンドロポフもゴルバチョフに目をとめた。アンドロポフはブレジネフに近く、KGB議長の地位にあった。アンドロポフもスタヴロポリから台頭した人物だった。アンドロポフは一九六九年四月、保養地ジェレェズノヴォツクで休暇を過ごすことになった。このような場合はスタヴロポリの第一書記が出迎えるのが慣例だった。しかし、アンドロポフはエフレイモフの出迎えを慇懃に断ったので、第二書記のゴルバチョフがアンドロポフのもとへ派遣された。アンドロポフはドゥボーヴァヤ・ローシチャ（カシの林）保養所で、三部屋あるスイートに妻と滞在していた。ゴルバチョフとの初の面会は、ごく短時間だったが、二人はその後、幾度も会談を重ねることになる[5]。

クレムリン指導部は、地方で党の最高責任者となる人物を、個別に厳しく吟味した。中央委員会書記のイワン・カピトーノフとコンスタンチン・チェルネンコは、ゴルバチョフに関する書類を精査した。チェルネンコはのちに、その死をもってゴルバチョフに党書記長の座を明け渡す因縁の人物である。カピトーノフ、クラコフに加え、政治局員のアンドレイ・キリレンコ、ミハイル・スースロフが、ゴルバチョフと面談した。スースロフは西側で党の〝灰色の枢機卿〟、〝イデオロギーの元締め〟として知られる人物だった。ほとんどの面談は短時間で終わった。そして、誰も面談の目的に触れなかった。やがてブレジネフがゴルバチョフを、クレムリンに近接するスターラヤ・プローシャチ（「古い広場」を意味する）の党本部に招いた。

ブレジネフは黒い髪と濃い眉毛を蓄え、一九七〇年代はまだ健康だった。二大超大国の一つを率いる男を、病が歩く屍に変えるのは数年後である。それまでは頭脳明晰で活力があり、陽気だった。身のこなしは軍人のようで、心地よい笑みを浮かべていた。ユーモアがあり、寛容に振る舞えた。ゴルバチョフはこの時に受けた印象や、その後に幾度も訪れた観察の機会を通して、ブレジネフは「相手を引き込み、自由で率直な会話の雰囲気をつくれた[6]」と述べている。ブレジネフはゴルバチョフに、中央委員会が君を推挙する、と告げた。「従来は」とブレジネフは続けた。スタヴロポリの第一書記は他の地方から任命されたが、今度は「地元」から選ぶと説明した。ブレジネフは懐かしげに戦争の思い出を語った。一九四二年の夏、赤軍は黒海の港湾都市ノヴォロシースクを目指し撤退していた。その時の猛暑を振り返った。一九四二年夏については、ゴルバチョフにも少年時代の記憶があった。彼は「[ブレジネフの]観察は正確だった」と述べている。ゴルバチョフは大胆にもその場で、ブレジネフにスタヴロポリの窮状を訴え、救いを求めた。スタヴロポリは異常な寒波と干ばつ、砂嵐が舞う冬を過ごし、甚大な痛手を被っていた。ブレジネフは破顔一笑して、電話でクラコフを呼んだ。「聞き給え、フョードル、我々は何という男を第一書記に選んでしまったのだろう？ まだ選出もされないうちから、混合飼料をよこせ、と我々の頭を叩いている」。砕けた雰囲気に応じたクラコフの声が、机上のスピーカーから聞こえた。「ところでレオニード・イリイチ［ブレジネフ］、まだ遅くはありません。彼の推挙を取り消すこともできますが」。ゴルバチョフによれば、ブレジネフは何時間も内外の話題について語り続けた。あたかも信頼できる親友に「本音」を打ち明けるような様子だったという。

「プラハの春」の一九六八年は、ソヴィエトのリベラルな知識人の多くに転機をもたらした。この年、物理学者サハロフの冊子「進歩、平和共存、知的自由に関する考察」が地下出版された。のちにゴルバチョフの補佐官となるアンドレイ・グラチョフは、公用で西ヨーロッパへ出張した機会にコピーを入手した。帰国の際、スーツケースの底に隠して税関を通り、麻薬の運び人のような気持ちを味わった。ゴルバチョフも数年後、この冊子を密かに外国から持ち帰った。ライーサが読みたがったのだ。[7] 改革派の雑誌「ノーヴイ・ミール」の編集者アレクサンドル・トワルドフスキーは、自分がチェコスロヴァキアにいたら、「プラハの春」が生んだ「二千語宣言」に署名していただろう、と告白している。「プラハの春」を戦車が蹂躙した後、ソヴィエトでは反体制派が西側へ脱出し始めた。ごく一握りの人々が赤の広場に集まり、軍事介入に抗議した。ブレジネフ体制は彼らを逮捕した。潜在的な反体制派には「予防措置」として、KGBによる警告、解雇、ブラックリストへの登録、精神病院送り、などの圧力をかけた。思想は反体制でも表に出さず、従順にしていれば迫害は免れた。一九八五年以降、ゴルバチョフの主要な側近となる優秀な党官僚たちは、中央委員会の周辺で仕事を続けた。アナトーリー・チェルニャーエフ、ゲオルギー・シャフナザーロフ、イワン・フロロフ、ワジーム・ザグラディン、オレーク・ボゴモーロフ、ゲオルギー・アルバートフらの面々である。チェルニャーエフやアルバートフらは、ブレジネフの外交を補佐し、演説草稿の準備にさえ携わった。反体制派は彼らを「党内改革派」と呼んで不信を強めた。体制中枢でリベラルな思想を育んだ人々は、上からの指示でしか改革は進まないと考えた。ブレジネフが米ソ首脳会談や軍縮条約などで、西側とのデタント路線を進めれば、おのずと新たな改革への道が開けると期待した。その暁にようやく自分たちが活躍する機会が巡ってくる、と展望した。

ゴルバチョフはブレジネフ書記長の信頼をつなぎ止めることを最大の課題に据えた。地方の第一書記は誰でも、ブレジネフの信用を失った時点で身の破滅が訪れると知っていた。[8]ブレジネフは相手によって、信頼する度合いが違っていた。ゴルバチョフは最初から最も厚い信頼を得た。クラコフはゴルバチョフがスタヴロポリで第一書記になる際、中央委員会ではブレジネフを支える中核集団の一員として振る舞わねばならないと諭した。そのグループは、たとえばコスイギン首相がブレジネフに反旗を翻した時に対処する「即応集団」の機能を期待されていた。このような「支援グループ」の存在は秘密ではなかった。反抗とみなされる行為を実際に阻止したこともある。仲間に入る証しに、大きなシャンパン・グラスにウオッカを注ぎ、一気に飲み干す儀式まであった。ゴルバチョフはその儀式を拒否したので皆が驚いた。だが彼がブレジネフとの長い面談について詳しく語ると、新しい仲間たちはようやく納得した。君主の信頼を得た人物とみなしたからだ。[9]

ブレジネフ周辺はゴルバチョフの本当の気持ちを知らなかったので、彼を容易に信じてしまった。一九六八年の夏、ゴルバチョフは命じられたまま、チェコスロヴァキアの改革を批判し、ソヴィエトの軍事介入を称賛した。彼は七月一九日の演説で「わが党に蓄積された豊かな経験に基づき、我々は仲間として忠告したが無視された」と述べ、プラハの指導部を責めた。プラハの改革派が「反動的な政治綱領」を採択し、「状況を制御できなくなった」と述べ、チェコスロヴァキアにおける「社会主義の成果」を守るのは、ソヴィエトの義務であったと主張した。[10]ソヴィエト軍がプラハに侵攻した八月二一日、ゴルバチョフはスタヴロポリ地方党委員会の会議を主催した。会議は「的確な時を選び決然として講じた措置を、全面的かつ完全に支持」した。[11]しかしゴルバチョフは「良心の呵責に苦しんだ。このような行動に意味があるのか、やりすぎではなかったのか、と疑念をぬぐえなかった」[12]。一九六九年九月、ゴルバチョフは若い党員やコムソモールの幹部で構成する代表団と一緒に、チェコスロヴァキアを訪問した。ソヴィエトの軍事侵攻は、わずか一年前だった。チェコ人もスロヴァキア人も、とげとげしかった。ブルノやブラチスラヴァで政府への抗議行動があったばかりだったので、ソヴィエトから来た「賓客」には二四時間を通じて警護が付いた。代表団の団長はゴルバチョフに、旧友のズデネク・ムリナーシには会えないだろうと告げた。ムリナーシは軍事侵攻の三カ月後に公職を辞し、党からも追放されていた。ソヴィエトを後ろ盾とする新政権までが代表団に冷淡だった。表敬に現れたのは高等教育相だけだった。ブラチスラヴァでは、公式な歓迎は一切なかった。ブルノではソヴィエト軍が駐留を続け、「正常化」の行方を注視していた。代表団は現地の労働者との対話を試みたが、「ホスト」は見向きもしなかった。あるチェコ人労働者は代表団のまさに目の前で、壁に貼ってあったレーニンの肖像画を破いて捨てた。コシツェに近いスロヴァキアの農業地帯を視察した時だけは、農民が多少なりとも温かい態度で迎えてくれた。ゴルバチョフは父が戦争中に負傷したのは、このあたりだったと思い出した。ゴルバチョフはこの旅を通じ、軍事侵攻に自分が疑問を抱いたことは間違っていなかったと確信した。「チェコスロヴァキア国民は我が国の行為を許さなかった」[13]

クレムリンは一九六八年以降、全党員を対象に「イデオロギー分野の引き締め」を徹底した。[14] ゴルバチョフはこれにも疑問を持った。一九六八年八月にソヴィエトが軍事侵攻する前はまだ、プラハの春やソヴィエト国内にもあった改革の機運が、自由を志向する人々を高揚させていた。スタヴロポリ農業大学哲学部の学部長ファギム・サドゥイコフは、「人民の団結と社会主義の矛盾」という冊子をまとめた。「矛盾」という言葉はマルクス主義者が好み、ソヴィエトのイデオローグが恐る恐る祖国に適用した。題名はまず無難だった。だが内容は、ゴルバチョフが二〇年後に取り組む改革を先取りしていた。同僚の学者たちが冊子について意見を交わした。ライーサは好意的な書評を書いた。[15] サドゥイコフはモスクワで労作の評価を中央委員会にゆだね、スタヴロポリの出版社が一九六八年後半に出版した。

だが状況が変わると、中央委員会も出版社もサドゥイコフを守らなかった。ゴルバチョフによれば、間もなくサドゥイコフをこっぴどく「痛めつける」指令がモスクワから届いた。一九六九年五月一三日、スタヴロポリ地方委員会は会合を開き、サドゥイコフの著書を吟味した。ゴルバチョフが語る。「我々は彼の本を引き裂いた。まるで処刑だった」。ゴルバチョフ自身も「非常に厳しい批判を展開した」。良心が言葉の調子を微妙にやわらげるよう命じた。語り始めは静かで丁寧だった。ゴルバチョフはサドゥイコフには多くの著作があると述べ、幾つかを紹介し、読むに値する内容であると評価した。しかし近著については、一〇年の歳月を費やした労作ではあるが、意図的かつ入念に誤った見解が盛り込まれている、と糾弾した。全く「正しい」概念を「歪曲」している、「文書の裏付けもなく」、「分析が足りない」、「統計や信頼に足る社会学的資料」を引用していない、とさんざんにこきおろした。ゴルバチョフは「総括」をせずに演説を締めくくる理由として、「他の同志諸君が既に意見を表明した。全てを細部に至るまで議論した。これ以上の時間を使う必要はないだろう」と語った。それでも最後に、サドゥイコフの見解は「我々のイデオロギーとは異なる」と決めつけ、ライーサの勤める大学の教授陣は「反党的」態度で、サドゥイコフの著書を評価し出版を助けたと断定した。もちろん妻の名には言及しなかった[16]。

サドゥイコフは党から追放されても不思議ではなかった。追放のみならず、さらに不幸な目に遭う可能性があった。だが懲戒処分を受け、スタヴロポリでの教職を失っただけで済んだ。サドゥイコフの証言によれば、背後にはゴルバチョフの配慮があった。サドゥイコフは新たな生活を始めるために、バシキールへ移住した。のちにはゴルバチョフ夫妻と手紙をやり取りするようになり、ゴルバチョフによる一九八〇年代後半の改革を熱烈に支持した。サドゥイコフ自身は何とか軟着陸にこぎつけたが、事件はゴルバチョフの立場に「深い影響」を及ぼした。「私は彼［サドゥイコフ］が賢明で自立した思考ができる人物だと知っていた。むごく不当な罰を彼に与えたことで、私は良心の呵責に苦しんだ[17]」

サドゥイコフはスターリンに対する個人崇拝を生んだ主な理由として、「大衆における民主主義の伝統の欠如」、「民主的制度の未成熟」を指摘した。党はこれを問題視して糾弾した。だがこれらは、ゴルバチョフが二〇年後に展開する主張そのものだった。ゴルバチョフは既に当時も、「強いボス」に依存するシステムに疑問を感じていた。彼は自問した。「明らかに社会のためになる提案が、いかなるものでもたちまち、疑惑やあからさまな敵意の対象となるのは、どうしたわけだろう？　我々のシステムは刷新や革新に対応できないのだろうか？」

それから九年間、ブレジネフと彼の周辺は「フルシチョフ時代の雪解け」の遺産を壊し続けた。その最後の年にゴルバチョフは、モスクワの中央委員会書記に抜擢された。程なく政治局入りを果たし、最高指導部入りをうかがう位置につけた。一九七〇年から七八年にかけて、どのような力が彼を権力の上層へと押し上げたのだろうか？　一九六八年に感じた党への深い疑念の数々を、ゴルバチョフはどう処理したのか？　胸の内に秘めたまま、その後の一〇年間を過ごしたのか？　体制の中で働くことに、五〇年代から六〇年代にかけて自ら育んだ理想を実現する可能性を見出したのだろうか？　党の路線に異論を抱いた過去を指導部が知っていたとしたら、なぜ出世階段を上り続けられたのか？　一九七五年のことだ。ゴルバチョフはプリヴォリノエ時代の恋人、ユーリヤ・カラゴディナと再会した。彼女は解剖学と生理学の分野で身を立てようとしていた。スタヴロポリの路上で遭遇するように仕掛けたのは女のほうだった。病気の母に年金が出るように、ゴルバチョフの口添えを頼むためだった。ユーリヤは社会全体を覆う停滞にも不満を述べた。

「私たちの周りで何が起きているのか見えないの？」

「全部見えているよ」とゴルバチョフは答えた。「だけど一人で全てを解決することはできないのさ[18]」

ゴルバチョフの補佐官を長く務めたゲオルギー・シャフナザーロフに言わせれば、地方の党指導者がさらに高い地位を狙おうとすれば、自分の考えを語ってはならなかった。「隠すような考えがない人物[19]」には簡単な話だった。だがゴルバチョフは違った。「システムは注意深くクリームをすくい取る」ので、選ばれた者たちは「ゲームのルールに従わねばならない」と理解した。「クリームをバターに変える党の選別機」をくぐり抜けるためだ。このようにして出世階段を登りつめるのは、ほとんどが「皮が厚い輩」、「自分の行動を倫理に照らして自省しようせず、良心をあまりに深く葬ってしまった者[20]」である。ではゴルバチョフ自身は、このルールと無縁であったというのだろうか？「それは違う」と彼は言う。「私という人間は疑いなくシステムの産物だった」。しかし「産物」にもいろいろ種類がある。その大部分は彼が知る限り、「自己満足の度合いがひどく、民主的でもなければ率直でもなかった。それでも、私や私と同じ種類の人々が、ごく少数ながら存在したのだ。そうでなければ、ペレストロイカは決して生起しなかったであろう[21]」。

スタヴロポリの第一書記として過ごした最初の数年間、

ゴルバチョフは経済や諸々の問題について、原因を「効率性と能力に欠ける人材、管理機構の欠陥、法律の不備」に帰していた。しかし次第に「非効率の根源は、さらに深いところにある」と考えるようになった。「さらに深い」根源とは、経済において重要な決定を全て上から下す厳しい中央統制を意味した。ゴルバチョフをはじめとする地方指導者は、「絶え間なく首都へ出張しなければならなかった」。モスクワでは強い権限を持つ上司にへつらい、「官僚の罵詈雑言と無知に耐えた」。「広大な国土において、日常のあらゆる細部を統制しようとする極端な中央集権制が、社会の活力を損なっていた[22]」。かなり時を経て、ゴルバチョフはソヴィエトの指導者として、さらに問題を掘り下げた。スタヴロポリで見聞きした問題の根源は、ソヴィエト型社会主義、つまり共産党が政治と経済を独占的に支配する構造にあると見定めた。

ゴルバチョフは西欧の左翼思想家の著作から多くの知識を得た。モスクワのプログレス出版社が翻訳を出していたが、部数は極めて少なかった。地方の第一書記という地位がなければ、入手は困難だった。ゴルバチョフはのちに、そのうちの何冊かは今も本棚にあると誇らしげに語っている。ルイ・アラゴン『アメリカとソヴィエト連邦の同時代史』、ロジェ・ガロディ『社会主義のフランス・モデル』、ジョゼッペ・ボッファ『ソヴィエト連邦史』『マルクス主義の歴史』、イタリア共産党の指導者パルミーロ・トリアッティの著作、アントニオ・グラムシが獄中で書いた有名な「ノート[23]」などの書籍である。

フランスの詩人であり小説家であるアラゴンは共産党を支持したが、ソヴィエトには批判的だった。特にフルシチョフが一九五六年にスターリンの仮面をはいでからは、いっそう厳しい立場をとるようになった。フランスの哲学者ガロディはのちに共産主義からカトリックへ転じ、さらに一九八二年、イスラム教に改宗した。ボッファは自立心が強いイタリアの共産主義者で、ソヴィエトの専門家である。グラムシは二〇世紀の主要なマルクス主義思想家で、イタリア共産党の創設に参加した。のちにムッソリーニに逮捕された。グラムシが唱えた「文化的覇権」論は、資本主義を社会の原理とする未熟な理論を乗り越えた。グラムシは労働者に、知識人たれと呼びかけた。ゴルバチョフはそれに応えた。グラムシはまた、政治社会（国家）と市民社会（社会団体や社会制度）の区別に着目した。ゴルバチョフがのちに、市民社会の強化によって政治社会を民主化しようとしたのは、グラムシの考え方が念頭にあったのかもしれない。

だがグラムシの思想が一夜にして、ゴルバチョフを共産主義の墓掘り人にしたわけではない。ゴルバチョフは体制の現状に疑問を抱いた帰結として、グラムシの思想に引かれていった。地位が高まるにつれ、疑問も膨らんでゆくジレンマに陥っていった。ゴルバチョフは自ら言うように、「六〇年代の人間」だった。モスクワ大学やフルシチョフの「雪解け」の空気を吸って自己を形成した世代である。地方の官僚機構に対する違和感は、それを指導する地位に就いてからも消えなかった。だが彼は体制あっての「期待の星」だった。生き延びて出世を遂げるためには、その世界に順応するしか道がなかった。


一九七〇年一〇月、ゴルバチョフは共産党スタヴロポリ地方委員会第一書記として初の演説をした。順応性がよく表れた演説だった。彼はその特性を、スタヴロポリで取り組んだ多くの政策にも生かした。演説ではブレジネフの農業政策を要約した上で、「深い分析」に基づき今後進むべき道筋を「照らし出している」と称賛した[24]。スタヴロポリ時代の終盤に行った演説では、ブレジネフを「現代における傑出した政治指導者である[25]」と持ち上げた。それでも上を狙う他の政治家たちに比べれば、まだゴルバチョフの話しぶりのほうが洗練されていた。だがイデオロギーの敵に対しては、大げさに攻撃の論陣を張った。「国民を団結させ共産主義へと前進させる友情は、わが党と国家が勝ち得た成果である。ブルジョア勢力はプロパガンダを駆使して、その成果に影を投げかけようと必死になっている」。同時に地元高官らの汚職を糾弾する時には機知も働かせた。地区の共同組合の指導員はアルコール中毒で、三年間で四回結婚し、職場にはほとんど姿を見せなかった。彼は党員資格を剝奪された。彼は一度も懲戒処分を受けずに二〇年間も働いた実績を盾に不満を訴えた。ゴルバチョフは「何も言う必要はないだろう[26]」と総括した。恥ずかしくて自分の演説集にあえて掲載しなかった演説もある。その演説でゴルバチョフは、ゴーストライターが書いたブレジネフの回想録をほめあげた。ブレジネフの平々凡々な戦時体験については、「イデオロギーを深め、世界観と知見を広げた。公人としての主要な出来事だった[27]」と述べた。

スタヴロポリはソヴィエトで指折りの農業地帯である。そこで党指導者の地位に就いたゴルバチョフは、農業生産を最高の水準に高め、維持する責務を担い、それを達成した。彼には非凡な能力があり、それがのちの出世でも原動力となったのであろうか？　必ずしもそうではない。ゴルバチョフは確かに仕事ができたが、世上を騒がせるほどの能力ではなかった。スタヴロポリ周辺の土地は肥沃だったが水利が悪かった。一九七五年と七六年に大干ばつが襲った。ゴルバチョフは七六年五月に小型飛行機に搭乗して、空から農地を視察した。耕地は荒れ果てていた。多くの農民は家を捨て、他の地域に移住していた。スタヴロポリ地方の集団農場の三分の一に当たる一二七の農場が機能を停止していた。ロシア共和国の農業次官はゴルバチョフに、畜牛を早急に殺処分するよう求めた。ゴルバチョフは拒否した。怒ったクラコフがモスクワから電話をかけてきて、理由を知りたがった。クラコフは全国を襲った前年の干ばつで、何百万頭もの豚を殺す命令を出していた。それは措置としては時期尚早だった。ゴルバチョフはクラコフが過ちを気に病んでいるのだと思った。ゴルバチョフは落ち着いた声で、自分のやり方に責任を持つと伝えた。クラコフは言った。「自分のやり方に自信があるなら、そうするがいい。だが気を付けたまえ。責任を負うのは君自身だ[28]」

クラコフの保護が期待できない状況に自分を置くのは、勇気がいる選択だった。ゴルバチョフは危機に直面して、ソヴィエト伝統の手法に頼った。住民の動員である。農民には牛を山間部の牧草地に移動させる命令を出した。労働者には、水路、森、町中の公園にいたるまで場所を選ばず、木の枝でもいいから、あらゆる種類の飼料を集める指示を出した。都市部が農村部の救済に責任を負い、工場が集団農場を助けるよう手配した。その結果、いつものごまかしが生まれた。繊維工場が飼料を供出できるわけもなかったので、布地と交換に農場から飼料を入手した。報告の上では飼料が追加調達されたことになるが、農場から工場へ移動したにすぎなかった[29]。ゴルバチョフは別の伝統的手段も駆使した。モスクワへ飛び、ブレジネフに泣きついた。ブレジネフは願いを受け入れ、約六万トンの濃縮飼料をスタヴロポリに運ばせた。しかし実際に危機を救ったのは、ついに降り始めた雨だった[30]。

水不足は慢性化していた。一八七〇年から一九七〇年の間に、干ばつを記録した年が五二もあった。ゴルバチョフは既存の水路を拡大しようと計画した。一九世紀末にも同じ構想があった。一九三〇年代には、二つの水利体系が整備され、一九六九年に大スタヴロポリ運河と命名されたが、完成には程遠い状態のままだった。ゴルバチョフはクバン川からカルムイク草原まで四八〇キロの水路を新たに開き、八〇〇〇平方キロの土地を潤す計画を立案した。そして、またもやソヴィエト伝統の上位下達方式に依拠した。彼は一九七〇年の秋、キスロヴォツクで休暇を過ごした。連邦の土地開墾相が一緒だった。彼はゴルバチョフの要請を受け入れ、五年間の集中的工事を提案した。ゴルバチョフはブレジネフにも頼った。ブレジネフはたまたま、アゼルバイジャンのソヴィエト連邦加盟五〇周年の記念式典に出席するためバクーにいた。ブレジネフは同意して、政治局会議でゴルバチョフの計画を紹介した。「その場に私は招かれなかった」と、ゴルバチョフは苦々しげに回想する。だがブレジネフが十分以上の穴埋めをしてくれた。ブレジネフは会議で「新しい若い指導者たちは、国民の利益にかなう問題を、国の指導者の見地から考えている」と述べ、「支持して当然である」[31]と結論を下した。

一九七一年一月七日、党中央委員会とソヴィエト閣僚会議が、大スタヴロポリ運河は「コムソモールの全国事業」であると宣言した。資機材が最優先で届き、全国から数千人の若者が支援にやってきた。一九七四年に重要な地下水路が貫通し、工事は新たな段階に突入した。ブレジネフも計画の進捗に注意を払った。彼はゴルバチョフに会うたび、「運河」について質問した。世界最大の運河と思い込んでいる様子だった。ゴルバチョフはある時、実は世界一ではないと説明した。ブレジネフは「ではなぜ君は、完成がいつか知れないまま、延々と工事に取り組んでいるのかね?」と尋ねた。言葉は穏やかでも叱責にほかならなかった。ゴルバチョフは、工事を急がせる口実に利用した[32]。一九七八年、ゴルバチョフはモスクワ赴任を前に、運河の主要部分の完成を祝う式典を主催した。水路の上に板の仮舞台を設け、スタヴロポリと周辺の村から代表を集め、モスクワから要人を招いた。頭上には「クバン川はボリシェヴィキが指し示すところなら、どこでも水で潤す」と大書きした横断幕があった。地元新聞の記事によれば、ゴルバチョフは「労働者のヘルメットがよく似合った。まるで、つい今しがたまでつるはしを振るっていたような様子だった。快活によく語り、笑みを浮かべていた」。完成したばかりの水路により、ユーリー・アンドロポフが生まれた村が恩恵を受けることも、ゴルバチョフの喜びだった[33]。

ブレジネフは「あの運河」だけでなく、「羊の帝国」の現状も、折に触れてゴルバチョフにたずねた。スタヴロポリ地方は一千万頭の綿羊を飼育して、羊毛生産ではソヴィエト全体の二七パーセントを占めていた[34]。だが年間目標を達成するのは容易ではなかった。ゴルバチョフが語る。「人々は羊が育つのを見ているだけだった。全て成り行きまかせだった。羊を牧草地に解き放つと、あとは何もしない。ほったらかしだ！　かつては博士のような知識がなければ、羊は育てられないと言われたものだったが」[35]。ゴルバチョフの提案で、繁殖期の雌羊を放牧地から機械化された農場に移し、生まれた子羊は設備の整った肥育農場に送った。彼は自信満々だった。しかし、羊は放牧地で自由に歩き回るほうが、農場の囲いの中にぎっしり詰め込まれるより、羊毛の生産性が高い事実が判明した。類まれな才能に恵まれた畜産家がいて、羊毛生産の新記録を樹立した。ゴルバチョフは他の集団農場にも、彼の技術を導入しようと試みた。だがそれを模倣できるだけの優れた能力を持つ者は、決して多くなかった。ある地元記者によると、ゴルバチョフは生産目標を達成できなかった畜産家たちを叱責した。生産目標に届かなかった事実を報道した記者たちにまで怒りをぶつけた。結局のところゴルバチョフが進めた改革では、年間の羊毛生産高は伸びなかった。しかしゴルバチョフは、モスクワから予算の増額を引き出すことには成功した[36]。彼は勝者の体面を保てた。

スタヴロポリのイパトフスキー地区は、ソヴィエト流に言えば「奇跡を起こす」[37]舞台に選ばれた。ソヴィエト最高会議の代議員は、無風選挙で選ばれる。イパトフスキー地区はクラコフの選挙区だった。クラコフはゴルバチョフを使って、自分の選挙区で穀物収穫高の新記録を打ち立てようとした。ゴルバチョフは地区党委員会のボスであるヴィクトル・カリャーギンに、「我々は勝たねばならない。力を貸してくれるだろうね？」と言った。カリャーギンが語る。「準備の時間がほとんどなかった。彼はわざわざスタヴロポリ市からやって来た。我々は数週間、昼も夜も働いた」[38]。従来は少人数のグループがコンバイン一台と二～三台のトラックを使って収穫を進めた。しかしゴルバチョフは地区を五四に区分けし、それぞれに一五台のコンバイン、一五台のトラック、燃料補給班、機械修理班、食料配給班、医療班を配置した。「イデオロギー支援班」は新聞を配ったり、特別郵便を受け付けたり、目標達成の来るべき勝利を鼓舞する日刊新聞を発行したりした。

区域ごとに、激を飛ばす専門家二人と臨時雇い六人、四人の政治「情報係」、講師一人を派遣した。「党が臨時に組織する機動組織」のあらゆる部門、「コムソモールの臨時機動グループ」が、各区域で労働意欲を鼓舞する野外集会を開催した。ボリシェヴィキ革命六〇周年が、その年の秋に迫っていた。あらゆる企業体が戦争のような動員体制を敷き、見事な成果を挙げた。従来の収穫は三～四週間かかったが、イパトフスキー地区は九日間で終えた。国家に納入する二〇万トンの穀物を確保した。モスクワの中央委員会は地区の功績を称え、他の地区にも同様の実績を上げるよう求めた。「プラウダ」紙は七月、一面でスタヴロポリの農民を特集し、ゴルバチョフのインタビューを載せた。スタヴロポリの指導者として初めての栄誉だった[39]。クラコフは翌年二月に、最高級の名誉である社会主義労働英雄の称号を得た。ゴルバチョフは三月一日、一〇月革命勲章を授与された。モスクワの映画会社はイパトフスキー地区の収穫を、記録映画にしようと計画した。ゴルバチョフは一九七八年に中央委員会の農業担当書記に任命された。彼は自分の業績を称えるような映画は「望ましくない[40]」との理由で、製作を中止させた。

幸いなことに、ブレジネフがゴルバチョフに一〇月革命勲章を授与した時の映像が残っている。ブレジネフ指導部の面々が大きな四角いテーブルに着いている。補佐官がブレジネフに受賞者の名前を教えている。耳元で話しているのだが、マイクが拾ってしまうほど大きな声だった。「ゴルバチョフ、ミハイル・セルゲイエヴィチ」。ゴルバチョフが進み出た。体格に合ったダークスーツに白いシャツ、縞模様のネクタイという装いだった。ブレジネフらに深い敬意を示しつつも、抑えがたい活力を発散させていた。ブレジネフは補佐官から耳打ちされるままに「ゴルバチョフ、ミハイル・セルゲイエヴィチ」と反芻した。そこまではよかった。だが「かの地で我々が着手した……」と続けながら口ごもった。ゴルバチョフは「〝運河〟です」と抜け落ちた言葉を補った。ブレジネフが「……今ここで完成を見届けた」と言うと、ゴルバチョフは「その通りです。レオニード・イリイチ」と応じた。ブレジネフはうつろな目を前方に向けていた。ゴルバチョフは両手で持ったメダルをしげしげと眺めつつ、「レオニード・イリイチ、仰せのごとく、この栄誉はスタヴロポリにおける我々の仕事に対して与えられたものです[41]」と述べた。

かつての演劇青年は、なかなかの役者ぶりを発揮した。だが全てがいいことずくめではなかった。一九七七年はソヴィエト全体の収穫高が、一億九五〇〇万トンで、目標を下回った。もし〝イパトフスキー方式〟が各地で導入されなかったら、さらに悪い結果を招いていただろう。イパトフスキー地区は翌年も新記録を達成したが、「平坦で穀物だけを生産する地区」でしか、十分な効果を上げなかった[42]。ソヴィエトの北部や東部には通用しなかった。巨額の費用もかかったが、あまり問題視されなかった[43]。スタヴロポリ地方にもメダルの授与が決まり、ブレジネフに次ぐ地位にあったスースロフが自ら手渡した。その翌日、スースロフはゴルバチョフを連れて現地視察の旅に出た。ゴルバチョフは幾つかの新たな施策が、決して見せかけではなく実際に効果を挙げている様子を見せることができた。例えば彼が導入した「チーム制」は、家族など少人数の集団に一定の区画の耕作をまかせる仕組みだった。プリヴォリノエの養鶏場はスタヴロポリ市に、生産した鶏肉を小売りする店舗を開いていた。これは前例のない試みだった[44]。ゴルバチョフはモスクワへ赴任する直前の一九七八年、中央委員会に思い切った内容の書簡を送った。彼はその書簡で、ソヴィエトの遠隔地を「内なる植民地」と呼び、集団農場の収益が生産コストを下回る実態を指摘した。農村地帯では学校や様々な社会施設が不足しているので、有能な人材が流出しているとも訴えた。この点はライーサも学術論文で強調していた。ゴルバチョフによれば、飼料と新しい設備が不足しているため生産が減り、その結果として、さらに飼料の供給が減り、設備投資もままならず、生産の拡大につながらない「悪循環」に陥っていた[45]。同僚からは、でしゃばるな、と警告を受けたが無視した。コスイギン首相に言わせれば、ゴルバチョフ書簡は、農業問題に関する一九七八年度中央委総会を控えた準備委員会にとっては、「爆弾」のような代物だった。ゴルバチョフによれば、中央委員会総会は農業機械増産を呼びかけただけで終わった。まさに「大山鳴動して鼠一匹[46]」だった。

　ゴルバチョフは表向き党の方針を声高に唱えながらも、内心では違和感と葛藤を募らせた。アンドレイ・グラチョフは語る。「いったい彼［ゴルバチョフ］に何ができただろう？　それまでの生き方を貫き、ライーサの意見と心中できただろうか？」。「地方ではボスの汚職が当たり前なのに、彼一人だけがどうして清廉を保てただろう？」、「同僚との対立や孤立を避けつつ、同化しないでいることが、そもそも可能だろうか？[47]」

　ゴルバチョフといえども、因習や現実を全て超越することはできなかった。だが適度に調節するすべは心得ていた。彼は一部とは交わりを絶ちつつ、全体との対立や孤立は回避した。自分やライーサの価値観に表向きは固執せず、保身を優先した。出世さえすれば、理念を実現する道も開けると考えた。おそらく、このためであろう。ゴルバチョフがスタヴロポリ地方の第一書記だった時代に、配下にいた人々は回想録やインタビューで、当時のボスについて相対立する見方を示している。野心と自信がある者はゴルバチョフをねたんだ。最初から対抗すべくもない者はノブレス・オブリージュ〔高貴なる者の義務〕を果たすゴルバチョフに感謝した。ゴルバチョフの知性と高い倫理観に格別の敬意を抱く者たちもいた。ゴルバチョフは彼らを厚遇した。しかし彼の自尊心と自信、自己顕示欲と名誉欲は、他人に不快感も与えた。特に同じような性格や野心の持ち主は、ゴルバチョフへの苛立ちを募らせた。

当時から現在まで一貫してゴルバチョフを称賛する同僚もいれば、今に至るまで嫌悪する人物もいる。ゴルバチョフのスピーチライターを務めたイワン・ズベンコは、「知れば知るほど嫌になる男だ(48)」と苦々しげに語る。ゴルバチョフを熟知するヴィクトル・カリャーギンは、「彼は大した男だ。周囲を元気づけ、ジョークを好む。そしてよく笑う。深酒はしないし、よく考え、進歩的だ(49)」と称賛する。ヴィクトル・カズナチェイエフは、ゴルバチョフがモスクワに去った一九七八年以前も、それ以降も一貫して批判的である。曰く、人の意見を聴かない、一方的に施策を決める、人々を反目させた上で意のままに操る、執念深く細かいことに異常にこだわる、困難な決定は避ける、仕事に熱中するふりをする、継続性がない、女房の言いなりだ、病的に欲が深い、豪華な別荘で贅沢な生活をしている。そして「他人がうらやましくて仕方がない」、「抱きしめるふりをして敵を絞め殺す(50)」。カズナチェイエフはゴルバチョフをうらやんでいた。自身が腐敗してもいた。スタヴロポリ市で党の指導者だった時に豪勢な映画館を建てた。権勢を誇示するためとみられた。味方につけたい人物を高級住宅に住まわせた。企業には、しゃれて丈夫なブーツ、靴、上履きなどの贈り物を強要した。北カフカスの保養地に滞在するモスクワの大物にプレゼントするためだった。ゴルバチョフはカズナチェイエフを解任したかったとみて間違いない。だがカズナチェイエフにはクラコフという後ろ盾があった。解任を免れただけでなく、ゴルバチョフに次ぐ第二書記の地位に就いた(51)。

コムソモール幹部のプロトフは一九五五年、ゴルバチョフに初めて仕事を与えた人物だ。彼はゴルバチョフについて「虚栄心が強く、すぐに気分を損ねた」、「裏表があった」、「相手によって言うことが違った」、「真の友人がいなかった」と語っている。プロトフによれば、ゴルバチョフは自分を特別の人間と信じ込んでいた。ひたすら権力を求めたので、権力者に媚びへつらった(52)。アナトーリー・コロベイニコフはモスクワで党の社会科学アカデミーを卒業し、ゴルバチョフのスピーチライターになった。コロベイニコフはゴルバチョフのために、優れた仕事をしたと自負していた。だからゴルバチョフが補佐官たちを情け容赦なく扱い、彼らが書いた演説草稿を小馬鹿にする態度をとると、情けない思いがして耐え難かった。ゴルバチョフは「地方委員会に少なくとも二人の役立たずがいる。「イワン」ズベンコと「もう一人のスピーチライターである」コロベイニコフだ。彼らの頭から何か絞り出すためには、厳しく締め付けるほかに方法はない」と言ったという。コロベイニコフによれば、ゴルバチョフは「追従を好まないと自分では言っていたが、実際はそうでもなかった」。ゴルバチョフは「学位を二つ持っていたが、実際の行動をみると、一つもないのではないかと思われた」。ゴルバチョフは「哲学的」なアプローチを誇りにしていた。だが「我々スピーチライターが演説や報告に盛り込む学術的識見を蔑んだ」。彼は出世の道を歩むためには、自分を輝く存在として周知させる必要性を理解していたが、「孤立」し、「友人や腕を組む同志」がいなかったので、全て自分で演出しなければならなかったという。コロベイニコフは続ける。もちろんゴルバチョフには妻がいたが、彼女はしばしば「不適格」の烙印を押された。ゴルバチョフの補佐官たちは「救いようがない」とみていたし、それを隠そうともしなかった。[53] ズベンコによれば、ゴルバチョフは「相手から知識を借りた後は、その人物を遠ざけた。ゴルバチョフと働いた数年間、彼は一度たりとも、私とお茶を飲もうとしなかった。「ゴルバチョフの後任である」ムラホフスキーは私を頻繁にお茶に誘い、家族の消息などを尋ねてくれた」。ズベンコの言葉を借りれば、ゴルバチョフは程度の低い「完全主義者」で、それ以上ではなかった。「何もかも四角四面でないと気が済まない男だった。例えば、彼の前では午後三時一五分ではなく、一五時一五分と言わねばならなかった。また感情の抑制ができなかった。彼の思い通りにできない相手には罵声を浴びせた。決して人に感謝しなかった。誰かが酒浸りという話があれば、ムラホフスキーは事実を確かめた。ゴルバチョフは調べもせずに解任した」[54]

別の証言によると、ゴルバチョフは決して「飲み込みが早い」人物ではなかったが、「結論を下すのは早かった」。そして「周囲を元気づけた」[55]。コムソモールでゴルバチョフの部下だったニコライ・パリツェフが語る。「みんな彼が好きで、崇拝さえしていた。我々と自由で率直な関係を築いた。彼は若く精力的で、思慮深く、新しいアイデアがたくさんあった。直截で誰とでも話をした。ある時、私と五歳の息子が彼の家の前を通りかかった。彼はたまたま外に出ていて、道路を渡って私たちを迎えた。

〝やあ、ニコライ。この子は？〟

〝息子です〟

〝やあ、君の名前は？　何が好きだい？　これが読めるかね？〟。彼は内務省の看板を指して言った。私の息子がそれを読むと、ゴルバチョフは〝大したもんだ。いいかい、君は大きくなったら党の地方委員会で指導者になるんだよ〟と言った。こんな調子だったので、我々は彼のため懸命に働く気持ちになれた[56]」


ヴィターリー・ミハイレンコは地区の若い党書記だった。スタヴロポリ地方の主だった官僚が夫人同伴で参加する集会があった。ミハイレンコは愛嬌があってアコーディオンが得意だった。陽気で小太りで「私がいるとパーティーが盛り上がった」。二〇〇五年に聴き取りをした時も、アコーディオンを持ち出し、アメリカ人の筆者らをロシア民謡の合唱に引き込んだ。「ミハイル・セルゲイエヴィチも、ちょうどこんな具合だった。彼は率先してやった。自分で歌を選んだ。歌詞も全部覚えていて、それは見事に歌ったもんだ。特にタンゴが好きだった。〝バラの香りを深く吸い、庭の木陰を思い起こせば、想い出が蘇る、あの日あなたが甘くささやいた、君を愛すという言葉〟という調子だった。彼はダンスも好きだった[57]」。ミハイレンコの回想は、友達がいない孤独な男というゴルバチョフ評とは異なる。ゴルバチョフはどちらかと言えば、こじんまりした私的な集まりで、哲学や芸術などを語るのを好んだ。多くの同僚は、その種の話題についていけなかった。ミハイレンコによれば、ゴルバチョフが最も嫌ったのは、地方の役人がよくやる長時間の酒盛りだった。ゴルバチョフにはこれという趣味がなかった。楽しみといえば妻ライーサを伴って、自然の中を長い時間散歩することだった。ミハイレンコの証言では、カズナチェイエフとは対照的に、ゴルバチョフはよく働いた。「性能が良く、いくらでも動く機械のようだった。目前の課題に全力を集中した。報告書を作る時は補佐官に資料を集めさせ、速記者を招いて全文を口述筆記させた。そしてタイプ打ちした原稿に自ら手を入れた」。自分の演説だけではなかった。スタヴロポリのある女性教師が一九七六年の第二五回党大会で演説することになった。彼女の演説原稿はゴルバチョフが書いた。めったにない名誉だったので、指導者たるゴルバチョフも無関心ではいられなかった[58]。

ミハイレンコは数々のゴルバチョフ批判に反論してい

る。ゴルバチョフは豪勢な別荘を建てはしなかった。地元には党と行政のそれぞれの長が使う別荘が二棟あった。ゴルバチョフはその一つである小さな家を使った[59]。ライーサは農業大学の拡大講座でミハイレンコを教えた。ミハイレンコは彼女を絶賛する。「美しく、魅力的で、知性が高く、高貴な印象を与えた。もの静かで決して声を荒げなかった。学生たちは彼女を尊敬していた。夫が党の指導者であってもなくても、学生の気持ちは変わらなかっただろう」[60]。ミハイレンコは一方で、モスクワのお偉方の歓心を買おうと懸命だったゴルバチョフの姿も記憶している。クレムリンまで出世の階段を昇り詰めるには策略も必要だった。ゴルバチョフは収穫が終わると、スタヴロポリ市の中央広場で大規模な祝賀行事を催した。旗や幕、ソヴィエト指導部の肖像画を掲げて、地方全域から集まった人々が行進した。ブレジネフ、コスイギン、キリレンコら、誰の肖像画をどこへ掲げるかを決めたのはゴルバチョフだった。最高指導部の面々に好印象を与えるか否かで、ゴルバチョフとスタヴロポリの将来が左右された。ゴルバチョフはクレムリンの動向に神経を集中していた。ブレジネフの日程も知っていたふしがある。ゴルバチョフは政治局員と電話で話した後は、たとえ週末であってもすぐに主席補佐官を呼び、会話記録を作成させた。なぜだろうか？ ミハイレンコによれば、「そのような仕事ぶりが、トップの耳まで届くと知っていたからだ」[61]。

　ミハイレンコの目には、ゴルバチョフが「抜け目のない心理学者」と映った。スタヴロポリ地方行政府の副知事が、秘書の女性と結婚した。彼女はまだ若かったので、スタヴロポリの上流社会に溶け込む「心理的な準備ができていなかった」。ゴルバチョフは「極めて辛抱強く、また如才なく振る舞った。危ない場面を上手に繕って彼女を助け」、事態を丸くおさめた。「その手腕は際立っていた」。だがゴルバチョフには別の手腕もあった。彼は午後九時にミハイレンコに電話をかけ、一五分間にわたり、コムソモール公園の手入れを怠ったと「長ったらしい説教」をした。どうもカズナチェイエフが告げ口をしたらしかった。ミハイレンコは「耐えられない気持ちだった。今でも心が痛む」と言う。しかし翌日、ゴルバチョフはカズナチェイエフを叱りつけた。ミハイレンコは語る。「〝あれだけ高い地位にいる指導者〟が、我々が互いに対立するよう仕向けるわけが理解できなかった。ゴルバチョフにはその必要があった。のちに政治局入りすると、その〝技術〟を駆使して、他の政治局員が自分に対して結束しないように立ち回った[62]」

ゴルバチョフがユーリー・アンドロポフと親交を結んだのは、この時代だった。KGB議長のアンドロポフはスタヴロポリの出身だった。アンドロポフと妻のタチヤーナ・フィリポヴナはカフカス地方で休暇を過ごした。人目を避けてはいたが、休暇期間のうち一〇日間から一二日間は、保養施設に姿を見せた。ゴルバチョフ夫妻はそこで二〜三日間を一緒に過ごした[63]。クラスヌイエ・カームニーというサナトリウムで二回同宿した。キスロヴォックにハイキングに出かけたり、車で山間部に乗り入れたりした。夜遅くまで起きて、シャシルイク［串に刺した肉］を焼いたり、たき火を囲んだりした。ゴルバチョフが語る。「私と同じようにアンドロポフは、クラコフが得意な延々と続く騒がしい宴会が嫌いだった。夏の夜は素晴らしかった。静寂に包まれて率直に語り合った」。アンドロポフは時おりテープレコーダーを持参した。自分で曲を作り詞を付け、一九六〇年代に活躍した歌手の歌を聴いた。ウラジーミル・ヴィソーツキーやユーリー・ヴィズボルの作品には、イデオロギー的見地から政治的に不適切とみなされたものがある。だが彼らの歌が全て禁じられたわけでもなかった。幾つかの歌はレコードとなり、ヴィソーツキーはモスクワのタガンカ劇場で人気俳優だった。だが多くの歌はファンがテープからテープへ録音して流布した。テープを相手に渡す時は、出所について口封じをした。アンドロポフはこれらの歌が好きだった。妻とともに歌いさえした。ある時、アンドロポフはゴルバチョフに、どちらがコサックの歌を多く知っているか試してみようと提案した。「私は軽率にも受けて立った。そして大敗北を喫した。アンドロポフはドン・コサックの末裔を父に持ち、少年時代をテレク・コサック［テレク川流域のコサック］の中で過ごしたのだった[64]」

ゴルバチョフは五〇代で頭髪が薄くなった。眼鏡をかけてもいたので、知的な容貌を備えた。アンドロポフとはどこまで親交を深めたのだろうか？　ゴルバチョフ自身にも確かな答えはなかった。アンドロポフと付き合っているうちに、「人間の単純な感情だけが支配する余地は少ない[65]」と気づいた。ゴルバチョフによれば、アンドロポフは「何もかもさらけ出すことが決してなかった。人を信頼するにしても、率直に振る舞うにしても、いつも一定の制限を自分にかけていた」。そのようなアンドロポフもゴルバチョフ夫妻とは気持ちよく付き合い、ざっくばらんに話もした。特にライーサがお気に入りだった。「私が忙しい時でも、彼女とユーリー・ウラジーミロヴィチ［アンドロポフ］は二人で腰をかけて話し込んでいた。時には三時間も語り合う場合もあった。彼は妻に学生や若者について質問をした。特に青少年の気分について知りたがった。彼女にはその方面の知識が豊富だった」。一九七五年にこんな出来事があった。既にソヴィエトの制度疲労が始まり、老境の指導者たちは衰弱が激しかった。ゴルバチョフはアンドロポフに、彼を含むクレムリンの指導者たちは「本当に国のためを考えているのですか」と尋ねた。

「君は今、何を言ったのかね?」。アンドロポフは鋭く問い返した。「ばかげた話をしたと思わないのか?」

ゴルバチョフは反論した。「革命記念日の赤の広場で撮影した数々の写真を見て下さい」。「指導者として、あなた方の世代を継ぐ人材がいるでしょうか?」

アンドロポフは「君は我々を全て埋葬するつもりかい?」と吐き捨てた。

「［レーニン廟の上に立つ］外套と帽子のお歴々のことです。下草がなければ森はなくなる、と言いたいのです」

アンドロポフは指導部には年配の世代も次の年代も、ともに必要なのだとたしなめた。年長者には年少者の出世第一主義をたしなめる責務があり、若者には年長者が懸命に効果的に働くよう仕向ける役割がある、と説明した。アンドロポフはゴルバチョフが生意気な言葉を吐いても、後まで根に持たなかった。ゴルバチョフは数年後、モスクワの中央委員会の書記に昇進した。アンドロポフは笑顔でゴルバチョフを迎えた。「おめでとう。下草殿。今や君も森の一部というわけだ」[66]

アンドロポフはテープに合わせてヴィソーツキーの歌を口ずさむ一方で、反体制派を精神病院に隔離した。このような秘密警察のボスが、今までいただろうか? アンドロポフの父方の先祖は確かにコサックだった。だが両親は既にコサックではなかった。母のエヴゲーニヤ・フレケンシュテインはユダヤ人だった。父は一九一六年に死に、母は一九二三年に他界した。アンドロポフは継父の家族と同居した。一九二二年に八歳で働き始めた。やがて映写技師となり、一八歳で水夫として川を航行する船に乗務した。甲板長の説教がその後の人生、特に弱肉強食のクレムリンでは役に立った。「ユーラ［アンドロポフ］、人生は濡れた甲板みたいなもんだ。滑って転びたくなけりゃ、用心して歩き、足を踏みしめられる場所を見つけなきゃいけねえ」[67]

アンドロポフは一九三六年に、水路航行技術学校を卒業

ゴルバチョフ夫妻をカメラに収めるKGB議長ユーリー・アンドロポフ。カフカス山中の休暇＝1976年

ゴルバチョフと
ユーリー・アンドロポフ
＝スタヴロポリ、1970年代

した。ヤロスラヴリとカレリアでコムソモールの職員として働き、一九四四年にペトロザヴォーツクで党務に就いた。国立ペトロザヴォーツク大学の講座で学び、中央委員会付属の党高等学校に進んだが、いずれも卒業資格は取らなかった。彼は本の虫だった。英語とドイツ語に独学で挑んだ。科学アカデミー所属アメリカ・カナダ研究所のゲオルギー・アルバートフ所長は、一九六〇年代から一九八二年にアンドロポフが死去するまで助言者として近くにいた。アルバートフによれば「アンドロポフは他の指導者に抜きんでていた。高い学歴や学位で〝飾りたてた〟者もかなわなかった[68]」。リベラルな経済専門家でアンドロポフに近かったオレーク・ボゴモーロフは一九六〇年代、モンテーニュやマキャベリの著作のコピーがアンドロポフの机に積んであるのを見た。ボゴモーロフは「なぜ、こんな本を読むのですか?」とたずねた。アンドロポフは「君や、君の同僚たちと、対等に話をするためだ[69]」と答えた。

アルバートフとボゴモーロフは、アンドロポフの「相談役」グループの一員だった。アンドロポフは一九五七年から六七年まで、中央委員会で共産圏諸国や各国共産党との関係を担当する部の部長だった。アンドロポフはこの地位にあった時に「相談役」グループをつくった。この間、最後の五年間は中央委書記の重責を担った。彼の部は、比較的自由な考え方をする人材には、オアシスのような所だった。集まった顔ぶれはのちに活躍する「チーム・ゴルバチョフ」そのものだった。アルバートフやボゴモーロフに加え、ゲオルギー・シャフナザーロフ(ゴルバチョフの首席補佐官として政治や外交を担当)、フョードル・ブルラツキー(のちに文学新聞編集長)、アレクサンドル・ボーヴィン(極めて多彩なジャーナリスト)、レフ・デリューシン(中国専門家)、ゲンナージー・ゲラシーモフ(後に外務省スポークスマン)がいた。アンドロポフは、これらの面々を対等に扱った。「この部屋では遠慮なく率直に語り合おう。本音を隠す必要は誰にもない。だがドアの外は別の世界だ。そこでは世間のしきたりに従って行動したまえ[70]」

アンドロポフもゴルバチョフも、礼儀正しく如才がなかった。煙草は吸わず、酒もそれほど飲まなかった。だが一緒にいる人々をくつろがせるすべは心得ていて、歌も歌った。二人とも演説草稿は自分で書いた。何回も推敲を重ねた。アンドロポフには詩作の趣味もあった。ゴルバチョフもアンドロポフも、経済の知識は十分ではなかった[71]。アンドロポフがゴルバチョフに好感を抱いたのは当然だった。アンドロポフは一九七七年の春、アルバートフと語り合いながら、ゴルバチョフについて、国家が希望を託せる若い指導者である、と絶賛している。当時のブレジネフは既に身心の衰弱が激しかった。ブレジネフは一九五〇年代前半と一九五七年に心臓発作に見舞われたが乗り切った。一九六八年のチェコスロヴァキア軍事介入の最中にも発作を起こしたが再起した。しかし一九七三年には、鎮痛剤や精神安定剤を常に服用するようになっていた。副作用として無気力と抑鬱が常態化していた。[72] アンドロポフは一九六七年からKGB議長だったので、ブレジネフの衰弱を誰よりも熟知していた。このためアルバートフが（スターリン時代のゴルバチョフのように）指導部の高齢化を指摘すると、過剰なほど神経をいら立たせた。

アンドロポフは怒った。アルバートフが回想する。「［アンドロポフは］おそらく心の奥深く、私と同じ懸念を抱いていたのだろう。指導部の面々をよく知らない私が、彼らのことを良いとか悪いとか言うべきではない、と激しく言い返した」

「ゴルバチョフという男を知っているかね？」とアンドロポフは質問した。

アルバートフは「いいえ」と答えた。

「まあ、見ていたまえ。全く新しい人材が現れた。未来への希望を託せる」

ゴルバチョフがアンドロポフに抱いた期待と、アンドロポフがゴルバチョフに感じた希望は同じものだった。ゴルバチョフはクレムリンの最高指導部に属するアンドロポフを信頼して、ソヴィエトの制度について、人前では口に出せないような欠陥を批判した。だが体制の指導部を成す者たちがアンドロポフと同様に、ゴルバチョフに心を開いたかといえば、そうではない。スターリン体制下で党の出世階段を昇ったアンドロポフは、極めて用心深かった。一説によれば、戦争の後で逮捕の恐怖に脅えた時期もあった。[73] 一九五四年から五七年までハンガリー大使を務めた経験からも教訓を引き出した。彼は当初、東ヨーロッパ諸国に派遣されたソヴィエト大使の中でも、赴任した国を理解しようという熱意で際だっていた。非スラヴ系で習得が非常に困難なハンガリー語を学ぼうとしたくらいだった。しかし一九五六年秋に始まったハンガリー動乱が彼の警戒心を呼び覚ました。ハンガリーでは、スターリン死後も残っていた頑迷な体制に知識人が反旗を翻した。労働者や学生も加わり、大規模な街頭抗議に発展した。イムレ・ナジをはじめとするリベラルな共産主義者は、体制を改革することで騒乱を収めようと試みた。ソヴィエト軍の最初の介入で事態は正常化へ向かうとみられたので、部隊を引き揚げる方向となった。フルシチョフと周辺は武力による鎮圧を躊躇したのだ。アンドロポフはハンガリー共産党員の遺体が街灯や樹木に吊された写真をモスクワへ送りつけ、ソヴィエト指導部に行動を促した。これらの写真を見たフルシチョフは一九五六年一一月四日、一度は撤退させた部隊をブダペストに再び差し向けた[74]。ソヴィエトの戦車が暴動を鎮圧する間、ソヴィエト大使館周辺で銃撃戦が続いた。アンドロポフの公用車も銃撃を受けた。アンドロポフ夫人は身の危険に脅え、夫に迫る脅威を心配する余り病気になった。そして生涯、健康不安に悩まされた[75]。

アルバートフとソヴィエトの反体制歴史家ロイ・メドヴェージェフが言うところの「ハンガリー・コンプレックス」が、アンドロポフを支配した。彼は「下からの」改革が暴徒の支配を招くという恐れを抱き続けた[76]。半世紀を経てロシアのウラジーミル・プーチン大統領も、同様の強迫観念に取りつかれた。ソヴィエトはハンガリー動乱について、西側の帝国主義者の策動が右翼「反革命」に火をつけた、との公式見解を掲げた。だがアンドロポフは真実を知っていた。ハンガリー国民の労働者を主体とする多数派が、体制転覆に立ち上がったのが動乱の実態だった。アンドロポフは激動の可能性を低くするため、抑制が効いた「上からの」変革が必要と考えるようになった。動乱を鎮圧した後、比較的穏健なヤーノシュ・カーダールをハンガリーの指導者に据えるよう進言したのは、そのような判断に基づいていた。中央委にあって周囲に知的で率直な人材を集め、ゴルバチョフを登用した理由も同じだった。一九六八年のプラハの春で、いち早く軍事介入を強く主張した態度とも、決して矛盾はしない。彼は三月の段階で「状況は非常に深刻である……ハンガリーで事が始まった時と同じ様相を呈している[77]」と警告した。KGB議長として反体制を仮借なく弾圧したのも、下からの改革を危険視したためである。彼らの多くは、ソヴィエト憲法が掲げる高い理想へ祖国を向かわせようとしただけだった。

もちろんアンドロポフが遂行した弾圧は、彼個人の行為ではなく、体制の方針だった。アンドロポフは反体制派を強制的に排除する前に、説得を試みた。実際に会談や電話で直接話をした相手も何人かいる。ソヴィエト水爆の生みの親で反体制に転じたアンドレイ・サハロフもその一人である[78]。だがアンドロポフは自己防衛の本能に支配されてもいた。シャフナザーロフは一九六〇年代に、フルシチョフから電話を受けて別人のように豹変するアンドロポフの姿を目撃している。「私の目の前で、この才気にあふれ頭脳明晰で魅力的な男が、上官の命令なら何でも遂行する兵士となった。態度が突然、卑屈で従順になった。私はこのような彼の変身を数多く目の当たりにした。まるで二つの人格があるようだった。一人はロシアのインテリゲンチヤであり、もう一人は党務に生涯を捧げた役人だった[79]」

アンドロポフを支えた副官の中には、ブレジネフ派であるセミョーン・ツヴィグンとゲオルギー・ツィネフがいて、アンドロポフを監視していた。政治局の会議でアンドロポフは、お気に入りの歌手ウラジーミル・ヴィソーツキーら改革志向の文化人への手荒い処置に、難色を示したとの説もある。だがゴルバチョフがのちに導入する急速な改革の類は、近い将来の選択肢としても断固として拒否した。一九七五年にアンドロポフはブレジネフを説得して、欧州の安全保障と協力に関するヘルシンキ宣言への署名を実現した。宣言は三つのバスケットから成り、第三バスケットで加盟国に人権擁護、政治的自由の承認を義務付けた。ソヴィエトは従来、これらの要求を拒否してきたが、アンドロポフは外交官のアナトーリー・コワリョフに、「一五年から二〇年も経てば、西側で今認められていることが、わが国でも認められるだろう」と語った。「それは意見や情報の自由、社会や芸術の多様性だ。しかし一五年から二〇年をかけて、国民の生活水準を上げてからの話だ[80]」。ゴルバチョフは一九八五年に政権を握ると、その順番を逆転させた。経済が浮揚するのを待たずに、政治改革を推進した。アンドロポフは自由について、制御が不可能になる、との強迫観念にとらわれていた。ゴルバチョフも多元主義への懸念を全く抱かなかったわけではない。だがアンドロポフの教訓をあえて無視して、まず情報公開政策であるグラスノスチと民主化に全力で取り組んだ。

経験豊かなアレクセイ・コスイギン首相も、ゴルバチョフの〝領地〟で休暇を過ごした。共産党員を「赤」（イデオローグや党官僚）と「専門家」（当初は技師として教育を受け産業界に配置された人材）に分ける伝統に従えば、コスイギンは後者だった。一九〇四年に生まれ、レニングラード繊維大学で学び、一九三九年にソヴィエトの繊維産業人民委員に就任した。一九四六年には既に政治局員候補だった。一九四八年に政治局員に昇格した。ところが一九四九年に悪名高いレニングラード事件が起きた。スターリンはレニングラードとつながりがある政治局員らを逮

ゴルバチョフとソヴィエト首相アレクセイ・コスイギン、カフカスの保養地アルフスで＝1975年

捕し粛清した。スターリンの後継者とみなされていた中央委員会書記アレクセイ・クズネツォフも排除された。コスイギンの命運も尽きたかに見えた。だがフルシチョフが失脚した一九六四年、コスイギンは首相に就任した。翌年、限定的な経済改革に取り組んだ。一時はブレジネフの対抗馬とみられた。

アンドロポフや他の政治局員と同様に、コスイギンは生真面目で用心深い人物だった。顔は彫が深く、頭髪はいつも短く刈り込んでいた。クレムリンの主治医エヴゲーニー・チャゾフは、長年にわたりコスイギンを近くで見てきた。チャゾフによると、コスイギンは率直で博識、信念があり、脅威的な記憶力の持ち主だった。[81] しかし、心を開かない性格だった。アンドロポフも自制心が強かったが、コスイギンに比べれば人に心を許した。北カフカスで休暇を過ごしたコスイギンについて、ゴルバチョフが語っている。「気を緩めず控え目だった。私と二人で個人的な会話をしている時も、彼は自分の殻に閉じこもっていた……」。コスイギンはスターリン時代を語るのが嫌いだったが、ある時このような言葉を吐いた。「いいかい？日々の生活は困難だ。特に倫理の面で、と言うより心の面で。我々は常に監視下にある。どこへ行こうと、私を放っておいてくれたことはない」。コスイギンとブレジネフは対照的だった。ブレジネフは享楽や贅沢が好きで、アンドロポフはそれを大目に見ていた。だがゴルバチョフによれば、コスイギンの趣味は質素で「禁欲的」でさえあった。特別仕立ての別荘を借り切るより、クラスヌイエ・カームニーの保養所で過ごすほうを好んだ。ゴルバチョフは書き留めた。「慎ましいとはいえ奇妙でもあった。フロアー全部を、コスイギンと部下が占拠した」[82]。コスイギンは「地元のボスたちに囲まれ、ちやほやされる」のが嫌いだった。「空虚なテーブルスピーチには嫌悪を示した」。コスイギンはスタヴロポリ周辺の農村を視察し、農場の指導者たちと会った。ゴルバチョフは「彼が農業に詳しくなかったためだろう」と推測している。「なぜ農業部門が遅れているのか知ろうとしたのではないか」

コスイギンはゴルバチョフを、ごく内輪の誕生パーティーに招いた。娘のリュドミラと彼女の女友達が一人、その他数人という少人数の集まりだった。ゴルバチョフが招かれたのは、真面目でありながら人を惹きつけるところが、コスイギンの好みに合ったからだろう。コスイギンは音楽をかけると、リュドミラの女友達をダンスに誘った。ゴルバチョフは丁寧な態度でリュドミラを誘った。コスイギンとゴルバチョフは、田舎道を長い時間歩いた。その間、ゴルバチョフはいろいろと不満を訴えた。スタヴロポリの指導者たるゴルバチョフには、モスクワから絶え間なく指示が届いたので、「至極簡単な決定さえ自分では下せず、予算も計上できなかった」。意欲をかきたてる理由がなければ、農民も労働者も働く気力を失う。地方の病院や医療施設は医師や看護師の不足に悩んでいた。コスイギンは黙って聞いていた。沈黙は同意の意思を示すと思われた。ゴルバチョフは別の機会をとらえて、本人を前にコスイギンが主導した経済改革は頓挫したと語り、「あなたはなぜ降参したのですか？　なぜ改革を葬ったのですか？」と問い掛けた。ゴルバチョフ本人の言葉を借りれば、彼の〝思い上がり〟は、コスイギンに軽くいなされるのが常だった。コスイギンが静かに笑えば、同意の兆候だった。だがこの時ばかりは激しく反論した。「君は中央委員会の一員だったはずだね？　なぜ戦わなかったのだ？」[83]

慎重さが身上のコスイギンも、一九七〇年代半ばには自らオールを握って漕ぐようになった。ある時バランスを崩し、ボートとともにひっくり返った。事故の原因は些細なもので、コスイギンは首相の座を守った。しかしチャゾフによれば、「もうかつてのコスイギンではなかった」。内閣

ゴルバチョフ（前列右から二人目）と中央委員会書記スースロフ（前列左端）＝1976年

記長選出に反対する男である。

府の実権は第一副首相のニコライ・チーホノフへと移りつつあった。チーホノフは経験豊かな党官僚で、ブレジネフの言うなりに動く人物だった。のちにはゴルバチョフの書記長選出に反対する男である。

ミハイル・スースロフも、休暇でスタヴロポリ近郊に滞在する要人の一人だった。彼は一九〇二年に生まれ、一九四三年から四四年にかけてスタヴロポリ地方の第一書記を務め、一九五二年に政治局員となった。彼の手は汚れていた。一九四四年から四六年は中央委員会でリトアニア担当の責任者を務め、リトアニア再占領を指揮、流血と逮捕、流刑により数千人を弾圧した。イデオロギーが魂と心を支配し、禁欲的な性格で知られた。ゴルバチョフによれば、「完全に一〇〇パーセント、金銭には清潔だった。見事なまでに厳格で罪を犯さなかった。いつも同じ灰色の長い外套を着ていた。天気が良くても、古いゴムのオーバーシューズを履いていた。エレベーターに乗る時は、それを脱いだ。運転手には時速五〇キロ以上は、一キロたりとも速度を上げないように厳命していた。彼の車の後ろには、長い車の渋滞ができたものだ。ウスチーノフ［ドミートリー、軍事担当の政治局員］を除き、誰も追い越そうとしなかった。追い越す車があれば、スースロフは警護員にその車の番号を書き留めさせた」。

スースロフには威圧感があった。ブレジネフはクレムリンの指導部の面々を「君」呼ばわりした。だがスースロフとコスイギンは例外だった。スースロフに対しては「ミハイル・アンドレイエヴィチ」と名前と父称で呼びかけた。ゴルバチョフはスースロフとの関係を深めた。スースロフもゴルバチョフが気に入った。アンドロポフと同様にスースロフの庇護も、ゴルバチョフには重要な意味を持った。ゴルバチョフは実際にマルクスやレーニンの著作を読んでいた。そのような指導者は稀だった。ゴルバチョフはスースロフに文献の解釈をめぐり助言を求めた。スースロフは共産主義の生みの親に尊崇の念を抱いていた。ゴルバチョフはマルクスやレーニンの理論には、なお今日的な意味があると確認した。妬み深いカズナチェイエフは、スタヴロポリ二〇〇周年に合わせてスースロフが訪れたのは、ゴルバチョフの差し金だったと語る。スースロフは娘のマーヤとやって来た。その日はちょうどマーヤの誕生日だった。ライーサによれば、スースロフは「誰も彼女に近づけようとしなかった。他の書記［カズナチェイエフを含む］の妻たちは、その夜の祝賀式典に招かれなかった[84]」。

ゴルバチョフは管轄下に山間部の保養地がある利点を生かして、ほかのソヴィエト指導者との知遇も得た。長くモスクワ市第一書記を務めたヴィクトル・グリーシンも、その一人だった。グリーシンはのちに、チェルネンコ書記長の後継者に自分を据えようと、ぶざまな工作を展開した。それはブレジネフの年老いた取り巻きが、ゴルバチョフに仕掛けた最後の抵抗だった。グリーシンは一九七〇年代の前半に、ジェレズノヴォツクでゴルバチョフと初めて会った。グリーシンの回想を引く。「彼［ゴルバチョフ］は若く、精力的で、くつろいだ雰囲気があり、誠意に満ち、もてなし好きだった。ある日曜日、私と彼は家族連れで山間部のドムバイへ車で行って一泊した。釣りをしたり、夕食をともにしたりした。もてなし役は親切で気が利いた。別の機会にも何度か一緒に時を過ごした。お互いが大好きになった[85]」

皮肉なことに、海外訪問、特に資本主義国への出張は、ソヴィエトの共産主義が忠実な下僕に贈る最大の特権だった。政治的に信頼を得た人物だけが、西側の国を訪れる好運に恵まれた。人を惹きつける魅力があり、雄弁で受け入れる側に好印象を与える人物が選ばれた。ゴルバチョフと妻ライーサは、このような基準に照らせばAクラスだった。「私には、海外旅行への一定の関心があり、外国人とも対話ができる一定の能力があった。中央委員会国際部がそれを認めたのだ。私が売り込んだわけではない」[86]。一九七〇年までゴルバチョフの海外渡航先は、共産圏諸国に限られていた。東ドイツ、チェコスロヴァキア、ブルガリアを訪れた経験があった。だが一九七〇年から七七年にかけては、西ヨーロッパへ五回出かけた。

ゴルバチョフは一九六一年にモスクワで開催された世界青年フォーラムで、イタリア代表団の世話係をした。彼の姿が西ヨーロッパ人の目に触れたのは、この時が初めてである。イタリア共産党はクレムリンにとって極めて重要な意味を持っていたので、その世話係に任命されたことは非常な名誉だった。自由で闊達なイタリア人と長い時間を過ごし、ゴルバチョフは目を見開かれる思いがした。のちに一九八八年から一九九四年までイタリア共産党書記長を務めるアキレ・オケットとも面談した。数々の機会を通じて、ゴルバチョフはソヴィエト国民とイタリア人の違いを目の当たりにした。「フォーラムの間、イタリア人が時間通り会合に現れたことは一度もなかった」。のちにクレムリンを悩ませる「ユーロコミュニズム」のある種の兆候も看取できた。ソヴィエト指導者として路線選択の自由を認める役割を、ゴルバチョフ自身が果たす運命にあった。ソヴィエトの若い編集者がイタリア人に、フランスの抽象芸術家との会話を紹介した。編集者はフランス人に、女性の姿とは似ても似つかない肖像画を描いていて、女と寝る気持ちになれるのかと尋ねた。この話を聞いてイタリア人は笑いもせず、編集者をたしなめた。「ソヴィエトの同志の見解はナチスを思い起こさせます。ナチスも抽象芸術家を批判した。多くがファシズムに強く抵抗する活動をしていたからです[87]」

ゴルバチョフ夫妻は一九七一年の九月から一〇月にかけて、ソヴィエト代表団の一員としてイタリアを訪問した。彼は初めて西側の国を実際に見た。イタリアの共産党幹部と「友好的な」会合を重ね、イタリア共産党機関紙「ウニタ」を表敬訪問した。困った経験もした。フルシチョフが九月一一日に死去した。失脚の後は、自宅軟禁に近い「非人間的」な状況に置かれていた。イタリアの共産主義者はフルシチョフに好意的だった。特に彼のスターリン批判を高く評価していた。ゴルバチョフは見解を問われた。ゴルバチョフはソヴィエト共産党の公式見解から逸脱せず、個人的にはフルシチョフの貢献を認める本音も否定しない無難な答弁で切り抜けた[88]。

ゴルバチョフ夫妻は「資本主義の矛盾」を示す光景も見た。恐ろしく高価な靴、家賃が高くて貧乏人は入れないので空き家になっている住宅に驚いた。シチリア島では四日間を過ごした。贅沢な大邸宅が並ぶ瀟洒な屋敷街と、物乞いが群れる汚い街路の落差を実見した。だが最も強い印象を受けたのは、イタリア人の屈託がない性格だった。ソヴィエト代表団にも率直で開放的な態度で接し、親切だった。客は多いが品物が足りない食料品店で罵り合うソヴィエトの国民とは大違いだった。ソヴィエトの人々は当局の目を恐れて、西欧の人間にあまり接近しようとしなかった。

ゴルバチョフはイタリアとその文化にほれ込んでしまった。それが旅の最大の思い出となった。ローマ、トリノ、フィレンツェを訪れた。ライーサは日記をその印象で埋め尽くした。イタリア統一運動を進めたジュゼッペ・ガリバルディが妻と一緒にいる像に感銘を受けた[89]。ゴルバチョフの記憶には、ミケランジェロのフレスコ画や彫刻、日没時に眺めたローマの丘、フィレンツェのウフィツィ美術館が鮮明に残った。バスの車窓から見た果樹園では、オリーブ、アーモンド、レモン、オレンジを栽培していた。「シチリアの空の下」を行くバスの中では、みんなを促してロシアの歌を歌った。イタリア訪問は政治的というより個人的な想い出を残した。西側ではソヴィエトより国民が良い暮らしをしている、という認識が生まれた。だが何よりも驚いたのは、西側にいると身心ともにくつろげる自分を見いだしたことだった。

ゴルバチョフは一九七二年、別のソヴィエト代表団とともに、ベルギーでリエージュ、アルデンヌ、アントワープ、ヘント、ブリュージュを巡り、オランダも訪れた。受け入れ国の共産党員は、ソヴィエトでは民主主義が欠如していると批判した。ゴルバチョフは「彼らの疑念をぬぐうのは困難だった」と語る。「アギトプロープ［共産党扇動宣伝局］から頭に叩き込まれたイデオロギーの先入観をかき集めた決まり文句」でしか反論できなかったからだ。だが「共通の問題点」も発見した。ソヴィエトと同じようにベルギーも、民族、言語、政治制度という分裂要因を抱えていた。ゴルバチョフが国境でパスポートを取り出した時のことだ。綿密に調べられると覚悟していたが、誰も関心を示さなかった。そもそも国境を守る警備官がほとんどいなかった。アムステルダムでは、セックス・ショップやポルノ・フィルムの店が立ち並ぶ「赤線」地帯も見学した。同行したチェルニャーエフが語る。「我々は彼をある映画館に引きずり込んだ。彼は自分が見たものに困惑していた。おそらく反発していたのだろう。だが彼は何も言わなかった[90]」

ゴルバチョフは一九七五年、西ドイツの地を踏んだ。ファシズムに対する勝利から三〇周年の祝典に参加するためだった。ソヴィエト代表団とともにフランクフルトからニュルンベルクへバスで移動した。マンハイムの近くで給油に立ち寄った所で、一人のドイツ人と言葉を交わした。ゴルバチョフはソヴィエトの決まりきった主張、つまり、ドイツの戦争責任論で応じた。一五年後にドイツ統一を祝った際、この時の会話を披露している。

一九七六年には、スタヴロポリ代表団を率いてフランスに行った。トゥールーズに近い農場で「飛び切り面白い一日」を過ごした[91]。そこでは少なくとも三つの教訓を得た。第一に、協同組合がいかに農民の役に立つかを学んだ。協同組合は最新の技術を提供し、生産と販売について助言していた。第二は、農民と加工業者が直接契約を結べば、仕事の質が高まる効果を知った。第三には、土地の気候に合わせて牧畜の成果を上げるためには、自分の収入になるという動機が必要と分かった。

ゴルバチョフは翌一九七七年、フランスを再訪した。フランス共産党との交流が目的だった。ライーサを伴っていた。ソヴィエト大使館はヴィターリー・グセンコフという書記官を、代表団に随伴させた。グセンコフによれば、ゴルバチョフ夫妻は「若さ、教養、能力、率直な態度」で際立つ存在だった。夫妻はフランス共産党の一般党員や最高幹部たちと言葉を交わした[92]。ゴルバチョフ夫妻は九月、代表団の二組の夫婦と一緒に、フランス国内を二一日間かけて自動車で移動する旅をした。フランス人が交代で運転した。フランス共産党から随員が同行したが、日程や訪問先はゴルバチョフたちが自由に決められた。定番が幾つかあった。フランス共産党機関紙「ユマニテ」の見学、パリの美術館や教会、夜景を楽しむセーヌ川クルーズは外せなかった。パリのディナーでは、オニオン・スープ、カエルの足、美味なワインを楽しんだ。リヨン中心部の噴水、民族のるつぼのような港町マルセイユの雑踏、モンテクリスト伯が閉じ込められたような陰鬱な孤島の要塞、ヨットがひしめくリヴィエラの青い海原、カンヌ、ニース、モナコを巡り、アルル、アヴィニヨン、ディジョンを経て、パリに戻った。ソヴィエト代表団としては例外的な行動もあった。ソヴィエトではイデオロギーの番人が忌み嫌う現代美術を鑑賞した。フランス共産党員がニースの近くに購入したアパートを見物した。ゴルバチョフは驚嘆した。「何と素晴らしい所だろう！　彼が自分で買った部屋だ！　パリに住んでいて、このような部屋を別に持っている。私は当時、既にスタヴロポリの第一書記で中央委員でもあったのに、この現実を見ると、えい、いまいましい、何と言えばいいのか？　彼らの暮らしぶりときたら！　これが自堕落と言えるだろうか！[93]」

ゴルバチョフはフランスに魅入られてしまった。パリからリヨンへの高速道路を走っている時だった。フランス語の通訳からある小話を聞いた。全能の神が地球上に人間を配置し終えて満足していると、突然、すすり泣く声を聞いた。

「あれは誰かね？」。神は尋ねた。

「あれはフランス人です」と天使が答えた。「自分たちが取り残されたと嘆いています」

「さて、まだ土地は残っているかね？」と神。

「あなたの別荘だけです」と天使。

「よろしい。それを彼らに進ぜよう[94]」

ゴルバチョフはこの話が気に入り、繰り返し人に語って聞かせた。

ゴルバチョフは西側への旅で様々な情報を得た。それらは彼のような高い地位にある人物にとってさえ、「極めて希少で、帰国後は慎重に扱わねばならない」種類の知識だった。西側の市民があらゆる話題を自由に語ろうとする態度が、特に強い印象を残した。自国の政府や政治指導者をめぐる話題も例外ではなかった。「これらの話題に関して、彼らの意見は頻繁に食い違った。それに比べて私たちは、あらゆる問題で意見が完全に一致していると主張しなければならなかった。国内でもそうだった。台所の私的な会話でしか異論は吐けなかった[95]」。ゴルバチョフ夫妻は近しい知り合いには本音を漏らした。ヴィクトル・カリャーギンは、上司のゴルバチョフが、西側の食品の質が高く価格が安いことに驚嘆した様子を記憶している[96]。ライーサの友人リディヤ・ブドゥイカが語る。「彼らは自分の目で見たものにとても満足していました。それを私たちには隠しませんでした。普通のロシア人は何かを買うために、お金を貯めましたが、ミーシャ［ゴルバチョフ］とラーヤ［ライーサ］は、海外で休暇を過ごすために貯金をしていました[97]」

ゴルバチョフは海外を実見したために、「ブルジョア民主主義より社会主義のほうが優れているという理屈抜きの大前提が揺らいだ」。だが、このことだけは隠し通した。

ゴルバチョフ夫妻は、「かの地では人々がもっと良い生活をしている」との結論に達した。ゴルバチョフが語る。「なぜ我が国民は他の先進国より低い生活水準に甘んじているのだろうか。この疑問が決して胸を去らなかった」。ソヴィエトで改革を進める決意も彼の胸を去らなかった。そして機会の到来を待った。「私の理解では、我が国に必要な変革は上からの意思で進めるほかに方法がなかった。中央委員会での仕事を提案された時、このような考えに基づき、私は答えを決めた[98]」

党内で地位が上がるにつれて、公の場を取り仕切る機会が増した。夫妻の交際範囲も広がった。だが公私のけじめは、はっきりつけた。ライーサは決して学生を自宅に招こうとしなかった。地元で党のボスがどのような暮らしをしているか、学生に見せたくなかったからだ。ゴルバチョフが家庭生活を公務と切り離すことにこだわったのは、彼個人の性格というより分別の結果だった。ゴルバチョフが語る。「我々は誰も［自宅に］招き入れようとしなかった。そこは私たちだけの世界だった」。特にライーサは、何よりも家庭を大切にした。彼女は回想録にこう書いている。「子供と両親をつなぐ心と愛情の絆に代え得るものはなかった」。リディヤ・ブドゥイカが語る。ライーサにとって「それは原則中の原則でした。彼女は彼［ゴルバチョフ］より性格が、はっきりしていました。意見が対立する時に、ほとんどいつも彼女が譲歩したのは、意見より愛情のほうが大切だったからです」。夫妻は家庭を優先する考えでは一致していた。娘のイリーナによれば、父母はいつも連絡を保ち、どこで何をしているのか知らせ合っていた。「これから出かけるよ」、「全て順調かい？」、「もう帰ったの？」。イリーナはのちにモスクワで両親と別れて暮らした。イリーナが帰宅を知らせるまでライーサは就寝しなかった[99]。

プリヴォリノエに住むゴルバチョフの両親は、依然として健在だった。彼らの存在は、ゴルバチョフにとって重大な意味を持っていた。ゴルバチョフがスタヴロポリの第一書記に任命された時、父が手紙をよこした。「新しい仕事に就くことが決まっておめでとう。お前の母親も父親も、限りない喜びと誇りに浸っている。この歓喜が永久に続いてくれたら！　健康に気をつけ、国のために力強く働いてほしい」。ライーサは回想録でこの書簡を引用し、「この簡潔な手紙を読むと今でも涙があふれてくる」と述べている。ゴルバチョフが通った学校の校長もお祝いの手紙を送ってきた。「ミハイルが生徒でメダルをもらった時に集会を開きましたね。そんな集会を今また催せるなら、私はこう呼びかけたいのです。〝私たちの故郷がもっと栄えますように！　地元で育った指導者が登場しました。彼はプリヴォリノエの小さな少年だった時にさえ、農民として地域の全体に知られるような立派な仕事をしたのです〟」[100]

父のセルゲイと母のマリーヤが、プリヴォリノエから息子一家を訪ねてきた。それまではゴルバチョフがライーサとイリーナを車に乗せて、両親を訪ねる機会のほうが多かった。ゴルバチョフの部下だったアレクセイ・ゴノチェンコは、ゴルバチョフの出世が早すぎるのは彼自身のためにも国家のためにも好ましくないと考えていた。知り合いになったゴルバチョフの父も同じ意見だっと証言する。[101]しかしライーサの記述によると、義父は「鋭く大切な質問を息子に浴びせかけた。息子は父親に答えるだけでなく、丁寧に説明まででした。セルゲイ・アンドレイエヴィチは長い時間、敬意を抱きながら息子の言葉に耳を傾けていた」[102]。

ゴルバチョフの両親はイリーナの養育に力を貸した。イリーナがまだ小さかったころ、プリヴォリノエへ連れて行って何カ月も一緒に過ごした。夏場が多かった。イリーナは成長すると祖父母の家事を手伝った。ジャガイモを掘り、菜園に水を撒き、鶏や鵞鳥、豚に餌を与えた。祖父母は川に近い小屋から、大きな家に引っ越していた。イリーナはその家の床掃除をした。イリーナの記憶によると、祖母は芯の強い「闘士」だった。祖父は祖母に比べ静かで穏やかで落ち着いていた。祖父はクラシック音楽を聴くのが好きだった。[103]

一九七六年、ミハイル・ゴルバチョフは共産党第二五回大会に出席するためモスクワにいた。父危篤の知らせが届き、実家へ戻った。ベッドに横たわる父に二日間付き添った。父は意識を取り戻さないまま生涯を閉じた。[104]

娘のイリーナはゴルバチョフ夫妻の自慢の種だった。育て方も正しかった。夫妻は娘を信頼して、学業には口を出さなかった。娘は信頼を裏切らなかった。イリーナの記憶では、ゴルバチョフが娘と一緒に学校へ行ったのは、たった二回しかない。最初は入学の時で、最後は最優秀の成績で卒業した時だった。イリーナは小さい頃から家の掃除を手伝った。やがて買い物や料理をしたり、洗濯で母を助けたり、ゴルバチョフのシャツにアイロンをかけたりするようになった。全体主義の社会にあっては、軽率な言葉は問題を招く恐れがあった。ゴルバチョフは出世街道を走ってはいたが、従来の指導者と異なる考えも秘めていたので、特に気を使った。夫妻はイリーナとよく話し合い、考えを共有した。スタヴロポリでは、できる限り三人一緒に自宅で夕食を取った。その日の出来事を披露し合い、どんな本を読んでいるか知らせ合い、議論した。ソヴィエトでは普通の指導者が読んでいない本も話題に上った。「彼らは私に席を外しなさい、とは決して言いませんでした。お前には関係ないことだ、とも言いませんでした」。小さい頃から「私はそこに腰かけ、何もかも聞いていたのです。掛値なしに全てを聞いていました[105]」。

ゴルバチョフはイリーナを党幹部の子弟が通う特別な学校には入れず、普通の学校へ通わせた。同級生には貧困地区から来る荒っぽい生徒もいた。イリーナはオールAの成績で教師のお気に入りになった。だが他の生徒から孤立せず、彼らが読んでいない本の内容を、分かりやすく話して聞かせたりして信頼を勝ち得ていた。党の幹部はお抱え運転手が運転する車で、子供を学校に送り届けるのが常だった。しかしゴルバチョフ夫妻は、そうしなかった。イリーナが同級生に溶け込めたのは、このような両親の配慮と無関係ではなかった[106]。イリーナは高等学年の修了を目前に、モスクワ大学哲学部への進学を希望した。母が学んだ学部だった。両親はスタヴロポリで一緒に暮らそうと願っていた。願書の提出を止めはしなかったが、「どうしてそんなことができるのかい？ お前はたった一人の子供なのだよ。それなのに離れて行ってしまうのかい？[107]」と言い続けた。イリーナはスタヴロポリ医科大学に願書を提出し、即座に入学を認められた。美術のBを除き全てAの成績で金メダルを受賞していたので、父の口利きは無用だった。学長はイリーナを他の学生と同じように、不人気な実習に参加させることをためらった。一年生は病院で付き添いの経験を積む慣習があった。収穫期には揺れの激しく暑さでうだるようなバスに乗って、農場の手伝いに行かねばならなかった。大学にはイリーナのほか、高官の子弟が二人いた。彼らは父親の車で農地まで行くものの、収穫の手伝いをしないで、雑談に時を過ごしていた。党の教育部門の次長はゴルバチョフに、イリーナも特別扱いをすると申し出た。ゴルバチョフは、「君は何を言うのだ？ イリーナは自分で専門を選んだ。誰もがしていることを彼女にもさせなさい[108]」とはねつけた。

イリーナは医科大学で一緒になったアナトーリー・ヴィルガンスキーと恋に落ちた。二人は一九七八年四月一五日に結婚した。二人の最初のデートを、イリーナの両親は綿密に監視した[109]。ゴルバチョフは普段、激しやすい感情を抑制している。だがイリーナの結婚式では激しく動揺した。リディヤ・ブドゥイカが語る。「彼は泣きました。娘を失ってしまう！　と叫びました」[110]

イリーナによると、ライーサはスタヴロポリにあるエリート専門の食料や衣料の店に、ほとんど足を運ばなかった。地方都市ではどこも、たとえ特別の店でも、ひどい品不足が恒常化していた。ゴルバチョフは国内や海外に行けば、買い物を厭わなかった。ライーサが語る。ゴルバチョフが出張する時は、「家族と友人が必要とする品物のリストを作った。リストには書籍、外套、日よけ、下着、靴、タイツ、シチュー鍋、洗剤、薬など、あらゆる物品が並んだ。ソチやモスクワからミハイル・セルゲイエヴィチ［ゴルバチョフ］が送って来た手紙がたくさん残っている。靴が買えた、などと書いてある」[111]。ライーサが稀に党地方委員会の専門店で雑貨を買う時、彼女は必ず現金で払った。借金を残さないためだった。レシートは必ず保管して、質素な生活の証拠とした。家族が一九七八年にモスクワへ引っ越した時も、不正はしていないという証として、残しておいたレシートを携行した[112]。

ライーサの記述を引く。「リューシストラテー［アリストパネスの戯曲のヒロイン。ペロポネソス戦争を終わらせるために夫とのセックスを拒んだ］は、どこの家にも必要だ。家庭を維持するためである。壊滅的な戦争は家庭でも起きる。でもリューシストラテー自身にも保護と助けが要る」。「私たちの日常生活で、仕事と家事の均衡を保つのに困難と複雑さを伴うという事情」が、「女性が取り組む仕事の質を低下させ、職場での昇進にも影響を及ぼす」[113]。ライーサが学者、教師として職に恵まれたのは、夫の地位と無関係ではない。ライーサはゴルバチョフの同僚に愚痴をこぼしている。「私に挨拶する時は、みんな頭を下げるのよ。うんざりするわ。どうしたらいい？」。夫の同僚は言った。「気にしなければいいさ。そのうち慣れる」。しばらくして、彼は彼女に、慣れたかい、とたずねた。ライーサは「ええ」と答えた[114]。

家族一緒に多くの人前に出る時、ライーサは夫の手綱をしっかり握って放さなかった。ある日、コムソモールの呼び掛けで植物園を「自主的に」清掃した。慰労のランチは、ほとんどが流動食［アルコール］だった。ゴルバチョフは珍しく参加した。彼の場合、酒の付き合いが悪いことが、同僚や部下との間に距離が生まれる原因だった。ゴルバチョフはしばらく時を置いて「さて終わりにしようか。もう行かなきゃ」と言った。周りは「最後に一杯だけ、ミハイル・セルゲイエヴィチ！ お願いしますよ」と引き止めた。「いや、お開きだ。でもライーサ・マクシーモヴナがその一杯を許してくれるだろう。彼女がボスだ」[115]

単なる冗談だが、真実の一端もうかがえる。ある友人はライーサについて、「女性らしく親切で礼儀正しかった」と言う。同時に「自らの地位」と一種の「傲慢さ」から生じる、いわば「そっけない」面があった、とも語る。尊大な女だと片づけてしまうのはたやすい。だがライーサの振る舞いには、彼女の困惑が投影していた。ボスの夫人としての居心地の悪さである。彼女は「極めて傷つきやすい」という印象を与えた。「自分を制御する能力はあったが、非常に感じやすくもあった」。ライーサは自分の所作に過度に気を使った。夫の存在によって堅固に守られてもいた。それでも気苦労は夫より深かった。ゴルバチョフはライーサについて、心配性で「不安に陥り一晩中眠れないことがある」[116]と、幾度も側近に漏らしている。

ライーサは「夫の仕事に伴う絶え間ない緊張と心配を強いられ、加えて私自身の仕事や家事にも常に気を配らねばならなかった」と回想している。ゴルバチョフの高い地位は、家族に豊かな収入をもたらした。病気になれば、これまでより良い治療を受けられた。北カフカスの保養地やモスクワ、レニングラードに出かけて、素晴らしい休暇を過ごすこともできた。ウズベキスタンに旅行して、タシケント、サマルカンド、ブハラ、キジルクム砂漠を見物した。イタリアやフランスへも行った。しかし権力は重荷にもなる。ライーサによれば、一九七〇年以前も「楽ではなかった」が、その後の八〜九年は「非常に厳しい状況に置かれた」。

一九七八年一一月の夜遅く、ゴルバチョフはモスクワから電話を受けた。彼をモスクワの中央委員に任命する決定が告げられた。イリーナは首都に行けると喜んだ。だが母の表情からは、彼女も嬉しいのかどうか、読み取れなかった。ライーサの回想録によれば、「悲しかったのだろうか、あるいは、田舎暮らしから逃れられるのが嬉しかったのだろうか？ 簡単には分からなかった」。彼女にとってモスクワ行きは、「私たちの人生を大きく変えた一つの時代が終わる」意味を持っていた。「スタヴロポリでは自分たちなりの生活を築き上げていた。再び未知と遭遇することに戸惑った。喜びより不安が勝っていた」[117]

第5章 再びモスクワへ
一九七八-一九八五年

ゴルバチョフは一九七八年九月二五日の土曜日、中央委員会総会に出席するためモスクワへ飛んだ。彼のような地位にある者の宿舎は、通常モスクワ・ホテルと決まっていた。このホテルはスターリン時代の一九三〇年代、クレムリンのすぐ隣に建設された。灰色のコンクリートで威圧感のある巨大な建物である。非対称の正面構造は、スターリンの恐怖政治の名残である。建築家は正面の構造について、スターリンに二つの選択肢を示した。スターリンは誤解して双方に署名した。建築家は身がすくんでしまい、どちらの案をスターリンが採用したのか尋ねられなかった。そこで、右と左にそれぞれ別の構造を配したので、左右非対称の正面が出来上がった。ゴルバチョフはこの時、モスクワ・ホテルではなく、ロシア・ホテルに投宿した。モスクワ川に面し広大な敷地を占めるロシア・ホテルは、白い大理石で覆われ、より近代的な印象を与える。一九六七年に完成し欧州最大のホテルとなったが、五つ星のホテルを新設するため二〇〇六年に解体された。ロシア・ホテルの窓から眺めるクレムリンに、宿泊客は息を飲む。特に十階からの眺めは抜群だった。ゴルバチョフはこの階に部屋を取った。なぜモスクワ・ホテルではなく、ロシア・ホテルに泊まるのか、と問われると、彼は「慣れてしまったのでね」と答えるのが常だった。宿舎の好みも、地方から首都に集まる多くの指導者とは異なっていた。

一夜明けた日曜日の昼、ゴルバチョフは五十歳になったスタヴロポリ出身の友人の誕生日を祝うために、彼の自宅を訪れた。ロシアの流儀ですっかり、くつろいでいるうちに、もう六時間が経過していた。月曜日の中央委員会総会で、誰が農業担当の書記に選出されるのかが、話題の中心となった。「いつもなら」とゴルバチョフは回想する。地方の指導者たちは、誰が「登場するか」既に知っているはずだった。事前に相談がある場合もあった。だが「その時は事前の相談がなかった」という。

ブレジネフの右腕であるコンスタンチン・チェルネンコは、ゴルバチョフに連絡を取ろうとしていた。チェルネンコの部下はゴルバチョフが尋ねた友人宅に何回も電話をかけたが、誰も受話器を取らなかった。やがて友人の息子が出たが、「番号をお間違えです」と答えた。午後六時前、とうとう中央委員会から派遣された男が直接やって来て、ゴルバチョフにチェルネンコの執務室へ電話を入れるよう伝えた。この男は「書記長があなたに会いたがっています。我々は首になりかねません」と話した。ゴルバチョフは「分かりました。直ちに」と答えた。

チェルネンコはゴルバチョフを待っていた。あまり酒を飲まないゴルバチョフだが、この日は酒気を帯びていた。彼は「同郷の友人」の誕生日を祝っていた、と釈明した。チェルネンコは重大な話題を持ち出した。「明日の総会でレオニード・イリイチは、あなたを中央委員会書記に選出するよう提案します。彼があなたと面会するのは、そのためです」。その時、ブレジネフは既に帰宅していた。ゴルバチョフはチェルネンコが、どのようなポストが提示されるか説明すると思った。だがチェルネンコは何も明かさなかった。チェルネンコはクレムリンでは「寡黙な人物」として知られていた。ゴルバチョフはチェルネンコについて、「慎重で謙虚でさえあった。私のように性格も気質も異なる者は、彼の目には野心が強すぎるように見えたかもしれない」と振り返る。ソヴィエトでは多くの指導者が野心家だった。それにもかかわらずと言うべきか、あるいは、それゆえにと言うべきか、野心をむき出しにする態度は好まれなかった。ゴルバチョフもすぐに、「私の選出が十分な検討を経た結果であるのかどうかという懸念」を示して見せた。「その職務に私は値しません」とも述べた。チェルネンコは「あなたの適性云々は問題ではない。レオニード・イリイチがあなたを信頼しているという事実が大切なのだ。分かったかね?」と言った。

ゴルバチョフはロシア・ホテルの自室に戻り、電飾が輝くクレムリンを眺めた。「その夜は眠れなかった。部屋の電灯を消したまま、ひじ掛け椅子を窓際まで移動させた。夜空を背景にして聖ワシーリー大聖堂の円塔と荘重なクレムリンの輪郭が見えた。思ってもみなかった! そのような重要な職責が私を待っていようとは![1]」

ゴルバチョフは自分が候補に挙がっていることを知っていたはずだ。三カ月前、彼の庇護者であるフョードル・クラコフが心臓発作で急死した。六〇歳だった。その前からゴルバチョフを重要な地位に就ける案が検討されていた。中央委員会宣伝部長、ロシア共和国農業相、ロシア共和国検事総長などが想定されていた。これらのポストを打診されたが、ゴルバチョフは受けなかった。クレムリンの「ある人々」が、「スタヴロポリから来る自尊心の強い書記を、不快に感じている」との情報が耳に入っていた。一方でゴルバチョフを温存しておこうと考える勢力もあった。その一人の言葉を借りれば、ゴルバチョフは大事に備える「椅子の下の斧」[2]であった。

厳しい競争ではなかった。中央委員会農業部長の候補には、セルゲイ・メドゥーノフの名前も挙がっていた。スタヴロポリ地方の西隣に位置するクラスノダール地方の第一書記である。クラスノダール地方の面積はスタヴロポリ地方と同じくらいだが、人口が多く穀物生産高もほぼ二倍だった。メドゥーノフは熟練の農業専門家で、経済学の学位も持っていた。ブレジネフが頻繁にクラスノダール地方で休暇を過ごしていたので、ブレジネフとも近い関係にあった。だがメドゥーノフは賄賂にまみれていたので、ブレジネフが死去して一年後、クラスノダールからも中央委員会からも追われた。ゴルバチョフには強力な後ろ盾があった。「彼らに私を選ばせたのは何か？　それは、アンドロポフ・ファクターであった」[3]と自ら語っている。

一九七八年八月、アンドロポフはゴルバチョフと示し合わせて、休暇のためキスロヴォツクを訪れた。ゴルバチョフによると、アンドロポフはスタヴロポリの話題より「国家の全体状況」について多くを語った。外交も話題に上った。その翌月、ブレジネフが北カフカスの保養地ミネラーリヌイエ・ボードゥイに立ち寄った。アゼルバイジャンの首都であるバクーへ、レーニン勲章を授与するために向かう途中だった。ブレジネフの特別列車にはチェルネンコが同乗していた。アンドロポフとゴルバチョフは駅頭にブレジネフらを迎えた。振り返れば、ブレジネフからゴルバチョフまで、現役と将来のソヴィエト指導者四人が一堂に会していたことになる。四人の会話はゴルバチョフに対する口頭試問でもあった。アンドロポフはゴルバチョフに、「いいかい。ここでは君が主人だ。だから率先して話をつないでほしい」。だがゴルバチョフによれば、その必要もなかった。ブレジネフは「どこか上の空で、我々が一緒に歩いていても気づかない様子だった」。ブレジネフは病んでいた。ゴルバチョフとは、彼の「羊の帝国」について何かボソボソ話をして、最後は灌漑水路の「状況」を尋ねた。ゴルバチョフは丁寧に答えたが、ブレジネフが聴いていないことにも気づいていた。アンドロポフは秘蔵っ子に期待の視線を注いでいた。しかし忠臣チェルネンコは「魚のように押し黙って」いた。彼はまるで「歩くテープレコーダー」のように、交わされる言葉を聴いていた。ブレジネフは口ごもりながら、不意にアンドロポフに問い掛けた。「私の演説はどうか？」。ブレジネフがどの演説を指しているのか、ゴルバチョフは分からなかった。アンドロポフから後で説明を聞いた。ブレジネフが駅頭であまり話をしなかったのは、言葉が不自由になっているからだった。[4]

もう一つの「試験」は、七二歳の政治局員アンドレイ・キリレンコが担当した。彼の健康状態もブレジネフと大差なかった。キリレンコは一九八一年の第二六回党大会で、新しい中央委員の名前を読み上げたが、ほとんど全員を読み違えた。名簿は特別に大きな字で印刷してあったのに効果がなかった。やがて彼は会話も満足にできず、同僚の顔も分からなくなった。アンドロポフはキリレンコの辞任を強く求めた。キリレンコは一九七八年、ゴルバチョフを伴ってスタヴロポリを視察した。キリレンコは機械工業を所管していた。農業分野の機械要求が多すぎると常に不満を表していた。ゴルバチョフによれば、キリレンコの「横柄で高圧的な物言いは、聞く者の神経を逆なでした」。「彼は言葉使いが不明瞭だったので、いかなる会話も困難を極めた。何を言いたいのか理解ができなかった[5]」

ゴルバチョフのような優等生が、これらの試験に合格するのはさほど難しくなかった。九月二七日の中央委員会総会は全会一致で、ゴルバチョフの新たな地位を承認した。指導部の面々から祝福を受けるゴルバチョフの隣には、アンドロポフが立っていた。茶碗を持つのも一苦労になっているブレジネフは、ただうなずくのが精一杯だった。ゴルバチョフは、ブレジネフが自分をクレムリンへ連れていき、指示を下すだろうと思っていた。ところがブレジネフにその気はなかった。ゴルバチョフは会場に向け「私はどのように職務を遂行したらよいか分かりません」と述べ、今度はブレジネフに向かって、さらに慇懃な態度で「しかし全力で取り組むことをお約束します」と告げた。ブレジネフは「私にも、私の言葉にも、全く反応を示さなかった。私の存在など全く関心がないという印象を受けた」。ブレジネフはようやく口を開き、「クラコフが気の毒だ。いい男だった……[6]」と言ったが、あとはまた押し黙ってしまった。

このようにしてゴルバチョフは、クレムリンの上層部へ迎え入れられた。この間に起きた数々の出来事は、次の七年間、さらにゴルバチョフが最高指導者の地位に就いた後も、長く尾を引いた。ブレジネフの衰弱はソヴィエトの社会を「停滞」させた。「停滞の時代」と言われるのは後になってからだ。後任のアンドロポフもチェルネンコも病状は深刻だった。社会と政治の混乱を放置して、二人ともすぐに死んだ。内政だけでなく外交も厳しい状況にあった。

改革は困難だが、もう避けては通れなくなっていた。だが強い指導力を発揮できる人材がいなかった。ブレジネフ、アンドロポフ、チェルネンコは、余人をもって替えがたい人物とはとても言い難かった。前任者たちがこのような有様だったので、ゴルバチョフは自ら強く期するところがあった。だから待ち受ける障害を甘く見すぎた。いったん問題に巻き込まれると非常に手を焼いた。

ゴルバチョフが振り返る。「長い間考えてきたことが、モスクワへ来て具体的な計画になろうとしていた。私は自分自身の眼で実情を確かめた」。その一年後、ゴルバチョフとエドゥアルド・シェワルナゼ（当時はグルジア共和国の第一書記、のちにゴルバチョフのもとで外相）は黒海の沿岸を散策していた。シェワルナゼは突然、「全てが腐ってしまった」と嘆いた。ゴルバチョフも同じ意見だった。[7] だがゴルバチョフはしばらく、クレムリン流のゲームを続けた。観察し、そして、待った。自分の考えを言うのを控え、意見を聴いて学んだ。正統とは言い難い自分の見解は隠していた。行く手に立ちはだかる者は避けつつ、自分に接近してくる者は手なづけた。古いものを変えるゲームに取り組んでいたのだ。皮肉なことにゴルバチョフは、やがて自ら導入する多数参加の新しいゲームより、クレムリン流の古い内部抗争のほうが得意だった。

ゴルバチョフが自ら示した謙虚さは、あながち見せかけでもなかった。彼は高校、大学、スタヴロポリ時代を通じて数々の成功を遂げてきた。モスクワへの栄転はその延長線上にあった。勝利を収めるたびに新たな試練に直面した。それを乗り越えることで、さらに力を蓄えた。アンドロポフが一九八四年二月に死去した時、後継者はゴルバチョフかと思われたが、チェルネンコが選ばれた。ゴルバチョフは補佐官に、自分はまだ「心理的な」準備ができていないと語った。[8] 本音を隠したのだろうか？ あるいは、成功に成功を重ねた結果、失敗の危険に満ちた最高位に就くことを恐れたのだろうか？

ゴルバチョフはスタヴロポリを去るに際し、同僚たちとの別れを心から惜しんだ。後継者のフセヴォロド・ムラホフスキーとは信頼で結ばれていたと強調した。だが不仲の副官、カズナチェイエフの存在には言及しなかった。ゴルバチョフは「多くを共有し一緒に耐えた」人々に別れを告げるため、各地を巡れなかったことを悔やんだ。だが、そんなことをしていたら「うぬぼれ」に見えたかもしれない、とも語った。実際、多くの者が既にゴルバチョフにそのような印象を抱いていた。ゴルバチョフの補佐官を務め、のちに伝記を書いたグラチョフも同じ見方をしている。「彼にとってモスクワへの栄転は、予期せぬ贈り物ではなかった。運命でもなければ、政治局に感謝する筋合いもなく、論理的な帰結でしかなかった。最も若い中央委員会書記になるという事実には煩わされなかった。むしろ、正しい選択をして、目前に開けた可能性を的確に生かしたと自負していた[9]」

ゴルバチョフはスタヴロポリ時代を振り返り、「政治の味を知った」、「政治の世界に魅了された」と語る。ゴルバチョフとライーサは、それぞれの仕事に打ち込みながら、才能に恵まれ礼節を知る娘を育て上げた。夫妻は大学を出てからも新たな学位を取得し、地方の同僚たちが聞いたこともない著述家による禁書を読んだ。ゴルバチョフの回想録から引く。「私たちは自力で運命を切り開いた。自分たちの力で、私たちの今の在り方を実現したのだ。私たちは、国家が国民に与えたありとあらゆる可能性を活用した[10]」

自分たちは努力したが、他の者は怠けた、と言いたいのだろうか?　グラチョフの意見が示唆に富む。「ゴルバチョフ夫妻はロシアの地方で長年を過ごしながらも、土地の人々を好きになれなかった[11]」。努力をして成果を達成する夫妻の流儀は、田舎じみた同僚との関係を緊張させ、重荷となった。ゴルバチョフが語る。「自然が私の避難場所だった。……私は森や草原へ逃避した。……そこへ行けばいつも、不安はやわらぎ、苛立ちや疲労も消え、精神の均衡が回復するのだった」。草原を黒焦げにした大火の後、最初にまとまった雨が降った時は気持ちが高揚した。「突然、大地が呼吸を始めた。命を取り戻した。生まれ変わった。その力はどこから来たのか?　豊穣な花盛りを見ていると、自然と希望がわいてくる」。ライーサも自然を賛美した。ゴルバチョフによれば、「一緒に何キロも歩いた。夏も冬も。どんな天気でも。猛吹雪の中を歩いたことさえある」。一番好きな季節は六月の終わりだった。「車でよく郊外へ出かけた。波打つ穀物畑の先に、地平線や森が見えた。森に入れば、沈黙や美に溶け込めた。夜になれば暑さも失せ、小麦畑ではウズラの歌が聞こえる。そんな時は何にも比べようのない幸福を感じる。草原、穀物、草いきれ、鳥のさえずり、大空の星、これら全てが存在し、自分自身が存在する幸せを味わえる」

一二月五日はゴルバチョフ一家にとって、スタヴロポリ最後の日だった。家族は森まで車を走らせた。車を降りて森を散策した。「森の装いは秋ほどではなかった。濃い樹影が風景に悲しみを加えていた。私たちとの別れを森も惜しんでいるようだった。心が痛んだ。翌日、私たちが乗った飛行機の重い機体はスタヴロポリの大地を離れ、一路モスクワへ機首を向けた[12]」。明らかに誇張気味の文章である。だが詩的な自然描写は、ゴルバチョフとライーサが、これから合流しようとするクレムリンのエリートたちとは、いかに異なる資質の持ち主であるかを示していた。

リディヤ・ブドゥイカによると、ライーサは自宅を「入るだけで喜びを感じる場所[13]」にしようと心を砕いた。モスクワでは難しい相談だった。ゴルバチョフは一九七九年一一月二七日に政治局員候補となり、八〇年一〇月二一日には政治局員へ昇格した。そのたびに住居も変わった。最初にあてがわれたのは、郊外のかび臭いダーチャだった。ゴルバチョフは「難破の後で孤島に取り残されたようだった」と語る。一九七八年から七九年にかけての冬は、気温が摂氏マイナス四〇度まで下がった。厳しい寒気にもかかわらず、ゴルバチョフ夫妻は習慣となっている夜の長い散歩を欠かさず、さまざまな印象を「身内で」共有した。彼は「皇帝の宮廷」のやり口を知っているつもりだった。だが「機微と微妙なあやで全て分かる」ほどの経験は、まだ積んでいなかった。ゴルバチョフは生来の楽観主義者だったが、なかなか気分が上向かなかった。ライーサの気持ちが沈んでいたのも一因だった。「私たちはここでどうなるのでしょう?」。ライーサは繰り返し問いかけた。ゴルバチョフは、スタヴロポリで過ごした最初の一〇年よりはましに決まっている、と答えた。ライーサも同意したように見えた。彼女は自分の仕事について心配があった。博士論文の準備を継続するべきかどうか迷っていた。その件を夫があまり気にかけなったことは、ゴルバチョフ本人も認めている。新しい住宅に移るので、「快適に暮らすためには、かなり手間暇がかかると分かっていたからだ[14]」。

ゴルバチョフはライーサが研究者の道を歩むことを、あまり歓迎しなかった。ライーサが博士論文について思いを巡らしている時期に、夫妻はモスクワから三〇キロ離れた家に移っている。樹木に囲まれた美しい場所に立つ木造の住宅だった。スターリンの忠臣でグルジア人のセルゴ・オルジョニキーゼが、自殺する前に住んでいた。直近ではチェルネンコの住居だった。クルイラツキエ丘陵に近いソスノフカに、その建物はあった。夫妻は素晴らしい松林を散策した。川の向こうに、今は高級住宅地となったセレーブリャヌイ・ボールがあった。だがこの別荘でさえ夫妻にとっては「兵舎のように耐えがたかった」[15]。そこで一九七〇年代にできた煉瓦造りの家屋へ移った。クラコフが早死にするまで住んでいた建物で、前の別荘よりは近代的だった。それとは別にモスクワ中心部シチューセフ通りに部屋が供与された。建物はツルゲーネフの小説にちなんで「貴族の巣」と呼ばれていた。夫妻は娘のイリーナがスタヴロポリで大学を卒業すると、この部屋をイリーナ夫妻に与えた[16]。

クレムリンが供与する居宅の家具は、どこでも似たり寄ったりだった。ソファや椅子、机、カーテンはどれも重々しく、多くの絨毯があった。しかし、ライーサはモダンな家具が好みだった。絨毯は「誇りが積もるので」嫌いだった。ライーサと娘夫婦は一二月、身の回りの荷物を取りにスタヴロポリへ戻った。だが持ち帰ったのは、夫が一九五五年に買った二脚の椅子、母から贈られた明るい色彩の敷物だけだった[17]。モスクワの自宅には、調理人、家事手伝い、警護員、事務職など多くの使用人が詰めていた。クレムリンの幹部だけが使用できる特別病院や療養所、高級カフェ、食料品店に出入りできるようになった。店頭には眼を見張るような食材が並んでいた。一般市民はおろか、クレムリンでも階層が低い幹部には手が届かない品物ばかりだった。もちろん運転手付きの大型専用車ジルも使えた[18]。だがゴルバチョフに仕え身辺を守る「使用人」たちの背後には、KGBの影があった。使用人の仕事にはゴルバチョフ一家の監視も含まれていた。一家は孤独だった。「プライバシーがなかったので、心からくつろげなかった」。オルジョニキーゼが住んでいた別荘は、離れの棟がなかった。使用人たちも全員がゴルバチョフ夫妻と同じ建物に住んだ。夫妻が心置きなく会話できる場所は、家の外だけだった。夫妻はそれぞれ仕事から戻ると、夜の敷地を散策した。警護員が慎重に距離を保ちつつ、後ろからついてきた[19]。

ゴルバチョフは間もなく、一日に一二時間から一六時間も働くようになった。ライーサは当初、新居の生活環境を整えるのに忙しかったが、モスクワ大学時代の親友であるニーナ・リャキシェワとの交友を回復した。結婚式で履いた白いおしゃれな靴は、ニーナからの借り物だった。大学の哲学部を訪ねると、まだ現役の恩師たちが何人かいた。ゴルバチョフによれば、ライーサはまだ「研究の仕事に惹かれていた」。ライーサは夫に「博士論文の仕事を仕上げるべきだと思う」と告げた。「ここなら誰でも私のことや、私の専門である社会学を知っているのだから」。ゴルバチョフは「実務的に」答えた。「時が解決するだろう」[20]。夫のあいまいな答えと一定の時間が結論を導き出した。ライーサは学者への道を断念した。リディヤ・ブドゥイカが語る。「彼女には大変つらい決断でした。とてもとても困難な選択でした。彼女は自分の仕事を深く愛していました。自分にとって仕事がいかに大切か、よく語っていました。でも夫の立場を考えて仕事を断念したのです」

ゴルバチョフ夫妻はほとんどの時間をモスクワで過ごした。スタヴロポリ時代も、スタヴロポリをあまり離れなかった。ソヴィエトの指導者が前任地から首都入りする際は、「尻尾」、つまり子分を連れてくるのが慣例だった。フルシチョフやブレジネフは、ウクライナから部下を引き連れてきた。だがゴルバチョフがスタヴロポリから伴った者は、ごくわずかだった。ゴルバチョフは部下の身の上をあまり考えなかった。それが主な理由だった[21]。最高指導部の幹部には、誰と友好関係を結ぶか慎重に判断する必要があった。ブドゥイカによれば、ライーサは生まれつき用心深かったが、いっそう慎重に振る舞うようになった。「彼女は容易に友人をつくりませんでした。彼女は親切で優しい人柄でしたが、人を信用しませんでした。友達になってまだ間もない頃でした。ライーサは一度ならず私に、信用できる医者を知らないかと聞きました。私は頭をひねりましたが、いいえ、知らないわ、と答えました。そのころ、ゴルバチョフ一家をめぐり、ある噂がささやかれていました。ライーサは私がその噂の出どころではないことを確かめようとしていたのです。私はたまらなくなってライーサに言いました。〝ライーサ・マクシーモヴナ、お願いです。私を信用するかしないか、どちらかに決めてください〟。彼女はようやく私を疑わなくなりました」[22]

イリーナ・ゴルバチョワと夫のアナトーリーは、モスクワの第二医科大学でさらに経験を積んだ。イリーナはそこを優秀な成績で卒業し、学生を教えるようになった。彼女は医学と社会学を併用し、「モスクワ市における働き盛りの男性の死因」という論文をまとめた。ゴルバチョフによれば、論文は非常に微妙な問題をはらんでいたので、審査は通ったが公開されないまま現在に至っている[23]。

ライーサは忙しくなければ気が済まない性格だった。学術会議や様々な行事に出席するかたわら、英語の学習を始めた。夫妻には高い文化の素養があったので、ボリショイ劇場やモスクワ音楽院の大コンサート・ホール、トレチャコフ美術館、プーシキン美術館などを訪れた。観劇でも、モスクワ芸術座、マールイ劇場、ワフタンゴフ劇場、風刺劇場、劇場「同時代人」、モスクワ・ソヴィエト劇場、マヤコフスキー劇場、タガンカ劇場に通った。タガンカ劇場は「世界を揺るがした十日間」、詩人アンドレイ・ヴォズネセンスキーの「アンチ世界」など革新的な作品を上演しており、ゴルバチョフ夫妻のお気に入りだった。夫妻はモスクワ観光へも出かけた。一九五〇年代前半に一緒に訪れた名所を一通り見て回った。遺跡巡りは一四世紀から一五世紀に始まり、さらに一六世紀、一七世紀、一八世紀、一九世紀と時代を追って訪れた。几帳面なライーサは古い時代から順を追って見物しなければ気が済まなかった。時代ごとにそれぞれの専門家を選んで、ガイドに雇ったのも彼女らしかった[24]。

ライーサの疎外感はそれでも癒えなかった。他の政治局員夫人と会うと、さらに事態が悪化した。年齢もはるかに若かったし、教養もライーサのほうが豊かだった。魅力や活力でも優っていた。クレムリン指導部の奥方たちの眼に、ライーサは異端の存在と映った。ゴルバチョフによれば、「彼女たちはライーサに身の程を知らしめた」。一九七九年三月、外国からの賓客を迎えて歓迎宴があった。優雅な装いで現れたゴルバチョフ夫人は、夫の序列に応じて夫人の席も決まるしきたりを知らなかった。ライーサは最初に見た空席に腰を下ろした。それはキリレンコ夫人の隣だった。彼女は「あなたの席は向こうよ」と冷たく言うと、「末席[25]」を指さした。

「あの人たちは、いったい何様なの？」。ライーサはゴルバチョフに後で不満をぶちまけた。ライーサによれば、「彼女たちは互いに距離を保っていた」。そして「見て見ないふりをしていた。名前と父称で丁寧に呼びかけることさえ稀だった。ごく普通のあいさつすら交わそうとしなかった。いったいどうして？　本当に相手を覚えているのかしら？」。クレムリンの夫人たちは「うぬぼれが強く、自分たちこそ選ばれた者であることを見せつけようとしていた。一方的に気配りもなしに、ものごとを決めつけた」。夫人だけでなく子息にまで、父の権勢を反映した序列があった。ある時ライーサは、指導部の子息らしい子供たちが傍若無人な振る舞いをしているのを見て、不快感と驚きを口に出してしまった。たちまち、「何てこと言うの？　あれはブレジネフの孫たちよ」とたしなめる声が飛んできた。クレムリンの夫人たちは主に公式の歓迎宴で顔を合わせた。個人的な付き合いはあまりなかった。「格上の夫人の健康を祈って際限なく乾杯が続いた。目下の者については、聞くに堪えない話をした。食べ物や、子供や孫の〝珍しい〟才能についておしゃべりをした。そしてカードを楽しんだ」。「無関心で呑気」な一種の「浪費主義」だった。政府の別荘に家族連れ同士が集まる機会があった。ライーサは子供たちに、シャンデリアを割らないように注意した。答えが返ってきた。「心配しないで。政府の資産だから」[26]

一九七〇年代後半の「停滞の時代」に、普通の市民はどのような生活をしていたのだろうか？ 当時、中央委員会の国際部にいたアナトーリー・チェルニャーエフによれば、モスクワの食料事情はかなり悪化していた。地方はさらにひどい状況に陥っていた。彼の姪がヴォルゴグラードから訪ねてきた。ヴォルゴグラードでは食料が配給制で、月に一〇キロの肉がもらえるが、大方の場合、そのうち五キロは腐っていると訴えた。

「トーリャ［アナトーリーの愛称］、あの人たちが彼を追い出すのはいつなの？」

「彼って誰だい？」

「あんたのとこの、ほら、一番偉いあの人よ。国民は彼を嫌っているわ」

「なぜだい？」とチェルニャーエフは尋ねた。

「どこにも規律がないからよ。スターリン時代は年ごとに物価が下がったって、みんなが言ってる。これから、状況はだんだん良くなるという期待があったそうよ。今じゃ物価は上がる一方じゃない。毎年どころか毎月よ。止まる気配もない。あんたたちが、いくら大丈夫と言ったって、いくら党大会を開いたって同じだわ」

チェルニャーエフ自身も、個人的には全く同じ意見だった。彼は日記に、全国から集まる不満の声を記録している。中央委員会総務部は政治局のために、津々浦々の評判を収集していた。ヤロスラヴリでは「バターがどこにも売っていない。ミルクはたまに見るだけだ。肉と野菜の配給も不定期だ」。ウグリチでは「店には、パン、塩、マーガリン、瓶詰のコンポートだけしかない。子供に何を食べさせたらいいのか。クーポンがなければミルクも手に入らない。しかも三歳未満の子供の分しかよこさない」。チェルニャーエフは国内の情勢を分かっているつもりだったが、それでも「呆然としてしまった」。「指導部は自画自賛を続けているが、全く相反する実態があった。大々的な成功を仰々しく公表することが、すなわち、最もあからさまで単純な欺瞞であった」[27]

オットー・ラツィスは当時、経済・世界社会主義研究所に所属していた。のちに中央委員となった。彼は「息苦しさ」を感じていた。「全てが文字通り崩壊し始めていた。あらゆる場所で事故が起きるようになった」。一九七八年末、モスクワで幾つかの地区に暖房を供給している蒸気プラントが故障した。何千人もの市民が電気の暖房器具に切り替えたので、今度は発電所が破たんした。このため多くの市民が浴槽にお湯を貯めて暖を取り、ろうそくの火をともして新年を迎えた。ブレジネフ体制は「全て申し分ない」と虚勢を張った。だがプロパガンダは裏目に出た。テレビの看板番組は、ブレジネフが高齢のクレムリン指導者たちに、勲章とメダルを授与する場面を放映した。ブレジネフの病状は誰の眼にも明らかだった。それればかりではない。「全員がほとんど動けなかった。老人たちは祝福を交わし、メダルを互いの胸に付け合った。だが口も満足にきけない状態だった。これら老いた男たちは……贅沢な部屋で錦織と贈り物に囲まれ、シャンデリアの光を浴びて暮らしている。だが全国で普通の人々は大変厳しい生活を強いられている[28]」

アメリカのソヴィエト経済専門家、エド・A・ヒューイットは「経済が深い困難に陥っている証拠」を列挙した。「西側あるいは世界の基準に照らすと、サービス部門は信じがたいほどの初期段階にある。耐久消費財は乏しい。戦争直後の基礎技術に頼っている。品質は総じて低い。この国の経済は、自動洗濯機、ラジオ、蓄音機さえ、安価で信頼できる製品を生み出せない。安くて便利な電卓、パーソナル・コンピューターは、はるか未来の夢である。質の良い果物や野菜は……入手不可能である。労働力の二〇パーセントが農業に従事しているというのに[29]」

ソヴィエトはアメリカの八倍の鉄鉱石を産出しているが、製鉄の量はアメリカと変わらなかった[30]。アメリカでは平均二年で生産施設を建造するが、ソヴィエトでは一〇年かかった。ソヴィエトの穀物収穫はアメリカの一六倍あるが、不面目なことに穀物を輸入している。長年にわたり工業化を無理に進めたので、環境破壊が危機的である。アルコール依存が量的にも地域的にも拡大していた。国民一人当たりのアルコール消費は、ここ二〇年で二倍以上になった。アルコール絡みの犯罪は五・七倍に急増した。農村地帯では祝い事や休日に限られていた飲酒が日常化し、都市型のどんちゃん騒ぎが増えている。飲酒は経済成長が鈍化する悪影響は、はかりしれない。労働規律と生産性に及ぼす悪影響は、はかりしれない。飲酒は経済成長が鈍化する一つの要因となっていた。

食料危機に対処するためには、値上げにより集団農場や国営農場の生産意欲を高める方法がある。しかし体制は勇断ができない。国家は消費物資の価格を低く抑え、社会保障を手厚くする一方、国民は体制を容認あるいは受忍するという暗黙の契約が存在していた。穀物の国外調達は一九七〇年に二二〇万トンだったが、一九八二年には二九四〇万トン、八四年には四六〇〇万トンに増えた。品不足と価格高騰が暴動を招いた例もある。

数年前は原油輸出が増え油価も上がったので、穀物や機械、消費財を購入する資金ができた。だが原油生産量と油価が下がると、体制は経済の破綻を繕う余力を失った。世界におけるソヴィエトの地位も著しく低下した。そこでブレジネフはデタントで功績を上げげた。まずはフランスや西ドイツとの軍事的緊張を緩和した。さらにアメリカとも、リチャード・ニクソン大統領、ジェラルド・フォード大統領との首脳会談を通じ、軍備管理の合意を達成した。しかしデタントは一九八〇年代初頭に破局を迎えた。ソヴィエトはアンゴラ、アフリカの角、ニカラグアなど第三世界へ進出し、アメリカの警戒を招いた。ポーランドでは労組「連帯」が主導するストライキが、ソヴィエトによる軍事介入を招く懸念が生まれた。ソヴィエトが核戦力を著しく強化したことも緊張を高めた。特に西ヨーロッパを壊滅できるSS20ミサイルの配備が決定的な転機となった。これに対抗してアメリカのカーター大統領は「チャイナ・カード」を切った。ソヴィエトと中国との間に深い対立がある状況を踏まえ、カーターは中国と安全保障対話に踏み切った。ソヴィエトが一九七九年、アフガニスタンに軍事侵攻すると、アメリカは厳しい制裁を導入した。ロナルド・レーガン大統領はソヴィエトを「悪の帝国」、「現代世界における悪の巣窟」と呪った。アフガニスタンでソヴィエト軍と戦うイスラム戦士を支援し、ソヴィエトに致命的な打撃を与えた。レーガンはミサイル防衛計画も推進し、ソヴィエトの核抑止力に脅威を与えた。またソヴィエト指導部を五分で消滅させるパーシング2ミサイルをヨーロッパに配備した。[31]

第二次冷戦が起きていた。ソヴィエト陣営は世界から孤立し、守勢に追い込まれた。一九八〇年二月、東ドイツ国家保安省で対外諜報部門の長を務めるマルクス・ヴォルフが、ソヴィエトを訪れた。アンドロポフはヴォルフに、「核戦争が現実に起き得る暗いシナリオ」について説明した。東ドイツ外相のオスカー・フィッシャーもグロムイコとの会談で、「同様の印象」[32]を受けた。一九八一年五月、モスクワでKGBの秘密会議があった。アンドロポフは

「アメリカは核戦争の準備を進めている」との見解を示した。この年の後半、八〇隻以上のNATO艦艇が無線封鎖をしたまま、グリーンランド、アイスランド、イギリスを隔てる海峡を抜けて、ソヴィエト領に接近した。さらに四隻の水上艦艇がバレンツ海に入り、ソヴィエトの巨大な海軍基地があるムルマンスクまで約二〇キロに接近してから無線封鎖を解除した。ソヴィエトが原子力潜水艦の聖域とみなす海域で、西側が挑発行動に出るほど事態が悪化していた。イギリス合同情報委員会の委員であったゴードン・バラスの表現を借りれば、西側は「我々は力ではるかに優っている」[33]とのメッセージをモスクワへ送り付けたのだった。海外で暗躍するKGBの諜報員は攻撃の兆候をつかもうと躍起になった。西側各国の国防省の照明が深夜まで灯っているか、病院が輸血用の血液を普段より多く準備してはいないか等々、あらゆる兆候の有無に目を凝らした。一九八三年九月二六日、モスクワ郊外の地下秘密施設は、モスクワへ向かって飛翔するアメリカのミサイルをとらえた。当直将校は七分以内にアンドロポフへ情報を伝達する義務があった。アンドロポフはその時、郊外の保養所で人工透析を受けていた。幸いスタニスラフ・ペトロフは、ミサイル接近警報は誤報と気づいた。アメリカとイギリスの軍人たちは当時、「手練れの射手―83」と名付けた演習の準備を進めていた。演習ではNATO最高司令部が核兵器の使用を具申、許可を待つ事態を想定していた。演習は一一月初めに始まった。ソヴィエト軍の参謀総長はモスクワの地下指揮所に入り、地上配備の一部部隊に「高度警戒態勢」をとるよう命じた。その後でようやくソヴィエト軍は、「手練れの射手―83」が単なる演習であり、実際の攻撃は想定していない、との結論に達した。[34]

このような状況下で、ソヴィエトは指導部の老朽化という難問を抱えていた。年老いたブレジネフは、既に軽度の脳卒中を幾度も経験していた。一九七五年には心臓発作に襲われたが、煙草も酒も控えはしなかった。明らかに不安定な心理状態にあった。一日中ふさぎ込んでいるかと思えば、翌日には大きな金の印章をあしらった指輪をはめて、「似合うだろうか？」と侍医に尋ねたりした。また一九七一年のノーベル平和賞は、西ドイツ首相のウィリー・ブラントと自分が二人で受賞するべきだった、と吹聴する日もあった。ブレジネフは職務から逃避するため、モスクワから北西へ一二〇キロ離れたザヴィードヴォの狩猟場へ頻繁に出かけた。[35]そこで彼は第二次大戦に従軍した自分の「英雄譚」を、補佐官たちに語らせて聞きほれた。地方で党の指導者だったドニエプロペトロフスク時代、農耕地を拡大する処女地開拓運動に従事した想い出や、モルダヴィア時代の話を聞きたがった。補佐官たちはブレジネフに詩の朗読を頼んだ。彼が応じると喜んで、「レオニード・イリイチ、役者にもなれましたよ!」と褒め上げた。ブレジネフが女性の速記者や給仕といちゃつくこともあった。取り巻き連中は心にもないお世辞を言って、ブレジネフを合唱やダンスに誘い込んだ。湖畔の別荘で、タンゴやフォックストロット、ワルツのレコードを日本製の蓄音機にかけた。[36]

ブレジネフは心身の状態が極度に悪化する前、自分の限界を理解して皮肉な感情に身をゆだねていた。彼はスピーチライターにマルクスやレーニンの引用を極力減らすよう指示して、「いずれにしても、リョーニャ・ブレジネフが演説を全部を読んだとは誰も思わないだろう」[37]と冗談を言った。彼の病状は政治局の会議を茶番劇に変えた。山を成す重要案件が議論も一切なしに、わずか一五分か二〇分で「決済」された。ブレジネフが自ら辞任を示唆することもあったが、余人をもって替えがたいとの理由で周囲が止めた。取り巻き連中はブレジネフが去る事態となれば、後継体制をめぐる権力闘争が熾烈化する危険があり、彼の威光ゆえに保たれた自分たちの力も弱まると恐れていた。[38]

のちにゴルバチョフの補佐官となるアナトーリー・チェルニャーエフは当時、中央委員会国際部の次長だった。「私は二重思考の体制で仕事をしていた。本音では、そのほうが嬉しかったのだ」。チェルニャーエフは自らに、仕事を続けるのはブレジネフが再びデタントへ乗り出す可能性があるからだと言い聞かせていた。だがボスに対して「募る憎しみ」を覚えるようになった。「それはやがて、彼の衰えが進むにつれて、肉体的かつ倫理的な嫌悪感と化した」[39]。同じ国際部で働いたカレン・ブルテンツは、「公式のイデオロギーでも実際の施策でも、心から指導部に同意することができなかった。例外は一部の外交政策だけだった」と語っている。チェコスロヴァキアへの軍事介入については、「自分の政府が失敗するよう熱く願った」[40]と言う。

ブレジネフ体制の内部には、やがてゴルバチョフ側近となる人材がほかにもいた。アレクサンドル・ボーヴィンは肉付きの良い美食家で話好きだった。彼はブレジネフの酔狂を「楽興の時」と揶揄した。ブレジネフのようなろくでなしのために、自分の才能を浪費したくないと、ある友人に吐露したので解雇された。中央委員会の高官だったシャフナザーロフは、ソヴィエトで異端視されたジョージ・オーウェルの『一九八四年』を趣味で翻訳したり、ウラジーミル・ヴィソーツキーを支持したりしたので、降格に追い込まれた。ヴィソーツキーと言えば既に触れたように、アンドロポフとゴルバチョフもキスロヴォックで、たき火を囲んで彼の歌を口ずさんだものだった。[41]

ゴルバチョフは一九七八年にモスクワへ復帰したが、一九八二年一一月一〇日にブレジネフが死去するまで、クレムリンではベンチ・プレーヤーに過ぎなかった。国を動かしていたのは六人の男たちだった。ブレジネフ（口がきけるうちは、彼が最終決定をした）、スースロフ（ナンバー2としては優れた人物だった。トップに立とうとしなかったからだ。一九八二年一月二五日に死去）、グロムイコ（一九五七年以来の外相）、アンドロポフ（スースロフの死後、KGB議長から中央委員会書記になった）、国防大臣のドミートリー・ウスチーノフ元帥、そしてチェルネンコの面々である。ゴルバチョフは当初、書記局や政治局の会議で、ほとんど発言をしなかった。たまに意見を述べても、ごく当たり障りのない内容にとどめた。ゴルバチョフは一九七九年一二月のアフガニスタン侵攻について、あまり詳細を知らなかった。[42]当然、事前の協議にもかかわる立場になかった。それは政治局のごく一部の幹部による決定だった。アンドロポフとグロムイコの支持を取り付けたウスチーノフが、「アメリカ人がラテンアメリカで何度もやってきたことです。我々がやって何が悪いでしょうか？」[43]と言ってブレジネフを説得した。のちにゴルバチョフ政権で外相となるエドゥアルド・シェワルナゼによると、ゴルバチョフもシェワルナゼも、アフガニスタン侵攻は「致命的な失策」[44]である、と考えていた。ゴルバチョフは一九七九年一一月二〇日付の農業問題に関する文書で、最近のブレジネフによる演説を「広い支持を受けた重要演説」と称賛した。レオニード・イリイチは「彼に特有の深みと幅、細部に及ぶ」[45]言葉で語った、と持ち上げた。一九八〇年一〇月二九日、ゴルバチョフは他の政治局員と同調し、ポーランドの共産主義政権に反体制派の弾圧を求めた。[46]ポーランド問題を議論した政治局会議の記録は全て残っている。「ゴルバチョフはあらゆる会議に出席していた。だがほとんど発言をしていない。ただブレジネフが語ることは全てが正しい、と言っただけだった」[47]。一九八一年六月二日の会議でスースロフは、ソヴィエト国民の海外渡航について、制限を強化するよう求めた。ゴルバチョフはこれに同調した[48]。一九八二年八月一九日の会議でゴルバチョフは、ブレジネフが東ドイツのエーリッヒ・ホーネッカー国家評議会議長と会談した際に示した「偉大な才覚」を褒め称えた[49]。

このような従順な態度について、ゴルバチョフが回想録やインタビューで積極的に述べていないのは当然であろう。彼に言わせれば、時間をかけずに「最高指導部における機微なニュアンスをつかむため」の所作だった。古参の指導者たちは「私を成り上がり者と見ていた」ので、彼らの出方をうかがう必要もあった、と語る[50]。ゴルバチョフはアンドロポフを頼りに足場を固めようとした。二人は折に触れて電話で連絡を取り合った。当初は電話だけにとどまっていた。だが、政治局員へ昇格したゴルバチョフは、隣に住んでいたアンドロポフ夫妻をピクニックに招待した。スタヴロポリ近郊で過ごした「古き良き日々」の再現を試みたのだ。

「そう、そんな日々もあった。だが今は、君の誘いを受けるわけにはいかないのだ、ミハイル」。アンドロポフは冷たく答えた。

「なぜですか?」とゴルバチョフ。

「なぜなら、明日、いや明日を待たずに、だいたいの話は筒抜けだ。誰が、どこで、なぜ、何を話したか」

「どういう意味ですか? ユーリー・ウラジーミロヴィチ」

「今話した通りだ。我々が君の家を訪ねる前に、レオニード・イリイチの耳に入るだろう。こんな話をするのは、ミハイル、君のためを思ってのことだ[51]」

ゴルバチョフも実情はよく分かっていたはずだ。クラコフが死んだ時、クレムリンの同僚たちは誰一人として、休暇を切り上げて最後の別れを告げに訪れようとはしなかった。ゴルバチョフが語る。「権力の頂上にいる人々が、いかに互いの距離を保っているかを示していた」。ゴルバチョフが葬儀で弔辞を読むためには、モスクワの許可が必要だった。弔辞の内容はあらかじめ中央委員会に届けた。「他の弔辞との重複や、意見の齟齬を避けるため」の措置だった。常套句の使いまわしは恒常化していたし、意見の相違が公の場で露呈するはずもないことは承知の上で、そのような規制がかけられていた[52]。個人的な付き合いを嫌うクレムリン指導者の中で、スースロフは奇妙な例外だった。彼は冷酷で打ち解けなかったが、自由に振る舞えるだけの地位にいた。一九七九年の夏、スースロフはゴルバチョフ一家全員を別荘に招待して散策を楽しんだ。かつてスターリンが使ったが誰も住まなくなった別荘である。スースロフは娘や義理の息子、孫たちを連れてきたが、あまり賑やかな集まりにならなかった。厳格なスースロフは昼食の席で、お茶しか出さなかった。このようにして客人との間に一線を引いたのだった[53]。

ゴルバチョフはモスクワ赴任の初日に、クレムリン内部の権力抗争について幾ばくかの知識を得た。ブレジネフ支配は既に完成していた。競争相手の筆頭だったニコライ・ポドゴールヌイは、名目だけの国家元首の地位を一九七七年に引退していた。その二年後にはコスイギンが首相の地位を失っている。アンドロポフの観察によると、コスイギンはゴルバチョフを非常に温かく迎えた。アンドロポフはゴルバチョフに注意を促した。「アレクセイ・ニコライエヴィチは、もう君を味方につけようとしている。取り込まれてはいけない[54]」。コスイギンがブレジネフの眼前でゴルバチョフと議論をしたことがある。ゴルバチョフが得点を稼ぐ結果となった。一九七九年九月七日、クレムリンで宇宙滞在一七五日の記録を達成した飛行士の偉業を称える祝典があった。コスイギンがゴルバチョフに文句を言った。ゴルバチョフがカザフスタンやロシア内陸部のために、希少な機械を買い占めていると非難した。当時はまだ勢いがあったブレジネフがゴルバチョフを擁護した。コスイギンはさらに、計画を達成しない者にゴルバチョフが「寛容すぎる」と追い打ちをかけた。ゴルバチョフは自制できず首相に反論したので、会場は沈黙に包まれた。「落着きを保つ」ことができなかったと、ゴルバチョフは後で自責の念にかられた。そして「何らかの誤りをおかしたかどうか」子細に検討した。だがブレジネフは、コスイギンに反抗したゴルバチョフを褒めた。ゴルバチョフは感情を抑制できず興奮しつつも、激しい態度を示すことで有利な結果を引き寄せる賢さを持ち合わせていた。怒りを最大限に活用できる役者としても優れていた。コスイギンはすぐに和解を申し出た。ゴルバチョフが政治局員候補へ昇進したのは、その直後だった[55]。

ゴルバチョフはクレムリンの意志決定プロセスに内心で驚いた。ある時、ブレジネフは会議の途中で居眠りをしたが、他の出席者は見て見ぬふりをした。ゴルバチョフはアンドロポフに不平を言った。アンドロポフは「党や国、世界の安定」のため、誰もが「レオニード・イリイチを支持」しなければならないと諭した。アンドロポフは、各自が「おのれの場所を知り、自分の止まり木しか求めてはならない」と述べた。「止まり木」は政治局の会議では厳格

1980年11月7日の政治局員たち。平均年齢は70歳を超えていた。
左からミハイル・ソロメンツェフ、ウラジーミル・ドルギフ、ヴィクトル・グリーシン、ピョートル・デミチェフ、ミハイル・スースロフ、コンスタンチン・チェルネンコ、レオニード・ブレジネフ、ミハイル・ゴルバチョフ、ニコライ・チーホノフ、ユーリー・アンドロポフ、アンドレイ・キリレンコ、アンドレイ・グロムイコ

に決まっていた。長い机でブレジネフの右隣にはスースロフが座った。左隣にはコスイギンが座った。コスイギンが首相から解任されると、その席には後任のニコライ・チーホノフが着いた。机はかなり長く、ブレジネフの言葉使いは非常に不鮮明だったので、一番遠くの席にいるゴルバチョフは、書記長が何を言っているのか、ほとんど聞き取れなかった。何者かがしきりに「飛び出してはブレジネフに駆け寄り、彼の前の書類をめくっていた。そこに記された問題のうち、どれが片づいたかを説明し、どの文書を読み上げるべきか告げているのだった」。全てが「目の前で公然と、何の制約もなしに行われていた。私は恥ずかしかった。他の人々も同じ気持ちだろうと考えた。しかし誰もが座ったまま、瞬き一つしなかった」[56]。

ゴルバチョフは自分の専門である農業に力を集中した。一九七八年の収穫は見通しが良好だった。実際、穀物は二億三七〇〇万トンの記録を達成した[57]。だが数字は魔物である。収穫時の穀物は乾燥していない。乾燥すると重量は二五〇〇万トン減った。一方で翌一九七九年の収穫に向けては、家畜の飼料を調達したり、秋のうちに耕作地に肥料を施したりする作業が遅れていた。前年の収穫が見通しベースでは良かったので、このような遅滞が特に問題視され

た。一九七九年は冬が格別厳しかった。五月、六月は例年より乾燥した。初夏は干ばつだった。一九七九年の収穫は一億七九〇〇万トンだった。海外から三一〇〇万トンを調達する必要があった。一九八〇年はさらに状況が悪化した。アメリカのジミー・カーター大統領がソヴィエトのアフガニスタン侵攻に対して、穀物禁輸の制裁を課したことも一因だった。晩春は寒さの後に例のない雨が続き、地域によっては耕作地が冠水した。穀物の収穫は一億八九一〇万トンで、わずかに一九七九年を上回った。しかしジャガイモは四〇〇〇万トンで、計画を下回っただけでなく、一九三〇年代以来最低となった。牛乳と食肉は一九七九年より減少した。海外からの輸入は、穀物が三五〇〇万トンと増え、食肉も一〇〇万トンに達した。一九八一年の収穫はさらに悪化したので、公表しなかった。その後、農業の収穫は非公開となった。この年の穀物収穫は一億六〇〇〇万トンにすぎなかった。輸入は四六〇〇万トンに増えた。一九八二年の収穫も一億七五〇〇トンと低迷した。

ソヴィエトの農業は担当者の「政治的墓場」となるのが通例だった[58]。ゴルバチョフ自身が、目標を達成できなかった部下を何人も「容赦なく」更迭した[59]、と認めている。だが一九七九年初めに農産物の不足が深刻化した時、ゴルバチョフは責任を問われずに昇進した。地位を上げたゴルバチョフは部下の人事をめぐり、いっそう強い権力を握った。農業問題で責任を負うべき者は一人ではないことを、アンドロポフは知っていた。だがゴルバチョフは、誰よりも責任が重い立場にあった。ゴルバチョフによれば、収穫がないのは「当たり前」となっていた。「穀物を勝ち取る国民的闘争」や、「あらゆる集団農場と国営農場から、穀物を絞り出し、かき集め、ゆすり取る厳しい戦い」が求められた。最も効率の良い農場は表彰を受けるどころか、「収穫で計画を上回った分」を、他の農場で生じた損失の補てんに充当しなければならなかった。「愚劣極まりない」問題が起きていた。耕作条件が悪い北の地域から小麦を供出させるために、国は一トン当たりの買い取り価格を、肥沃な南方より高く設定した。地方の指導者は収穫の成績を上げ、賞与や昇進につなげようと懸命だった。国家備蓄枠の穀物を、地域に課せられた収穫高に転入した例も一度ならずあった。収穫された農産物の多くが、保管施設や輸送方法の不備から腐ってしまった。ゴルバチョフは「私自身が長年、スタヴロポリとモスクワで、収穫をめぐる大騒動に巻き込まれてきた」と語る。モスクワでは「仕事の初日から陳情者の群れが、私を押しつぶした」。あらゆる階層の職制が、物資や支援をもっと増やして欲しい、と求めてきた。腐敗は「賄賂そのものから、贈り物、さらには、もっと〝曖昧な〟利益や、小さな個人的便宜の相互供与、狩猟や釣りを装った酒盛りまで、ありとあらゆる形態で浸透していた」。

ゴルバチョフは眼の前の政治に「合理性」があるのか疑問を抱いていた。それでも一九七八年から八二年にかけて、公の場における彼の演説や文書は空虚で退屈なものばかりであった。マルクス、レーニン、ブレジネフの言葉を引用し、内心では疑っている政策を称賛した。ゴルバチョフは食糧一〇カ年計画（一九八一―九〇年）の実現に邁進した。この計画はブレジネフが鳴り物入りで発表した。農産物の完全自給を目指し、農業機械や技術への投資拡大、農村部の労働人口や雇用の増大を掲げていた。だが最初から死に体だった。ジョレス・メドヴェージェフによると、数千人の専門家が数千時間を費やして計画を策定し膨大な投資をしたが、「これら巨額の資金が無駄になる結末は最初から明らかだった。現場に意思決定の自由がなく、集団農場にも国営農場にも選択の自由がなかったからである[60]」。

ワレーリー・ボルディンは一九八一年五月、中央委員会にあるゴルバチョフの執務室へ着任した。比較的小さな部屋だった。天井が低く、ベネチア風の日よけがあった。合成繊維の絨毯の匂いがした。ボルディンは「プラウダ」紙の記者だった。ゴルバチョフは間もなく彼を筆頭補佐官に据えた。それは致命的な選択だった。当時の補佐官や側近の大部分は、ボルディンが抜擢された理由を理解できなかった。ボルディンは一九三五年に生まれ、チミリャーゾフ農業大学を卒業し、経済学博士候補の資格を持っていた。中背で体形が引き締まっていた。シェワルナゼによると、「決して笑わなかった」。そして「秘密のたくらみを、ささやき声で持ちかける時しか、口をきかなかった」。つまり「完全な官僚で、沈黙を脅迫手段として駆使し、どんな危急の問題でも葬り去り、部下を恐怖へ陥れた」。ゴルバチョフはさらにボルディンを重用し、一九八七年に中央委員会総務部長に任命、一九九一年に大統領補佐官の筆頭に据えた。ゴルバチョフがなぜボルディンをそこまで厚遇するのか、シェワルナゼは「理解に苦しんだ」。ボルディンについては、彼が重要な情報を「官僚的な墓場」に葬り、代わりに「不確かな情報」をゴルバチョフに伝える、と警告する者も複数いた。彼らの声をゴルバチョフは無視した。駐アメリカ大使のアナトーリー・ドブルイニンは、中央委員会書記に任命されてモスクワへ戻った。ドブルイニンはボルディンを「横柄で心が狭い役人」と見抜いた。ボルディンは日常的にゴルバチョフと接触し、高官たちをめぐる最新の噂を伝え、政治局の会議に先立ち議題の選定作業を助けた[61]。

ボルディンの回想録は明らかに誇張を含んでいる。しかし、一九八一年五月の記述、特にゴルバチョフの服装が同僚と比べ際立っていた様子を伝えるくだりには真実味がある。それによれば、ゴルバチョフは「体裁の良い中背の男だった。歯並びが良く、茶色の瞳が輝きを宿していた」。ボルディンは特に、茶色がかかった仕立ての良いゴルバチョフの背広に感心した。クリーム色のシャツが、茶色のネクタイや靴とよく調和していた。のちにボルディンは「これだけ多忙な人物が、その日その日のネクタイを多くの選択肢から定めること」に「しばしば驚愕した」。しかも「ネクタイはその日の背広と靴に、よく似合っていた」。そして「ネクタイはきちんと結んでいた。お仕着せのタイを首の周りに着けるだけの男たちとは異なっていた」。ゴルバチョフはライーサと出会う前でさえ、いつも服装に気を使っていた。モスクワ大学で撮った写真には、まるでフランスの映画俳優のように収まっている。ライーサは自分の服装にうるさかった。彼女は夫の服選びを助け、効果的な着こなしができるように助言した。

一九八一年、ゴルバチョフはゆっくりとではあるが、仕事の範囲を農業以外にも広げつつあった。ある日の深夜、彼はボルディンに経済の広範な問題に関して、専門家のリストを作成するよう指示した。ボルディンはゴルバチョフに、余計なことをすると政治局が眉をひそめる、と警告したという。ゴルバチョフがそれを知らないとでもいった口調だった。ゴルバチョフはボルディンの警告に耳を傾けなかった。政府系機関の専門家や、経済の調査に携わる研究所の所長、学者や大学教授らと会談を重ねた[62]。ゴルバチョフは党の指導者になる前から、党官僚の一定の集団に「このままで生きてゆくことはできない」という「魂の叫び[63]」を思い起こさせようとしていた。ゴルバチョフの執務室の金庫は、あらゆる種類の改革をめぐり、学者らから集めた秘密の提言書類で一杯だった。

ゴルバチョフにとって真の展望が開けたのは、アンドロポフがブレジネフの後継者となった時だった。チェルネンコも最高指導者の地位を熱望した。だがブレジネフの書類整理係を長く務めた実績が裏目に出た。それは実績とは言い難い面もあった。ゴルバチョフによれば、チェルネンコは「あらゆる［他人との］接触からブレジネフを隔離し、自分だけが彼を理解できる、レオニード・イリイチが何を欲しているか分かるのは自分だけだと言い張る」手法を貫いた。そのような態度が禍根を残した[64]。一九八二年七月、ブレジネフは頭が冴えている時を見計らって、アンドロポフに電話をかけた。「私がどうして君をKGBから中央委に移したと思うかね？　君に書記局を指導させるためだったのだ……なぜ行動しないのか？」。次に出現した光景はゴルバチョフに、「ゴーゴリの小説の一場面」を連想させた。中央委員会の書記たちが会議のため集まったところで、アンドロポフが突然「開会の時間だ」と声を上げ、議長として振る舞ってしまった。「アンドロポフが腰をかけて見ている前で、チェルネンコはうなだれてしまった。ひじ掛け椅子に崩れ落ち、消え入るばかりの風情だった。宮廷クーデターが我々の目の前で起きたのだ[65]」

アンドロポフは政治局の会議で長い時間を費やし、汚職や無能な役人の排除について協議した。ゴルバチョフによれば、「［政治局員たちは］彼の怒りに恐れをなした。これから叱責を受けるであろう役人たちに同情を禁じ得なかった」。アンドロポフはクラスノダール地方党委員会のメドゥーノフ第一書記を、果物青果調達省の次官に格下げした。メドゥーノフはかつてゴルバチョフの競争相手だったが、腐敗にまみれた人物だった。アンドロポフはこれまで手を触れられなかったブレジネフ派にも攻撃を仕掛けた。逆らおうとする者は誰でも排除した[66]。ブレジネフは一九八六年一一月一〇日に死去した。アンドロポフはゴルバチョフを呼んで、ブレジネフの死を告げた。政治局は間を置かずに、アンドロポフをブレジネフの後継者に決定した。ゴルバチョフはアンドロポフに、「全力であなたの指名を支持します」と告げた。ゴルバチョフはその後もアンドロポフ側に立ち続けた。新たな指導者は「断固として〝ブレジネフ時代〟の多くの特質と決別する」と信じていたからだ[67]。

アンドロポフを補佐してきた面々は、彼に高い期待をかけた。ブレジネフの葬儀の最中、アルバートフはチェルニャーエフとボーヴィンに、自分が考えている「アンドロポフ・プログラム」をささやいた。まず首相をチーホノフからゴルバチョフに代える。ブレジネフ側近だった連中を排し、自分たちのようなリベラルな人材が仕事をする。チェルニャーエフにも「アンドロポフ・プログラム」があった。アフガニスタン撤退、東ヨーロッパ諸国の解放、軍需産業の縮小、政治犯の釈放と自由な出国の承認などを考えていた。夢見るチェルニャーエフとは対照的に、アンドロポフは何よりも権力を欲していた。たとえ「国民の幸福」を目指したところで、現状の体制では実現が見込めなかった。[68]

マルクス・ヴォルフによると、彼との会話でアンドロポフは、一九六八年のチェコスロヴァキア軍事介入を起点に、ソヴィエトが「衰退」の一途をたどった事実を率直に認めた。[69]アルバートフがブルテンツに語ったところによると、アンドロポフはブレジネフが誇った「発展した社会主義」をあざ笑っていた。いかなる社会主義も到底、そこまでたどり着きはしないと考えていた。[70]だがアンドロポフの在任一五カ月は、見せかけの変化に内実が伴わないまま推移した。構造より人事の改革が先行し、しかも多くの場合は好ましい結果を招かなかった。アンドロポフはすぐに内相ニコライ・シチェロコフを更迭した。シチェロコフは建築家、仕立屋、歯医者まで使用人に雇い、二軒の大別荘と一軒の大型アパートを事実上、私物化していた。また膨大な数の装飾品を所有していた。地下経済にはびこる犯罪組織から没収したり、自宅に送られて来たりする品をコレクションとしていた。「何台ものメルセデス、家具一式、シャンデリア、家政婦が使う白粉ケース、孫が寝る小さなベッド、骨とう品、絵画、金や銀」[71]があった。アンドロポフはアゼルバイジャン共和国の第一書記へイダル・アリエフを政治局員にした。ゴルバチョフによれば、アンドロポフはアリエフの個人的忠誠を評価した。アンドロポフはまた「限界性、不誠実、専横な野心」にもかかわらず、レニングラードの第一書記グリゴーリー・ロマノフを中央委員会書記に登用した。モスクワの第一書記ヴィクトル・グリーシン、チーホノフ首相を留任させた。この二人はチェルネンコ派だったが、アンドロポフの書記長就任に反対しなかった。[72]これらの人事をゴルバチョフは冷ややかな目で見ていた。だが、やがて自分も、似たような人事をする運命にあった。腐敗した官僚は更迭したが、潜在的なライバルとの対決は極力避けた。アンドロポフならゴルバチョフが将来、自分と同じことをすると予想ができたに違いない。アンドロポフがゴルバチョフを重用したのは、ゴルバチョフがリベラルであったからではない。グラチョフによれば、ゴルバチョフには「腐敗したモスクワ閥との利害関係や縁がなかった」。このため、「象がいた場所を掃き清める」役割を期待したのだった。[73]

アンドロポフの経済改革とは、仕事をしない怠け者を排斥することだった。勤務時間に店で買いものをしたり、公衆サウナや美容院に通ったりすると警官に拘束された。ほとんどあらゆる物資が不足していたので、市民は勤務時間を費やして乏しい商品を探し回らねばならなかった。ゴルバチョフはこのような取り締まりに疑問を呈したが、アンドロポフは一蹴した。普通の人々は秩序と規律を欲している、というのが彼の見解だった。アンドロポフはゴルバチョフに「まあ、見ていたまえ。君も私の年齢になったら分かるよ[74]」と言った。

一九八二年の末、アンドロポフはゴルバチョフに言葉をかけた。「ミハイル、農業分野だけに仕事を制限してはいけない。全ての分野で政策に関与したまえ。やがては自分一人で全責任を追う日が来るという態度を示したまえ。私は真剣に言っているのだよ[75]」。ゴルバチョフはアンドロポフの真意を理解した[76]。ゴルバチョフは時折、政治局の会議で議長役を務めるようになった。クレムリンの同僚たちも、その意味を認識した。ゴルバチョフは一九八三年四月二二日、レーニン誕生日の演説を任された。前年の演説者はアンドロポフだった。多くの者が権力構造におけるゴルバチョフの位置を了解した。政治局で最も若い男が今やアンドロポフの後継レースで、二位か三位につけていた。グラチョフによれば、その事実にチェルネンコと彼を取り巻く高齢者たちは苛立ちを強め、ゴルバチョフの心中にも「ハムレットのような猜疑心」が芽生えた。ゴルバチョフはこの時点で、国家の指導者となる気持ちを固めていたのだろうか？[77]

おそらく答えは否である。ただ演説の準備でレーニンの著作を読みながら、最高位につながる道を歩みつつはあった。ゴルバチョフはスピーチライターに、レーニンの言葉からお決まりの引用を集めるような指示はしなかった。レーニン後期の論文や書簡を、自ら集中的に読んだ。レーニンはボリシェヴィキ革命が暗礁に乗り上げている現実を認め、正常な軌道に戻すよう訴えていた。過度な措置は事態を悪化させると指摘し、スターリン個人に関する懸念さえ表明していた。当然ながら、そのような内容を演説で取り上げるわけにはいかなかった。彼は後年になって演説について、社会に役立つ要素はほとんどなかったと認めている。しかしレーニンが早すぎる死を前に改革を志向した事実を知り、ゴルバチョフは改革に取り組む決意をさらに強めた[78]。

一九八三年五月一六日、月曜の午後四時、ゴルバチョフは一週間に及ぶカナダ訪問のためオタワ空港に降り立った。訪問を実現するため裏で動いたのは、カナダ駐在のソヴィエト大使、アレクサンドル・ヤコヴレフだった。ずんぐりした体型で背が低く、禿げた頭の左右に残る黒髪が丸顔を縁取っていた。ヤコヴレフは一九二三年生まれなので、ゴルバチョフより八歳年長である。党中央の機関で長い経験を積んでいた。ゴルバチョフと同じように地方で育った。ヤロスラヴリ近郊の出身で、家族もゴルバチョフ家と共通点があった。祖父は酒も飲まず煙草も吸わず、悪態もつかなかった。村の長老格だった。父は決して息子を殴らなかった。母は字が読めなかったが、「真っ正直で度が過ぎるほど誠実だった」。ゴルバチョフにとって、カナダ訪問とそこで芽生えたヤコヴレフとの友情は、自分の使命を改めて確かめる契機となった。ヤコヴレフはゴルバチョフの右腕として、ペレストロイカの推進に不可欠の存在となる。

ヤコヴレフは戦争で重症を負い、生涯にわたり足が不自由だった。ソヴィエトはドイツ軍の捕虜となった国民を逮捕して投獄した。ヤコヴレフはその恐怖におののいた。ヤロスラヴリ教育大学で学び、モスクワで党の高等学院に籍を置き、ヤロスラヴリの党委員会で働いた。そこで「つまらない」文書を書きつつ、「愉快で健全な皮肉の精神」を育んだ。続いて地方で教育の仕事に携わり、一九五三年三月にスターリンが死去すると、すぐにモスクワの中央委員会学校部で指導員となり、一九五六年まで務めた。さらに党の社会科学アカデミーに一九五六年から六〇年まで在籍し、博士論文「アメリカ外交の歴史」を執筆した。中央委員会教宣部の課長（一九六〇—六五年）を経て、第一次長、さらに事実上の部長となったが、一九七三年にカナダへ左遷された。ヤコヴレフは一九五六年にフルシチョフが秘密報告をした会場にいた。「私は脳に戦慄を覚えた」と語っている。「雪解け」の時代にリベラルな詩人たちと交わり、「新しくて美しい世界」が開けた。しかし「二つの意識」が依然として彼を支配していた。「偽りの苦痛に囚われていた」。そして「汚辱にまみれて自分を見失うまい」としていた。[79]

社会科学アカデミーでは国際関係の研究に集中した。一九五八年から五九年までアメリカのコロンビア大学で過ごした。交換留学の制度ができて一年目だった。ＦＢＩはソヴィエトの留学生を全てスパイとみなした。留学生に接近するアメリカ人にも疑いの目を向けた。ヤコヴレフと一緒に留学した三人の学生は、明らかにその種の使命を帯びていた。ヤコヴレフは留学生仲間との交わりを慎んだ。そして「ＦＤＲ（フランクリン・デラノ・ローズヴェルト）とニューディール政策」の研究に力を注ぎ、アメリカの歴史と政治の講義を聴いた。リチャード・ホフスタッターやデイヴィッド・トゥルーマンら、そうそうたる教授たちがいた。アレクサンドル・ダルリンのソヴィエト外交史の講座も聴講した。ヤコヴレフは大学院生のローレン・Ｒ・グラハムと親しくなった。グラハムは後年、ソヴィエト科学技術史の大家となった。ヤコヴレフはある時、バトラー図書館の書架で偶然出会ったグラハムに語りかけた。「ローレン、私は右派が書いたＦＤＲ批評を読んでいる。右派の批評家たちは、ローズヴェルトは裏切り者で、アメリカの資本主義を破壊したと論じている。だが私は、ローズヴェルトが資本主義を破壊したとは全く思わない。膝をついている資本主義を彼は救ったのだ」。ペレストロイカの絶頂期、グラハムはヤコヴレフに、彼とゴルバチョフは「ローズヴェルトが資本主義を救ったように、共産主義を救おうとしているのか」と尋ねた。ヤコヴレフは笑って答えた。「そうだ。君の言う通りだ」

　グラハムによれば、留学中のヤコヴレフは「共産主義を熱烈に擁護した」。彼はモスクワに戻って怒りに満ちた反米の本を何冊か書いた。著書には「吸血鬼が貪欲に血を求め、［資本主義の］搾取者たちは金儲けに血眼である」という一節もある。しかし、一九六〇年代後半から七〇年代前半にかけてのヤコヴレフは、自分が仕えた制度そのものに疑いを抱き苦悶した。制度に奉仕する信念が揺らいだ。中央委員会の上司は、かつてフルシチョフに「くそ」と呼ばれた人物だった。彼はそのエピソードを披露して、フルシチョフ失脚後に登場した指導者たちのご機嫌をとった。ヤコヴレフはその上司に幻滅した。ヤコヴレフはブレジネフの演説草稿の作成に協力した。だが演説は「くそ」と同じ程度の代物にしかならなかった。彼は失望を深めた[80]。

　ヤコヴレフは一九七二年まで、ソヴィエトのメディアを監視する地位にあった。彼はマルクス主義の国際化を擁護し、国際化に反対してロシア国粋主義に固執する右派に対抗した。右派は「オクチャーブリ」（「一〇月」）「マラダヤ・グヴァルディヤ」（「若き親衛隊」）などで論陣を張っていた。これらの雑誌にあってクレムリンとつながりを持つ勢力が、ヤコヴレフのカナダ左遷を画策した。カナダは、南にあるアメリカから裏庭の池のように見られていた。一〇年間の在任中にヤコヴレフは一度だけ、上司からカナダの農業について報告を求められた。カナダの気候がソヴィエトと似ているので、ソヴィエトの農業と比較すれば教訓が得られると思われたのだ。ソヴィエトは農業視察団を幾度かカナダに送り込んでいた。だが代表団の面々は、祖国では入手できない品物を買いあさって時を過ごし、現場の実態をあまり見なかった。ヤコヴレフはカナダで長い歳月をかけて、民主主義のもとで発展した資本主義をつぶさに観察していた。その利点を祖国でいかに生かすべきか熟考していた。カナダ首相のピエール・エリオット・トルドーは、トルストイとドストエフスキーの熱烈なファンだった。トルドーは洗練されたヤコヴレフを家族の友人として遇した。一九七〇年代の末になると、ヤコヴレフは意見書や報告書をいくら送ってもモスクワの指導部が大した関心を示さないことに嫌気がさしていた。そして自分のように開明的な共産主義者がカナダを訪れてほしい、と熱く願うようになっていた。

ゴルバチョフのカナダ訪問は一〇日間の予定だった。アンドロポフは「カナダだって？　気は確かかい？　外国へ行っているような場合ではない」と吐き捨てた。それでも日程がぎっしり詰まった七日間の旅が実現した。ゴルバチョフはカナダ議員との会談で、国際問題に関しては予想通り強硬な立場を貫いた。それでも「魅力的な男だ」との印象を与えることに成功した。「彼は当意即妙の対応で人を驚かせた。カナダ人は新しいタイプのソヴィエト政治家を目の当たりにした」[81]。国会審議で野党がトルドー首相を攻撃する様子を、ゴルバチョフは「サーカス」と揶揄した。遠からず自分も祖国で同じ目に遭うとは、まだ予想だにしなかった。

トルドーはゴルバチョフとの公式会見を終えた後、ヤコヴレフが設定した晩餐会の席に姿を見せた。予想外の出来事だった。トルドーはゴルバチョフの隣に座り、さらに二回、非公式の席でじっくり話をしようと持ち掛けた。国内各地を巡る視察には、陽気で頑健なカナダ農相ユージン・ウィーランが、ステットソン社製の緑の帽子をかぶって同行した。ゴルバチョフ一行は、オタワ近郊の実験農場、温室、野菜を梱包する工場、リーミントン近郊にあるハインツのケチャップ工場、トロントの精肉工場、ナイアガラ半島のワイン醸造所を見学した。スーパーマーケットにも立ち寄り、カナダの農業が消費者に、いかに多様な産物を提供しているかを見た。ゴルバチョフはソヴィエトの食パンのほうが、はるかに安くて美味であると反撃を試みた。家族が牛を飼い、乳製品を生産する二〇平方キロメートルほどの牧場も訪れた。牧場は夫婦と二～三人の使用人だけで運用し、収穫期は交代でコンバインを運転して二四時間働いていた。それを聞いたゴルバチョフは驚きを隠せず、三回も真疑を問いただした[82]。

ゴルバチョフとヤコヴレフはオンタリオ州アマーストバーグ近郊にあるウィーランの牧場で、二人だけで話し合った。それが宿命的な出来事となった。一八人のソヴィエト代表団はウィーランより先に、デトロイト川の対岸にある飾り気のない平屋建ての邸宅に着いた。代表団に加え、カナダの政治家ら十数人は晩餐会を待つ間、三々五々、話に花を咲かせていた。その部屋は天井が低く、カードをする机や折り畳みの椅子があった。ゴルバチョフとヤコヴレフは近くの野原を散策した。すぐ近くに森があった。魅惑的な夜だった。ゴルバチョフの警護員は少し離れて、森との境界あたりに立っていた。ヤコヴレフによれば、午後七時半ごろのことである。二人の会話は「通常の話題から突然、大胆極まるものに変わった。［ゴルバチョフは］祖国の泣き所について語った。……ソヴィエトの後進性、政治経済で深刻な問題に対処しなければならないのに展望がない現状、教条主義、根本的変革の必要性を話題にした。私も束縛から解き放たれて、カナダから見るソヴィエト外交が、いかに稚拙で恥ずべきものであるかを率直に訴えた」。ヤコヴレフにはかつて、ソルジェニーツィンのような反体制派の仮面をはぎ取る指示を受けた経験があった。彼らは体制と異なる思考をしたというだけで罪に問われた。ヤコヴレフは、このように真情を吐露した。カナダの裁判を見ていると、ソヴィエトでも司法の独立が必要だと痛感する、とも訴えた。ゴルバチョフは「まず法律を変えねばならない。法を真の法律にする必要がある。法は個人や党の武器であってはならない」と応じた。ヤコヴレフが語る。二人は旅を続けながら、「腹を割って語り合った。会話の一つ一つが来るべきソヴィエトの改革の輪郭をスケッチしているようだった[83]」

ヤコヴレフには自分の貢献を強調しすぎる傾向がある。それが後年、誇り高いゴルバチョフの不興を買った。だが一九八三年の当時、ゴルバチョフはヤコヴレフとの出会いを放置しなかった。七月にヤコヴレフをモスクワへ呼び戻し、科学アカデミー付属の世界経済国際関係研究所の所長に任命した。ヤコヴレフによれば、「彼は絶えず電話をかけてきた。用事より雑談のほうが多かった」。研究所はゴルバチョフのために種々の文書を作成した。ヤコヴレフによれば、それらは「教育のためだった。［ゴルバチョフは］将来に備えて学んでいたと言える」。だが彼は注意深く隠していた。内輪の側近たちは、この件を話題にしてはいけないと知っていた」[84]。

ゴルバチョフが何を考えているのかを垣間見て驚いたのは、ヤコヴレフ一人だけではなかった。一九八二年初頭、ブレジネフの食料計画を策定していたゴルバチョフは、専門の学者たちを招集した。幾人かの経済専門家とともに、タチヤーナ・ザスラフスカヤも呼ばれた。彼女は科学アカデミーのシベリア支部に所属し、経済学から社会学へ転じた学者だった。ザスラフスカヤは政治局員に初めて会った。会議で遠くから見かけたことはあった。「身辺警護がいつも厳しく、話しかけるのは不可能だった。屋外では豪華で装甲が厚い巨大な車の中にいた」。ゴルバチョフは「若く」、「エネルギーを発散していた」。農業を担当する役人たちは「驚くほど無知で無能」だったが、ゴルバチョフは「経済を理解し、あらゆる問題の核心を把握していた」。ゴルバチョフには「偏見がなく、態度が率直で友好的だった」。だから「私たちはどのような問題も話し合えた」。まるで「彼は同じ気持ちを抱く七人目の仲間」のようであった。ゴルバチョフは彼女たちを「対等」の存在として扱い、語りかけた。

ゴルバチョフが率直に接したので、集まった学者たちも話しやすかった。食料計画について彼らは、「中途半端な措置ばかりでは何も変わらない」と訴えた。現存する農業関係の省庁をすべて廃止し、新しい単一の機関に統合したらどうかという案も出た。ゴルバチョフは補佐官に、「今の案を私が提言に取り入れたら、この椅子に座っていられるだろうか？」と尋ねた。本来であれば専門家たちが示した施策は、実はそれほど急進的な内容ではなかった。上意下達の基本から逸脱するものでもなかった。ゴルバチョフは党の指導者になってから、それらを取り入れた。ザスラフスカヤは、経済停滞の根本的原因について大胆な見解を有していた。彼女はのちにそれを披瀝している。国民にはよく働く理由がない。よく働きたいとも思わない。どのようにしたら、よく働けるかを知らない」。労働の質を向上させる特別の訓練を施された人々も、実態は変わらない。「恐ろしい事実」ではあるが、「国民の質が劣化している」。ザスラフスカヤは、マルクス主義の表現を織り交ぜつつ、「労働者は生産手段や、労働の成果から隔絶している」と述べ、ゴルバチョフをうならせた。

ゴルバチョフの寛容さが、ザスラフスカヤを勇気づけた。彼女が所属する研究所は一九八三年に六〇人以上の専門家を集め、彼女の考え方に近いが表現は穏やかな報告書をまとめた。研究所の所長は、やがてゴルバチョフの顧問となるアベル・アガンベギャンだった。彼は報告書を出版しようとしたが、検閲の壁に阻まれた。ザスラフスカヤが回想する。「彼らは決して理由を明かそうとしなかった。彼らは問い合わせもしなかったし、いかなる質問にも答えようとしなかった。執筆者たちを相手にせず、所長たちとしか口をきかなかった」。アガンベギャンは報告書を非公式な文書であるとことわり、会議の参加者に配り、閉会後に回収した。ところが二部が行方不明となった。KGBは全国を捜索した。ザスラフスカヤによれば、研究所も「上から下への大騒ぎ」となった。報告書は海外に流出し、内容が明るみに出た。研究所が所属する地域の党委員会は、彼女とアガンベギャンを懲戒処分とした。重大な「イデオロギー上の過失」が理由とされた。ザスラフスカヤは気落ちして、アガンベギャンの執務室で泣いた。「私は彼女にお茶を入れ、その涙をぬぐった」とアガンベギャンが語る。「ほかに何ができただろう？　女性が泣くと手に負えない」[85]

　最高指導部でアンドロポフのほかにゴルバチョフを支える人物はいたのだろうか？　トムスク州の第一書記だったゴルバチョフがエゴール・リガチョフに会ったのは、一九六九年にチェコスロヴァキアを訪れた時だった。ともにソヴィエト代表団の一員だった。二人はその後、中央委員会の会議で頻繁に顔を合わせた。リガチョフは一九二〇年生まれ。銀髪で四角い顔をしていた。ゴルバチョフと同様に、一九三〇年代の大テロルで親族が犠牲となっていた。リガチョフの父は党から追放（のちに復党）され、妻の父は無実の罪で逮捕され処刑された。[86] リガチョフは精力的で、腐敗とも縁が無い男だった。共産主義の清教徒とでも呼ぶべき存在だった。ゴルバチョフはアンドロポフを説得して、リガチョフを中央委員会の書記として招き入れた。リガチョフもまた勤勉な男だった。ある日の夜遅く、政治局員が全て去った後にゴルバチョフだけが残っていた。リガチョフはそれを見て大いに喜んだ。彼は精力に満ちてはいたが、同時に権威主義者でもあった。のちにゴルバチョフとたもとを分かち、一時は最大の敵対者となった。だが一九八三年の段階ではリガチョフも、「国が社会的経済的な破滅に向かっている」との危機感を共有していた。彼は一九八三年一二月二六日、党の人事を統括する部の長となった。そして高齢者を次々と排除し、やがて改革派となる人材を後任に据えた。ゴルバチョフとはさらに親しくなった。「我々の関係は、たった一つの言葉で何が言いたいのか互いに理解できるほどになった」[87]。文字通り一言しか許されない事情もあった。二人は執務室が盗聴されていると知ってから、機微な問題は文書を交換して調整した[88]。

ニコライ・ルイシコフはゴルバチョフより二歳年上だった。ウクライナで労働者階級の家庭に育った。ウラル地方にある巨大な重機械工場の経営者となった。一九七九年から八二年にかけて、国家計画員会の第一副議長を務めた。技師として教育を受けた人物だが、ゴルバチョフと同じように、国家が腐敗しているとの認識を持っていた。ルイシコフによれば、国には「息苦しい空気」が蔓延していた。「このままいけば、国家そのものが死に至るであろう」[89]と考えていた。アンドロポフは一九八三年、中央委員会に新設した経済部の部長にルイシコフを任命した。ルイシコフは、ゴルバチョフが「活発に、そして決然として、［農業を超えて］関心領域を広げている」ことに気づいていた。高齢の党指導者たちが、ゴルバチョフに領域を侵される事態を警戒し、彼を「はじき出そう」としている様子にも目を留めていた。ゴルバチョフは「地方の実態と経済構造を知っていた。……私は生産と計画について熟知していた」。ゴルバチョフとルイシコフは、改革を志向する専門家を登用した。アガンベギャン、アルバートフ、ボゴモーロフ、ザスラフスカヤらの面々である。彼らは「硬直した中央統制経済に終止符を打つ」時は既に熟しており、「励みに依拠する経済へ移行しなければならない。優れた仕事には高い報酬を払うべきである」との結論を出した。ゴルバチョフとルイシコフは、これを好意的に受け止めた。アンドロポフは二人に予算に関する仕事を命じた。二人はごく自然に、予算そのものを見直すべきだと進言した。アンドロポフは怒った。「そこには鼻を突っ込むな。君たちには関係がない」。ゴルバチョフはのちに語っている。「それは実態がある予算ではなかった。では何であったのか。悪魔だけが知っていた」[90]

ルイシコフもまた最後にはゴルバチョフに背いた。ルイシコフは仲違いの理由について、一九八四年当時にまで遡って語っている。「彼は自己意識が強く、自分が知らなかったり、理解できなかったりする問題もあるのだという事実を認めなかった」。それでも二人が「立派に」やっていけたのは「私が［ゴルバチョフの］ゲームのルールを受け入れたからだった。私は自分の知識を誇らず、必要な時に必要なことを語るだけにとどめた」[91]。ルイシコフはヤコヴレフと同様に、非常に敏感な気質の持ち主だった。そしてヤコヴレフ以上に感情的だった。だがルイシコフによるゴルバチョフの心理学的評価は、やや的外れである。ゴルバチョフに本当の自信があれば、自分が知らない問題もあるのだと素直に認めたに違いない。ルイシコフの証言が真実であるとすれば、ゴルバチョフの自信は見た目より脆弱であったことを意味する。

ゴルバチョフは補佐官のボルディンの忠誠を信じ、頼りにしていた。ゴルバチョフ夫妻は一九八四年春、スタヴロポリからモスクワへ向かう飛行機の中で、三年の歳月を誠実に務めたボルディンを専用の客室に招き、お茶をふるまった。「私の仕事ぶりが彼らを満足させたので、夫妻は補佐官としての地位をさらに保証すると告げた」。ボルディンは喜ばなかった。むしろ怒りを押し隠していた。「三年間も試しに働かせた挙句に、一日一六時間の仕事を続けてほしい、と厳かに言い渡されたわけだ。全く馬鹿げた話だった[92]」。ボルディンはゴルバチョフが他の補佐官をどのように扱っているかを既に知って、不快に思っていた。スピーチライターたちはゴルバチョフの演説草稿を準備するため長大な時間を費やしたが、ゴルバチョフから礼を言われたことがない、と不満を漏らしていた。ボルディンによれば、ゴルバチョフは礼も言わずに、四部の草稿に署名して「同志誰々へ。尊敬を込めて。M・ゴルバチョフ[93]」と書き加えるだけだった。

ルイシコフとボルディンは、ゴルバチョフから離反した理由を、過去の事例にこじつけようとしたのかもしれない。ボルディンは男として誇りが高い人物だった。自分の「登用」にライーサが関与していると感じて、気分を害していた。昇進を告げられる時に、ライーサが同席しているかどうかは問題ではなかった。ライーサの存在そのものによって、栄達の価値が下がってしまうと考えていたのだ。スタヴロポリ時代の補佐官たちが、当時の出来事を理由にゴルバチョフを批判する以上は、ゴルバチョフにも何らかの非があったに違いない。

ゴルバチョフはアンドロポフの目が届かないところで羽を伸ばし、改革の理念を練り上げた。クレムリンの会議では用心深く振る舞った。一九八三年一月一八日、中央委員会書記局の会議があった。ゴルバチョフはアンドロポフに語りかけた。「ユーリー・ウラジーミロヴィチ、あなたは極めて重要な問題を幾つも提起されました。私はあなたのアプローチを完全に支援致します」。アンドロポフは労働「規律」の引き締めを打ち出していた。そして構造改革を進めるためにのみ、過度の中央集権へ批判的な言及をしても許されるとの胸中を示唆していた。[94] アンドロポフは四月二六日の会議で、リュドミラ・ラズモフスカヤ脚本による映画「親愛なるエレーナ・セルゲイエヴナ」の社会風刺が好ましくないとして、上映を許している文化官僚をしかりつけた。数年後にはアンドロポフ自身が、この映画を擁護した。[95] 政治局はスターリンに長年忠誠を尽くしたヴャチェスラフ・モロトフの党員資格を回復した。モロトフは一九六二年にフルシチョフによって追放されたまま生存していた。政治局は一九八三年六月一二日、さらにラーザリ・カガノーヴィチとゲオルギー・マレンコフの復権も検討した。二人ともまだ生存していた。ウスチーノフが冷笑している。「もしフルシチョフがいなかったら、彼らは追放の憂き目を見なかっただろうし、スターリンを侮蔑する醜い出来事も起きなかっただろう。……スターリンに対するフルシチョフの政策や処遇は、我々に大変な災難をもたらした。どのような敵でも、我々をこれほどひどい目に合わせることはできなかっただろう」。ゴルバチョフは「そう、彼らは年長者である」と言って、カガノーヴィチとマレンコフの復権を支持した。だがウスチーノフがヴォルゴグラードの名称をスターリングラードに戻そうと提案した時は、あまり乗り気でなかった。「まあ、これについては、プラスもあればマイナスもある」と、微妙に言葉を濁した。[96]

一九八三年八月三一日から九月一日にかけての夜、ソヴィエト軍の戦闘機が大韓航空の007便を撃墜した。大韓航空機はアラスカからソウルへ向けて飛行中にソヴィエト領空を犯していた。罪のない乗員乗客二六九人が犠牲となった惨事は世界を震撼させた。新冷戦の緊張も急速に高まった。ソヴィエトの駐アメリカ大使ドブルイニンによれば、アンドロポフは「石頭の将軍たち」が犯した「とんでもない失敗」に内心では激怒したが、九月二日のクレムリン会合では表へ出さなかった。ゴルバチョフもアンドロポフと同じように失望したであろう。だがゴルバチョフはその会合で、「旅客機は長時間、わが領空にあった。もし規定の航路を外れて迷い込んだと言うのなら、アメリカが我々に通告しただろう。だが通告はなかった」[97] と発言した。

アンドロポフの健康状態は悪化していた。一九八三年二月前後、彼の腎臓は機能を停止した。夏になると、ほとんどの時間を別荘のベッドで過ごすようになった。顔色は青ざめ、声はしわがれた。たまに執務室へ姿を現しても、もはや立って訪問者を迎えられず、椅子に座ったまま握手した。週に二回は透析を受けた。点滴の針は両腕に刺さったままだった。手首から巻いた包帯がそれを覆っていた。政治局会議への出席は九月一日が最後となった。[98]ゴルバチョフは一二月に見舞いで病院を訪れた。アンドロポフは「全く別人」のようになっていた。「顔がむくみ、やせ衰えていた」。皮膚の色は「緑がかった灰色だった。青ざめた緑のようでもあった」。瞳は「朦朧としていた。彼はかろうじて視線を上げた……私は目をそらさずにはいられなかった。衝撃を隠すためだった」[99]。病床にあったアンドロポフには明らかに、ゴルバチョフを後継に指名する意思があった。だが一二月末の中央委員会に出席するだけの体力はなかった。補佐官のアルカージー・ウォリスキーは、アンドロポフが最後に残した走り書きの指示を読んだ。「政治局で私が不在を余儀なくされる間は、ミハイル・セルゲイエヴィチが議長を務めるように」。意味するところは明白だった。あまりに明白だったので、チェルネンコとその一派、特にチーホノフ首相が中心となって、中央委員会総会でアンドロポフの指示が読み上げられないようにしてしまった。ウォリスキーはアンドロポフに電話で報告しようとした。中央委員会の保守的な職員クラヴジー・ボゴリューボフはウォリスキーに、「その電話をかければ、あなたにとって最後の電話となります」と警告した。アンドロポフは事の結末を知ると、ウォリスキーをさんざん罵倒した。だが対策を講じるだけの体力は既に残っていなかった。ウォリスキーはかつて、ウスチーノフがチーホノフに、「コースチャ［チェルネンコ］のほうが、ミーシャ［ゴルバチョフ］より扱いやすい」[100]と囁くのを聞いたことがあった。だから成り行きには驚かなかった。

アンドロポフは一九八四年二月九日に死去した。書記長の座にあったのは、わずか一五カ月の間だった。ゴルバチョフは、アンドロポフの死により「私は困難な立場に置かれた」と回想している。「指導部において彼ほど私が親しんだ人物は、他に一人もいなかった」。ライーサは数年後にワシントンを訪れパメラ・ハリマンと面会した際、その場でアヴェレル・ハリマンがアンドロポフと一緒に収まった写真に目を留めた。ライーサは「何もかも彼のおかげです」[101]と語った。ゴルバチョフにとってアンドロポフは、友人というより庇護者というべき存在だった。北カフカスの山裾で一緒に過ごした時を思い出しては感傷に浸った。「空には星がまたたき、焚き火が燃えていた。ユーリー・アンドレイエヴィチは炎を見つめながら、傍らに置いたテープレコーダーから流れる歌声を聴いていた。秘密めいた夢のようだった。彼が大好きだったユーリー・ヴィズボルが、当局が好まない曲を歌っていた。「誰にそれが要るだろうか？ 誰にも要らないさ 誰が気にかけるだろうか？ 誰も気にかけないさ」

おそらくアンドロポフ自身も、気にかけてはいなかったに違いない。アンドロポフはスターリン時代に台頭し、KGBに長く在職した。ゴルバチョフによれば、「フルシチョフが取り組んだ以上の過激な変化には、決して乗り出そうとしなかった」。アンドロポフが「人々に愛想をつかされる前に死んだ」のは、おそらく「運命」だった。ゴルバチョフは「気にかけ」、そして行動した。[102]

アンドロポフの後継者はチェルネンコと決まった。ヴォリスキーはゴルバチョフに、アンドロポフがゴルバチョフを後継者に指名しようとした事実を明かした。ゴルバチョフは冷静に受け止めた。グラチョフの記述によれば、チェルネンコが書記長を継いだのは「[ゴルバチョフの]思うつぼ」だった。ゴルバチョフはグラチョフに、「チェルネンコが死ねば、ゴルバチョフの［書記長］選出は間違いない」[103]と語った。いつものように、まるで他人事のような語り口だった。

だが事はそう簡単でなかった。ゴルバチョフにも、それはよく分かっていた。二〇〇七年のインタビューで「私はまぬけではない。何が起きているか見えていた。全てを分析していた」[104]と語っている。アンドロポフの葬儀でライーサは、「明らかに嬉しそうな表情」を浮かべている「弔問者」を何人か見た。[105]書記長に就任したチェルネンコは慇懃な態度で、ゴルバチョフに書記局の運営を委ねようと提案した。だがチーホノフ首相が反対した。「ゴルバチョフの仕事は農業である。［彼が書記長に次ぐ地位に就けば］書記局がその方向に偏向しかねない」。ウスチーノフがチーホノフに、ゴルバチョフは以前にもその経験があると指摘した。だがワジーム・メドヴェージェフによれば、チーホノフや、その席にいた人々が本当に懸念したのは、ゴルバチョフが週末のチェルネンコを独占する事態だった。そうなればゴルバチョフがチェルネンコの後継者として地位を固める恐れがあった。モスクワ市第一書記のグリーシンが、チェルネンコの提案は棚上げしたらどうかと示唆した。本音では葬り去るつもりだった。グロムイコ外相が同意した。ゴルバチョフは黙って座っていた。ゴルバチョフは書記局長として仕事を続けたが、公式の承認を受けないままだった。[106]

チェルネンコは満足に公務がこなせる状態ではなかった。彼は一九八四年七月三日、英国の外相ジェフリー・ハウと会談した。外相の通訳を務めたトニー・ビショップによれば、チェルネンコは「息切れ」していて、「咳が一〇分間も止まらなかった」。彼は「放心し、困惑した様子」を隠せなかった。「スピーチを書いた紙を読み上げたが、読み方も非常に悪かった」。「早口だが口ごもり、言葉の途中で息を継いだり」した。「明らかに自信不足だった。時には理解力さえ欠けていた」[107]。チェルネンコの病状はゴルバチョフも悩ませた。政治局の会議では時に、まずチェルネンコを席に座らせた後で、他の面々を部屋に招き入れなければならなかった。あまりに体調が悪い場合は、会議の最後のごく短時間だけではあったが、ゴルバチョフが議長役を任された[108]。ルイシコフによると、ゴルバチョフは政治局の会議がある木曜日の朝になると、「自分の執務室で小さな孤児のように座っていた。……病気のチェルネンコからの電話を神経質に待ち受けているのだった。チェルネンコ自身が政治局に来るのか、あるいは、またもゴルバチョフに代役を頼むのか?」[109]。ゴルバチョフによれば、チーホノフはリガチョフか書記のウラジーミル・ドルギフを、ゴルバチョフの対抗馬に立てようとしたが失敗した。ドルギフについては、行く末は立派な首相になる、と売り込んだ[110]。ゴルバチョフは、チェルネンコを書記長に選出した一九八四年二月一三日の中央委員会総会で演説をした。だが「プラウダ」紙はゴルバチョフ演説を無視した。ゴルバチョフとルイシコフは、科学技術に関する全国会議の準備を進めていたが、開催は遅れていた。ゴルバチョフが基調演説をするはずのイデオロギーに関する会議も、順調に開催できない懸念が生まれつつあった[111]。

ゴルバチョフがのちに語ったところによると、彼は「自信」を失ってはいなかった。「時が全てを解決するという長年の信念が私を支えていた」[112]。だが苛立ちは自ずと現れた。チェルニャーエフの日記によれば、一九八四年八月に地方の第一書記を集めた会議で、ゴルバチョフは「彼らにかなり辛い思いをさせた」。「彼は出席者の誰より、問題の裏と表を知り尽くしていた。取るに足らない過ち、能力の不足を示す兆候、問題の所在をそらす試みが彼を怒らせた。報告者に大恥をかかせて、厳しい立場に追い込みもした。ABCのように当たり前なことを、文書を棒読みして聞かせる相手に、ゴルバチョフは我慢できない男だった」[113]。ゴルバチョフは自分のみならず他人にも、同じ厳しさを要求した。彼はクレムリンの内外で、急いで支持を広げる必要に迫られていた。一九八四年にロシア共和国の首相だったヴィターリー・ウォロトニコフは政治局員でもあった。ゴルバチョフは彼に接近した。ウォロトニコフによれば、「内々の集まりに招かれ、真の同志であるかのような扱い」を受けた。ゴルバチョフは「率直に君の助言を聞き、意見に学びたい、という素直な印象」を与えた。ウォロトニコフは、「友人をつくり、自分の魅力の虜にするゴルバチョフの能力に感銘を受けた」。だがウォロトニコフも将来はゴルバチョフに背く男だった。関係が壊れた後は、ゴルバチョフが「うわべだけの同志関係と友情」の代償として「支持を求めた」と酷評した。ウォロトニコフの言葉を借りれば、ゴルバチョフは「ほのめかしたり、遠回しに勘ぐらせたりした」挙句に、後になって「君は私を誤解したようだね」[114]と言うような男だった。これが真実なら、ゴルバチョフの振る舞いは、凡百の政治家と何ら異ならない。

だがゴルバチョフは直截で大胆な行動ができる人物だった。彼は一九八四年、イデオロギー問題を討議する全国会議の開催にこだわった。斬新で優れた構想を持つ行動的な若い指導者という印象を植え付けるためだった。慣例に従えば、彼の演説草稿を準備するのは中央委員会の宣伝部だった。ヤコヴレフによれば、それでは「気の利いたものは何もできない」とゴルバチョフは知っていたので、独自のチームにも草案を作成させた。ヤコヴレフ、ワジーム・メドヴェージェフなどの面々が加わった。演説は「財産、我が社会における生産関係の特質、利得の効用、社会正義、金銭と品物の関係など」[115]機微な問題に触れるはずだった。ソヴィエトが崩壊した後は、ごく当たり前の問題となったが、当時は物議を醸すに十分だった。ゴルバチョフは国有だけが唯一の所有形態ではないと暗にほのめかした。社会の様々な利益を抑制せずに認めるようにも誘導した。社会主義のもとでも社会の利益は存在するし、ある種の市場でさえ禁忌ではない、との立場さえ示唆した。そのどれをとっても、正々堂々と主張できるはずがなかった。仮にそれらが公言できる環境があったとしても、ゴルバチョフと彼のスピーチライターたちも、自分たちが何を目指しているのか、まだ具体的で明確な姿は見えていなかった。ヤコヴレフが語る。「我々の課題は、自分たちの力量を超えていた。ゴルバチョフは何か新しい話をしたがった。しかし、いったい何を、どのように語るのか、彼自身も分からなかった。我々も見当がつかなかった。まるで盲目の人間が自分の鏡を、耳が聞こえない相手のバラライカと交換するような試みだった」

ゴルバチョフの演説草稿はその慎重な言い回しにもかかわらず、党の保守派を大いに警戒させた。保守派は間接的に修正を要求した。ヤコヴレフによると、ゴルバチョフは「激怒した」。彼は中央委員会宣伝部が自分を「笑いもの」にしようとしていると言った。全国会議の前日になって、チェルネンコはゴルバチョフに中止を求めた。ゴルバチョフは顔を真っ赤にして怒り、会議は「延期できません」と言い放った。延期をすれば、チェルネンコが演説の内容に「的外れの文句をつけた」との「誤った噂」が広がるだけだと説得した[116]。

結局はチェルネンコが折れ、全国会議は開催された。ゴルバチョフの演説は施政方針を披瀝するかの観があった。次期指導者になる人物とみられていたので、演説にも権威が備わった。ゴルバチョフは一九八五年以降には定番となる構想に触れた。詳細な説明は添えなかったが、ペレストロイカ、グラスノスチという用語も使った[117]。ヤコヴレフによると、会場の愚鈍なイデオロギー担当者たちは、ゴルバチョフが何を言おうとしているのか理解できなかった。他の参加者たちは、本当は理解しているが分からないふりをしていた[118]。会場から意見や質問の紙を集めて演者に渡す党職員は、従来の党指導者とは全く異なるゴルバチョフの姿を鮮明に記憶している。彼の印象では「教養に深く裏打ち」された演説だった。ゴルバチョフは即興も交え、笑顔さえ浮かべた。聴衆は「居眠りもせず、新聞も読まなかった[119]」。党のイデオロギー雑誌「コミュニスト」は、ゴルバチョフ演説を掲載しなかった。ゴルバチョフ側近として既に知られていたヤコヴレフは、大会二日目にならなければ、会場に入る許可が降りなかった。「やつら、そこまでやるのか！　なんてこった！[120]」。ヤコヴレフを前にゴルバチョフは声を荒げた。

ゴルバチョフはヤコヴレフに「大きなゲームが進行中だ」と告げた。そのゲームでゴルバチョフは、外交に関して二つの問題を提起した。外交はあまり得意でなかったが、自分の武器にしたいとの意欲があった。チェルニャーエフによると、ゴルバチョフは「独自の思考ができる新進の人材との交流を求めていた。彼は世界で何が起きているのか知りたいと切望していた[121]」。イタリアやイギリスを訪れた経験から、外国の指導者と相性が良いことも分かっていた。

六月にイタリアを訪れた。イタリア共産党の指導者だったエンリコ・ベルリンゲルの葬儀に出席するためだった。ユーロコミュニズムの生みの親であるベルリンゲルは、ソヴィエト国内の抑圧から、チェコスロヴァキアへの軍事介入、アフガニスタン侵攻、ポーランドにおける一八九〇年一二月の戒厳令にいたるまで、ソヴィエト共産党の政策を厳しく批判した人物だった。チェルニャーエフによると、政治局は当初、ゴルバチョフが「内政型」であると難癖をつけて彼の派遣に否定的だった。だが「普通の人間のように語ることができて人当たりが良い」という理由で派遣が決まった。ゴルバチョフはスタヴロポリ時代に、イタリア共産党の指導者パルミーロ・トリアッティや、マルクス主義哲学者のアントニオ・グラムシの著作を読んでいたので、再読して訪問に備えた。ゴルバチョフはベルリンゲルの後継者となったアレッサンドロ・ナッタと会い、イタリアの共産主義者が「我々を批判するのは当然である」と語った。モスクワへ帰ると政治局の会議で、イタリア共産党について「あのような党を無視してはならない。敬意をもって接するべきだ[122]」と主張した。ゴルバチョフはイタリア滞在中、その言葉の通りに振る舞った。ローマでは何十万人もの一般市民が共産党指導者の死を悼み、あらゆる政党の指導者が葬儀に列席した。ペルティーニ大統領も棺に頭を垂れていた。「このような考え方や政治文化は我々に向かない[123]」と分かりすぎるぐらい分かっていても、ゴルバチョフは強い感銘を受けた。党に本当の人気があれば、共産主義の刷新に意欲を持つ人々を動かせると考えた。彼はのちに、その理想を祖国で実現しようと試みたが、イタリアとソヴィエトの政治文化の違いを思い知らされる結果に終わる。

ゴルバチョフ夫妻がロンドンを訪れたのは、一九八四年一二月一五日である。冷戦の緊張が再び高まっていた。イギリス首相のマーガレット・サッチャーは、各国共産党の指導者と対話を試みていた。その四年後にイギリスのソヴィエト駐在大使となったロドリク・ブレイスウェイトが語る。「彼女は特にソヴィエトの研究に力を注ぎ、官僚を会議に招いて外交や国防政策について検討した。反体制派とも数多くの面会をこなし、多くの文献を読んだ[124]」。サッチャーはゴルバチョフを招待しようと決めた。彼女は一五カ月前に歴代首相が別荘に使うチェッカーズで、ソヴィエトに関する会議を開いていた。ゴルバチョフ招待は、その帰結でもあった。ソヴィエトに関してあるセミナーが開催される運びとなり、外務省が出席候補者の名簿をサッチャーに示した。サッチャーは「私の求めとは違う」と書き込んだ。「従来からこの問題に取り組んできた副大臣ばかりを集めることには関心がない。……幾人かでもいいから、ロシアに住んだ経験があり、ロシアとロシア人の心理について真剣に研究した人材が必要である。名簿の半数以上は、私よりロシアを知らない[125]」。サッチャーはセミナーで、ロシア研究の大家であるオックスフォード大学のアーチー・ブラウンらが語る意見に集中して耳を傾けた。ブラウンは「民主化の変革［ブラウンは文書を用意してセミナーに臨んだ。サッチャーはこの部分に自らアンダーラインを引いた］は、共産党の内部から起きる。社会の要請でもある」と論じた。ブラウンはズデネク・ムリナーシ（当時はウィーン在住）と知り合いだった。ムリナーシは一九七九年、ブラウンにゴルバチョフについて「開放的で知性があり、反スターリン主義者である」と語っていた。ブラウンはチェッカーズのセミナーでムリナーシに直接言及しなかったが、ゴルバチョフはクレムリンの権力を握りうる逸材で、政治局では「最も高い教養の持ち主」であると同時に、「おそらく最も率直な人物である」とも紹介した。それを聞いたサッチャーはジェフリー・ハウ外相に「ミスター・ゴルバチョフをなぜイギリスへ招待してはいけないの？[126]」と問いかけた。

ゴルバチョフは一九八四年四月、既にソヴィエト最高会議外交委員会で議長の地位にあった。伝統的に党の第二書記となる人物が就く職務だった。イギリス下院外交委員会は、ゴルバチョフをソヴィエト〝議会〟代表団の団長としてロンドンに招いた。ゴルバチョフの肩書が反対論への言い訳となった。イギリスの駐ソヴィエト大使は「ゴルバチョフが訪問すれば、政治的に最高のレベル［つまり首相］が受け入れる」と告げた。「広範囲の問題」を論じ、「ソヴィエトとの幅広い対話[127]」につなげたいとの意欲を伝えた。

ゴルバチョフは迷った。ゴルバチョフはチェルニャーエフに、イギリスの政治について意見を求めた。チェルニャーエフによれば、ゴルバチョフは自分がイギリスに行けば、クレムリンの同僚たちが不満を抱くと警戒していた。彼らはゴルバチョフを「世界の目に触れさせたくない」と考えていた。ゴルバチョフも自分に確信が持てなかった。

ゴルバチョフは一九八四年九月、モスクワでイギリス共産党の代表団と会談した。チェルニャーエフが語る。ゴルバチョフは「知的で率直な態度にユーモアを交え」会談を仕切った。「年老いた［ボリース］ポノマリョフやスースロフとは似ても似つかぬ」才気を見せた。数日後、ゴルバチョフはチェルニャーエフに電話をかけてきた。「出来栄えはどうだったかい？」。ゴルバチョフは自信を取り戻した。イギリス行きについてチェルニャーエフに、「独占を切り崩そう」と言った。グロムイコの名前は挙げなかったが、彼が外交全般を仕切っている実態を念頭にしていたことは間違いない。チェルニャーエフは日記に「彼には大きな計画があるらしい。神のご加護を！[128]」と書いた。

イギリス訪問には別の意味もあった。ゴルバチョフはアメリカとの関係改善にも関心がある、とワシントンへ示そうとしたのだ。サッチャーは超保守的でアメリカのレーガン大統領と親密な関係にある。仲介役として申し分なかった。[129]ゴルバチョフは既に非公式の補佐官集団を形成していたので、その中から有能な専門家を同行させた。ヤコヴレフ、物理学者のエヴゲーニー・ヴェリホフ、外交官のアナトーリー・コワリョフ、ソヴィエト軍参謀本部次長のニコライ・チェルヴォフ将軍の面々である。ライーサも伴った。華やかで教養があり、従来のソヴィエト指導者の夫人たちとは異なっていた。彼女たちは夫の外国訪問に決して同行しなかった。例外はニーナ・フルシチョワ、ヴィクトリヤ・ブレジネワだけだった。ライーサの通訳を務めたイギリス外務省のマーチン・ニコルソンによれば、「彼女は自分が頭にスカーフを巻いた愚鈍な主婦ではないことを、我々全員に知らしめようとした」。図書館に残る古い地球儀でガイドがロシアの位置を示した時、ライーサは「自分の祖国がどこにあるかは知っています[130]」と応じた。

訪問は八日間の日程だった。一二月一八日は議会での演説が組まれた。政府や政党、財界の要人と会談した。工場も訪問した。大英博物館も見学した。見せ場はイギリス首相の別荘であるチェッカーズでの会談だった。一二月一六日、日曜日の朝、サッチャー首相と夫のデニス、各閣僚と補佐官はグレート・ホールで待ち受けた。サッチャーの個人秘書だったチャールズ・パウエルによれば、ゴルバチョフは一二時二五分に「満面の笑み」を浮かべて入ってきた。「躍動感にあふれる足取りだった[131]」。サッチャーはライーサについて、「洗練された西側スタイルの上下に身を包んでいた。仕立ての良い灰色の布地に白い縞模様が走っていた。私が着るような洋服だった[132]」。パウエルの受けた印象では、「彼らは類まれな、自信に満ちた夫婦だった。西側の経験豊かな指導者が醸し出す全く異なる雰囲気に、何の造作もなく溶け込めた」。

カクテルの後、一六世紀の食堂で昼食が始まった。パウエルによると、サッチャーとゴルバチョフは「食事の間ずっと話をしていた。どちらにも料理に手をつける余裕がなかった」。二人とも「あまり聞き上手ではなく、相当に

ゴルバチョフ夫妻とイギリスのサッチャー首相、首相別荘チェッカーズで＝1984年12月16日

饒舌だった」。会話というより議論に近かった。イギリスの通訳トニー・ビショップによると、サッチャーは「意図的に、そして息もつかせず……ソヴィエトの中央統制システムが劣悪であると言い、自由な企業と競争の効用性を説き、［ゴルバチョフ］を質問攻めにした」。ゴルバチョフは、もしサッチャーが自分の目でソヴィエトを見たら、国民が「いかに喜びに満ちて」暮らしているか分かるだろうと応じた。もしそうであるなら、とサッチャーはたたみかけた。「イギリスの国民が享受しているような」出国の自由を、なぜ自国の国民に与えることを恐れるのか、と問いただした。「二人が会ってすぐ互いに興味を抱いた様子が一目瞭然だった」とパウエルは語る。「私が見たところ二人は互いを〝全く予想を超える相手〟と受け止めたようだった」。「ある意味で」とサッチャーは回想している。ゴルバチョフとの「議論」は「その後もずっと続いた。会えばいつでも議論となった。私は決して飽きを感じなかった」。

ゴルバチョフとサッチャーは食事の後で応接間に移った。デニスは上階にライーサを案内し、古い書籍や文書を見せた。流刑地からナポレオンが送った書簡もあった。ゴルバチョフとサッチャーの会談は都合四時間に及んだ。その間、ヤコヴレフ、中央委員会海外情報部のレオニード・ザミャーチン部長が同席していた。イギリス側はハウ外相とパウエル、複数の通訳がいた。パウエルによると、「主役以外は誰も話をしなかった」。従来のソヴィエト指導者は補佐官が耳に囁く言葉をひっきりなしに聴き、メモの差し入れを頻繁に受けた。だがゴルバチョフは違った。彼は会談の間たった一度だけ、ポケットから小さなノートを出して、緑色のインクで走り書きをした。彼はチェルネンコへの敬意にも言及したが、形式的でしかなかった。イギリスには「永遠の友も、永遠の敵もいない。あるのは永遠の国益だけである」。ゴルバチョフはヴィクトリア女王の時代に活躍した政治家パーマーストン卿の有名な言葉を引いて、サッチャーを驚かせた。それはソヴィエトの公式イデオロギーと相容れない格言だった。ゴルバチョフは「ニューヨーク・タイムズ」紙の図解記事を取り出した。それは一ページの全面を使い、核兵器による惨禍が第二次世界大戦による破壊をはるかに上回ることを示していた。サッチャーはゴルバチョフの行為を「ちょっと芝居めいていた」と語っている[133]。

応接間では暖炉に火が入っていた。サッチャーは自ら時々、薪をくべた。彼女はゴルバチョフの所作に注意を払った。「彼は微笑み、声を立てて笑い、何かを強調する時は両腕を使って表現した。時には声色を変えたが、論理は一貫していた。鋭い議論ができた。不安とは全く無縁に見えた」。サッチャーは「彼が気に入った[134]」。

上の階ではライーサが書架から次々と本を取り出しては、一つ一つ詳細に感想を述べていた。「彼女はイギリスの歴史と哲学に深い造詣を示した」。その後ロシア大使となったブライアン・カートリッジが語る。「デイヴィッド・ヒュームの肖像画の前では、彼について全てを知っていることを披露した[135]」。サッチャーが語る。「哲学の研究者として実に博識だった」。ライーサの「深い知識と鋭い意見」はデニスを驚かせた[136]。だがパウエルは異なる印象を受けた。「気の毒なことに、年寄りのデニスは屋外に出て芝生の上でゴルフがしたくて、うずうずしていた。ところが自説にこだわり、知識が豊かで、やや説教癖があるこの御婦人から逃げられなかった」。ゴルバチョフは滞在の間、ほかにも公式の会談をこなした。イギリスの閣僚たちはその間、会場の外で待機した。ゴルバチョフが誇らしげに語る。「彼らは驚愕した。ライーサが彼らを、イギリスの文学や哲学をめぐる議論に巻き込んだからだ。それらは彼女にとって、いつも主要な関心の対象だった[137]」。ジェフリー・ハウの夫人エルスペスは、ライーサの案内役としてハンプトン・コート宮殿などに同行した。そして知識を披瀝したがるライーサの態度に圧倒された。ハウが語る。「私の妻は社交的で、フェミニズムの闘士でもあった。このため魅力がない女と言われたが、実際はそうではなかった。彼女はものごとに熱中する性格で、ライーサにも同じ資質を見いだしたらしい[138]」

ゴルバチョフがイギリスにいる間は、最初から最後までビショップが通訳として同行した。彼の見方は特に核心に触れている。ゴルバチョフは「彼に課された責務を果たすのに、十分以上な資質を備えていた。……振る舞いにも発言にも、わざとらしさがなかった。能力や信念に自信はあるが自意識が薄かった。自己の内に巨大なエネルギーを蓄えつつも、それを見事に制御していた」。彼は「決して弱みや迷いを見せなかった。常に言葉を短く区切り、明確に語った」。そして「人の話を聴く時は、神経を集中し強い関心を示した」。ゴルバチョフは質問に答えるコツを心得ていた。「拍子抜けするくらい率直で、かどを立てず、しかも答えを見いだす能力を備えていた。しばしばユーモアを交え、的確な表現で要点を示し、不要な緊張を和らげた」。「彼の瞳に悪意の光は全くなかった」。「理知的というより」、「記憶力に優れ、鍛えられた頭脳」の持ち主だった。「理解力があり」、「モーツァルトの〝コジ・ファン・トゥッテ〟の筋書きを初めて聞いても、瞬時に核心をつかみ、作品の精神とユーモアを称賛した。夫より〝理知的な妻〟も、理解の速さではかなわなかった」。ゴルバチョフは相手がイギリス人であれソヴィエト国民であれ、極めて「自然」に話しかける能力があった。だが頑固に立場を守ることもできた。時には荒々しい態度さえ見せた。労働党のニール・キノック党首は個人の立場として、人権問題の改善をゴルバチョフに求めた。キノックは特に反体制派のナタン・シャランスキーがソヴィエトで七年間も獄中にある例を持ち出した。ゴルバチョフは、シャランスキーのようなスパイは「げすな奴ら」であり、獄中こそ「彼の居場所である」と開き直った。そして人権問題でやり合うつもりなら、イギリスこそ「容赦ない[139]」人権侵害に「真正面から取り組むべきだ」と言い返した。しかし一九八六年になって、拘束者の相互交換の一環としてシャランスキーを釈放したのもゴルバチョフである。

イギリス訪問が終わろうとしていた。サッチャーは「私はミスター・ゴルバチョフが気に入りました。一緒に仕事ができる人物です」と公言し、後々まで語り草となった。

ロンドンからモスクワへ戻る機中のゴルバチョフ夫妻＝1984年12月21日

彼女はすぐにワシントンへ飛び、レーガンに会い、ゴルバチョフについて語った。イギリスと西側のメディアはゴルバチョフ夫妻のイギリス滞在を詳細に報じた。ライーサが高級品店でアメリカン・エクスプレスのカードを使って買い物をしたと誤って伝え、夫妻を「新しいグッチ同志」と呼んだ。ライーサはマッピン・アンド・ウェッブの店に立ち寄り、ソヴィエト大使館の補佐官が渡した「現金」で真珠の耳飾りを買った。値段は数百ポンドだった。[140] 一方でソヴィエトのメディアは冷めていた。クレムリンの同僚たちは、ゴルバチョフへの注目を快く思わなかった。編集者たちには、それが分かっていた。ソヴィエトの駐アメリカ大使ドブルイニンは、ゴルバチョフ訪英の成功に対するアメリカの反応について、二一本の長い報告電報をモスクワへ送った。この種の情報は政治局員が皆で回覧するのが常だが、この時ばかりは、ごく限られた者しか見なかった。グロムイコはドブルイニンを見かけると、彼をたしなめた。「君は賢明で経験豊かな外交官であるにもかかわらず、なぜ、さして重要でもない議会代表団の訪問について、二通も電報を打ったのかね？[141]」

ゴルバチョフ夫妻がロンドンに滞在していた一二月二〇

日、モスクワでウスチーノフが死去した。ゴルバチョフは予定を繰り上げ、急いで帰国した。それから二カ月半の間に、チェルネンコの健康状態は極度に悪化した。ゴルバチョフは書記長の主治医であるチャゾフ博士に電話をかけ続け、チェルネンコの容態を注視した。チャゾフはチェルネンコとゴルバチョフの緊張関係を知っていた。ゴルバチョフがチェルネンコの延命にあらゆる手段を尽くすよう求めるので、驚きを禁じ得なかった[142]。政敵の早死にを願うスターリン主義者の時代はもう終わっていた。それでも、当時ほどでないにせよ、小競り合いはあった。政治局でゴルバチョフと敵対する勢力はチェルネンコ派と手を組み、後継書記長にモスクワ市の第一書記であるグリーシンを据えようとしていた。実績という観点からは、大いに難のある選択だった。彼は既に七〇歳で、平凡な経歴しかなかった。何の変化も期待できなかった。チェルネンコが着古したマントに身を包むしか能がなかった。ロシア共和国最高会議の代議員を決める「選挙」は、一九八五年の二月二五日に予定されていた。モスクワではチェルネンコの選挙区で、儀式と化した有権者集会があった。だがチェルネンコは病のために、陳腐な演説を読み上げる力さえなかった。グリーシンが代読した。ゴルバチョフは他の政治局員とともに演台で、長い机を前に座っていた。ゴルバチョフは自分が「茶番劇の登場人物」であるかのような錯覚にとらわれた。グリーシンは「うんざりするほど抑揚のない声音で、悲哀や高揚感、創造性を混ぜ合わせようとしていた。この世の演説とは思えなかった」。グリーシンが次にとった二つの行動は、さらに目を覆うばかりだった。投票の当日、チェルネンコの補佐官たちは、病室を投票所に見せかける扮装を凝らした。チェルネンコをベッドから起こし、スーツを着せ、体を支えて、テレビカメラの前で投票させた。その四日後、病室はチェルネンコの「執務室」に変わった。そこで彼はグリーシンや熱烈な党員の祝福を受けた。チェルネンコは短いあいさつをするのがやっとだった。ゴルバチョフが語る。「まさにこの日が最後だった。猫背の姿勢で両手が震え、声がかすれる彼の姿を、私が見たのは。……彼はあいさつ文を書いた紙を手から落とした。倒れかけてチャゾフ博士にだき抱えられた。博士はこのような芝居に強く反対したが、チェルネンコ自身や補佐官たち、それにグリーシンに押し切られてしまった[143]」

一九八五年三月七日、チェルネンコはグロムイコに、「私もそろそろ引退の潮時とは思わないかね?」と尋ねたとされる。グロムイコは落ち着き払って答えた。「事を急

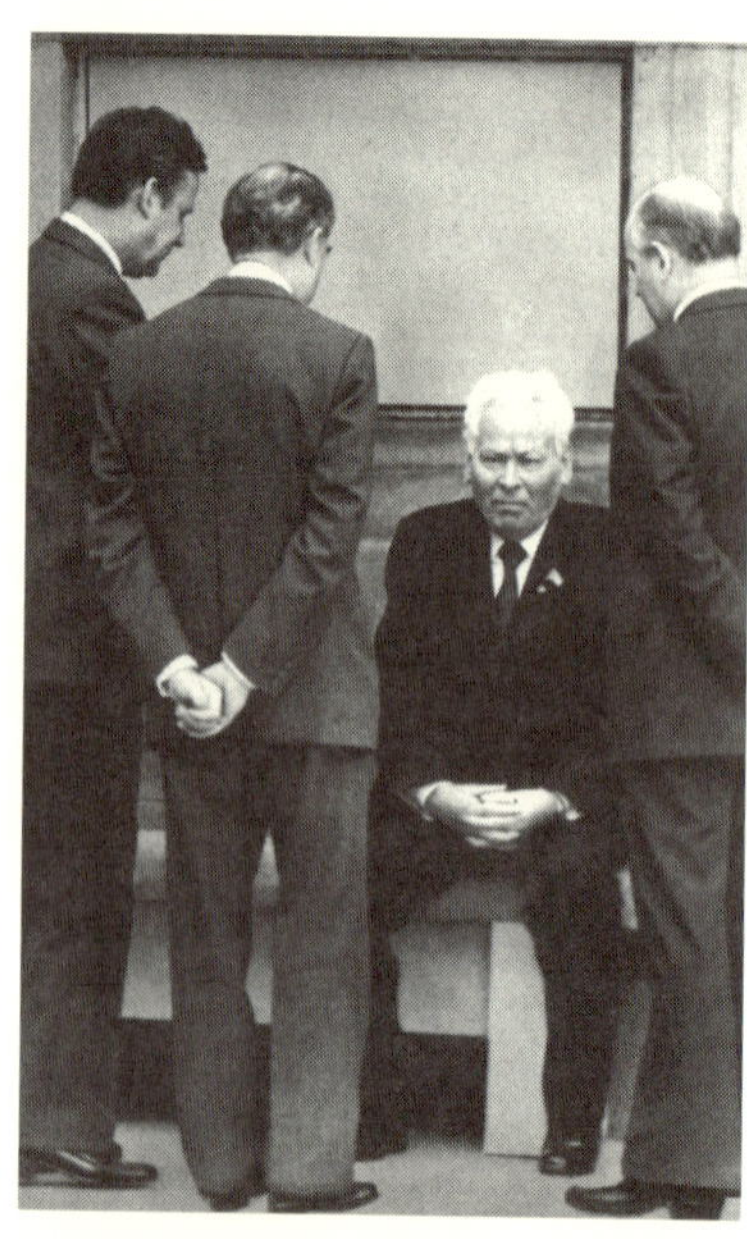

病状が極度に悪化していたソヴィエト共産党書記長
コンスタンチン・チェルネンコ（こちら向き）と
ゴルバチョフ（右端、後ろ姿）＝1985年1月

孫のクセーニヤとともに、
ロシア共和国最高会議の代議員選挙で投票する
ゴルバチョフ＝1985年2月24日

ぐ必要はありません。コンスタンチン・ウスチーノヴィチ」[144]。三日後にチェルネンコは死去した。

第6章 何をなすべきか？[1]
一九八五－一九八六年

　一九八五年三月一〇日は日曜日だったが、ゴルバチョフは夜遅くまで帰宅しなかった。帰宅直後にチャゾフ医師が電話をかけてきた。彼はクレムリンでナンバー2の地位にあったゴルバチョフに、チェルネンコが午後七時二〇分に死去したと告げた。チャゾフはゴルバチョフより先に、KGBの議長であるヴィクトル・チェブリコフに報告を済ませていた。ゴルバチョフはまず二人の幹部へ連絡した。チーホノフ首相と外相のグロムイコである。さらに共産党中央委員会のクラヴジー・ボゴリューボフ総務部長に命じ、その夜の一〇時に緊急政治局会議を招集した[2]。

　政治局では数人がチェルネンコの後継を狙っていた。ゴルバチョフはそれを知っていた。グリーシン（七一歳）、ロマノフ（六二歳）に加え、八〇歳と高齢のチーホノフにも野心がある、とみていた。「虚栄心の権化」グロムイコも、七六歳という年齢にもかかわらず「権力欲に身を焦がしていた」[3]。グロムイコの下で外務次官を務めたゲオルギー・コルニエンコによれば、グロムイコはゴルバチョフを「取るに足らない」政治指導者とみなしていた。グロムイコはグリーシン、チーホノフと組んで、チェルネンコが病気療養中の政治局会議で、ゴルバチョフが議長役を務めないよう画策していた[4]。当時はゴルバチョフと組みながらも一九八九年に反旗を翻したエゴール・リガチョフは、チェルネンコの後継者にゴルバチョフを選出する際、有力な競争相手が存在したと証言している[5]。しかし後継選出は極めて順調に推移した。すべてのライバルがゴルバチョフを支持した。そして、自分たちの運命を決める権限を手中にした新たな指導者に、へつらいさえしたのである。

　上から見れば三角の形をした黄色い建物が、クレムリンの城壁のすぐ近くにある。帝政時代は議会が入っていた。政治局の会議室はその三階にあった。城壁の向こうは赤の広場のレーニン廟である。「胡桃の間」と呼ばれる控室が会議場に隣接していた。その部屋は壁や調度、大きな机まで胡桃の木を素材にしていた。「胡桃の間」の一方のドアを開ければ会議室、他方のドアは書記長の執務室に通じていた。政治局員の全員が会議に先立ち、この部屋で情報や意見を交換する習わしが定着していた。会議室の一方は「胡桃の間」と接し、他方では政治局の応接間と隣り合っていた。政治局員はこの応接間を「楽屋」と呼んでいた。政治局員候補や中央委員会書記の面々は、この応接間に控え、書記長を先頭に政治局員たちが入ってくるのを待つのが慣例だった。二つの集団は互いに握手と挨拶を交わした。ニコライ・ルイシコフは「試合を前にした二つのサッカーチームのようだった」[6]と回想している。

ゴルバチョフは三月一〇日に政治局会議を招集した。だが議長の席には故意に座らなかった。三人の政治局員が欠席した。一人はウクライナ共和国の第一書記、ウラジーミル・シチェルビツキーである。彼にもチェルネンコの後継者となる可能性があったのかもしれない。だがチェルネンコが死去した時には、ソヴィエト「議会」代表団の一員としてロサンゼルスに滞在していた。急いで帰国したが、後継者は既に決まっていた。カザフスタン共和国第一書記のディンムハメド・クナーエフは、アルマアタから三月一一日になって到着した。ロシア共和国首相のヴィターリー・ウォロトニコフも、ユーゴスラヴィアに滞在していて帰国が一日遅れた。ゴルバチョフはチェルネンコの死を手短に報告した。多くの政治局員が詳しい病状を初めて知った。胸膜炎と肺炎、心臓疾患が肺気腫を悪化させた。ごく一部の者しか、このような実態を知らなかった[7]。やがて政治局員より地位が低い幹部たちが会議室に入場した。全員が起立して黙禱した。ゴルバチョフは再び悲報を告げた。中央委員をモスクワに招集して、党の新しい指導者を選ばねばならなかった。リガチョフ、ボゴリューボフ、国防相のセルゲイ・ソコロフ元帥が、段取りをつける運びとなった。次の議題は葬儀委員会の選出だった。葬儀委員長は死去した指導者を継ぐ者が務める責務だった。長い沈黙が支配した[8]。モスクワ市第一書記のグリーシンが発言した。「なぜ時間を費やさねばならないのか？　全ては明白である。ミハイル・セルゲイエヴィチに託そうではないか」。グリーシンはこのようにして敗北を認めた。勝ち目はないと悟り、戦う前に諦めたのだ[9]。

グロムイコも同調した。ゴルバチョフはアンドロポフの側近としてクレムリンで台頭した強者だったので、グロムイコは決定的な対決を避けた。ゴルバチョフはグロムイコを圧倒し、勝利を決定的にした。ゴルバチョフにとって幸いなことに、グロムイコの健康状態も悪化していた。コルニエンコによれば、政治局や外務省の会議、国連の場でさえ、幾度も意識がもうろうとするほどだった。グロムイコは党の指導者となる夢を捨て、ブレジネフの死後は形式的な国家元首に納まろうと画策していた。追認機関にすぎないソヴィエト最高会議議長の座を狙っていた。アンドロポフはグロムイコにもチェルネンコにも、その地位を与えなかった。ウスチーノフ国防相が同じ望みを持っていたためであろう。グロムイコはゴルバチョフに味方して、自らの希望を実現しようとした。

ゴルバチョフはヤコヴレフに命じて、グロムイコとの取引条件を検討させた。チェルネンコの死を待たずに、科学アカデミー東洋学研究所所長のエヴゲーニー・プリマコフが、グロムイコの息子でアフリカ研究所所長のアナトーリーに接近した。プリマコフはのちにゴルバチョフが信頼を寄せる顧問となる。プリマコフはアナトーリーに、彼の父が書記長の地位を望んでいるのかどうか、自然な態度を装って質問した。グロムイコは息子に、自分はあまりに年老いて病も篤い、と吐露していた。グロムイコにとって書記長の第一候補は、アゼルバイジャン共和国の第一書記として確固たる地位を固めたヘイダル・アリエフだった。だがアリエフの出自を考えると、「[カフカス出身者は] スターリン一人でたくさんだ」との気持ちを抑え難かった。グロムイコはゴルバチョフについて「経験が少なすぎる」と考えていたが、時が来れば書記長に推挙する用意はできていた。息子のアナトーリーは、このような父の心情をヤコヴレフに伝えた。そして、できる限りさりげない態度で、父は国家元首の地位を拒まないだろう、とも付け加えた。ヤコヴレフを通してゴルバチョフの回答が届いた。慎重な言い回しではあったが、意味は明確だった。「私はいつもアンドレイ・アンドレイエヴィチと一緒に働くことに喜びを覚えてきた。そして私と彼が今後どのような地位にあろうとも、その気持に変わりはないだろう。私が約束を守る人物であるとも、お伝えいただきたい[10]」

三月一〇日の夜、政治局会議が始まる前に、ゴルバチョフはグロムイコと話をする必要があると考えた。シェレメチエヴォ空港にいたグロムイコがようやく電話口に出ると、ゴルバチョフはチェルネンコの死去を知らせた。そして政治局会議の三〇分前に面会したいと申し出た。ゴルバチョフは「我々は力を合わせなければなりません」と告げた。グロムイコは同意した。ゴルバチョフの言葉を借りれば、「それは取引だった[11]」。

ゴルバチョフはグリーシンが支持に回ったのを見届けると、後継書記長に関する議論を打ち切った。ゴルバチョフは、政治局が結論を急ぐ必要はないと示唆した。中央委員会総会を翌日五時に開催、それに先立ち政治局会議を二時に開くと告げた。「そうすれば、誰もが一晩と翌日の半分を費やして、全てについて考えを巡らし、判断を下せるはずだった[12]」。大胆なやり方だった。もしゴルバチョフに反対する勢力がまだあれば、書記長選出を妨害する策略に時間を使う危険があった。ゴルバチョフと補佐官たちは、夜を徹して対策を講じた。ゴルバチョフは政治局員たちが退出した後もクレムリンに残った。中央委員会の職員には、モスクワ大学の同窓生だったアナトーリー・ルキヤーノフがいた。ルキヤーノフは中央委員会総会でゴルバチョフが行う受諾演説の草稿を徹夜で書き上げた。手を休めたのは、朝になって髭を剃った時だけだった。ゴルバチョフ派の中央委員会職員たちが、一晩かけて書記長の実務について説明した。早朝には補佐官のボルディン、アレクサンドル・ヤコヴレフからも種々の報告を受けた[13]。リガチョフは全国から参集しつつある地方の第一書記と協議を重ねた。この三年間で全国ほとんどの第一書記を、ゴルバチョフとリガチョフが任命し、ブレジネフ時代の幹部を排除してきた。このためリガチョフはさほどの苦労もなく、彼らからゴルバチョフ支持を取り付けることができた。ルイシコフの場合も同様だった。中央委員を兼務する政府の高級官僚を説得するのが、ルイシコフの役割だった。官僚たちの腹も決まっていた。一人がルイシコフに言った。「二回で十分です。もう一回、老人を助けるつもりはありません[14]」

夜を徹した準備の様相は、ゴルバチョフがモスクワ郊外の別荘に戻ってライーサと交わしたとされる会話の内容と異なる。それによれば、ゴルバチョフは午前四時に帰宅した。ライーサは就寝せずに待っていた。二人はいつものように周囲の庭園を散歩した。地面には雪が残っていた。「深夜の大気に何か気圧されるような感じがした」とライーサが述べている。「ミハイル・セルゲイエヴィチは大変疲れていた。最初は黙ったままだった」。やがて口を開いた彼は、翌日の中央委員会で「私が指導力を握る問題が提起されるだろう」と告げた。ライーサが語る。「私には全く予想もできない知らせだった。それは……衝撃だった」。そして「夫にとっても予期せぬ事態だった。私たちは一度も、そのような話をしたことがなかった」。だが会話の最後でゴルバチョフは妻に、こうも語っている。「私はスタヴロポリで長年働いた。モスクワに来て七年目となる。何事かを成し遂げようと願い、それを信じてモスクワに来た。だが今のところ、多くの仕事が未完のままだ。国が待望する何か本質的な成果を上げられないでいる。壁に突き当たっているような感じなのだ。だから、もし本当に何かを変えたいのなら、その地位を受け入れねばならない。もちろん、提案を受ければの話だが。このままでは、我々はもうどうにもならない[15]」

夫妻の会話は一部、あるいは相当の部分が不自然である。ゴルバチョフはライーサに何でも相談していたはずだ。本当に書記長就任の可能性について話し合わなかったのだろうか？　ゴルバチョフはあるインタビューで、アンドロポフから書記長就任を前提に準備をするよう告げられた事実を妻に明かせば、ライーサは夫がその階段を昇り詰められるかどうか不安に苛まれただろう、と説明している。彼は真実を語っているのだろうか？　さらにのちのインタビューでゴルバチョフは、夫が国の指導者になることをライーサは望んでいなかった、とも語っている。彼女は「本当に私たちに、それが必要なの？[16]」、「良いことなのか悪いことなのか、私には分からない[17]」と語り、懐疑的だったという。

五年の歳月が流れた。ゴルバチョフはモスクワ大学の同窓会に出席した際、書記長就任は「準備不足」だったので、最初は「気が向かなかった[18]」と明かしている。それが真実であるなら、彼はなぜ、その地位を求めてあれほど熱心に運動し、工作をしたのだろうか？　ゴルバチョフを激しく批判する人々に言わせれば、彼が自らを控えめな男であると語るのは、権力欲を隠すためである。必ずしも正解ではない。だが彼が最高位を望み、そのために画策や運動をしたのは事実である。それでも私欲のために権力を望んだわけではなかった。もしそうであるなら、ゴルバチョフが後年しばしば語ったように、ブレジネフを見習い安寧に現状を維持しているだけでよかったはずだ。ゴルバチョフは国の変革を欲した。その準備が国にあっただろうか？

ゴルバチョフによれば、三月一一日午後二時に政治局会議が始まる前は、諾否について話を一切しなかった。リガチョフやルイシコフら最も近い人々にも、この点では沈黙を貫いたという。ゴルバチョフは「全てが明白となる」ように願った。国家は疲弊し切っていた。人事の大幅な刷新、つまり「かなり遠くまで行く」必要があった。「五〇パーセントプラス一票」の支持が不可欠だった。ゴルバチョフは、政治局でわずかでも反対の動きがあれば、「就任要請を受諾しなかっただろう[19]」と述べている。

結果として反対は皆無だった。ゴルバチョフは三月一一日の早朝、ウォロトニコフに、数人の政治局員が電話をかけてきて支持を表明したと伝えた。「君はどうかね？」。ゴルバチョフはウォロトニコフに尋ねた。ウォロトニコフは「もちろん［支持を］します」と答えた。グロムイコは約束を守った。彼は政治局の会議が始まると真っ先に発言を求め、ゴルバチョフには「無限の創造的エネルギーに加え、より多く、より良く事を成し遂げる決意がある」と誉め上げた。また「個人的利益を決して優先させない。党の利益、社会の利益、人民の利益を何よりも優先する」と述べた。さらに、ゴルバチョフには「豊かな経験」、「知識」、「スタミナ」があり、「彼を書記長に選出しても、我々は決して誤りを犯さない」と主張した。チーホノフがそれを引き取り、「［ゴルバチョフとは］話ができる。議論ができる。最も高い水準で問題を話し合える」と言い添えた。グリーシンも恭順の姿勢を示した。「M・S・ゴルバチョフを置いてほかの人物を書記長に推薦しないし、できるはずもない」

他の政治局員も競ってゴルバチョフを賛美した。

ミハイル・ソロメンツェフ（党統制委員長）「限りないエネルギー」、「広い視野」、「革新の気概」がある。「要求は多い」が「非常に気が利く」

アリエフ「謙虚で穏やか、そして親しみやすい」

ロマノフ「博識だ」

ウォロトニコフ「聞き上手」で「面倒見が良い」が「単なる親切な指導者ではなく」、「高い要求ができるすべを心得ている」

ボリス・ポノマリョフ（経験豊富なイデオローグ、中央委員会書記で国際部長、政治局員候補）「マルクス・レーニン主義理論を深く理解している」

KGBを代表して議長のチェブリコフ「私の声は職員たちの支持の声である」、「社交的で」「人の話をよく聴き」、「職務能力が秀逸で博学」

ウラジーミル・ドルギフ（中央委員会書記）「誠実で勇気があり、人を動かす力がある」

シェワルナゼ「謙虚、穏健で責任感がある」

リガチョフ「理知的で体も強い」、「仕事にかける熱い情熱がある」

ルイシコフ「我々の目の前で政治家として成長し」、「自ら達成した境地にとどまらず、常に前進しようとしている」

コンスタンチン・ルサコフ（中央委員会書記）「男の中の男だ」

誰も異を唱えなかった。ゴルバチョフが口を開いた。最も重要なのは政治局の一体性が保たれたことである。私はそれぞれの発言を「大いなる興奮と懸念」を抱きつつ聴いた。諸兄の支持がなければ、指導者として職務を遂行できない。ソヴィエト社会はもっと「ダイナミズム」を求めている。だが「我々は政策を変えるべきではない。それは真の正しい純粋なレーニン主義者の政策である。我々はテンポを上げて前進し、欠陥を特定し、克服しなければならない。我々の輝ける未来を、より確かに展望するべきなのだ。党と諸君ら同志の厚い信頼に応えるべく全力を尽くすと約束する」[20]。

中央委員会は五時に開催された。参加者は定刻の随分前から現れ、大理石でできた控えの間を歩き回っていた。ビュッフェの飲み物を喉に流し込んだり、次に何が起きるのか、あるいは起きないのか、ささやき合ったりしていた。大部分は年老いた人物の再来ではなく、ゴルバチョフが政治局の選択として提案されることを望んでいた。会議の開始を告げるベルが鳴った。中央委員たちは席に着いた。その前を通ってルキヤーノフが入場し、舞台に近い机に向かった。ルキヤーノフが語る。「私が会場に入ると、中央委員の面々はまるで、たった一人の人間のようにまとまり、静まり返った。彼らは私が何をしていたかを知っていた。誰が書記長として提案されるかを私が知っていることを、彼らは了解していた。死のような沈黙とともに私に寄せられる視線が恐ろしかった」[21]

昇りのエレベーターの中で、中央委員会書記のドルギフがゴルバチョフに、「玉座の演説」は準備万端か、と尋ねた。ゴルバチョフは笑って、補佐官たちが「念のために」用意してくれた、と答えた。舞台の左側の扉が開いた。ゴルバチョフが登場した。視線はうつむき加減だった。彼の後ろから指導部の面々が、序列の順番に従って続いた。中央委員たちが起立した。ゴルバチョフは幹部会員の机の中央まで来ると、しばらく無言で立ち尽くした。そしてチェルネンコ追悼の言葉を述べた。「真のレーニン主義者、共産党とソヴィエト国家の傑出した指導者、繊細な魂と力強い組織力の持ち主だった」[23]。だがチェルニャーエフは「悲しみや落胆の気配は全くなかった」と語る。「聴衆はまるで、〝ろくでなしができもしない仕事を任されて苦労して死んだ〟とでも考えているようだった」。それを喜びと表現するのが適当でなければ、抑制された満足感とでも言うべき雰囲気が、会場を支配していた。不安定な時代が終わりを告げ、「ソヴィエトに」真の指導者が登場したという感慨があった」[24]

ゴルバチョフに促されてグロムイコが発言をした。グロムイコはしゃがれ声で、ゴルバチョフを書記長に推薦したことを明らかにした。ゴルバチョフは「経験が豊か」で、チェルネンコが病床にある間、書記局や政治局を「見事に」仕切ったと紹介した。グロムイコのゴルバチョフ賛美が続いた。「常に自分の見解を有し、相手が彼を好むと好まざるとにかかわらず率直に説明できる」。「心が深く……内政、外交の複雑極まる問題を分析する能力を有し、白か黒かに限らず、あらゆる相を見分ける眼力がある」。「外交プロセスの核心を瞬時に、そして正確に把握できる」。「広い知識」と「分析的アプローチ」を駆使して、「数々の問題を構成している要素を見分け」、「全体を見渡す考察ができる」。「人々との距離を埋め、組織化し、共通の言葉を見いだすすべを心得ている。それは天与の才である。だが、社会や政治の舞台で経験を積んだ賜物でもある」。ゴルバチョフには「我々を臨戦態勢に置く」責務と決意がある。彼にとって「国防体制の維持と果敢な外交は、絶対に譲れない聖域である」。「一言で言えば、人物の大きさにおいて書記長の名にふさわしい傑出した政治家なのだ[25]」

グロムイコの言葉を聞きながら、ゴルバチョフは「穏やかな気持ではなかった。自分についてそんな言葉を聞いた経験はなかったし、そのような称賛を受けた経験もなかった[26]」と語る。それでは、彼はいったい何を予期していたというのだろうか？ その場でグロムイコが、ほかにどのような話ができただろうか？ グロムイコは古い世代の代表として、ゴルバチョフを新指導者に推挙する役割を演じた。グロムイコが国家元首の地位に就くための取引の一環だった。恭順を示す卑屈な儀式に誰もが参加した。チーホノフ、グリーシン、ロマノフの面々さえ例外ではなかった。付け加えれば、ゴルバチョフが示したチェルネンコへの畏敬の態度も儀式でしかなかった。グロムイコが文書を読み上げずに自分の言葉で語ったことが、ゴルバチョフに「誠実な印象」を与えた。チェルニャーエフもグロムイコの話は「わざとらしくなかった」と語っている。いつもより「ゆったりとした口調で、紋切り型でもなかった」。それだけはなかった。狡猾なグロムイコは、ゴルバチョフが自負する長所を強調した。ゴルバチョフはまさかの夢がかなう興奮に身をゆだねていた。人を疑う気持ちは失せ、グロムイコが自分を信頼している、と思ってしまった。少なくともグロムイコが自分を推挙した言葉に偽りはない、と信じてしまった。チェルニャーエフが語る。グロムイコが最初にゴルバチョフの名を挙げた時、「会場は拍手喝采に包まれた。アンドロポフが選ばれた時と同じ光景だった。チェルネンコ選出を祝う拍手には冷え冷えとした響きがあったが、全く異なる拍手がゴルバチョフを迎えた。拍手は波となって押し寄せ、長い時間やまなかった」[27]。ボルディンが語る。一身に視線を集めたゴルバチョフは「うつむき加減にしばらく座っていたが、やがて顔をあげて拍手を鎮めようとした。しかし、その試みは逆効果だった[28]」。

満場一致で書記長となったゴルバチョフは、ソヴィエトの指導者として初めての演説をした。そこで既に「民主化」、「グラスノスチ［公開性］」という言葉を散りばめ、西側との関係改善にも言及している。これらの用語がのちに重要な意味を帯びる気配は、まだ感じられなかった。ゴルバチョフは冷戦期の決まり文句で演説を締めくくった。「我々は祖国や同盟国の利益を決してないがしろにしない。それを誰もが知っておくべきである」。そこで拍手があったことまで公式記録が記している。ゴルバチョフは演説でブレジネフの「戦略」を踏襲する考えも明らかにした。一九八一年三月の第二六回党大会でブレジネフは、「国家の社会経済発展を加速化させ、社会生活のあらゆる面を完成へと導く」、「生産の物質的、技術的な基盤を変革する」、「人間性の発展と、人間を取り巻く物質的環境と精神生活の質的向上を図る[29]」と宣言していた。ソヴィエト特有の美辞麗句は、代々の後継者に安易に継承された。

ソヴィエトの最高指導者となって二カ月後の五月、ゴルバチョフはレニングラードを訪問した。書記長としてモスクワ以外の地を踏むのは初めてだった。彼は路上で数百人の市民に囲まれて言った。「私はあなた方の声を聞きたい。何か言いたいことはありませんか？」

誰かが「あなたが始めたことを続けてください」と叫んだ。「民衆の近くにいてください」。一人の女性が「私たちが支えます」と続けた。

ゴルバチョフは「これ以上近づけないですよ」とふざけた。声の主から一メートルほどしか離れていなかったからだ[30]。

ゴルバチョフはレニングラードの党活動家を前に演説をした。とても斬新とは言い難い内容だった。彼は人々に、さらに労働にいそしみ、規律を守り、「あらゆる創造的隊列の大動員[31]」に国家を導くよう求めた。それでも彼の姿や振る舞いに、人々は目を見張った。国民はテレビで、弱々しい指導者がよろめきながら、決められた通りに歩く姿を見慣れていた。ブレジネフは頻繁に文字を読み違えたり、発音を間違ったりした。「体系的に」という言葉はロシア語で、「システマティーチェスキー」だが、ブレジネフはまるで小鳥のさえずりのように「シスキマシスキー」と発

ゴルバチョフを取り囲む群衆＝1985年5月15日、レニングラード

音した。このような痴態を避けるために、ブレジネフの演説は録音し、修正した上で放送した。テレビの編集者はブレジネフが取り違えたり、まずい発音をした部分を切除し、以前の演説から適当な部分を見つけてつなぎ合わせた。ゴルバチョフは演説草稿を準備せずに話すことができた。ジョークが流行った。「ある単純なソヴィエト国民は、過去の哀れな指導者たちより、ゴルバチョフはもっとひどい、と決めつけた。彼は文字が読めないからだ」。国家テレビ・ラジオ委員会の副議長、レオニード・クラフチェンコは、ゴルバチョフのレニングラード演説を生中継しなかったが、ゴルバチョフに知らせず録画した。そしてテレビで放映したいと熱心に頼んだ。「ソヴィエトにもついに偉大な指導者が現れた」と世界に知らしめるためだった。ゴルバチョフはクラフチェンコに、あまりほめては困ると言った。ゴルバチョフは自分の演説を録画したテープを持ち帰り、日曜日に別荘で家族と見た。みんなが「興奮した」。特にライーサが喜んだ。彼女は「これはみんなが聴くべきだ」と思った。リガチョフと中央委員会書記のミハイル・ジミャーニンも同じ考えだった[32]。

演説はテレビで放映された。ライーサの予想を超える反響があった。チェルニャーエフも驚いた。「国民はきのうのテレビを見てびっくり仰天した。人々は〝あれを見たか？〟と言い交わし、その噂で持ち切りだった。彼は自分の話を理解し、職務に熱心で、国民に呼びかける言葉を持ち、国民と交わることを恐れず、威厳にこだわらない。ぬかるみの中に道を見出し、人々を奮い立たせ、自分らしさを取り戻させ、大胆に行動させ、勇気を与え、危険を厭わず、常識に則り、思考し行動する印象を与える。ついに我々はそのような指導者を得たのだ」[33]。ゴルバチョフのレニングラード演説のビデオテープには五〇〇ルーブルの価格がついて、髭の吟遊詩人が歌う反体制のバラードとともに闇市場で出回った。

ゴルバチョフがレニングラード訪問で与えた印象は鮮烈だった。カリスマ性があり親しみやすい新しい指導者の登場を国民は知った。反響は大きかった。ゴルバチョフは国の姿を変え、人々を統率する潜在力を感じさせた。では彼は何をなそうとしているのか。深い問いかけが生じた。ゴルバチョフは自らの思想が段階的に醸成されたと語る。ライーサに言わせれば、「苦悶」[34]の過程だった。ゴルバチョフによれば、三月一一日の演説では、戦術的な理由から「ゲームの規則を守り」、「意思的に譲歩をした」[35]。確かにゴルバチョフはボリシェヴィキの伝統的な目標を重視する姿勢を示した。それは戦術でもあったが、本音でもあった。ゴルバチョフは体制を信じていた。だが一九八五年の時点で機能していた（あるいは麻痺していた）ソヴィエト体制を肯定していたわけではない。彼が描く本来の理想があって、それを実現する力が体制に潜在すると考えていた。

ゴルバチョフは愛する父や祖父と同じように、社会主義を信じていた。ソヴィエトは内外で、〝それぞれが能力に応じて働き、それぞれが必要に応じて受け取る〟マルクス主義の原則に立脚する共産主義の国とみられていた。だが共産主義は最終的な目標であり、その途上にあって社会主義を実践しているというのが公式見解だった。スターリンの犯罪とブレジネフの「停滞」で、マルクス主義の理想は地に落ちた。ゴルバチョフの考えでは、ソヴィエトの社会主義は「改革」によって救われるはずだった。だが「一九八五年が終わり、すぐにではないが、一定の時間を経て、私はそのような考えを捨てた」[36]。

ゴルバチョフはその後も長い間、レーニンの思想だけは肯定し続けた。二〇〇六年にも「私は彼を信じていたし、今でも信じている」と述べている。ゴルバチョフは一九八五年に行った幾つもの演説に、レーニンへの賛辞とレーニンが残した教訓を散りばめている。だがレーニン信奉も、程度の差こそあれ、戦術の一環ではなかったのか？ 長年の女友達であるリディヤ・ブドゥイカは、ゴルバチョフが本気でレーニンを尊敬していたと語る。ブドゥイカと夫、ゴルバチョフ夫妻は、日曜日になると頻繁にスタヴロポリ郊外へハイキングへ出かけた。そんなある日に「ミーシャ」が、レーニン全集の全五五巻を再読していると話した。ブドゥイカは驚いてしまった。彼女とライーサは当時、英国の小説家ジョン・ゴールズワージーに夢中だった。彼女はゴルバチョフに尋ねた。「それは本当なの？ 面白い小説ではなくて、レーニンを毎晩読んでるなんて」

ゴルバチョフは答えた。「リーダ、もし君がレーニンとカール・カウツキー［チェコで生まれたドイツのマルクス主義理論家］の論争記録を読んだら、小説よりはるかに面白いって分かるよ[37]」。ゴルバチョフの理解によれば、レーニンの思想の精髄は「大衆による生きた創造的な活動」だった。マルクス主義の言い回しを思わせるが、ゴルバチョフがそこに読み込んだのは、民主主義の肯定である。いかにすれば人々は「異なる見解による対立を避け、つまり多元主義と選択の自由を保ちつつ[38]」、創造的な役割を果たせるのだろうか？ それが彼の問題意識だった。ゴルバチョフの解釈を誤りと言う学者も多いだろう。レーニンは決してゴルバチョフのような民主主義者ではなかったからだ。現在ではソヴィエト内外の多くの歴史家が、全体主義体制はレーニンが創設し、スターリンが完成して個人的に支配したとの歴史観に基づき、レーニンに批判的だ。だがゴルバチョフは、レーニンが死の直前にスターリンと離反し、書記長から解任するよう求めた事実に留意した。またゴルバチョフの改革は、レーニンが提案した改革に触発されたとも言う。レーニンは党にはびこる官僚主義を弱めるため、労働者階級をもっと多く中央委員に任命するよう提案した。ゴルバチョフが推進した真の民主化とは、およそ程遠い考え方であろう[39]。ゴルバチョフはこのような相違を認識した上で、自分自身にも対外的にも、あえて曖昧にしたのかもしれない。彼が頻繁に引用したレーニン主義は、心理的にも政治的にも使い勝手がよかったのだろう。ゴルバチョフは直近の前任者たちや当時の政治局員より、レーニンに忠実であるように見えた。それが政治家として有利に作用した。ゴルバチョフの補佐官ボルディンによると、これまでの指導者たちは「マルクスの著作を全く読んでいなかった。必要に応じて都合の良いレーニンの言葉を引用するだけだった」。彼らとは対照的に、ゴルバチョフは多くのしおりを挿入したレーニン選集を、いつも机上に置いていた。そして「しばしば私の目の前で、その中から選んだ一節を声に出して読み上げ、現状と比較してはレーニンの先見性を激賞した」[40]。

ゴルバチョフは自分にレーニンの姿を重ね合わせてもいた。レーニンが一九一七年一〇月に国の実権を握った時は、「国が破滅する音がドアや窓を打ち震わせていた」。ゴルバチョフに言わせれば、一九八五年も同様だった。ボリシェヴィキの奢りと内戦が革命を葬り去ろうとした一九二一年、レーニンは路線を修正し「自他の古びた考えと対決した」。ゴルバチョフは語る。「当時と私の時代には多くの共通性がある。私も一般に受け入れられてきた党の教えに背かねばならなかった」。レーニンは「人間の歴史で重要な役割を果たした偉大な人物[41]」であり、自分とは比べ難い。ゴルバチョフにとってレーニンは、偉大な仕事に挑む勇気、荒れ地を耕す根気の源泉だった。全てではないが多くの厳しい局面で、自制心を保つ忍耐の拠り所でもあった。

一九八五年の時点で正統イデオロギーの守護者は、「改革」を唾棄すべき行為とみなしていた。世界で「最も先進的な」社会に変革を加える必要があろうか? 「いわゆる改革」が一九五六年にハンガリーで、一九六八年にチェコスロヴァキアで、いったい何をもたらしたか? もちろんソヴィエトにも改革者はいた。代表格はフルシチョフであり、コスイギンも一九六五年に統制経済の分散化を試みた。フルシチョフに対する不評は、死後の一九八五年も変わらなかった。クレムリンにおけるコスイギンの声望も概して振るわない。だがゴルバチョフにとって、フルシチョフやコスイギンの先例は、改革の妨げにはならなかった。むしろ励みとなった。しかし、現実にどのような改革に取り組み、いかに成果を上げることができるのか、まだ手探りの状態だった。

ゴルバチョフが最初に手をつけたのは、アンドロポフが先鞭をつけた「法と秩序」の強化だった。だが、かつてと同様に成果はなかった。次に消費物資やサービスを国民に供給する思い切った措置に取り組んだ。補佐官たちが以前から計画し、ゴルバチョフも必要性を認め、物不足に苦しむ国民も切望していた。成功すれば、国民はマットレスの下に隠しておいたルーブルで待望の品物を購入し、インフレーションも鎮まり、ゴルバチョフ人気は一気に上昇するはずだった。だがソヴィエトの経済構造は消費財の大量生産に適応できなかった。軍事支出が国内総生産に相当の比重を占めていた。ソヴィエトの経済規模はアメリカの四分の一しかないのに、軍事支出はアメリカとほぼ肩を並べていた。軍事費を削減するためには、資本主義陣営による脅威が低減したと認める必要があった。だが一党独裁体制を維持するため、資本主義の脅威を宣伝してきたので、いまさら豹変もできなかった。ゴルバチョフ補佐官のシャフナザーロフは、参謀総長のセルゲイ・アフロメイエフに、なぜこれほど大量の兵器が必要なのか、と質問したことがある。アフロメイエフは答えた。「膨大な犠牲を出してアメリカに匹敵する第一級の工場を整えたのです。それをどうしようと言うのですか？　労働者に兵器生産をやめて、ポットや鍋を作れといえますか？　それは全くの夢物語です」[42]

中国が一九七六年の毛沢東死去を受けて取り組んだ経済改革は、どのようなものであったのだろうか？　鄧小平は農民を人民公社から解放し、市場向けの生産を奨励、自給も認めた。農業は活気づき、奇跡的な経済成長の起爆剤となった。政治改革は先送りしたまま今日に至り、民主化と開放を拒んでいる。ゴルバチョフに中国のような選択肢はあったのだろうか？　彼も当初は経済から手をつけた。しかし何十年もスターリンに痛めつけられたソヴィエトの農民は、中国のような農業再生を実現する力を失っていた。経済学者オレーク・ボゴモーロフは一九七八年に中国を訪問し、帰国して中国型の経済改革を提案した。ゴルバチョフは即座に却下した。ボゴモーロフは、中央委員会の官僚がゴルバチョフへ誤った情報を上げているのではないか、と勘ぐった。官僚たちは長年の間、中国のすることは何でも否定的にとらえる癖がついていた。とりわけ改革というものについては、自分たちの地位を脅かしかねないと恐れていた。彼らはゴルバチョフに、中国の米穀生産は低下していると報告した。だが中国は農民に、米より綿など他の農産物に取り組むよう奨励していたのだった。[43]

一九六八年の「プラハの春」も改革の前例だった。アレクサンデル・ドゥプチェクとズデネク・ムリナーシは、「人間の顔」をした社会主義を夢見た。ムリナーシはゴルバチョフとモスクワ大学で一緒に学んだ仲だった。彼らの改革は複数政党制を想定していなかった。モスクワが許さないと分かっていたからだ。多元性は党の内部に限り、複数政党制へは踏み込まず、党の外部で自由化を進めようと試みた。ゴルバチョフは「かなり遠く」まで行くつもりだと語ったが、おそらく「プラハの春」と似たような到達点を探っていたのかもしれない。だがそれを公にすることはできなかった。心の中でさえ明確には意識していなかったかもしれない。ソヴィエトの戦車に蹂躙されなければ、チェコスロヴァキアの実験がどこまで進み、どのような結果となったかは、誰にも分からなかったからだ。

ゴルバチョフが当初から唯一、はっきり決めていたことがある。ソヴィエトのシステムを武力や暴力で改鋳するつもりは毛頭なかった。いかなる変革も自分が取り組む以上は、「段階的」に進めなければならないと考えていた。「革命主義は、混沌、破壊、そして時には、自由の新たな否定を招くからだった」[44]。この点でゴルバチョフは、ロシア伝統の殻から完全に脱却していた。流血によって目的を達成したボリシェヴィキはもちろん、目的のためには非道な手段も厭うべきではないと考えた一九一七年以前の、そして一九九一年以降のロシア人とも、ゴルバチョフは明らかに異なっていた[45]。ゴルバチョフは次第に斬新的な改革に見切りをつけ、ほぼ全てを変えてしまおう、と考えるようになった。政治制度、経済、イデオロギー、民族関係、外交に加え、ソヴィエトの独自性までも聖域ではなくなった。革命的というより革命そのものだった。それでも漸進主義者と自己を規定できるだろうか？　確かにレーニンやスターリンといった先人より穏やかではあった。ゴルバチョフの後に権力の座についたボリース・エリツィンは、「ショック療法」により、資本主義を一夜で達成しようとした。ゴルバチョフは自分のやり方を「漸進的な手段による革命」[46]と説明している。

これは具体的な日常の行動指針ではなく、抽象的な言い回しにすぎない。それがゴルバチョフ流なのだ。彼は自らの性向について、「所定の日常業務が現在形で進行している時、それに多くの時間を割くのは気が進まない。嫌いと言ってもいいくらいだ」と語っている。むしろ「重大事、はるかな理想、運命的な決定、この世の地平線を超えるような計画」に心を奪われた。ゴルバチョフは、「退屈を忘れ、日常の些事から逃れ、深遠な思考にいざなってくれる」話し相手を好んだ。「政治局の同僚たちに、アテナイ人のような哲学論議ができるはずもなかった……」[47]。一九八五年三月にソヴィエト連邦の最高指導者となった人物は、このような気質の持ち主であった。はるか後年になってゴルバチョフはズデネク・ムリナーシに、「そもそもの計画」を語っている。ゴルバチョフは当初「社会主義と科学技術革命の一体化」を目論んでいた。「我々が計画経済の成果とみなすものを有利に活用し、政府の権限を集中的に駆使して前進すれば、事態は変わる」と考えていた。だが、それは計画ではなかった。期待にすぎなかった[48]。

ゴルバチョフが直面したのは、レーニンがかつて「何をなすべきか?」と問いかけた問題だった。それは政策というより政治の領域にあった。極めつけの中央集権国家の指導者として、ゴルバチョフには絶大な権限があった。それでも喜びを感じる仕事が、思う存分にできるわけではなかった。政治局員のほとんどが、変化は必要と認めていた。しかし、自分の権力と特権を損なわない最小限の変革を認める程度にすぎなかった。ゴルバチョフがのちに経済学者のアベリ・アガンベギャンに語っている。当初「私は彼らに包囲されてしまった[49]」。どうしても彼らを排除する必要があったが、一挙に追い出せば、かつての粛清を想起させてしまう。そこでゴルバチョフは自分の行動の自由が制限されるのは承知の上で、慎重かつ段階的に事を運ぼうと決めた。

政治局で最も偏狭な面々には、政治的にも肉体的にもゴルバチョフに抗するだけの力がなかった。ロマノフは存在感が薄れただけでなく酒浸りだった。ゴルバチョフはロマノフに、自ら辞任するか、彼の悪癖を同僚たちの討議にかけるか、いずれかの選択肢しかないと告げた。ロマノフは当然ながら、怒りの態度で応じた。ロマノフが「幾筋か涙を流した」とゴルバチョフは語る。だが「最後には私の提案を受け入れた[50]」。

七月までにロマノフが去った。チーホノフの排除は九月にずれ込んだ。ゴルバチョフによれば、チーホノフは八〇歳という高齢にもかかわらず、「彼の協力がなければ我々は立ちゆかない、と信じ込んでいた」。ゴルバチョフはチーホノフに「そうではない」と説明した。引退しても現役時代と同様の特権を保証すると付け加えると、チーホノフはおとなしく従った。チーホノフの後任にはルイシコフを据えた[51]。グリーシンは一二月まで粘った。ゴルバチョフが語る。彼は「極度の自信家で権力を病的に愛していた」。「傑出した人物、自立した思考ができる人材が、そばにいる状態を彼は我慢できなかった」。グリーシンはモスクワ市第一書記の座をボリース・エリツィンに譲った。エリツィンもまた、いったんはゴルバチョフに屈する運命にあった。

グロムイコ外相の場合は、ゴルバチョフの書記長選出を助けたので、排除には最大限の配慮が必要だった。ゴルバチョフは約束を守った。グロムイコは七月に形式的な国家元首となった。ゴルバチョフはグロムイコに対して、それ

赤の広場でメーデーのパレードを観閲するゴルバチョフ（左）、アンドレイ・グロムイコ（中央）、ニコライ・ルイシコフ（右）＝1986年5月1日

以上の譲歩は一切しなかった。グロムイコは彼の下で外務次官を長期間務めたコルニエンコを外相に昇格させ、外交への影響力を維持する腹積もりだった。しかし、ゴルバチョフは外相に政治局員候補のエドゥアルド・シェワルナゼを任命した。ゴルバチョフとシェワルナゼは、ゴルバチョフがスタヴロポリ地方、シェワルナゼが隣のグルジア共和国にいた時代からの盟友で信頼関係が厚かった。ゴルバチョフはシェワルナゼを「熟練の政治家で教育があり博学[52]」と評価していた。グロムイコは当初、言葉を失いはしたが、経験豊かな外交官だったので、「ミハイル・セルゲイエヴィチ、私は反対しません。熟慮の決断であると確信するからです[53]」と言い、穏やかにその場を収めた。グロムイコは苦い思いを抱きつつ、一九八八年まで政治局員の地位を保った。

ゴルバチョフを最後まで支持した政治局員は、三人しかいなかった。その一人がシェワルナゼである。彼にしてもゴルバチョフとの間に緊張や距離が生じた時期があった。シェワルナゼは一九九〇年に外相を辞任、九一年後半になって復帰していた。ヤコヴレフは一九八五年三月からゴルバチョフの近くにあって、終始ともに働いた。だが八五年の時点で、ヤコヴレフは中央委員候補でさえなかった。

彼は一九八六年三月に中央委員会書記、八七年一月に政治局員候補、同年七月に政治局員になった。ゴルバチョフの庇護下で短期間に地位を上げげた。三人目のワジーム・メドヴェージェフは科学行政と中央委員会機構で経験を積んだ人物である。一九八六年に中央委員会書記、一九八八年に政治局員となった。リガチョフ、ルイシコフ、KGB議長のヴィクトル・チェブリコフは、一九八五年四月に政治局員となっていた。初期は信頼が置ける側近たちだった。だがゴルバチョフが急速な変革へと舵を切ると、彼らは態度を変えた。ゴルバチョフが書記長になる前から政治局員だった人物で、地位を守るため正面切って対決を挑める者は既にいなかった。ボリース・ポノマリョフはなんと一九六一年から政治局員だった。一九八六年二月に開催される第二七回党大会でゴルバチョフが読み上げる報告は、ポノマリョフが作成することになった。彼は唯々諾々と引き受けたが、本能のおもむくまま無意識に、ゴルバチョフ自身が盛り込んだ言葉の数々を草案から削除した。ポノマリョフの下で中央委員会国際部の次長だったチェルニャーエフは、上司に直言できるだけの力を蓄えていた。「あなたが草案から丁寧に削除した文言はゴルバチョフ自身が入れたものです……」

「意図的に削ったわけではない」。ポノマリョフは不機嫌に答えた。

「もちろん、意図があったわけではないでしょう」[54]。チェルニャーエフは穏やかに応じた。

カザフスタン共和国のクナーエフ第一書記は一九七一年から政治局員の地位にあり、腐敗にまみれていた。彼は一九八七年一月に解任された。ピョートル・デミチェフは一九六四年に政治局員候補となり、七四年以降は文化相として、のちにゴルバチョフの支持者となる芸術家や作家を迫害してきた。デミチェフは一九八八年九月まで退任しなかった。ウクライナ共和国の第一書記であるシチェルビツキーは三月一一日［ゴルバチョフが書記長に選出された日］に、滞在先のカリフォルニアから帰国した。後継争いは既に勝負がついていたので、しぶしぶゴルバチョフを支持した。彼は一九八九年九月まで地位を維持した。一九八〇年代に任命されたその他の政治局員（アリエフ、ウォロトニコフ、ミハイル・ソロメンツェフ）も、進歩的という尺度に照らせば、旧来の政治局員をわずかにしのぐ程度だった。ゴルバチョフが一九八五年に政治局員に抜擢したレフ・ザイコフは、ゴルバチョフと軍需産業界との便利な仲介役として機能した。農業を任されたヴィクトル・

ニコノフは、歴代の多くの同僚と同じく、農業地域の活性化に失敗した。

これらの顔ぶれを見れば、彼らがゴルバチョフとはいかに遠い立場を取り、異なる資質を有していたかが分かる。ゴルバチョフと同じ考え方ができる人材が指導部にはいなかった。それがソヴィエト政治の実態であった。ボリース・エリツィンとゴルバチョフはほとんど同時代に登場し、当初は政治の舞台で手を組んだ。エリツィンもまた行動力と革新性という点で、他の党指導者たちから抜きん出ていた。一九八五年三月の時点でエリツィンはまだ、スヴェルドロフスク州の第一書記で、差し当たり別の地位に就く当てもなかった。ゴルバチョフは自制的だったが、エリツィンは感情的だった。このためルイシコフはゴルバチョフに、エリツィンを登用しないよう進言した。ルイシコフはゴルバチョフに、「彼はあなたに災厄をもたらします。私は彼を知っています。彼は推薦できません」と忠告した。シベリア出身で豪胆なリガチョフは、エリツィンに自分と同じ資質を見いだした。リガチョフはスヴェルドロフスクへ赴きエリツィンについて調べ、深夜にゴルバチョフへ電話をかけた。リガチョフはエリツィンについて、「まさにあなたが必要としている人材です。彼は全てを備えており、博識で、人柄が強靭です。考えることが大きく、物事をやり遂げるすべを心得ています[55]」と語った。ゴルバチョフはエリツィンを中央委員会の建設部長に任命した。エリツィンは自分の才能と経験には、もっと高い地位がふさわしいと考えた。エリツィンは一九八五年七月に中央委員会書記に昇進、グリーシンの後任としてモスクワ市の第一書記となった。エリツィンはこれらの地位を利用して、庇護者であったゴルバチョフと対決する力を蓄えた。

ゴルバチョフにとって、クレムリンで最高指導部を形成する者たちと事を構えるのは、決して得策ではなかった。信頼できる個人的な補佐官を自分の下に集めるためにも、指導部で揉め事を起こす愚は避けるべきだった。補佐官たちを一つにまとめるため長い時間を要し、とうとう完遂しなかった。一九八二年から首席補佐官を務め、やがて大統領府長官になったボルディンは、最後にゴルバチョフを裏切った。ゴルバチョフは一九八九年、ルキヤーノフを新設したソヴィエト人民代議員大会の議長に据えたが、彼にも裏切られた。七七歳のアンドレイ・アレクサンドロフ＝アゲントフは、一貫してブレジネフの外交担当補佐官だった。このような人物の排除にさえ、ほぼ一年の時間を要してしまった。アレクサンドロフ＝アゲントフはのちにゴル

最も近しい側近アナトーリー・チェルニーエフ（右）、ゲオルギー・シャフナザーロフ（後方）と語るゴルバチョフ

バチョフについて、「相手の言葉に全く耳を傾けず、自分の話に酔った」と語っている。ゴルバチョフはアレクサンドロフ＝アゲントフの意見に「特別の関心」がなかったというのが、アーチー・ブラウンの見方である。アレクサンドロフ＝アゲントフは、ゴルバチョフが「いつも率直で親しみやすく礼儀正しく振る舞うのは、温かさや善意とは無縁で冷酷な計算しかしない正体を押し隠す仮面である[56]」と酷評している。

チェルニャーエフは一九八六年二月に、アレクサンドロフ＝アゲントフの後任となった。チェルニャーエフはゴルバチョフの心の友と言える男だった。急進的な改革構想に関しては、むしろチェルニャーエフのほうが先駆者であり、ゴルバチョフがそれを後から受け入れたというのが実相である。チェルニャーエフは見識の高い党官僚だった。ゴルバチョフもライーサも彼には敬意を払っていた。チェルニャーエフは中央委員会の仕事の合間に、バイロン、ストリンドベリ、イプセン、ニーチェ、カーライルを読んだ[57]。ゴルバチョフはチェルニャーエフについて、「最も忠実で信頼できる」補佐官であった、と述懐している。スペインのフェリペ・ゴンサレス首相に「私の分身[58]」と紹介したこともある。

ゲオルギー・シャフナザーロフも思い切った改革が必要と信じていた[59]。彼はゴルバチョフと同様に一九五〇年代の前半にモスクワ大学で学び、似たような道を選んだ。法学の学位を持ち、ソヴィエトの政治学の基礎を築く一方で、詩や科学小説を書いたりした。ゴルバチョフはシャフナザーロフと最初に会った時、彼の著作である『社会民主主義』、『来るべき世界秩序』を読んだと言った。シャフナザーロフは「雷に打たれたように」驚いた。「党の機構で働いて四半世紀、ロシアの指導層にあって政治学の徒と呼べる人物と初めて言葉を交わした[60]」

シャフナザーロフは一九八八年から、ゴルバチョフの補佐官として、社会主義諸国の問題とソヴィエトの政治改革を担当した。彼は以前からゴルバチョフと頻繁に外国を訪れていた。ゴルバチョフは帰国の機内で自分の客室に補佐官らを招いて、ライーサも交えて気楽な食事をとるのが習わしだった。ライーサはいつも、もてなし上手だった。一九八八年三月、ベオグラードからの帰途、彼女はだしぬけに、「ミーシャ、ここにいるのが、あなたが信頼する同志なのね。ゴルバチョフのチームだわ」と夫に言葉をかけた。

シャフナザーロフによれば、ゴルバチョフは黙っていた。だが核心を突かれて不快を感じた様子が表情から読み取れた。ライーサの言葉は明らかに政治の匂いがした。彼女が平素から政治を論議する場に、しばしば同席していたからかもしれない。シャフナザーロフが語る。「彼は元来、簡単に他人へ好意を示すような男ではなかった」。政治から感情を排除するボリシェヴィキの伝統を、ゴルバチョフも受け継いでいた。シャフナザーロフには、ライーサの言葉が「彼の自尊心を傷つけた」ように見えた。シャフナザーロフは詳細を語っていない。ただ他人に頼っていると見られたくないゴルバチョフの性格は、この逸話にもうかがえる[61]。

忠実で博識な補佐官はほかにもいた。ワジーム・メドヴェージェフは経済学の博士号を持っていた。哲学博士のイワン・フロロフはライーサがモスクワ大学にいた時代から、彼女を知っていた。だが最も近しい補佐官は、やはりライーサだった。彼女は既に「苦悩の」決断をして、学問の道をあきらめていた。一時は「博士論文の材料を集めたり」、「興味に応じて哲学のセミナーや会議に出たり」していた。また「哲学や社会学の文献に関心を寄せてもいた」。「研究仲間とも緊密に連絡をとっていた。しかし、日常生活の雰囲気が私に決断を迫った。私は心を決めた。博士論文は他の人でも書ける」[62]

高い地位に就いた夫を助けるため自分の目的を捨てるのは、妻の道として認められた。だが補佐官が形成する内輪のサークルに妻が加わることは、周囲が受け入れなかった。ソヴィエトでは特に難しかった。政治家の妻は公の場に全く姿を見せなかったし、彼女たちの発言が伝わることもなかった。ナンシー・レーガンが大統領の夫と並んでいても、ごく自然だった。だがライーサによれば、「ゴルバチョフが夫人同伴で登場すると」、それは「夫人という存在を認めない伝統[63]」に反する行為と受け止められた。しかし、ゴルバチョフがライーサと何でも相談するのは、既に長い間の習慣と化していた。だから妻を相談相手から外すのは、そもそも無理な相談だった。ゴルバチョフは妻が相談相手である事実を隠そうとしなかった。ＮＢＣテレビのキャスターであるトム・ブロコウの質問に、妻とは「全ての事柄を」相談していると答えた。このインタビューをソヴィエトでそのまま放映するのは、あまりに無防備だった[64]。ライーサは努めて目立たないように用心した。「私は政府や政治の問題に決して介入しないようになりました。私は夫を支え、助ける役割に徹することにしました。……もちろん、私には自分の考えがありました。ごく普通の人々と同様に、私たちも議論や意見を交わし、時には言い争いもしました。それが何か特異なことでしょうか？[65]」

チェルニャーエフによれば、ライーサが実際に夫へ指示を出すことはなかった。ただゴルバチョフ夫妻は夜の散歩を日課としていた。チェルニャーエフの受けた印象では、ゴルバチョフはその場で昼間の出来事を詳細に語り、対処の試案を妻に示して反応を見ていた。ライーサの人物評、とりわけ補佐官に関する意見には注意を払っていた[66]。ライーサの存在は場合によって有益でもあった。彼女が同席していると、ゴルバチョフが相手を叱責する調子も幾分は和らいだ。罵詈雑言は男の通弊だが、彼も例外ではなかった。ライーサの主任補佐官、ヴィターリー・グセンコフによると、彼女はロシアに蔓延する「無能と無責任」が我慢できなかった[67]。家の使用人には相当厳しかった。叱りつけたり、夫に告げ口をしたりするので、多くの使用人が彼女を恐れ、憎悪した。ゴルバチョフの警護主任ウラジーミル・メドヴェージェフは、民主改革を約束した指導者は、部下も民主的に扱うだろうと思っていた。だが期待は外れた。「〝人々〟を大事にするのは、個々の人間を大事にするより、ずっと簡単である。真に民主的であるより、民主的であると宣言するほうが、ずっと容易である[68]」

グセンコフはライーサについて、夫より「手ごわかった」と語る。ゴルバチョフのほうが「扱いやすく、妥協もできた」。シャフナザーロフは、ゴルバチョフがもし五パーセントの時間を割いて補佐官たちの意見を聴いていれば、多くの誤りを防げたはずだと語る。シャフナザーロフによれば、ゴルバチョフはライーサの意見でさえ十分に聴かなかった、というより、ほとんど耳を貸さなかった。[69] 補佐官のアレクサンドル・リホタリは異なる証言をしている。補佐官たちがゴルバチョフの演説を批判した時、彼はそれを一蹴したが、ライーサの言葉には耳を傾けた。彼女は静かに、「いけないわ、ミーシャ。彼らの意見を聴くべきです[70]」と言った。するとゴルバチョフは妻の言うとおりにした。補佐官の中には、ライーサが政治にかかわることを歓迎する者もいた。だが国民の大部分は拒否反応を示した。とりわけ女性には評判が悪かった。彼女はソヴィエトで最初の「ファーストレディ」だった。優雅に装い、事実上全ての公式訪問で夫に付き添った。人にものを教えるような口調が国民をいらだたせた。女は出しゃばるな、というのがロシア流の考え方だった。そのような夫婦の様子を風刺するジョークがモスクワで流行った。ゴルバチョフがある政府の建物に入ろうとして守衛に止められた。守衛は通行証の提示を求めた。「何を言うのか。私はゴルバチョフだ。書記長だ」。「失礼しました。同志ゴルバチョフ。ライーサ・マクシーモヴナが一緒ではなかったので、あなたと分かりませんでした[71]」。ライーサの妹リュドミラは姉について、ファーストレディにふさわしい自己顕示欲と、必ずしも無縁でなかったと語る。リュドミラ自身は恥ずかしがり屋で内気な性格だった。ライーサは家族の私生活を守ることには、異常なこだわりを見せた。だが「注目を浴びるのも好きだった。それは生来の欲求だった。彼女は民衆との接し方を知っていた。野心的でさえあった。というより、野心のかたまりだった[72]」。

ライーサへの反感は当然のことながら政治局にも波及した。キエフを訪問した時のことだ。補佐官が彼女に、夫の次の予定はウクライナの党指導部との会談であると告げた。

ライーサは「ミハイル・セルゲイエヴィチの行くところなら、どこでも同行します」と答えた、と伝わっている。「ですから政治局の会議へも行きます」。ウクライナ共和国のシチェルビツキー第一書記は我慢を重ねた。だがゴルバチョフ夫妻がモスクワへ発った後で、自分の妻に向かって皮肉な笑いを浮かべ、「お前も今後は私に同行して、政治局の会議に参加しなければならないようだ[73]」と言った。

　モスクワ大学時代にゴルバチョフの友人だったドミートリー・ゴロヴァーノフはテレビ番組の制作者になっていた。彼はゴルバチョフに、「いいかい、ミーシャ、テレビカメラの前であんまり君に近づくな、とライーサに言ってくれ」と頼んだが、見事に拒絶された[74]。

　ゴルバチョフは大学時代の知り合いを、決してクレムリンの仕事に就けなかった。それがゴロヴァーノフや同窓生の不興を買った。だがゴルバチョフより二年先に卒業したルキヤーノフを除けば、同窓生に党官僚は誰もいなかった。クレムリンで働く場所がなくても不思議ではなかった。むしろ周囲を驚かせたのは、ゴルバチョフがスタヴロポリ時代の知り合いを招いて政治顧問や、しかるべき地位に就けようとしないことだった。唯一の例外はフセヴォロト・ムラホフスキーである。彼はゴルバチョフの後任としてスタヴロポリの第一書記になっていた。彼が農工コンビナートを担当して挙げた成績は、前任者のゴルバチョフを上回るほどではなかった。ゴルバチョフのスタヴロポリ時代の仲間には、モスクワへ登用するほどの人材がいなかった、との見方もできよう。だがゴルバチョフの前任者はいずれも、モスクワへの栄転に伴い、使い慣れた忠実な取り巻きを連れて来た。ゴルバチョフにとってスタヴロポリ時代の同僚は、みな明らかに力不足だった。まさにこのような現実を見て、彼は体制そのものを改革する必要を痛感したのだ。だが信頼できる側近が足りなかったため、改革の遂行に支障が生じたのも事実である。

　一九八五年のソヴィエトでは、政治局の内部より一般社会のほうが改革の気運が強かった。芸術家、作家、科学者、技術者らが構成するリベラルな知識層は、若くて精力的な指導者の登場に鮮烈な印象を受けた。やがてゴルバチョフの構想が自分たちの考えと似ていることも理解した。チェルニャーエフやシャフナザーロフら、開明的な党官僚はゴルバチョフの台頭を歓迎した。党と政府のあらゆる階層で働く職員は、長年居座っていた上司がゴルバチョフにより排除され、自分たちが昇任できると期待した。軍部は歴代の弱々しい指導者を操って、兵器を増産し、軍の権威を高めてきた。その軍部でさえ、決断力のある最高司令官を待望していた。一九九一年八月にゴルバチョフを倒すクーデターに参画したワレンチン・ワレンニコフ将軍でさえ、一九八五年当時はゴルバチョフへ「あふれる共感」を寄せていた[75]。ＫＧＢ上層部もゴルバチョフを歓迎し、ロマノフやグリーシンを陥れる情報を提供した。だがそこにはウラジーミル・クリュチコフらの個人的な野心も反映していた。ゴルバチョフは一九八八年にクリュチコフをKGB議長に任命した。彼は三年後のクーデターで首謀者となる男だった。ゴルバチョフはクリュチコフを信頼していた。アンドロポフが彼を重用したからでもある。折に触れて補佐官らに語ったところによれば、クリュチコフはKGBで対外情報部門に所属していたので、国内の弾圧には関係していないとの判断もあった[76]。一九八五年三月一一日、ゴルバチョフが新しい指導者になると分かった時、ヤコヴレフはクリュチコフと一緒にいた。ヤコヴレフによれば、クリュチコフは「安堵のため息を漏らした」。「私たちは互いに御祝いの言葉を述べ合い、新しいゲンセク［書記長］のために乾杯した」。ヤコヴレフは後年、クリュチコフが抱く栄達の野心を彼の政治信念と誤解してしまった、と自分を責めた。一方のクリュチコフは「KGBの全歴史を通じて最大の誤りは、ゴルバチョフの正体を見誤ったことである[77]」と悔やんだ。

ゴルバチョフは急速な改革に着手する前に、明確な戦略を練っていたわけではない。ましてや政治局でそのような戦略を討議することなど思いの外だった。初期の変革で最も大胆だったのは、指導者としての態度だった。一九八五年末、赤の広場の行進で書記長の肖像画を掲げてはならない、と通達した。街頭でいきなり市民と対話を始めたりもした。チェルニャーエフは「一九二〇年代以降、このような光景を見たのは初めてである」と日記に書いた。ゴルバチョフは政治局会議や他の会議において、様々な問題を「従順に承認」するのではなく「実際に議論」するよう仕向けた。「誰もが自分の考えを述べるように促した、というより要求した」。ゴルバチョフは「近寄りがたい神格化された指導者」の「堅苦しさ」を捨て、「自分も普通の人間として人々の前へ姿を見せた」。それは「真の指導者、国民が長い間欲しながらも得られなかった指導者」のありかただった。ゴルバチョフは「新しいスタイルを生み出すために無理をしているわけではなかった。性格と心の欲求に、ごく自然に従い、彼の言葉を借りれば〝人々の心を解放する〟ための所作だった[78]」。

ゴルバチョフは三月一三日、チェルネンコの葬儀で追悼の演説をした。故人を称える言葉は、はたして崇拝の真情であったのだろうか？　ゴルバチョフはこの演説で「誇張、空虚な話、傲慢と無責任[79]」との戦いも宣言した。三月一五日には中央委員会書記たちの会議があった。グリーシンは、地方の党委員会が新しい指導者による指示の履行について協議する会議を招集するよう提案した。ゴルバチョフは「また会議か？」と鋭く反応した。「何のために？ 会議をやっている暇にやるべき事はいくらでもある。何を議論しようと言うのか？ 私の書記長選出についてか？ それを今さら会議で話すのか？」[80]。ある副首相はエストニア共和国への褒章を祝ってタリンで催す行進に、書記長の「祝辞」を寄せるべきだと提案した。ゴルバチョフの答えは同じだった。「その必要はないだろう。この種の〝祝辞〟に人々は既に嫌気が差し、うんざりしている」[81]

ゴルバチョフは生粋の政治家だった。だが持って生まれた資質をさらに向上させた。長所である「おおらかさ」に磨きをかけた。当初はテレビ出演に慎重だった。「自己宣伝」を避けたかった、と説明している。あらかじめ決めた言葉をそのまま語るのは不自然なので、クレムリンの執務室から放送する際、台詞を書いた紙を近くに置くのを嫌った。クラフチェンコが語る。「我々は彼の驚異的な記憶力を信頼した」。むろん演説草稿を頼りにする場合もあったが、テレビで国民に呼びかける際は、「視聴者との対話を心がけた」。語りかける効果を上げるため、カメラマンとは別に「話し相手」役の人物を正面に座らせ、彼に向かって話をした。ゴルバチョフはその人物に、「私は君の目を見て、反応を探る。君に興味を持ってもらえたかどうか知るためだ」と説明した。クラフチェンコによれば、ゴルバチョフは決して草稿を「一字一句そのまま」読まなかった。「自分で書いた草稿も例外ではなかった」[82]

ゴルバチョフは政治局の会議で司会を務める時も、民主主義の風を吹き込もうとした。議題を紹介し、自分が短い意見を述べてから、参加者の発言を求めた。自らの国内視察を絶賛する国民の手紙を何通も紹介した。チェルニャーエフ日記によれば、国民の反応は「とても感動的だった」。「快活さが解き放たれて文章に現れていた。人々は周囲をうかがって戦々恐々とするのをやめ、ざっくばらんに、力強く語るようになった。……心を開いて、ブレジネフやチェルネンコの時代に鬱積したあらゆる問題を打ち明けた」[83]

中央委員会総会が一九八五年一〇月一五日に開催された。カザフスタンから来た地区委員会の第一書記が、「同志ゴルバチョフのボリシェヴィキ的手法とレーニン的取り組み」を賛美し、「このような力強い指導者を得て、我々はいかに幸せか」弁じ立てた。ゴルバチョフは激怒した。「何のために我々はこの場にいるのか？ ゴルバチョフがこうだ、ゴルバチョフがああだ、ゴルバチョフの手法がどうだ、を論じるためだろうか？　何のためにそんな話ばかりするのか？」。議長は急いで、地区委員会の第一書記の演説を打ち切った。中央委員の面々はゴルバチョフ称賛の演説に拍手を送っていたが、ゴルバチョフがそれを拒絶した時も拍手喝采をした[84]。

ゴルバチョフは猛烈に働いた。病弱な前任者たちはおろか、いかなる指導者と比べても、彼の精励ぶりは際立っていた。警護員のメドヴェージェフによれば、ゴルバチョフが就寝するのは通常、午前一時か二時で、重要な出来事の前は午前四時まで起きていた。起床は午前七時か八時で、巨大な専用車「ジル」で出勤する途中も、書類を読んだり、ノートを書いたり、二台の車内電話で連絡したりした。車から降りて執務室まで短い距離を歩く間に、三〜四人の補佐官へ指示を与えた。エレベーターに乗ってもまだ「誰と話すか、何を話すか、いかなる注意を払うべきか、強調すべき点は何か、何を無視するか」を指図した。メドヴェージェフはゴルバチョフに敬服しつつ、同時にへつらうような気持ちもなく、「あなたは書記長となるために生まれてきたようですね」と素直に言った[85]。ゴルバチョフは笑みを浮かべたが無言だった。

共産党大会は数千人の代議員が集まり、今後五年間の指針を示す指導者の演説を聴く重要な機会だった。直近の書記長たちは大会準備を、健康状態の許す範囲で形式的に統括し、本番ではスピーチライターが準備した長くて退屈な演説をした。そこでは次の五カ年計画を要約するため考案されたスローガン（「経済は経済的でなければならない」等々）をめぐり、延々と講釈を垂れるのが通例だった[86]。ゴルバチョフは大会の準備を実質的に指導した。あらゆる段階で関与し、臨機応変に責任を移譲したり、取り戻したりした。彼は完全主義者だった。自分自身とその仕事に人気が集まる時は高揚するが、改革路線があらゆる方面から攻撃にさらされると元気が出なかった。

第二七回党大会の準備は一九八五年末に始まった。ゴルバチョフはボルディン、ヤコヴレフ、ルキヤーノフ、そして中央委員会職員として豊富な経験を持つナイーリ・ビッケニンを執務室に集め、意見を交わした。ゴルバチョフが書記長報告の基本方針を示した。速記者は、ついてゆくのがやっとだった。幾つかのグループに別れ、報告を構成する個々の柱について話し合った。さらに保養所のヴォルィンスコエ2に場所を移して協議を続けた。ミンスク街道をモスクワ郊外まで行った所にある保養所だった。彼らは日常業務から解放されて、報告草案の準備に没頭した。案文の起草と並行して、党や政府の専門家を招き、材料を提供させた。個々の部分を統合して、報告の全体像が現れ始めた。この間、ゴルバチョフは何度も姿を見せ、幾度も草稿を修正した。彼は起草者たちに、報告は「明確でなければならない。堅苦しさやわざとらしさは避けてほしい」と繰り返し要請した。ゴルバチョフは意見の対立に寛容だった、というより、むしろ奨励した。報告演説が出来上がる前、ゴルバチョフは家族と一緒に短い冬季休暇をとった。行き先はアブハジアの松林に囲まれ黒海に面した贅沢な政府保養地ピツンダである。ボルディンとヤコヴレフがそこを訪れ、ゴルバチョフ夫妻と報告演説の内容をさらに検討した。湿気を帯びた風が肌を刺した。波打ち際から五〇メートルほど離れた小屋の中で毛布にくるまれながら、交代で草案を音読した。ボルディンは全員の意見をテープレコーダーで録音し、必要なら報告に反映できるようにした。日が暮れようとしていた。ライーサを含む四人は、ゴルバチョフの別荘へ戻った。別荘は二階建ての大きな建物で、広い部屋と木目の壁があった。草案の検討をさらに続けた。それが終わるとゴルバチョフ夫妻は、日課である夜の散歩に出かけた。

ボルディンとヤコヴレフはピツンダからヴォルィンスコエへ戻り、一月末まで草稿の修正を続けた。ゴルバチョフ夫妻とワジーム・メドヴェージェフも加わり、モスクワ郊外の政府保養所ザヴィードヴォで、最後の仕上げにかかった。保養所はモスクワからレニングラード街道を北へ抜けた狩猟場にあった。フルシチョフとブレジネフは、そこで狩りをするのが好きで、しばしば外国の首脳を招いた。ゴルバチョフ夫妻が滞在した大きな別荘は、部屋に木目を貼りめぐらし、重いシャンデリアがあった。補佐官たちは近くにある五階建ての建物で過ごした。そこには大きなプールとサウナがあり、ブレジネフが狩猟を楽しんだ後、自分や客人に贈ったトロフィーが飾ってあった。草稿の編集は毎朝一〇時にゴルバチョフの別荘で始まった。イノシシやクマの毛皮で覆った大きな肘掛け椅子が、木肌がむき出しの小さな机を囲んでいた。メドヴェージェフによると、彼らは最終案を「章を追ってページごとに一行ずつ」検討した。個々の部分を取り出し、編集に関与しなかった者が批判を加え、実際に起案を担当した者が反論する方法で、さらに磨きをかけた。正午になるとライーサは息抜きのため、熱いミルク、コーヒー、キャンディ、クリームを載せたフルーツムース、ケーキを用意させた。ゴルバチョフ夫妻は特製のコーヒーをトルコ風のグラスで飲んだ。彼らは一日に一〇時間から一二時間も作業を続けた。このようにして報告演説が完成した。打ち上げの晩餐でゴルバチョフは、自分が書記長になる過程で、クレムリンのライバルからいかに妨害を受けたか話して聞かせた。ゴルバチョフ夫妻は翌朝、報告演説を完成させた仲間たちを、迎えの車まで送っていった。ボルディンが語る。「我々は口々に、ありがとうの言葉を伝えた」。「だが感謝をするべき立場にあるのは我々ではなかった」[87]。大変な苦労をしたのに、当たり前の義務をこなしたかのように軽視された感じもした。わだかまりが残った。

ゴルバチョフの取り組みは、概して前例がなかった。だが就任一年目の施策には既視感もあった。彼の書記長就任からほぼ一カ月後に、政治局は飲酒の規制に乗り出した。だが致命的な失敗に終わった。深酒はロシアの宿痾だった。それはソヴィエト時代に悪化した。帝政が一九一四年に禁酒令を出した時、一人あたり年間の飲酒量は平均一・八リットルだった。ボリシェヴィキ政権も当初は禁酒に取り組んだ。しかし、一九八五年の一人あたり飲酒量は年間平均一〇・六リットルになっていた。「乳飲み子」も国民の数に入れての結果である。フルシチョフは酒の価格を引き上げ、ウオッカの供給を制限した。ブレジネフも問題に取り組む委員会を創設したが、たちまち意欲を失った。彼はグロムイコに「ロシア人は飲まないではいられない」[88]と言った。アンドロポフが委員会を復活させた。一九八五年四月四日、ソロメンツェフ委員長が政治局に一九八四年の実情を報告した。年間を通じて九三〇万人の泥酔者が路上で保護された。一二〇万人が酔って逮捕され、一万三〇〇〇件のレイプが飲酒によるものだった。酔った上での窃盗は二万九〇〇〇件に達した。世論調査では七五パーセントが「深酒」を国家の最大の問題と回答した。ある市民は深酒より「悪いものはない」と断じた。「ウオッカが若さを蝕んでいる」と嘆く市民もいた。深酒が経済に及ぼす損失は五〇〇億ルーブルから六〇〇億ルーブルと見積もられた。ソロメンツェフはウオッカ生産を削減し、ワインの生産を増やす提案をした。シェワルナゼは故郷のグルジアのように、ウオッカよりワイン生産が盛んな地域に厳格な規制は要らないし、密造酒も大目に見るべきだと述べた[89]。だがソロメンツェフは拒否した。

ゴルバチョフは深酒対策を人道的な義務であると考えた。また健康増進と労働効率の向上は、個人の収入増にもつながると信じた。飲酒に厳しく対処すれば、様々な問題が起きるという警告もあったが、ゴルバチョフはあまり注意を払わなかった。第一財務次官のヴィクトル・デメンツェフは、消費財取引の総額は一九八六年に五〇億ルーブル減り、一九九〇年には一八〇億―二〇〇億ルーブル減少するとの見通しを示した。国家予算の損失は一九八六年に四〇億ルーブル、一九九〇年には一五〇億―一六〇億ルーブルに達すると試算した。慢性的な品不足の現状で、アルコール以外の品物へ国民の関心を向けるためには、二一〇億ルーブルに相当する大量の品物が市場に出現しなければならなかった。国家計画委員会のレフ・ウォローニンは「国民には金があるのに、何も買う品物がなくなってしまう」と述べた。

ゴルバチョフは四月四日の政治局会議で、官僚たちの危惧に叱責で答えた。「[デメンツェフの分析には]何の新味もない。国民に金があっても買うものがないことは誰でも知っている。しかし、君の意見は国民に飲め、と言っているようなものだ。説明は短めにしたまえ。ここは財務省ではない。政治局なのだ」。ウォローニンには「〝酔んだくれ〟予算には、もう我慢ならない」と言い渡した。

禁酒キャンペーンは良い結果も生んだ。平均寿命と出生率が一九八六年から八七年にかけて少し改善し、犯罪もわずかに減った。だがゴルバチョフ政権が最初に打って出た大勝負は敗北に終わった。経済と予算に及ぼした損失は、一九八五年から九〇年にかけて一〇〇〇億ドルに達した。[90]酒類の輸入は急落し、ワインを生産する共産圏諸国に打撃を与えた。スタヴロポリなど特定の地域にとっては、ぶどう畑は大きな誇りであり、有力な収入源でもあったが、無用の土地と化してしまった。西側から高価な生産機械を輸入したビール工場も休業状態に陥った。バルティカという銘柄を生産する大型施設はデンマークで機器を購入し、ゴルバチョフの在任中に稼働したが、これは例外に属した。祝祭日や誕生日、結婚式に至るまで、あらゆる機会を酒で祝う習慣が、国民の体と心に染み付いていた。ソフトドリンクの乾杯では一向に意気が上がらなかった。砂糖は密造酒の醸造に使われるので、供給を制限しなければならなかった。酒の売り場は長蛇の列ができた。人々は書記長を意味するロシア語「ゲンセク」をもじって「ゲンソク」と揶揄した。セクは書記、ソクはジュースを意味した。またゴルバチョフを「ゲネラーリヌイ・セクレターリ」（書記長）ではなく、「ミネラーリヌイ・セクレターリ」（ミネラルウォーターの書記）と呼んだ。こんなアネクドート

〔笑い話〕も流行った。酒を買う長蛇の列に堪忍袋の尾が切れた男が、ゴルバチョフを殺しにクレムリンへ行った。だが男は間もなく戻ってきた。向こうの列のほうが長かったからだ。中央委員会書記のドルギフは、モスクワ郊外の水力発電所を視察して戻る途中で、酒の販売店の前を通り過ぎた。「人々は私の車へ拳を突き出した。彼らはこのような状態をつくりだした私たちをののしった[91]」

ゴルバチョフの補佐官シャフナザーロフは、反アルコールの施策について「理解に苦しんだ[92]」と語る。グラチョフによれば「完全な失敗[93]」だった。ゴルバチョフを崇拝する補佐官で経済学者のニコライ・シメリョフでさえ、「基本的な誤り、単なる愚策[94]」と手厳しかった。ゴルバチョフは夢物語で反アルコールに取り組んだわけではない。アンドロポフは秩序と規律の強化に着手した。ゴルバチョフは反アルコールをその継続事業と位置づけていた。ゴルバチョフはのちに反アルコール運動について、リガチョフやソロメンツェフ、地方官僚が、穏やかだった計画を容赦ない撲滅運動に変えてしまったと述べている[95]。だが自ら「責任のかなりの部分」を引き受ける、とも語っている。ゴルバチョフに言わせれば、「慣性と行政的思考[96]」に基づく政策の伝統的な例でもあった。政治局でもアリエフ、ドルギフ、ルイシコフ、ウォロトニコフは当初から懐疑的だった。しかし最初から疑念を口にすればゴルバチョフの怒りを買うのは明らかだったので、あまり強くも言い出せなかった。禁酒主義者のリガチョフと折り紙付きの飲ん兵衛であるソロメンツェフは、反アルコール政策を熱心に支持した。この頃のゴルバチョフは、リガチョフを大いに頼りにしていた。モスクワ大学時代の友人二人は、ゴルバチョフが一リットルぐらい「飲み干す」姿を幾度か見ている。だがゴルバチョフは本来、酒好きではなかった。ゴルバチョフにもライーサにもアルコール依存症の兄弟がいて、ライーサはそれを「家族の十字架」と語っている。ライーサの末の弟ジェーニャは、特にライーサになついていた。ウファの軍事大学で学んだが、軍隊特有のいじめに耐えかねて退学した。モスクワの文学大学に入り直し、児童書を何冊か書いたが、やがて酒に溺れた。ライーサの祖父、曽祖父もアルコール依存症だった。ライーサは弟を救おうと試みた。しかし彼は「俺は依存症ではない」と言い張り、救いの手を拒絶した。彼はしばらくゴルバチョフ夫妻と一緒に暮らした。それから母親のもとへ移った。何人もの医師にかかったが、飲酒は止まらなかった。もちろんゴルバチョフ夫妻はこの事実を公にしてはいない。夫妻はジェーニャの行方が分からないと聞くたびに、特に慌てもせず娘婿の医師アナトーリーに頼み、冷え冷えとした停留所や鉄道の駅舎で寝ている酔っぱらいの中にジェーニャの姿を探してもらうのだった。ライーサは人格が崩壊していく弟の姿を見るに耐えなかった。妹のリュドミラもアルコールの間接的な被害者だった。リュドミラは医科大学を出て、バシキリアの徴兵委員会で眼科医として働いた。飛行士で発明家でもあった男性と幸福な結婚をした。しかし夫は一九九九年、酔って階段から落ちて死んだ[97]。

ライーサは反アルコール運動をとりわけ熱心に支持したが、ゴルバチョフの母は酒の規制に反対だったので、昔ながらの厳しい態度で、息子にそれを伝えた。ゴルバチョフがプリヴォリノエに帰省した時、彼女はいつものように、机を様々な食べ物と飲み物で「覆い尽くした」。だがアルコールは全くなかった。息子は「ママ、ワインを一本出してよ」と言った。

「いいかい、ミーシャ。誰かさんが法律で禁止しようとしているのだよ。お前には言っておかなきゃならない。それはやってはいけないことなんだ。婚礼の祝宴でみんながお前をののしってる。誕生日でも同じだ。もし今あたしが一本出したら、明日はみんなが言うだろうよ。彼とおっかさんには許されて、俺達には許されないのかって。だから酒は一本たりとも出すわけにはいかないのさ[98]」

ゴルバチョフは反アルコール運動でつまずき、はかばかしくないスタートを切った。他の改革も難航した。それらも反アルコールと同様に、決して斬新とは言えなかったからだ。

彼は四月五日に側近を召集した。党と国家の新たな指針を定めるためだった。彼らは陳腐で新味のないことしか言えなかった。「党活動を質的に新たな水準へと引き上げる」(ルキヤーノフ)。「党員の権威を強める」(ボルディン)。「国家の新しく責任ある発展段階を開く」(ゴルバチョフ)。それでもワジーム・メドヴェージェフが使った「加速化」は、ゴルバチョフ政権にとって当初二年間のキーワードとなった。

メドヴェージェフは「社会経済発展」を加速させると述べた[99]。ゴルバチョフは三日後、工業、農業、建設の指導者たちとの会合で、「科学技術の進歩の加速化」という表現を使った[100]。彼はその直後にモスクワのプロレタリア地区を二日間の日程で視察した。工場や家庭、学校や病院を訪れた。地区の中核企業であるリハチョフ自動車工場では、工員らを集めて演説をした。「我々は原料を使い、エネルギーを使い、労働や研鑽に時間を費やしています。しかし、求める成果を獲得していません。それでも誰も不満を言わない。同志諸君、諸兄は自己責任において労働に赴き、全ての責任を担っているのです[101]」。聴衆は拍手喝采をした。だがそれも予定の所作だったのかもしれない。工員たちはゴルバチョフの訪問に先立ち、長い時間をかけて工場周辺に散乱する大量の廃棄物を片付けていた。チェルニャーエフによれば、ゴルバチョフが着く前に「彼らは〝ポチョムキン村〟をつくりあげていた[102]」。「普通の労働者」の家庭では、前菜、キャンディ、珍味をたっぷり、ゴルバチョフに振る舞った。ボルディンによれば、病院の玄関に通じる道路はアスファルトで舗装し直した。路面からは「温かいタールの匂いと蒸気が立ち昇っていた」。ゴルバチョフが訪れた病棟では、「健康で血色の良い治安機関員が頭髪をきれいに刈り込んで患者になりすまし、医師や看護士、病院食をほめ称えた。だが自分の病気については、しどろもどろだった[103]」。

四月二三日の中央委員会総会が大きな転機となった。ゴルバチョフは「社会と経済の発展を加速させる」と正式に宣言した。その瞬間に「突破口」が開けた、とのちに述べている。六月には、全国民が新しい針路を歓迎したと豪語した[104]。最初に「加速」が必要なのは、科学と技術、特に機械生産の分野だった。ゴルバチョフとルイシコフは一九八四年、この問題に関する総会を準備したが、チェルネンコが中止した。一九八五年六月一一日にようやく、科学技術の発展を主題とする総会を開催する運びとなった。ルイシコフが語る。二人は「くたくたになって、彼の執務室に閉じこもり、昼食時も休まず、朝から晩まで座り続けた。歩くというより這うようにして、行ったり来たりした」。床を「書類の絨毯が覆っていた[105]」。だがゴルバチョフの基調演説は起爆力に欠けた。「大量の予備軍を集中的に動員し、科学技術を発展させる」という呼びかけは明快さに欠けた[106]。

チェルニャーエフはゴルバチョフ演説について、「国を世界水準へと引き上げる構想が、彼にはまだ明らかになっていなかった」と日記に記した。その段階では「方法論の断片[107]」を集めたに過ぎなかった。一九八六年二月の第二七回党大会の演説も、準備に苦労を重ね期待も高かった割には、総会の演説を凌駕するような出来栄えではなかった。ゴルバチョフは世界情勢をめぐり、「複雑で多面的、動きが激しく、対立に満ち、衝突が起きやすい」との認識を示した。冷戦を「階級」の対立とみるボリシェヴィキの二極論と決別する前兆が既に現れていた。ゴルバチョフは従来の制度について非常に鋭い指摘ができた。だが将来の展望になると、「加速化」[108]以外の処方を示せなかった。文字通り再建を意味するペレストロイカという用語も使い始めてはいたが、まだ包括的な変革の合言葉にはなっていなかった。

加速化は大胆なテンポで展開するはずだった。一九八六―九〇年の五カ年計画で、国家の歳入を二〇―二二パーセント、工業生産を二一―二四パーセント増やし、農業生産を倍増させる方針を定めた。二〇〇〇年までにソヴィエトの工業生産はアメリカに追いつくと公言した[109]。一九六〇年までにアメリカに「追いつき、追い越す」と言い放ったフルシチョフの大風呂敷を想起させた。経済の活性化を掲げ官僚の首をすげ替えるのも、フルシチョフ時代と同じ手法だった。農業を振興するために、政治局は農業関連の省庁や国家委員会など五つの機構を統合し、巨大な農業委員会(アグロプロム)を創設した。その議長にはゴルバチョフのスタヴロポリ時代の部下、ムラホフスキーが就任した。だが官僚主義の屋上に屋を重ねたところで、過度の中央集権がもたらす弊害は除けなかった。一九八六年末、ゴルバチョフはアグロプロムの創設について、誤りであったと判断した[110]。軍事部門で機能した品質管理の仕組みを、優先度の高い民生品に適用するため、国家検収委員会も創設した。委員会が品質を認めなければ、製品を販売したり輸出したりできないようにした。だが検査官が賄賂を受け取ったり、従来の低い品質にも目をつぶったりしたので効果は限定的だった。ゴルバチョフは「ランプの位置を変えただけだった[111]」と回想している。

ゴルバチョフの考えでは、共産党と社会各層にはびこる党官僚が、国家再生のため最も重要な役割を果たすべきだった。共産党がソヴィエトの基本構造を成すのはレーニン以来の原則だった。党官僚は共和国、地方、都市、町村などで、あらゆる地位を占め、イデオロギーの正統性や社会的信頼の確保のみならず、経済生産も統括していた。ゴルバチョフは党にまだ未開の潜在力があると信じていた。まさに自分こそが党の潜在力の権化である、とみなしていた。彼はスタヴロポリ時代に域内を精力的に視察し、人々がもっと働き、仕事の質を上げるよう督促した。ソヴィエトの書記長となってからも遊説で地方を巡り、自ら問題の所在を突き止め、それを解決できる人材を探した。一九八五年六月にウクライナを訪問、九月はシベリアまで足を延ばした。訪問先で足りないものを見出すと、鋭く追求した。シベリアのニジネヴァルトフスクは人口二〇万人の都市だが、「映画館が一つもない！［市の］指導者たちは何を考えているのか？」と問いかけた。「人々に仕事のやり方だけでなく、気持ちの持ち方まで」入れ替えるよう求めた。「心のペレストロイカがなければ、実際の行動も変わらない」[112]と考えたからだ。

ゴルバチョフは党の幹部に、自分を見習え、とは公に求めなかった。カザフスタンのある地方で党のボスだったワシーリー・デミデンコが同僚に、「ゴルバチョフのスタイル」を踏襲するように勧めた。ゴルバチョフは「お世辞は誰にも無用だ」と語った。だが自分の信条を人に押し付ける場合もあった。もっと人々の近くに！ もっと積極的に彼らとかかわらねばならない！ 人々の気持ちを読み取れ！ 言葉を引き出し、彼らが置かれた状況を分析せよ！[113] 彼いきなり説教をしたり命令をしたりしてはならない！ 彼はこのように指導部を叱咤した。

しばらくの間、ゴルバチョフは新しい道を順調に進んでいると感じていた。一九八六年三月四日、ソヴィエトを訪れたアメリカ共産党書記長ガス・ホールに対し、「何をなすべきか、何をなしつつあるのか、我々は知っている」と語った。[114] 第二七回党大会については、「創造的」で「開放的」な新しい雰囲気があり、「何から何まで演出ずくめ」だった過去の内輪の会合とは全く対照的であった、と自賛した。これまでの大会では、人々が「失言を恐れ」、「拍手喝采をする場面まで決まっていた」[115]。ゴルバチョフはペレストロイカという言葉を、あらゆる分野に適用するようになった。「我々は経済の管理、社会政策、政治とイデオロギーの仕事を立て直さねばならない。大会はそれを完全に承認した」[116]。西側はソヴィエトのミサイルより、「新しい集団」がクレムリンに登場する事態を恐れていたのだ、とゴルバチョフは豪語した。[117]

しかし事態は全く変わらなかった。加速化によって国が生き返るというのは幻想だった。経済の停滞をもたらした元凶に国家自体が依存していた。中央が計画を立てる硬直した制度、蔓延する秘密主義、科学技術の行き詰まりは、国家のあり方と不可分の関係にあった。ゴルバチョフが支援した機械製造業は、質の悪い製品を買ってくれる顧客を懸命に探していた。国家の補助金が膨張しても農業生産は伸びなかった。品不足も深刻化する一方だった。かつては贅沢な輸入品が手に入らない程度だったが、やがて普通の消費財が店頭から消え、今や食料や生活必需品までなくなっていた。市民は品物を「買う」ことはあきらめ、コネや工夫を駆使して「獲得する」しかなかった。最大の変動要因は原油だった。七〇年代から八〇年代にかけて、原油と天然ガスの価格が高かったので、輸出による収入が予算の歳入を支え、経済を維持していた。貿易も対外債務の返済も天然資源が頼りだった。ところが一九八五年一一月に一バレル当たり三一・七五ドルだった国際油価は、八六年春には一バレル一〇ドルに暴落した。[118] ソヴィエトでは原油の生産が減少した。ソヴィエトは一九八五年、穀物を輸入する資金を捻出するために、これまでになく原油を輸出する必要性に迫られていた。だがこの年の原油生産量は一二〇〇万トンまで落ちた。[119]

ゴルバチョフが経済問題で効果的な解決策を見い出せなかった理由はほかにもあった。彼は最高指導者の地位に就いた後も、状況がいかに深刻であるか実態を把握していなかった。これまでの書記長は悲惨な状況を示す統計を隠していたので、ゴルバチョフといえども知るすべがなかった。経済問題の主任補佐官としてのちにゴルバチョフに仕えるニコライ・ペトラコフによれば、歴代指導者の大部分は経済の実態を知ろうとしなかった。彼らのイデオロギー観では、「現実と理論が異なる時は、現実のほうが誤り」だった。ゴルバチョフは真実を知ろうと欲した。ありとあらゆる階層にはびこる官僚主義は、罰を恐れて事実を隠し続けてきたので、ゴルバチョフの手元には情報がなかなか届かなかった。ペトラコフに言わせれば、「社会主義の言語」が現実を糊塗していた。「部分的に」、あるいは「一時的に」という表現を使えば、失敗も成功に見せかけることができた。[120]

「加速化」の掛け声で改革が進まないのは当然だった。一九八五年一一月の時点で、年内の建築計画のうち着工にこぎつけたのは五一パーセントに低迷した。最優先と位置づけられた建築も、三分の一しか始まらなかった。農業生産も計画を下回っていた。三〇パーセントの飼料が腐っていた。多くの工場は一〇月の最後の四日間で、一カ月の生産計画を達成しようと狂奔した。このようにしてトラックや工作機械の四〇パーセント、テレビの二二パーセントが生産された。「この種の製品は水準が分かろうというものだ！」とゴルバチョフは嘆息している。新しい生産ラインの稼働が遅れ、全体の生産額は一五〇億—一七〇億ルーブルも減った。鉄鋼生産も既存の施設が十分に活用できず、九〇〇万トン減少した。[121]

一九八六年の前半、ゴルバチョフの演説は次第に、不安と切迫した警告の調子を帯びるようになった。「問題と混乱が国に蔓延している」(三月一〇日)[122]。「第一二次五カ年計画を達成しなければ、全てが無に帰す」(三月一一日)[123]。三月二〇日の政治局会議でソロメンツェフが、集団農場の農民が、個人で処分できる農産物を栽培すれば、社会主義農業を「脅かす」と発言した。ゴルバチョフは激怒した。「あなたは何を言っているのか? 店頭は空っぽだ。それでも個人的な労働を恐れるというのか? 社会主義が危機に陥っている現実が見えないのか?」[124]。「我が国の環境汚染についてデータを公表すれば、人々は我々を磔台に打ち付けて辱め、〝社会主義が自然に何をしたかを見ろ〟と言うだろう」(三月二四日)[125]。ゴルバチョフは四月の初めにクイブイシェフを訪れた。遅れた繊維工場、住宅不足、食料の配給制、六〇万人が住む都市に映画館が一つしかない実態、一七〇〇〇人の幼児が保育園に行けない現状を目の当たりにした。それにもかかわらず「進んで何かをしようとする者がいない」[126]。国内最大の自動車工場があるトリヤッチでは、「タイムマシン」で一九八五年三月よりはるか昔にやってきた錯覚にとらわれた[127]。モスクワ大学の級友でゴーリキー大学哲学部長となっていた男はゴルバチョフに手紙を書いた。「ミハイル、覚えておきたまえ。ゴーリキーでは何も変わっていない。な、に、も、起きていない」[128]。

チェルノブイリ原発事故も、まだ起きていない。

一九八六年四月二六日午前一時二三分。ウクライナのプリピャチに近いチェルノブイリ原子力発電所で4号基が爆発した。爆発に続き火災が発生した。大気中に飛散した放射性物質は、その量において広島に投下された原爆をはるかに上回った。放射能を帯びた雲はソヴィエト西部の広大な領域、ヨーロッパの北部や東部へも拡散した。原発周辺から避難し移住を迫られた住民は、最終的に三三万六〇〇〇人を超えた。放射能に起因するガンで多数の命が失われた。ゴルバチョフはその日のうちに、最初の報告をエネルギー電力省の第一次官から受けた。報告は「住民避難を含む特別の措置は必要ないと認められる」[129]としていた。この報告は、クレムリンが直ちに内外に危機を告げる警報を発しなかった言い訳にはなるかもしれない。しかし、ソヴィエトが事故発生を四月二八日まで隠し、ゴルバチョフ自身も二周間以上沈黙した理由にはならない。ルイシコフ首相を現場へ派遣しながら、ゴルバチョフがとうとう現場を訪れなかった理由にもなりはしない[130]。

チェルノブイリ原発当局は批判を恐れ、正確な情報を上げなかった。政治局は四月二六日のうちに、火災の延焼を防ぎ、原子炉は稼働を続けている、という報告を受けた。そして高いレベルの調査委員会を設ける決定をしただけだった。スウェーデンでは四月二七日、専門家が放射性物質の異状な増加を検知した。スウェーデンの原発が出処ではなかったので、ソヴィエトに異常の有無を照会した。ゴルバチョフは四月二八日、爆発の事実を認めつつも、「影響を最小限に留める措置がとられた」[131]と、ごく限定的な発表をした。全国民にテレビで惨事の発生を告げたのは五月一四日になってからだった。軍隊を派遣し、当初はチェルノブイリから一〇キロ、のちに三〇キロの範囲に住む人々を避難させた。政治局は五月一日までに詳細な情報を得ていたにもかかわらず、メーデー祝賀行事の挙行をキエフやチェルノブイリに近い都市で許可した。子供を含む数千人の市民が、何も知らずにレーニン像のある広場を行進した。チェルノブイリ原発ではさらに連鎖反応が起きたが、クレムリンは対応できなかった。ゴルバチョフとソヴィエトに対する評価は下がる一方となった。ソヴィエトの体制にとって原子力は最優先の分野だった。軍事だけでなく民生の部門でも重要な位置を占めるはずだった。他の分野で状況が悪化の一途をたどろうとも、原子力さえしっかりしていれば、体制が機能している証とも言い張れた。原子力開発に携わる科学者や技術者は、いかなる批判も免れてきた。政治局といえども彼らを軽々しく扱えなかった。原子力という聖域が腐敗しているとすれば、体制全体が腐敗していることになる。チェルノブイリは体制自体の欠陥、機能不全、あらゆる部門に蔓延する隠匿体質、指導部に染み付いた破滅的な秘密主義を暴き出した。ゴルバチョフは「チェルノブイリのおかげで、私ははっきり目を覚ました」と言う。彼の人生は「チェルノブイリの前と後という二つの部分に分けられる」[132]。

ゴルバチョフは五月二二日の政治局会議で、チェルノブイリの事故は「信じがたい無責任」の帰結であると述べた。「技術的な専門領域の狭い殻に閉じこもる」悪い習慣から脱却できず、聖域に閉塞する官僚的科学者が情報と権限をほぼ独占したために惨事が起きた、と総括した[133]。ゴルバチョフの後日談によれば、科学アカデミー総裁のアナトーリー・アレクサンドロフ、原子力相のエフィーム・スラフスキーは、「まるでペリシテ人のように、最悪の事態には至っていない、このような事故は民生用の原子炉でしか起きない、ウオッカをコップに二杯か三杯飲めばよい、食事をして眠ればよい、何事もうまくゆく[134]」という調子だった。

ゴルバチョフは七月三日の政治局会議で「誰にも備えがなかった」と声を荒げた。「民間防衛、医療、放射性物質の測定者、消防士、すべてが為すすべを知らなかった。茫然自失となった。子どもたちは路上で遊んでいた。爆発が起きた翌日も近所で結婚披露宴が催されていた。放射性物質がどこへ流れてゆくか、調べた者がいるだろうか？　何らかの対策を講じた者がいるだろうか？　一人もいないではないか。かの発電所の所長は我々に対して、このような事故は起こり得ないと豪語してきた。過去五年間に一〇四件の事故が起きていても、何も気にかけなかったと言うのだろうか？　スラフスキーの次官は今になっても、この型の原子炉は信頼できると主張している」

ゴルバチョフはスラフスキーに言った。三〇分にわたり、「君は我々に全ては信頼に足ると言い続けた。君を神であると、我々が信じると思っているかのようだ」。「中央による統制が完全に機能していると思い込んでいた分野で、それが実は存在しなかった。たった一本の釘を打ち込むために、数千の機関の承認が必要なのだ」

ゴルバチョフは原子力分野のエリートを罵倒した。彼らは皆「奴隷根性に支配され、追従の悪癖と派閥根性が抜けず、異なる意見を持つ者を排除するために一芝居打ったり、個人や仲間の人間関係を利用したりしている」[135]。チェルノブイリ事故が白日のもとにさらけ出したのは、「古いシステムが疲弊して使い物にならない」という事実だった。ライーサはチェルノブイリ事故の知らせを受けた時の衝撃を長い間忘れられなかった。それは「初めての、それがゆえに恐ろしい兆候」[136]であった。これから起きる問題を「不吉な占いが予言」していた。チェルノブイリ事故はゴルバチョフの新たな路線にも、確実に具体的な害を及ぼした。大惨事の回復に時間や精力、資源を費やしたため、国民が必要とし期待する製品の生産や施策の実施がおろそかとなった[137]。

グラチョフの見方によれば、ゴルバチョフはチェルノブイリ事故により「心理的な障壁」を乗り越えた。彼は「従来より大胆になった[138]」。まずは自分自身とクレムリンの同僚たちに、当初の戦略が誤りであった、あるいは、そもそも戦略が欠如していたのだ、と言い聞かせなければならなかった。ゴルバチョフは一九八六年四月から年末にかけて、事実上あらゆる国内の事象に対し、批判の度合いを急速に強めていった。

五月二九日、モスクワの野菜流通について――。「一日に七〇〇〇トンの野菜を販売しなければならないのに、四〇〇〇トンしか扱われていない。一九八一年から八五年にかけて、一三〇〇万トンのうち三二〇万トンが倉庫で腐り果てた。イタリアでは倉庫の九〇パーセントが近代的で換気設備が整っている。我が国ではどうか？　〇パーセントである[139]」

六月五日、徴兵について――。「徴兵の二人に一人はイスラム教徒である。彼らの多くはロシア語が分からない。何十万人もの兵士が刑務所にいた経歴の持ち主である。宣誓や武器の使用を拒否する平和主義者も徴兵している。まさに〝状況は年々悪化している〟のだ[140]」

六月一三日、名指しを避けつつ――。「惰性を克服しなければ、我々は彼らを排除できない。何らかの問題で調査が提起されたとしよう。彼らは問題ではなく、問題を提起した者を調べるのだ。我々は民主主義の慣習を忘れてしまった。あるいは最初から身につけていなかったのかもしれない[141]」。

六月二三日、官僚主義について――。政府では閣僚の高齢化が進みすぎ、党官僚は「お蔵入り」状態だ。「我々は沼地に落ち込んでいる。そこが今の居場所なのだ」。「〝効果と質に関する五カ年計画〟に着手する議論をしているが、そのようなものは、かつて会得したこともないし、現在も備えてはいない」。「我々は発展途上国にも追い越されている」。「我々は相変わらず排泄物の中でしゃがみ込んでいる[142]」

七月二四日、（かつてゴルバチョフが得意とした）理論と哲学について――。「課題の中の課題がある。しかし……我々には備えがない。経済専門家の大部分は変革を求めている。だが提言を求めても、答えが返って来ない[143]」

八月一四日、東部遠方の地方視察を終えて――。「私は路上や工場で人々から攻撃を受けた。特に女性の批判がこたえた。国防産業は繁盛している。だが人々は一〇年も一五年も住宅の供給を待っている。湖の隣に街があっても飲料水がない。子供の服がない。子供たちはアイスクリームも見たことがない。りんごさえ手に入らない[144]」

九月二五日、農業と囚人について――。ソヴィエトは収穫に使うコンバインを世界で最も多く生産しているが、「役にたたない」。帝政末期の数年間、獄中にある囚人の数は平均して一〇万八〇〇〇人ほどだったが、一九八六年は十倍になった。「それを我々は社会主義と呼ぶのだろうか？[145]」

一〇月二三日、大学について――。怠惰な教授たちは黄ばんだ古いノートを読み上げるだけだ。論文を書く大学生もいるが、大部分は遊びほうけて飲んだくれている。「私がいたストロムインカの寮では、二二人が一部屋で暮らしていた。ひどい状態だと思いますか？　今ではレーニン丘で学生一人に一部屋があてがわれている[146]」

一〇月三〇日、管理体制について――。「我々は長い間、誤りを犯し続けてきた。我々は管理をしていると思い込んでいたが、そう見えるだけだった[147]」

ゴルバチョフの怒りと不満は募る一方だった。八月はヤルタに近い黒海沿岸で休暇を過ごしたが、「懸念や心配ごと」のために「気持ちが沈み」、神経が「張り詰めていた」。彼は党人事の大幅な刷新を考えながら時を過ごした。だが新たな人材を据えても、古い制度に足をとられてしまうのではないか、と気がかりだった。「本当に求められているのは、システムの真の変革であった」。そこまで考えて、「私にとっては、このような結論がもう扇動的とは思えないことに[148]」驚いていた。

チェルニャーエフはこの時点で、外交を担当する首席補佐官として正式に任命されていた。だが彼は外交に限らず、あらゆる問題の検討に参加した。政治局会議にも出席してメモをとった。ゴルバチョフや他の補佐官と頻繁に会った。ゴルバチョフとは二人だけで会うことも多かったし、ヤコヴレフが同席する時もあった。チェルニャーエフは「［ゴルバチョフが］政治局会議で発言したり、側近たちに語ったりする内容に」驚愕した。それでも「ゴルバチョフが完全に自分をさらけ出すのは、私一人（そして、おそらくヤコヴレフも）の前だけだった」。ゴルバチョフは「我々がしたこと、していることを容赦なく批判した」。だが一九八六年のチェルニャーエフ日記には、「いかに言葉が激越でも、そして状況をどのようにとらえようが、実際の行動には慎重だった[149]」との記述がある。

「加速化」は失敗した。代わりに何を掲げるか。それへの支持をいかに政治局で取り付けるかが問題だった。「加速化」を打ち出す過程で、クレムリン内部の溝を埋める効果が現れた。リガチョフ、ソロメンツェフ、そして彼らよりやや地位は低いが、チェブリコフ、ウォロトニコフは、秩序の回復を重視した。ルイシコフらは科学技術の発展を推進しようとした。メドヴェージェフ、ヤコヴレフは経済改革が大事だと考えていた。ゴルバチョフによれば、彼は急激な改革を一九九〇年代になるまで先延ばしすることで妥協を図ろうとした。それまでの時間を経済の加速化に使おうと目論んだ[150]。手探りとも言えるやり方だったが、それでも過激すぎるとの懸念が表明された。ウォロトニコフは六月二〇日の政治局会議で「システムが揺らぐのではないかと心配する人々がいる」と発言した。「段階的に小刻みに歩を進めるほうが賢明ではないだろうか」[151]。七月二九日のチェルニャーエフ日記によると、他の者は「文句を言い始めた」[152]。一九八六年に採択された二つの法律が新たな対立を象徴していた。五月に成立した〝不労所得〟に関する法律と、一一月にできた〝個人労働〟に関する法律は、互いに矛盾をはらんでいた。先の法律はもともと賄賂の防止を狙っていたが、小規模な私営事業を罰する結果を産んだ。ところが後の法律には、これら私営事業の活動を奨励する目的があった。ゴルバチョフの同僚が全て、個人経営を奨励していたわけではなかった。「若者が一人二人、ある種の商行為を学んでいる。それを我々は〝搾取〟と呼ぶ……社会主義が根底から損なわれているかのように！」[153]。ゴルバチョフは政治局で個人の商行為に反対論が出ると、このように皮肉った。

アレクサンドル・ヤコヴレフは、絶望的な状況を救うため、真に急進的な改革が必要であると考えていた。彼は一九八五年八月、中央委員会宣伝部の会議で、「我々は一五年の間、眠りほうけてきた。国家は弱体化するばかりである。二〇〇〇年には二流国家に転落するだろう」[154]と言葉を荒げた。彼は一二月末、衝撃的な改革案を幾つもまとめてゴルバチョフに提出した。提案は次のような内容を含んでいた。共産党は国家における「指導的役割」を放棄しなければならない。党は民主的に運営されねばならない。国家の立法府と行政府は分離しなければならない。立法府は複数候補制による選挙で当選した議員で構成し、実際に機能する機構とする。司法機関は所有権や言論の自由など個人の権利を守るため、独立性を保たねばならない。労働者には企業経営に対する発言権を認めねばならない。二つの政党（二という数が肝要）がそれぞれ候補を出し、国民が投票して大統領を選ぶ。二つの政党とは社会党と国家民主党であり、ともに共産党から改名した共産主義者同盟と連携する[155]。

それは単なる改革ではなかった。ソヴィエトの政治システムを覆す革命だった。ただこれらはあくまで究極の到達点だった。ヤコヴレフは、ゴルバチョフが一九八五年から八六年にかけて、準備段階として取り組むべき代案も用意した。ヤコヴレフは二〇〇五年のインタビューで、ゴルバチョフは急進的な変革へ向けて「社会的基盤」を整えるべきだった、と語っている。ヤコヴレフによれば、ゴルバチョフは「軍を改革し」、「KGBを刷新して生まれ変わらせ」、集団農場を解体し農業の民営化を進め、中小企業を振興させるべきだった。ゴルバチョフはそれらを怠り、強硬派に引き込まれて、反アルコール政策や、「不労所得」、「私的労働」の取締など愚かな措置に時間を浪費した。ヤコヴレフの見るところゴルバチョフは、ヤコヴレフが提案した大胆な改革を遂行すれば、党のエリートが行く手に立ちはだかり、場合によっては自分が放逐されてしまう事態を恐れていた。実際のところ、保守派はもっと穏やかな改革さえ妨害しつつあった。ヤコヴレフはゴルバチョフが自分の権限を過小評価していた、と語る。古手の保守派はゴルバチョフを恐れていた、と言う。「彼らは哀れな臆病者だった。彼らはスターリン時代から恐怖に震えてきたのだ」。ゴルバチョフが全く新しい人材を指導部に入れても、保守派は抵抗できなかっただろう。穏健な開明派の党官僚はおろか、レニングラードの法学者アナトーリー・サプチャクや、モスクワの経済専門家ガブリール・ポポフら、大胆な自由主義者を招いても騒動にはならなかったはずだ。サプチャクはレニングラード市長、ポポフはモスクワ市長となる人材である。

ゴルバチョフは一九八五年一二月のヤコヴレフ提案を、検討の余地さえないと考えたわけではなかった。ただ「時期尚早だ。まだ先の話だ[156]」と判断していた。ヤコヴレフが示した準備段階としての代案でさえ、国が受け入れるだけの環境は整っていないと感じていた。無理をすれば政治局の同僚が自分を排除しようと動きだし、一九六四年のフルシチョフと同じ憂き目に遭うと恐れた。その判断はおそらく正しかったであろう。ヤコヴレフも用心の大切さは知っており、「大きな変革に取り組む指導者は極めて狡猾でなければならない」とも語っている。「現存する過酷なシステムを衰弱させるために必要な毒の量を見定め」、同時に「計略と妥協の達人とならなければならない。それができなければ、最初の間違いが大きな災厄に発展してしまう[157]」。

ヤコヴレフの構想を早期に達成するのは無理だった。一方でゴルバチョフのグラスノスチが既に進行していた。ボリシェヴィキは誤りを犯した者は罰しつつも、建前の上では「批判と自己批判」を歓迎することになっていた。グラスノスチという言葉は「声」を意味するロシア語に由来するが、公開度の向上や透明性の拡大を志向していた。ゴルバチョフは当初、グラスノスチの範囲と展望を限定的に考えていた。だが次第に広い意味で、この言葉を用いるようになった。他の分野の改革へ支持を高める思惑もあった。

特に知識人の応援を期待した。ソヴィエトではまだ不十分とはいえ、言論の自由を掲げてもいた。

ゴルバチョフは一九八五年三月一一日、書記長に選出された際の演説で、「党、国家、そして社会組織」には、もっとグラスノスチが必要である、と呼びかけた。[158] 国防関連の情報は政治局員にも容易に開示されなかった。ゴルバチョフによれば、政治局員たちも「あえて関心を示さなかったし、情報を求めもせずに」軍事をめぐる決定に署名していた。KGB絡みの文書、外国貿易の統計、特に兵器輸出関連は機密扱いだった。穀物や原油、天然ガス、金属の輸出入についても、海外で公になっているのに国内では秘密だった。経済、社会、文化、人口などあらゆる分野の統計は厳重に検閲され、指導層といえども知るのは容易ではなかった。特に生活水準、健康、犯罪に関する統計は極秘だった。ゴルバチョフはのちに、「荒々しく野蛮な態度で自然に接した」ために起きた「環境破壊の全貌[159]」を誰も知らなかった、と語っている。

ゴルバチョフは一九八五年一一月二六日付で異例の文書を政治局に提出し、情報封鎖への不満を吐露した。「事実の半分」しか指導部に伝わらず、成功は誇大化し、失敗は隠すか、他人に責任を転嫁している、と指摘した。海外で働く外交官は、モスクワの指導部が喜ぶ基準で情報を選び報告を送ってくる、工場は手作りの単品をまるで、大規模な生産ラインから出てきたように装っている、などと指弾した。[160] 今に始まった現象ではなかった。それはウオッカのようにロシア的であり、当事者の群れには安息の体系でもあった。ゴルバチョフはグラスノスチを社会へ最大限に拡散させれば、このような旧弊を一掃できると考えた。そこに新しさがあった。

ゴルバチョフは一九八五年一〇月一六日、地方の党指導者たちを集め、「この国で何が起きているのか人々は知るべきである」と激を飛ばした。「それを理解する者は我々を支持し、自ら理念を持って前進し、公共の利益に貢献するであろう[161]」。ではどのようにして真実を国民に伝えるのか？　ゴルバチョフは当初メディアと知識人に依存した。しかし党機関「プラウダ」紙には頼らなかった。保守的なヴィクトル・アファナーシエフ編集長は一九八九年までその地位に留まった。ゴルバチョフが早くから交わった編集者や書き手、映像作家が編集するようになった雑誌や定期刊行物が、グラスノスチを支えた。フルシチョフ以降のソヴィエト指導者は、有権者とほとんど顔を合わせなかった。ゴルバチョフは興が乗れば、六時間も有権者と意見を交換した。「ズナーミヤ」（小説や詩、社会評論などを掲載する本格的な雑誌）の編集者だったグリゴーリー・バクラーノフが語る。同行した他の政治局員は「居眠りを始めた」が、ゴルバチョフは「目を輝かせ、メモも見ずに、楽しげに語り続けた」。バクラーノフはゴルバチョフの顔を眺めつつ、「賢明な人物の表情だ」と思った。「人の話を何でもよく聴き、全てを学び取り、なお自分の意見を曲げなかった」[162]

レーニンは映画をプロパガンダの主要な道具とみなしていた。大衆に強く訴える力を映画に見いだしていた。レーニンは文化人民委員のルナチャルスキーに、「映画は我々にとって最も重要な芸術である」[163]と語ったと伝わる。作家、画家、作曲家と同様に映画監督も「同盟」に組み込んだ。おだてや脅しで手懐けるためだった。同盟の指導部は形ばかりの「選挙」で決めた。候補者の名簿は党の機関が作成した。それぞれの地位に一人ずつの候補を立て、各同盟の定期大会で「全会一致」の賛成で承認した。ところが一九八六年四月、映画人が反旗を翻した。党が作成した候補者名簿に、同盟の候補者選定委員会が選んだ候補を追加した。選挙では党が指名した候補が落選し、委員会が指名した候補が勝った。ゴルバチョフ周辺のリベラル派が筋書きを描いて演出したのだろうか？　この疑問に映画演劇評論家のマーヤ・トゥロフスカヤがのちに答えている。彼女によれば、選挙結果には、党のお仕着せに抵抗した人々も、旧来の同盟指導部と同様に「びっくり仰天」してしまった。「私たちは事前に何の相談も合意もしていません。準備もなかった。それは無理なく自然に、そして劇的に起きたのです」[164]

映画界には作品の一部を削除されたり、公開を棚上げされたりした恨みが積み重なっていた。五月一三日から一五日にかけて開催された同盟の総会では、何十年も鬱積してきた不満が噴き出した。「どの演説も批判に次ぐ批判の連続だった。極めて真摯、極めて辛辣、極めて厳しい声だった」。映画制作者のエレム・クリモフが語る。彼は党公認の候補を破り同盟の議長に選出された人物である。[165]

総会が終わると、さらに衝撃的な事態が生じた。クリモフは「没収フィルム」を取り戻さねばならないと訴えた。「どのくらいのフィルムが没収されたのか誰も知らなかった」[166]。同盟は争議委員会を組織して、上映禁止となっていた作品を鑑賞し「復活」させていった。その数は百を超えた。『懺悔』は一九八四年にグルジアのテンギス・アブラーゼ監督が撮影を終えていた。当時グルジアの第一書記だったシェワルナゼも協力したが、上映が許可されなかった。寓意に満ちた作品である。グルジアの小さな街の市長ワルラームが、ヒトラー、ムッソリーニ、スターリンを混ぜ合わせたような人物として描かれている。小さな髭を生やし、黒いシャツを着て、豊かな黒髪を蓄えている。ワルラームは死去し、丁重に埋葬される。ところが彼の遺体は「逮捕」されるまで、何度でも地上に現れる。過去にワルラームがいかに多数の犠牲者を投獄し、破滅に追い込んだかも描かれている。『懺悔』は複雑な作品で、安易な理解を拒む。スターリンが批判の対象であるか否か依然として明確ではなかった時代に、この作品は暴露の性格を帯びていた。クリモフはそれを承知の上で、話を直接ヤコヴレフに持ち込んだ。ヤコヴレフは急進的な改革の信奉者ではあったが、さすがに即答に窮した。彼はクリモフに尋ねた。「他の社会主義国の同志たちが何と言うだろう? この映画の公開は、我々の社会システムを変えてしまう[167]」。ヤコヴレフはゴルバチョフに作品を見せた。ゴルバチョフは「これは爆弾だ」と言った。シェワルナゼもゴルバチョフにこの映画の公開を求めていた。ゴルバチョフはシェワルナゼに、いずれは「青信号」を出すと約束した。公開の是非は政治局が決めるべきだ、と述べる政治局員もいた。だがゴルバチョフは映画人同盟に決定を委ねる立場を貫いた。これまでに例のない差配だった。『懺悔』はまずグルジアで試写された。次いでモスクワでも一部の映画館で上映された。その上で一般に広く公開された。反響はすさまじかった。ソヴィエトの市民はたちまち、急速な変革が実際に進んでいることを理解した[168]。

ソヴィエトの作家同盟は映画人同盟より保守的だった。文芸検閲の大御所ゲオルギー・マルコフの影響下に長くあって、その指導部は「厳格に」選出された。あらかじめ決まった候補者名簿をそのまま承認するのが習わしだった。投票の際に特定の候補の名を線で消して、消極的な不同意の意思を示す自由さえなかった。アレーシ・アダモーヴィチによると、作家同盟の総会では、代議員たちはまずクレムリンの廊下で待たされた。そこは狭すぎて、大きな投票用紙に並んだ候補者の名前を座って読むこともできなかった。「投票用紙を投票箱へ入れるほか、ほかには何もできなかった[169]」。ゴルバチョフの目には、老化した同盟指導部が「無能で愚かな老人たち」にしか映らなかった。「自画自賛し自分に賞を与えている」。だがゴルバチョフは同盟指導部の交代を命令しなかった。政治局でリガチョフらが彼らを支持していたためでもあるが、政治家が知識人を支配する因習を変えたい、と考えてもいたからだ。

一九八六年六月の作家同盟大会で、アダモーヴィチらリベラルな作家は指導部にわずかな数の味方を送り込んだ。ただ古い勢力も力を保ち、従来の路線を維持した[170]。

アナトーリー・ルイバコフの小説「アルバート街の子供たち」は、作品自体が持つ力でイデオロギーの障壁を突破した。映像を通じて『懺悔』がもたらした影響を文学で実現した。ルイバコフは一九一一年にウクライナのチェルニゴフでユダヤ人の家庭に生まれた。一九三四年に逮捕され、シベリアへ送られた。釈放後は戦車の指揮官として第二次大戦に従軍した。初期の作品は体制の意向に沿ったもので、スターリン賞を二回受賞した。「アルバート街の子供たち」は半自伝的な作品で、若く良心的な共産主義者サーシャ・パンクラートフを描いた。スターリンによるテロルの嵐は、パンクラートフのような老若男女の理想主義者たちを次々と流刑にした。作品は冷酷で偏執的なスターリンの人物像を鋭い筆致で活写した。レニングラードの第一書記でスターリンの側近だったセルゲイ・キーロフを、一九三四年に殺させたのは、ほかならないスターリンであった、とも書いている。「アルバート街の子供たち」は一九六〇年代から地下出版で流布していた。一九八五年七月にヤコヴレフが中央委員会の宣伝部長になると、チェルニャーエフはこの作品の原稿を送りつけた。この時もヤコヴレフは逡巡した。スターリンの描き方と「セックスの氾濫」が理由だった[171]。今度はルイバコフ本人がゴルバチョフに作品の原稿を送った。ゴルバチョフ夫妻は作品に好意的だった。だがゴルバチョフは「芸術という点では、それほど強い印象は受けなかった」とも述べている。ゴルバチョフは「この本は出版されるべきだ」と感じたが、実際の出版は一九八七年までずれこんだ。ゴルバチョフはのちに、この作品が「多くの人々をとらえている恐怖を乗り越える勇気を与え……全体主義の仮面を暴いた[172]」と語っている。

限定的ではあったが、グラスノスチは知識人を勇気づけた。だが政治局では混乱も招いた。幾人かの政治局員は、『懺悔』と「アルバート街の子供たち」の公開に断固として反対した。リガチョフは一九八六年一〇月二七日、「アルバート街の子供たち」について、「スターリンの否定につながる。我々の戦前の政策も否定される」、「キーロフ殺害を歪曲している」、「発刊してはならない[173]」と声を荒げた。同じ政治局会議の席でKGB議長のチェブリコフは、「ソヴィエト政権に唾を吐きかける雑誌」を批判し、「両親が受けた被害を清算する[174]」作家たちを糾弾した。チェブリコフは数週間前の作家同盟総会に関して、悪意に満ちた特別報告を用意していた。それによれば、西側の情報機関が階級的原則から「逸脱した」一部のソヴィエト作家に「働きかけ」、農業集団化や党の文学路線に疑問を抱かせ、「反対者や修正主義者」の見解を支持させているのだった。

ルイバコフも「反対者」の一人に数え上げられていた。チェルニャーエフは「誰に対する反対者なのか？　ゴルバチョフに対してか？　四月総会の指針に対してか？　二七回党大会に対してか？」と、不満を連ねた。「まるでスターリン時代のような糾弾の仕方だ」。そして「国のあり方も、何も変わっていないかのようだ」。

チェルニャーエフが大いに困惑したのは、ゴルバチョフが政治局会議でチェブリコフに報告を許した事実だった。チェブリコフも政治局員である以上、認めざるを得なかったという見方もできよう。しかし、ヤコヴレフがゴルバチョフに「一五人から二〇人もの才能豊かな作家が国を捨てました。これ以上の流出を許すのですか？」と尋ねた時、ゴルバチョフは「無視した」。しばらくしてゴルバチョフはヤコヴレフに、「リガチョフのところへ行って話をしたまえ」と言った。リガチョフはＫＧＢが作家を追い回しているのはけしからん、との見解だった。リガチョフが描く改革とは、罰則の権限を「中央委員会が独占することだった[175]。

一九八五年の時点で、反体制派として糾弾されたソヴィエト水爆の父アンドレイ・サハロフは、妻のエレーナ・ボンネルとともに流刑地のゴーリキー市に滞在していた。夫人も「ソヴィエト体制を中傷した」罪に問われていた。四月と七月の二回にわたり、サハロフはハンガーストライキをした。夫人のアメリカ訪問を認めさせるためだった。夫人はボストンで母親や子供、孫たちに会い、心臓病の治療を受けたいと願っていた。サハロフは七月、「特別な状況に鑑み」政治活動を「停止」するとゴルバチョフに告げ、夫人への出国許可を懇願した[176]。ＫＧＢによる徹底した妨害を受けて、サハロフの影響力は既に極度に低下していた。

一カ月後の八月二九日、ゴルバチョフは政治局の合意を取り付けた。保守的な政治局員は、ユダヤ人の妻が夫に及ぼした力は「シオニズムの何たるかを示している[177]」と嘲笑したが、決定を阻止はできなかった。ボンネルはボストンを訪れ、帰国後はゴーリキーの住宅で夫との生活に戻った。サハロフが回想する。一九八六年一二月二五日の午後一〇時ごろだった。入り口の呼び鈴が鳴った。サハロフは「郵便にしては遅いな」と思った。「そもそも我々を訪問する者などいるはずもなかった」。二人の技術者がＫＧＢ職員に付き添われて立っていた。電話を設置するためだった。「明日の朝一〇時に電話が入ります」とKGB職員は告げた。

実際の電話は午後三時ごろだった。電話口で女性の声が「ミハイル・セルゲイエヴィチがお話しになります」と知らせた。「ハロー、どうぞお話しください」とサハロフが応じた。ゴルバチョフが出た。「あなたの手紙を受け取りました」。サハロフが「良心の囚人」全員の釈放を求めて一九八六年一〇月に出した手紙のことだった。ゴルバチョフは言った。「それを検討し議論しました。あなたはモスクワに戻れます。……エレーナ・ボネール［名前を間違えていた］についても決定がなされました。……モスクワに一緒に帰れます。……国を愛する仕事に戻っていただきたい」(178)

サハロフの釈放は画期的だった。だが分裂の予兆でもあった。サハロフと、彼を崇拝する知識人たちはゴルバチョフを支持する一方で、国家の自由化をさらに広く早く進めるよう求めた。政治局内外の共産党保守派は抵抗した。緊張は高まったが、グラスノスチが多方面で進んだ。ゴルバチョフ人気は上昇したが、周囲の警戒も招いた。このためゴルバチョフの政策は広く浸透しなかった。ゴルバチョフのやり過ぎを恐れる勢力と、やり足りないと考える勢力の双方から、批判を受ける結果を招いた。どちらの陣営も批判の矛先を、やがてゴルバチョフ個人へ向けるようになった。

第7章 世界の檜舞台へ 一九八五年三月―一九八六年一二月

ゴルバチョフが名付けた「新思考外交」は国内改革より、めまぐるしい進展を見せた。権力の座についた時、彼の頭の中では外交の領域に、国内政策より明確な展望が開けていた。一九八六年秋の時点では破天荒とも言うべき構想も、幾つか抱いていた。核兵器は削減どころか、廃絶まで考えていた。だが新たな外交政策を推進するチームを、まとめ上げるまでには至っていなかった。外交分野においても、古い考え方にとらわれた抵抗勢力が彼の前に立ちはだかっていた。このため初期の新思考外交は、国内改革と同様に、実質をさほど伴わない形骸的なものにとどまった。外国の首脳からも強い風圧を受けていた。特にアメリカ大統領のロナルド・レーガンは、ゴルバチョフに厳しい態度をとった。だが国内の抵抗勢力に比べれば、外国首脳のほうがまだましだった。国内では政敵や頑迷な官僚、出口の見えない経済危機や社会の停滞が重い足かせとなっていた。外交の舞台で十分な存在感を示すと気晴らしにもなった。レーガンやサッチャー、フランスのミッテラン大統領と対等に、時には彼らを上回る存在として渡り合えたし、世界の指導者が構成するクラブの一員として認められもした。それにもかかわらず、一九八六年末になると、ゴルバチョフは国内政策のみならず、外交政策でも行き詰まり、大幅な修正を迫られるようになった。

一九八五年に書記長となる前にも、ゴルバチョフには外交経験があった。だが豊富な経験とは言い難い。ゴルバチョフの補佐官を長年務めながら、のちに激しく対立したワレーリー・ボルディンは、「[ゴルバチョフは]外交が得意ではなかった。この分野では経験が乏しかったからだ」と述べている。[1] たしかに初期の外国訪問は、どちらかと言えば、外交というより外遊に類していた。だが一九八四年にはイギリスでサッチャーをやり込めたし、その年の夏に訪れたフランスではミッテラン大統領に強烈な印象を植え付けた。ミッテランにゴルバチョフとの面会を強く勧めたのは、フランス外相のローラン・デュマである。会談は一時間半に及んだ。「それは我々がモスクワを離れる朝のことだった」とデュマが回想する。ミッテランはデュマに、「君が彼と会うように強く勧めた判断は正しかった」と感謝した。ゴルバチョフにはユーモアという武器があった。ミッテランがのちにソヴィエトを訪問した際、同行したフランス国民議会の議員クロード・エスティエは、クレムリンで催された歓迎の公式レセプションにゴルバチョフが遅れてきたことを覚えている。「彼は謝罪の言葉を述べ、農業分野の問題で緊急に対処する必要があった、と説明した。私はその問題がいつ生じたのか、と尋ねた。彼は意味ありげに笑って、一九一七年だ、と答えた[2]」

モスクワで最高指導部の一員であれば、書記長ではなくても外交に関与できた。外交官のユーリー・ウォロンツォフが回想する。ブレジネフが主催する政治局の会議でゴルバチョフは「いつも注意深く議論に耳を傾けていたが、決してどちらか一方に味方することはなかった。外交分野ではグロムイコが皇帝のような存在だった[3]」。アンドロポフはゴルバチョフが外交に習熟するよう仕向けた。だがグロムイコがゴルバチョフを攻撃しないように、ゴルバチョフの発言を封じることもあった[4]。

プログレス出版が刊行するいわゆる「白書」は、外国の政治文献をロシア語に翻訳したもので、指導部に属する人物しか読めなかった。原著者は西欧の共産主義者からウィリー・ブラント、ミッテランら社会民主主義者にまで及んだ。やがて外相となるアレクサンドル・ベススメルトヌイフは、外務省でグロムイコを補佐しつつ白書を読んだ。ゴルバチョフも熱心な読者だった。ベススメルトヌイフによれば、「他の政治局員は読んでいなかった[5]」。それに加えてゴルバチョフは中央委員会の執務室に、開明的な外交の専門家を頻繁に呼び、世界経済や戦略バランスについて見解を聴取した。アルバートフ、東洋学研究所のエヴゲーニー・プリマコフ、原子力専門家のエヴゲーニー・ヴェリホフ、宇宙科学者のロアリド・サグジェイエフ、経済専門家のアベリ・アガンベギャン、社会学者のタチヤーナ・ザスラフスカヤが意見を述べた[6]。サグジェイエフが語る。「ゴルバチョフは幾つも並行して作業部会を運営しており、私の全ての友人、知人の何人かが招かれていた[7]」。こうした専門家との対話に加え、カナダから帰国後は世界経済国際関係研究所の所長になったヤコヴレフや、前所長のニコライ・イノゼムツェフとも意見交換を重ねた。さらに内外政策に関して一一〇もの報告書を作成させた[8]。

ゴルバチョフの相談役には「見識のある」官僚たちもいた。チェルニャーエフ、シャフナザーロフ、中央委員会国際部のブルテンツ、中央委員会国防部のニコライ・デティノフとヴィターリー・カタエフ、ベテラン外交官のワレンチン・ファーリンとアナトーリー・コワリョフらの面々である。自由な発想をするユーロコミュニズム諸政党との関係を担当する党官僚たちには、開明的な人材がいた。チェルニャーエフは「国際関係を担当する二つの部には、数十人というほどではないが、そのような人々が多かった」と語る。シャフナザーロフによれば、自由な思考はユーロコミュニズムの影響というより、「我々自身が新しい思考を熟成させた」結果[9]だった。

グラチョフによれば、「一種の専門家集団が形成され、指導者の登場を待っていた」。科学者たちは外国の学者との交流拡大を望んでいた。実業家や地方の党官僚は、国防が湯水のように予算を飲み込む実態に不満を募らせていた。ニコライ・レオーノフのようなKGB高官でさえ、「軍需産業界の人々は……経済を全く考慮しない。彼らは我が国の資源は無限であると思っている。国の実情を全く知らないかのようだ」と述べている。シャフナザーロフが語る。「我々はいくらでも意見書を書けた。だがそれらは、『新しい』指導者が書記長になるまで役立たなかった……[10]」。

しかし、ゴルバチョフが書記長になって間もなくの演説には、ブレジネフ時代のような内容も散見する。チェルニャーエフは、アフガニスタンからの素早い撤退がゴルバチョフに「精神的、政治的な基盤を与え、そこを起点にさらに山の高みを目指せる。フルシチョフが第二〇回党大会でスターリン批判の演説をして土台固めをしたようなものだ。言うまでもなく外交でも最高のスタートを切れるだろう」と考えていた。チェルニャーエフは、ゴルバチョフがラウル・カストロに「困っている友人を見捨てはしない[11]」と告げたことを知り、愕然とした。ゴルバチョフは四月一九日の中央委員会総会で演説をした。大いに注目を集めた演説だったが、チェルニャーエフによれば、内政では「力強さ」があったものの、「外交では平板で凡庸、標準の域を出なかった」。チェルニャーエフの隣にはアルバートフが座っていた。彼は「要請に応じて提出したもの[12]」を、ゴルバチョフが演説で全く取り上げなかったと怒った。ゴルバチョフは第二次大戦の勝利から四〇週年を祝う式典で演説をしたが、ブルテンツはこの演説を「まるでブレジネフのようだ」と思った。ゴルバチョフがウィリー・ブラントを相手に、ワシントンの「好戦的な拡大主義[13]」について長口舌を振るったことにも失望した。

チェルニャーエフが語る。「彼は外交でも国内でも変革を望んだ。だが、どのように実現したらよいのか、まだ方法が分からなかった」[14]。ゴルバチョフは「詳細な行動計画はなかった」と認めつつも、「目的は十分に明確だった」と主張する。だが彼の言う「新思考」がまだ発展途上にあったことは、古い思考から脱皮できない実態を示してもいた。グラチョフによれば、ゴルバチョフは「戦後のソヴィエト外交の基本方針は正しかったと信じていた。国家の安全を保障し、世界における社会主義の歴史的な使命を守る必要性があったからだ[16]」。

ゴルバチョフが慎重だったのは、戦術的な理由にもよる。のちにアメリカ大使となるドブルイニンは、「彼も最初のうちは、自分の足元に注意を払わねばならなかった。特に政治局で力を蓄えるため時間が必要だった。軍部の有力者に対しても同様だった」と語る。西側との対立は続いていた。「レーガンが次にどのような手を打ってくるか、彼には皆目分からなかった[17]」

ゴルバチョフは最初の新機軸として、グロムイコに詳細な指示を出した。チェルニャーエフによれば「署名がある単なる紙切れ」ではなく、「彼自身が目前の問題をどのようにとらえているかを示す何枚もの覚え書き」を与えた。ゴルバチョフがラウル・カストロに述べた言葉には確かに、チェルニャーエフの気に入らない部分があった。それでもキューバの指導者に対するゴルバチョフの態度は、「新鮮かつ鷹揚で、生き生きとしていた。決まり文句にも教条主義にもとらわれていなかった」。端的に言えば「政治的現実主義そのもの」だった。ブラントとの会話でもゴルバチョフは、「熟練と技巧を見事なまでに」見せつけた。アメリカ下院のティップ・オニール議長を五月にクレムリンに迎えた時も、ゴルバチョフは「才気と元気にあふれ、力強く、生気と自信に満ち、言葉には知略と信念の裏付けがあった[18]」。

ゴルバチョフが書記長となって一年目は、政治局が彼の外交政策に強い影響力を持った。主要な外交政策は政治局で議論し、首脳会談の交渉方針も承認した。外国で首脳会談を行う際は、随員の構成まで政治局が決めた。政治局員を入れ替えるには相当の時間を要した。この間は何事も思い通りにならなかった。いわゆる「ビッグ5」は、外相、国防相、KGB議長、軍需産業委員会議長、党国際部長で構成され、軍縮交渉に関する方針を調整した。「ビッグ5」の報告は、グロムイコとウスチーノフ国防相が主導して、外務省と国防省が大部分を共同で作成した。ゴルバチョフ時代になると、レニングラードの第一書記だったレフ・ザイコフが「ビッグ5」の議長となり、その報告は以前より多くの意見を広く取り入れるようになった。だがゴルバチョフによれば、国防、保安に関与する諸々の機関は、「国内の他の行政機関の官僚組織より保守的で、イデオロギーの〝筋金入り〟だった」[19]。

アメリカの大統領や他の西側指導者は、安全保障分野で外務省や国防省、情報機関を調整し、時には統括する専門家を多数従えている。しかしソヴィエトには、そのようにして指導者を外交分野で補佐する仕組みがなかった。中央委員会には外交に関係する幾つかの部があったが、ゴルバチョフは信を置かなかった。外交問題でゴルバチョフを補佐する地位にあったアンドレイ・アレクサンドロフ＝アゲントフは貧弱な体格の男だった。このため中央委員会では「雀」と呼ばれていた。彼はブレジネフ体制の生き残りだった。ゴルバチョフは重要な問題を相談しなかった。アレクサンドロフ＝アゲントフは恨みを募らせた[20]。

国際部の部長、ボリス・ポノマリョフも似たり寄ったりだった。グロムイコが東西外交を支配する下で、ポノマリョフの領域は東ヨーロッパの共産圏諸国と各国共産党との関係だった。政権を握れず野党として存在していた海外の共産党との付き合いも彼の管轄だった。彼は一九〇五年生まれで、決して若くはなかった。だがチェルニャーエフによれば、ゴルバチョフがペレストロイカに着手した時に組まざるを得なかった補佐官の一人として、「最悪とまでは言えない人物だった」。内心では反スターリン主義者だが、「新思考」という言葉が嫌いだった。チェルニャーエフがゴルバチョフの演説草稿に、その一語を挿入しようとした時も強く反対した。ポノマリョフは「何が新思考だ？我々は［既に］正しい思考をしている。思考を変えるのはアメリカ人ではないか？」と言った。

チェルニャーエフは草案で「新思考」の前にある「我々の」という言葉を指さしてポノマリョフに示した。

「分からない、分からない」。ポノマリョフは嘆息した。「彼はパリでもジュネーヴでも、そう言った。改めるのは奴らだ、西側だ、と繰り返した」

「あなたは、これが単なる民衆扇動だとお考えですか？」

「闘争に導く方法を知らねばならないのだ……」

チェルニャーエフは、ソヴィエト社会を変革することでしか、西側との競争には勝てないと説明した。ポノマリョフは声を荒げた。「君は平和共存のことを言っているのかね？　私はその問題について、第一九回党大会［一九五二年」に提出した文書で既に書いた。何が新しいと言うのか?」[21]

シェワルナゼが一九八五年夏に外相に就任するまで、ゴルバチョフは対外関係でグロムイコ外相に頼らざるを得なかった[22]。グロムイコはすぐにゴルバチョフの手法を絵空事とみなした。そして息子に語った。ゴルバチョフは精力的で結構だが、「あまりに多くのことを一度にやろうとする。一つの仕事が終わらないうちに、次の仕事に手をつける。絶え間なくしゃべるが、最も重要なことを取り出して提示できない。繰り返しが多い[23]」。グロムイコの指摘は一部で的を得ていた。ゴルバチョフの悪癖は時間が経つにつれて露呈した。だがグロムイコ自身も決して無謬ではなかった。アレクサンドル・ドブルイニンによれば、ゴルバチョフは「保守的で独善的なグロムイコの手法に不満を隠さなかった」。「自分のイギリス訪問をグロムイコが批判したことも忘れなかった[24]」。アレクサンドロフ＝アゲントフも、ゴルバチョフのグロムイコ蔑視に気づいた。アレクサンドロフ＝アゲントフはゴルバチョフの演説草稿をめぐり、ある一語を外務省が「歓迎していない」と報告した。ゴルバチョフは「一字一句変えないように」と鼻先であしらった。

ゴルバチョフがグロムイコを形ばかりの国家元首に追いやったのは一九八五年六月二九日である。その際、ゴルバチョフの演説は形式的だった。グロムイコは長年の党員であり、一貫して党の路線を守ってきたと述べた。既に脅威でなくなった人物は、もっと褒めてから送り出すのが政治家として洗練された所作である。だがゴルバチョフの性格がそれを許さなかった。チェルニャーエフは日記に書いた。「あの癖がまた出た。〝人間的〟要素など、彼にはどうでもいいのだ[25]」

グロムイコの後任には経験豊かな外交官を据えるべきだ、という意見が大勢だった。グロムイコはゲオルギー・コルニエンコ第一外務次官を推薦した。だがグロムイコが推薦したという理由で、ゴルバチョフはコルニエンコへ疑問の目を向けた。コルニエンコによれば、ゴルバチョフは一九八四年一二月のイギリス訪問に際し、彼に同行を求めた。コルニエンコは上司の許可が必要だと答えた。だがその頃は、アメリカのジョージ・シュルツとグロムイコの会談をジュネーヴで開催するため準備が進んでいたので、グロムイコが同意しないだろうと考えた。ゴルバチョフはグロムイコの諾否にかかわらず、コルニエンコに「自分と一緒に行ってほしい」と三回も持ちかけた。コルニエンコはそのたびに「曖昧な」な答えに終始した。決めるのはグロムイコだと考えていたからだ。ゴルバチョフはとうとうグロムイコに直接頼んだ。グロムイコは拒否した。ソヴィエトの慣習に従い、閣僚が大勢、見送りに来た。ゴルバチョフがイギリスへ出発する日になった。ゴルバチョフは妻ライーサに一人一人を紹介した。ゴルバチョフは彼を見ると長い沈黙の後で言った。「これは私の長年の友人だ。グロムイコの右腕だよ[26]」

コルニエンコはゴルバチョフの言葉を嫌味と受け止めた。実際に当てこすりとしか言いようがなかった。コルニエンコはこの出来事が、ゴルバチョフの「偽善性」と、「理念ではなく彼個人だけに従う」補佐官を切望する性癖を「示した」と述べている。公平さを欠く見解であろう。ゴルバチョフはのちにコルニエンコを国際部の第一次長に任命しているからだ。仮にコルニエンコの見方が正しいとしても、ゴルバチョフが忠実な側近をそろえながら、最後は多くの側近に裏切られた事実を見逃してはならない。

ドブルイニンも外相になって不思議ではない人材だった。一九六二年からアメリカ大使だった。専門家として優れていたが、ゴルバチョフの見るところ、グロムイコから遠ざけられていた。「多くの点でドブルイニンが彼と同等、あるいは優越していると分かっていたからだった[27]」。ゴルバチョフはシェワルナゼを任命する前に、ユーリー・ウォロンツォフについてグロムイコの意見を求めた。ウォロンツォフは一九七七年から八三年まで駐インド大使を務め、一九八三年から駐フランス大使になっていた。グロムイコは消極的だった。ゴルバチョフにとっては、それがかえってウォロンツォフへの評価となった。だが結局はドブルイニンもウォロンツォフも、決定的な候補とはみなされなかった[28]。

ゴルバチョフは六月二九日の政治局会議で、シェワルナゼを外相に指名した。全く予想外の人選だった。グロムイコがコルニエンコにそれを告げた時、グロムイコの顔は「怒りで紅潮し、コルニエンコの顔はシーツのように蒼白だった[29]」。シェワルナゼ自身も驚いた。「何が起きても驚かないが、これだけは意外だった」。シェワルナゼはゴルバチョフから外相就任を要請された時、「私は専門家［外交官］ではありません……それにグルジア人です……疑問の声が上がるでしょう」と答えた。ゴルバチョフはシェワルナゼを外相に選んだ理由について、彼は「大政治家」であり、「熟慮と説得ができる」、そして「東洋的な物腰が人を引きつける」と説明した。しかし最も重要なのは、「親しい友人と仲間を起用すれば、外交で自由な裁量を獲得できる[30]」という期待だった。ゴルバチョフとシェワルナゼは、それぞれスタヴロポリとグルジアで、同じ時期に第一書記の地位にあった。生い立ちも似ていた。ともに農村で生まれ、テロルの渦中で逮捕され釈放された肉親がいた。高校と大学で優等生だった。コムソモールと共産党に所属して政治的野心を燃やした。フルシチョフがスターリンの犯罪を暴露した時は、二人ともスターリンに激怒した[31]。

シェワルナゼは外相としてゴルバチョフの期待を裏切らなかった。外務次官のアナトーリー・コワリョフによると、グロムイコは最後の数年間、朝の九時過ぎに登庁して午後六時から七時の間に退庁した。週末に姿を見せるのは稀だった。シェワルナゼは一日一四時間から一五時間も働いた。夜の一一時前に退庁することはほとんどなかった。帰る時は書類の束を抱えていた。外務省に宿泊さえした。土曜も「わずか」七時間か八時間は執務した。彼は外交交渉に携わった者たちから報告を受け、情報を引き出し、メモを取った。このようにして専門家の助けを借りなくても、外国の指導者と渡り合えるようになった。仕事の流儀がゴルバチョフと似ていた。グロムイコ系列の幹部を退け、新しい人材を登用した。若く洗練された外交官を高い地位に就けた。軍縮局と人権問題局を新設した。防御の壁を築くより、積極的に西側と交渉しようという姿勢を示したのだ。そんな彼が手をつけなかった、というより手をつけられなかったのが、中央委員会国際部との対立関係だった。だが国際部にも間もなく新たな部長として、アナトーリー・ドブルイニンが着任した[32]。

国際部から部長のポノマリョフが去り、ドブルイニンが後任となったのは一九八六年三月である。ドブルイニンは同時に中央委員会書記という高い地位も獲得した。ゴルバチョフは外交分野における外務省の独占状態を解消しようと意図した。着任したドブルイニンは、国際部が「共産党と他の左翼政党、先鋭的な国際組織、西側と第三世界の大衆組織ばかり[33]」へ目を向けてきた事実を知った。ドブルイニンは国際部の仕事をアメリカとの関係にも拡大し、コルニエンコとヴィターリー・チュルキン、さらに軍備管理の専門家たちを招いた[34]。チュルキンはやがて外務次官となる人材だった。ドブルイニンは幾多の首脳会談に携わり、ゴルバチョフに同行した。しかし、官僚の縄張り争いに加え、自分の流儀にこだわるゴルバチョフの性癖、さらに、ゴルバチョフの言葉を借りれば、シェワルナゼの「グルジア人の自尊心と誇り」が相まって、ドブルイニンの役割は低下していった[35]。

チェルニャーエフは一九八六年二月一日、外交分野におけるゴルバチョフの首席補佐官になった。チェルニャーエフはゴルバチョフより早く、より完全に、ソヴィエトの独善的体質から脱却していた。彼はゴルバチョフの良心とも言うべき存在だった。ゴルバチョフは外交に限らず内政問題でもチェルニャーエフの意見を聴いた。グラチョフによれば、二人は「実質的に一体化」していた。チェルニャーエフは事実上あらゆる外国訪問に随行した。モスクワでも外国指導者との会談には、ほとんど同席した。チェルニャーエフはゴルバチョフのために資料を作成し、演説草稿を書き、首脳会談に関する報道発表文を編集した。休暇にも同行した。ゴルバチョフはチェルニャーエフと休養をとりながら、外交や内政の構想を練った。チェルニャーエフは人柄が穏やかで出世の野心がなかったので、シェワルナゼやドブルイニンとも良好な関係を築いた[36]。

チェルニャーエフは一九二一年生まれで、ゴルバチョフより一〇歳年長だった。ボリシェヴィキが革命で絶滅させようとした貴族階級の血を引いている。父方の祖父は皇帝アレクサンドル二世に仕え、母も貴族の出だった。家族は革命を生き延び、一九二〇年代は相当に良い暮らしをしていた。貴族や帝政の軍人は、必ずしも全てが褒められた存在ではなかったが、チェルニャーエフ一家には教養が深く根を下ろしていた。彼は音楽を習い、家庭教師からフランス語とドイツ語を学び、学校ではゴーゴリとシェイクスピアに惑溺した。一九三〇年代後半にモスクワ大学で歴史を専攻した。第二次大戦では英雄的に戦った。一時は山岳大隊でスキーを履いていた。戦後は「第一次世界大戦後の一年間でイギリスが果たした役割」というテーマで学術論文を書き、アメリカの博士に相当する博士候補の資格を取った。この世代には珍しく、スターリンを崇拝しなかった。彼にとってスターリン支配とは、「我々が多くを知らなかった、あるいは、我々が誤りとみなしたり正当化したりした」抑圧ではなかった。「第二次世界大戦初期の膨大な犠牲」や、一九三九年にヒトラーとスターリンが結んだ協定のような一連の政治的事件に対する嫌悪感でもなかった。彼にとってのスターリン支配とは、「〝粗野で無知な、全く相容れない力〟が、トルストイやチェーホフを育み、シェイクスピアやアナトール・フランスら外国の文豪を賞賛した文化を支配した[37]」現象にほかならなかった。

チェルニャーエフは士官上がりらしく背筋を伸ばし、銀髪をきれいに後方へなでつけ、小ぶりな口ひげを蓄えていた。彼はゴルバチョフに惚れ込んだ。一九八六年六月六日の日記に、「ロシアを目覚めさせ、立ち上がらせることができる男だ」と書き込んだ。プーシキンが馬上のピョートル大帝像を、青銅の騎士と称えたような筆致である。ゴルバチョフは「知性のあらゆる特質を備え、正常で分別があり、実務的な人物」である。「膨大な情報を処理して（一体どのようにしたらそのような真似ができるのか私には分からない）推論、分析、結論、決定を引き出せる」。「豊かな知性の宝、人格、意識、教養、緻密さ、物事の核心を把握する能力に恵まれ、独善的な匂いを放つものは断固として拒み、才能の欠如を隠蔽するような行為も受け付けない」[38]。これだけ褒めちぎりつつもチェルニャーエフは、ゴルバチョフの人間としての欠陥、政治家としての弱点を見逃さなかった。ゴルバチョフが人を批判する時の舌鋒は時の経過とともに鋭くなっていった。ゴルバチョフの背信を追求する不倶戴天の政敵も、この点では彼にかなわなかった。チェルニャーエフもまた感情の人だった。ゴルバチョフに対する態度は時に熱く、時に冷たかった。

妻のライーサには、チェルニャーエフほどの知識と経験がなかったので、外交や内政で夫に助言できる範囲は限られていた。夫の外遊に同行した経験もあったが、それはゴルバチョフが書記長となる前だった。彼女には教師としての初舞台で恐怖におののいた体験があった。海外の舞台で「ファーストレディー」として祖国を代表するのは、もっと恐ろしかった。「外交について特別な知識もないし、〝上流階級〟と交わった経験もない」と自覚していた。彼女は「外交行事を律する厳しい規則と作法の存在」を初めて知った。「〝昼食〟〝お茶〟〝カクテル・ビュッフェ〟にも、外交儀礼に即した〝独特の〟要素がある」と学んだ。晩餐も「午後七時以降の場合」は「厳格で明確な席順があり、通例に従って、［しかるべき］礼装や夜会服が必要だった」[39]。

経験不足にもかかわらず、というより、むしろ経験不足のゆえに、ライーサは自分の新たな役割を習得しようと全力を傾けた。マーガレット・サッチャーが、「ファーストレディーの役割をもっと正々堂々と演じるように励ましてくれた」[40]ことも奮起材料だった。クレムリンの儀典局長ウラジーミル・シェフチェンコによると、ライーサは外国訪問の前に綿密な準備をした。訪問する国について包括的な情報を求めた。文化、指導者、見学先について事前に学んだ。英語の通訳を務めたパラシチェンコは、ライーサが

「日程を頭に入れる」だけにとどまらず、それを「習得した」と語る。ライーサは夫の補佐官や大使館の職員に、質問を繰り返し具体的な回答を引き出そうとしたので、相手が疲れたり困ったりすることも稀ではなかった。外遊には小さなノートを持参して印象を書き、後で思い出せるようにした。パラシチェンコは彼女の「几帳面で読みやすい筆跡」を目にしている。しかしゴルバチョフによれば、ライーサはしばしば、現地のメディアによる「勘違い、表面的で幼稚な見方、絶え間ないうわさ話、露骨な中傷」[41]を苦々しく振り返らなければならなかった。

ゴルバチョフが外交日程をこなしている間、ライーサは「ファーストレディーのための特別プログラム」に時を過ごした。観光や婦人たちとの面談、学校、保育園、博物館の見学が、お決まりのコースだった。特に博物館は展示の内容について予習をしてから乗り込んだ[42]。ライーサは〝お忍び〟で「ヘルシンキの街を散策」したり、サンフランシスコの「食料雑貨店」をのぞいたりする芸当もできた[43]。従来から服装に特別の注意を払い、また趣味も良かった。国家の顔として外国を訪問する時は特に気を使った。だが困ったことに、ソヴィエトでは生地もデザインも限られていた。そこで海外にいる時に服を買った。ライーサは夫が進める近代化を象徴する女性として、世界で脚光を浴びるようになった。外国で夫や自分が受け取った贈り物は必ず国家に寄託し、受取証を作成させた。私腹を肥やした、と言われたくなかったからだ[44]。

レーニンの時代からボリシェヴィキは、国際政治を世界規模の階級闘争とみなしてきた。ソヴィエトが政権を掌握したロシアは、世界の被搾取階級を代表する国家であると規定した。資本主義と帝国主義はモスクワの不倶戴天の敵である。スターリンは二つの陣営が闘争して世界を二分する事態は不可避であると考えた。平和も長続きするはずがない、と決めつけていた。当時は資本主義陣営のほうが優勢だったが、共産主義陣営も重要な役割を担っている、と考えた。帝国主義陣営が内包する〝矛盾〟につけ込み、勝てないまでも分裂を誘えるはずだった。資本主義国の労働者階級に働きかければ、政権は取れないまでも、その国の政府が推進する反ソヴィエト政策に対抗できると信じた[45]。スターリンの死後、彼が唱えた弱肉強食の世界観は、限定的だが重大な修正が施された。フルシチョフは「平和的共存」を短期的戦術から長期的戦略へ転換した。フルシチョフは冷戦の緊張を緩和しようとしたが、ベルリンとキューバで深刻な危機を招いてしまった[46]。ブレジネフは一九七〇年代に、交渉を通じて東西のデタントを達成することでフルシチョフを超えた。だがソヴィエトの目的について深く再考はしなかった。西側における「ソヴィエトの脅威」論を緩和する努力も怠った。このためデタントは間もなく、新たな緊張に飲み込まれてしまった。ゴルバチョフはこのような歴史を背負って、ソヴィエトの指導者として登場したのだった。

ゴルバチョフは一九八五年三月を待たずに、二つの新しい前提を踏まえて思考を組み立てるようになっていた。第一の前提は、ソヴィエトが「資本主義陣営との歴史的競争で明らかに敗北しつつある」との認識である。経済、技術、生活水準でも勝敗は明白だった。第二の前提は「いわゆる〝帝国主義世界〟は複雑な現実をはらみ、異質の国家や社会から成り立っており」、「ソヴィエトを攻撃したり侵略したりする様子はうかがえない[47]」という理解である。ソヴィエトは西側が一致団結して好戦的であると宣伝してきたが、ゴルバチョフは現実は異なるとみていた。チェルニャーエフによれば、ゴルバチョフは将来の様々な政策を深層で支える「倫理的基盤」も、一九八五年までに確立していた。「政治と倫理は結合できるという確信」と「暴力の否定[48]」である。ゴルバチョフはこのような認識や信念に従い、アメリカとの関係を早急に改善するほかに道はないと信じた。軍拡競争の継続、特に「スターウォーズ」と言われるレーガンの戦略ミサイル防衛計画が進み、宇宙に軍拡が及べば、ソヴィエトは間違いなく敗北する。それだけではなく、軍縮で生まれる資力を国内の刷新へ回す機会も失ってしまう。戦争が起きる危険性が高まれば、国民生活は破壊される。さらにチェルノブイリ原発の事故がゴルバチョフに、核兵器が使用された場合の惨状を想像させた。ゴルバチョフは一九八九年一一月三日、「チェルノブイリが起きてしまった今、核戦争が起きても生きていけると、誰が考えられるだろうか」と声を荒げた。「たった一基の原子炉が爆発しただけでこの有様だ[49]」

これらの認識が新思考の礎石となったとはいえ、古い思考とも決して無縁ではなかった。モスクワが数十年にわたり、多くの「平和攻勢」をかけたりやめたりしたのは、単に「一息つく時間」を稼ぐためだった。ゴルバチョフは同じイデオロギーの蓑をまといつつ、従来より持続的な和平を希求した。ドブルイニンによれば、ソヴィエトの歴代指導者は、「核戦争はいかなる代償を払ってでも避けねばならない」と考えていた。そしてソヴィエトとアメリカは

「最小限の協力で」[50]共通の利益が得られる、とも理解していた。ゴルバチョフが求めたのは最大限の協力だった。それはソヴィエトの指導者がこれまで、可能であるとも考えず、欲しもしなかった関係のあり方だった。NATOの力をそぐ戦術として、ソヴィエトは欧州安保協力機構に代わる安全保障機構の創設を提案してきた。その幻想的プロパガンダをゴルバチョフは、「欧州共通の家」という概念へ昇華させた。一見してまがい物のように受け止められたが、実際は違う。

今から振り返れば、ゴルバチョフの考えは就任初期の発言にも明確に現れている。彼は一九八五年八月、「タイム」誌に「我々は生きねばならない、そして生かさねばならない」と述べた。九月初旬に訪れたアメリカ上院の議員団には、「核戦争を始めようという考えは、いかなる場合でも狂気の沙汰である」と言い、フランス議会の代表団には、「軍拡競争は地獄の列車だ」と語っている。一一月にはノーベル賞受賞者たちを前に、「国の利益のみならず世界の利益」が人類を導くべきである、と主張した。同じ月にジュネーヴで米ソ首脳会談があり、会談後の記者会見では「諸国相互の関係と依存に、新たな指針を導入する必要がある」と語った。ソヴィエト国民に対する新年の祝辞では「原子力の時代にあっては、地球上の全人類が一つの舟に乗っている」との見解を示した。フランス共産党機関紙「ユマニテ」が一九八六年二月四日に掲載したインタビューでは、「文明を破壊するには、前例のない愚行や犯罪に及ぶ必要さえない。人類が数千年の間繰り返してきた行為を続ければ十分である。つまり、国と国との紛争を解決するため武器と力に頼る行為である。我々が情け容赦なく破壊しなければならないのは、まさにこのような伝統である」と訴えた。

これらは全て公の場における発言である。だが従来からの古いレトリックの間に散りばめてあるので、西側でプロパガンダと受け取られても仕方がなかった。実際に多くの場合は、そのように誤認された。ゴルバチョフは一九八五年五月八日の政治局会議で、ブレジネフのデタントは遠のいていない、との見解を示した。世界はその発言を知らなかった。一九八六年一月二八日、イタリア共産党の書記長アレッサンドロ・ナッタとの会談で、「どの国民にも政治や経済社会の針路を自分で選ぶ権利がある」[51]と述べた。東ヨーロッパ諸国が文字通り受け止めれば、ソヴィエトの帝国が崩壊する可能性があった。しかし、この発言も世界には伝わらなかった。

一九八六年二月の第二七回党大会は、外交の基本方針を明確に打ち出す舞台だった。準備は前年の夏に始まった。外務省、国防省、中央委員会の関係各部からは、新味のある材料は全く届かなかった。中央委員会は一九八五年八月に草案を提出した。読んだチェルニャーエフは日記で、「昔ながらで伝統的」と評した。社会主義陣営は「包囲された要塞」であり、「総員が戦闘配置につき、帝国主義者の脅威に対抗しなければならない」という一節もあった。同盟国の「主権と独立」には言及がなかった。草案全体を「説教」の調子が貫いていた。ほぼ全ての文章に「しなければならない」「必要である」「するべきである」「はずである」「求める」という表現があった[52]。

ゴルバチョフは報告草案の作成をヤコヴレフに委ねた。彼は中央委員会で教宣部長の地位にあった。彼は職人気質だった。大勢で草案を編む方法を嫌った。最終案をまとめるため協力を求めた助手は、たった二人だった。一人はワレンチン・ファーリンである。ヤコヴレフは彼に、ゴルバチョフが望んでいるのは「国際情勢の斬新な把握であり、そこでソヴィエトが果たすべき建設的な役割の提示である」と説明した。そして「君の全力を注ぎたまえ」と付け加えた。もう一人の助っ人によれば、ヤコヴレフは「時は熟した。我々が夢見て内輪で語り合ってきたほぼ全ての理想を盛り込もう。与えられた機会を生かさねばならない[53]」と述べた。

報告の全体で、ゴルバチョフが「唯一」大きな修正を指示せずに受け入れたのは、ヤコヴレフが作成した部分だけであった[54]。核兵器は危険であるばかりでなく、東西の両陣営に甚大な環境破壊をもたらす、と警告していた。「わが地球は政治的にも物質的にも、歴史上かつてない加重な負荷を受けている。自然からこれほどの恵みを引き出しながら、一方で人類自身がつくりだした威力にこれほど脅えている時代も過去にはなかった」と論じた。しかし、その後ですぐに「世界の発展状況はマルクス・レーニン主義の基本原理を立証した。社会の歴史には法則があり……必然性に従って前進している」と指摘し、「搾取が消滅し搾取階級が退場すれば、進歩は闘争の帰結として間違いなく訪れる[55]」と主張した。

このように古さを感じさせる部分もありはしたが、当時ゴルバチョフを支持した面々は、第二七回党大会における報告で潮目が変わったと評価する。シェワルナゼは「蔓延する古い見解に、断固して〝ノー〟を突きつけた[56]」と述べ、ドブルイニンは「ソヴィエト外交の方向を決定的に変えた[57]」と断じた。チェルニャーエフは報告について、「変革の基盤」であり、「孤立を脱却し文明の大きな潮流に合流する」考え方の現れであると称賛した。チェルニャーエフは次の課題として、新しい思考を「実際の政治」へと転化し、安全保障に携わる官僚集団に政策を遂行させ、ゴルバチョフの新思考外交が単なる「美辞麗句」ではない、と世界に認めさせねばならないと語った。[58]

これら二つの課題のうち一つについては、ゴルバチョフが五月二三日、外務省における演説で取り上げ、注目を集めた。これまでソヴィエトでは、外交官たちに自らの見解を直接説明する指導者はいなかった。ゴルバチョフは外交の「根本的な再構築」を求められていると訴えた。和平は「優先事項の中の優先事項」である。第一の課題は「核軍縮に歯止めをかける」ことだ。アメリカはソヴィエトが軍事に投入する資力を民生へ回す事態を恐れ、軍拡路線を維持している。ソヴィエトの外交は軍事支出の負担を軽減しなければならない、と論じた。東ヨーロッパの同盟諸国との関係については、「我々は自らを全能と考え、教訓を垂れる資格があると考えてはならない」と述べた。他の社会主義国の実験が、我が国の利益にならないとしても容認しなければならない。外交官は「人権」という言葉を、引用符抜きに受け入れねばならない。人権は現実の問題であり、避けては通れない、過度に身構えてはならない、と諭した。[59]

演説は画期的だった。だが聴衆の誰もが納得したわけではない。公表されたところで、国外では信用されなかっただろう。臨席した外交官たちは官僚主義にどっぷり浸かっていた。これまでも幾多の「キャンペーン」が無に帰した事例を知っていた。西側の冷徹な軍人たちは、ゴルバチョフが発したメッセージを信用しようとしなかった。東ヨーロッパの同盟諸国は、現実と理想を峻別するソヴィエトの態度に長年接してきただけに、従来の方針に毛が生えた程度の変化と受け止めた。ゴルバチョフは世界の檜舞台で、具体的な政策と行動によって真価を問うしかなかった。

冷戦は東欧で始まった。スターリンは第二次大戦後、東欧を緩衝地帯とするために、次々と衛星国を樹立した。フルシチョフとブレジネフは一定の自主権を認める姿勢を示した。だが東ドイツで一九五三年、ハンガリーで一九五六年、チェコスロヴァキアで一九六八年に、国民が反逆すると鎮圧に乗り出した。ポーランドで労働者や知識人が「連帯」に結集し反政府の旗幟を鮮明にすると、一九八〇年にソヴィエトが衛星国に対し四回目の介入に踏み切る懸念が高まった。だがポーランドはソヴィエトの介入を許した周辺国に比べて、規模も大きく国力も強かった。ソヴィエト軍はアフガニスタン侵攻の泥沼にあえいでいたし、クレムリンの指導部は老いを深めていた。一つだけほめる点があるとすれば、前より賢くなっていたことだった。ブレジネフは「ポーランドはチェコスロヴァキアやアフガニスタンとは違う」と嘆いた。アンドロポフは信頼する部下に、「介入するのに必要な力は既に使い切ってしまった」[60]と語った。イデオロギーを重視するスースロフでさえ、介入するぐらいなら、ポーランド政府に幾人か社会民主主義者を入れることを容認したほうがいいと判断した。モスクワは介入を避けたが、ヴォイチェフ・ヤルゼルスキ将軍に戒厳令を公布させた。そして国民の不満をなだめる当面の措置として、資金、食料、その他の物資を提供した[61]。一九八一年からゴルバチョフが書記長となるまでの間、ソヴィエト指導者が東ヨーロッパを訪れることはまずなかった。問題を先鋭化させないために、東ヨーロッパ諸国の指導者がモスクワに来るのが常だった[62]。東ヨーロッパの重要性は低下していなかった。だがどの国でも、社会情勢や国民感情は悪化の一途をたどっていた。

ゴルバチョフは東ヨーロッパ諸国の重要性は変わらない、と主張した。彼の見解では、ソヴィエトが直面しているのは世界規模の危機であり、東ヨーロッパにもその波が押し寄せていた。しかし、東ヨーロッパ諸国の指導者は既に数十年も権力の座に居座り、変革の必要性を認めなかったので、状況はさらに深刻だった。社会主義陣営（ベトナム、キューバ、北朝鮮、東ヨーロッパ諸国）は、ソヴィエト経済の足かせと化していた。これらの国々は一七〇億ドル相当の資源や物資をソヴィエトから輸入しながら、ソヴィエトへの輸出は三五億─五〇億ドル相当という有様だった。ゴルバチョフが同盟諸国との関係で「まず最初にはっきりさせた」のは、以下の原則である。「各国は独自に決定を下せる。プラハの春で起きた事態は決して繰り返さない。人々が〝人間の顔を持つ〟社会主義を欲した時に……我々は戦車の投入で応えたのだ[63]」

ゴルバチョフは東ヨーロッパ諸国に、最初から極めて低い関心しか示さなかった。この点で過去の指導者とは決定的に異なっていた。彼は書記長の地位に就くと、外交で最優先する一〇の課題を列挙した。そこには東ヨーロッパもワルシャワ条約機構（NATOに対抗する東側の軍事同盟）もなかった[64]。チェルニャーエフは「社会主義陣営にゴルバチョフが強い興味を持っていたとは思わない」と語る。共産圏首脳との関係はシェワルナゼが担当しており、チェルニャーエフは直接関与しなかった。だが「ゴルバチョフの言動を見聞きして、私は――そして私だけでなく他の人々も――ゴルバチョフが社会主義諸国の指導者との接触には乗り気ではない、と感じていた。訪問の合意を取り付けるのもやっかいだったし、自分の〝指導的役割〟を見せつけるのも気が進まない様子だった[65]」。シェワルナゼによれば、ゴルバチョフは東ヨーロッパ諸国に対して、「君たちは勝手にしたまえ。我々はもう君たちを必要としない」という態度をとったわけではない。「ソヴィエト国境の周辺に連なる友好国の帯」を維持するため、これら諸国が改革を達成してほしいと願っていた。それでも東ヨーロッパは「彼の優先課題ではなかった。暴力を使ってまで束ねておこうとは考えなかった。同様に、ソヴィエト連邦を維持するために暴力に頼ろうともしなかった[66]」。シェワルナゼの補佐官タラセンコによれば、外交の優先課題を列挙したリストには、ワルシャワ条約機構で「我が国の存在感を低下させ、あまり目立たないように振る舞うことで、相手への刺激を避ける」戦術が含まれていた。シェワルナゼはそれを持ってゴルバチョフのところに行った。戻ってくると、ワルシャワ条約機構でそのような措置を取るのは時期尚早だと言った。タラセンコは「それは優先事項ではないという点で、彼らの見解が一致したようだった」と振り返る[67]。

そのわずか四年後に東ヨーロッパの共産主義体制が崩壊した。ゴルバチョフは敵対勢力から、声高に責任を問われた。補佐官たちから受けた批判は特にこたえた。ゴルバチョフにとって東ヨーロッパ諸国の重要性が絶対的に低かったのではなく、国内改革、東西関係、アフガニスタン情勢のほうが緊急度が高かったにすぎない。共産圏の崩落にゴルバチョフが目をつぶっていたわけでもない。ゴルバチョフとその周辺、そして保守派でさえも、将来も十分に安定が維持できると踏んでいた。グラチョフの言葉を借りれば、「明らかに落ち着いている」と見えていた[68]。近隣諸国の内政に干渉する力がゴルバチョフになかったという見方は誤っている。彼は自らの原則に照らして、そのような選択をしなかったのだ。

だがチェルニャーエフによれば、別の事情も作用していたようだ。ポーランドのヤルゼルスキ、ハンガリーのヤーノシュ・カーダール（健康状態が悪化していた）を除けば、ゴルバチョフは「他の東ヨーロッパ諸国の指導者たちを、自分の相手とみなしていなかった。近代的な国際関係の担い手にふさわしい水準に達していない、と見下していた。心を開いて語り合うつもりもなかった……彼らはイデオロギーの虜だったからだ」。そのような指導者を相手に「西側の指導者と語り合う時の言葉を使えば、誤解を受ける」と警戒していた。だがゴルバチョフが彼らの水準に自分を合わせなかったという見方は大きな誤りである。実際にゴルバチョフは同盟諸国の指導者と会談する時は、イデオロギー臭の強い言葉を多用した。モスクワの保守派を安心させる効果もあったのだろう。そのような会談の後で東ヨーロッパの指導者たちは、ゴルバチョフが自分たちを見捨てはしないと安心して、帰国の途に就くのだった。彼らには自分たちで掘った墓穴から救い出してもらう必要性があった[69]。

ゴルバチョフがチェルネンコの葬儀で選んだ会談相手を見れば、どの国を優先して外交に取り組むつもりであるかが明らかだった。西側の要人ではアメリカの副大統領ジョージ・H・W・ブッシュ、イギリスのサッチャー首相と会った。海外の共産党指導者はイタリア共産党のナッタ書記長としか会わなかった。ポノマリョフはチェルニャーエフに、「いったい［ゴルバチョフは］どうしたというのだ」と文句を言った。「〝優れた〟共産党の指導者が数多く来ているというのに、彼はイタリア人としか会わない。彼は〝不良〟ではないか[70]」。葬儀が終わると、東ヨーロッパ諸国の指導者たちは群れをなしてクレムリンを訪れ、ソヴィエトの新たな指導者と会談した。ゴルバチョフは冒頭で「同盟諸国は全て平等であり、主権と独立が尊重される」と述べた。ゴルバチョフはのちに、それは「いわゆるブレジネフ・ドクトリンの否定」を意味したと語っている。東ドイツ、ハンガリー、チェコスロヴァキアに介入した過去は繰り返さない、と告げたつもりだった[71]。だがゴルバチョフ自身も認めるように、会談の出席者たちは「真剣に受け止めなかった」。甘言にはさんざん騙されてきたのだ。「よろしい、成り行きを見守りましょう」というのが、彼らの本音だった。

ブレジネフ・ドクトリンを否定する、とゴルバチョフが公の場で明確に宣言すれば、東ヨーロッパの指導者も信用したかもしれない。だがシェワルナゼによれば、「それを、あまりにも明確にするのは、例えば〝さあ、友人の皆さん、明日からは、我々とたもとを分かち、NATOに加盟できます。怖がる必要はないのです〟と言うのと同じで、狂気の沙汰だった[72]」。実際、ゴルバチョフの言葉がよそよそしかったというだけで、ルーマニアの誇り高い独裁者ニコラエ・チャウシェスクらを刺激した。チャウシェスクは、ワルシャワ条約機構を規定路線の二〇年ではなく一〇年で刷新するよう求めた。チャウシェスクと彼を支持する国家指導者たちは、同盟の絆をさらに強化する立場で結束していた。ゴルバチョフは翌日の政治局会議で、前日の会談は「極めて温かい雰囲気で、同志の絆が感じられ、実務的であった」[73]と総括した。

ゴルバチョフが東ヨーロッパ政策について、明確な所信を述べようとすれば、一九八五年四月の中央委員会総会の場を利用できた。だが総会は東ヨーロッパ問題に全く触れなかった[74]。ゴルバチョフは同じ月のうちにワルシャワで、同盟諸国の指導者と会談したが、その際には全く旧態依然の話しかしなかった。ゴルバチョフはブレジネフ・ドクトリンを放棄するつもりはなく、むしろ強化する意向ではないか、と疑われても仕方がなかった。補佐官の中にさえ、ゴルバチョフの意図をそのように受け止める者がいた。オレーク・ラフマーニンは、中央委員会で社会主義国との関係を担当する部の第一次長だった。シャフナザーロフによれば、「極めつけの保守主義者」で、「ひどくかたくなな原理主義者」だった。ラフマーニンは、「秩序の乱れた」社会主義陣営に、ゴルバチョフが「規律を取り戻すべきだ」と考えていた。ラフマーニンに言わせれば、ハンガリーでは指導者のカーダールが「傍若無人の振る舞い」をしている。東ドイツではホーネッカーが「我々に隠れて、西ドイツと裏取引をして借金をしたり、国民を出国させたりしている」。チャウシェスクに至っては「何をしているのか誰も知らない」。ポーランド人は「アメリカ人といちゃつき、我々の航空機ではなくボーイングを買おうともくろんでいる」[75]。ラフマーニンは「プラウダ」紙にウラジーミロフの偽名で寄稿した。同盟諸国の独立主義とロシア嫌いを糾弾し、「不必要な改革」に取り組んでいる、と批判した。そして社会主義陣営にもっと忠誠を誓うよう求めた[76]。

西側のメディアはこの記事を重大視して、ゴルバチョフの実際の立場を反映しているのか、あるいは反対派の立場に沿っているのか問いかけた[77]。シャフナザーロフらリベラル派には、同じ考えを持つ東ヨーロッパの友人たちから電話が殺到した。同盟国の政治家や官僚は、「これが本当に新指導部の公的見解であるのか」を知りたがった。「もし、そうであれば、一大問題である。我々はどこへ向かおうとしているのか?」。ゴルバチョフはこの記事が、反逆ではないにしても、不服従であると受け止めた。シャフナザーロフによれば、ゴルバチョフは激怒した。ゴルバチョフは「紙を周囲に投げ散らし」、なぜ東ヨーロッパの連中は「私を怪物扱いするのか」[78]といきり立った。六月二九日の政治局会議では、「我々が最大限の柔軟性と配慮を示している」にもかかわらず、「突然、無に帰してしまう」と言った。彼はカーダールとホーネッカーに電話をする口実をつくり、まるでついでであるかのように、「ウラジーミロフ」の記事は自分の考えと異なると告げた。ゴルバチョフは「後始末が本当に大変だった」と語る。ラフマーニンの上司である中央委員会書記コンスタンチン・ルサコフに、「あの記事が自分の部で執筆されていることを、君は知っていたのかね？」と問いただした。中央委員会の古参書記ミハイル・ジミャーニンにも「君はどうか？」と尋ねた。「プラウダ」紙の編集長ヴィクトル・アファナーシエフにも、「そして君は？　何をしているのか分かっていたのか？」と質問した。誰一人として責任を認めなかった。すぐに解任された者もいなかった。だが間もなく、ゴルバチョフに近い編集者のワジーム・メドヴェージェフがルサコフと交代し、シャフナザーロフがラフマーニンと交代した[79]。

このような不愉快な出来事の後も、ゴルバチョフは明確な東ヨーロッパ政策を打ち出せなかった。彼は後に「この地域で何が起きているのか全体像が分からなかったからだ」と認めている。「熟慮を重ねた上で新しい措置を同盟国に提示するシステムが、極めて不十分だった[80]」。ゴルバチョフが社会主義の同盟国に関して使う言葉は厳格であると同時に曖昧だった。「指示、命令、説教――これら全てを過去に葬り去らねばならない[81]」。ワルシャワ条約機構の会議を終えて政治局会議に臨んだ際に、根拠のない楽観主義を披露したこともある。彼は「我々の友人たちは……今も我々に惹きつけられている」と言いつつ、チャウシェスクに言及し、「彼は常に我々を出し抜こうとしている。あたかも我々が為すべきことは、既に自分が済ませているかのようだ。彼には、もううんざりした。……彼の頭は混乱の極みだ[82]」と述べたりした。ゴルバチョフはチャウシェスクについて、批判抜きに語れなくなっていた。

ゴルバチョフは一九八六年六月、共産主義陣営との関係をめぐり、特別の政策文書を政治局のために作成した。だが内容は明確さに欠けた。「我々の友好国との交流発展を阻害する全ての要因を排除する。新たな弾みをつけ……社会主義の潜在力を世界規模で解き放つ」。彼は「我らが同盟との関係は最優先事項である」と述べつつ、現状においてはそれがもはや真実ではないことを言外に匂わせもしたのだった。この文書は中央委員会の諸機関、外務省、ＫＧＢに対し、「社会主義諸国との関係において否定的な現象を克服し、必要な加速化［またもや、この決めぜりふ！］をもたらす」よう促した。ゴルバチョフは七月三日の政治局会議でついに、「チェコスロヴァキアとハンガリーで駆使した手法はもはや効果がない。役に立たない[83]」と明言した。軍事力では同盟国をつなぎ止められない、と初めて公式に宣言したのだった。だが歴史家のスヴェトラーナ・サフランスカヤによれば、「新たな戦略」で東ヨーロッパに対処すべく「具体的な措置」を講じたのは「一九八九年前半で、既に手遅れだった[84]」。

ゴルバチョフが書記長となった時、ソヴィエト軍はアフガニスタンで五年以上戦っていた。最後の部隊が現地を離れたのは一九八九年二月である。それまでに一万三〇〇〇人を超える兵士が命を落とし、数千人が負傷した。アフガニスタン人も数千人が死亡し、数百万人がパキスタンとイランへ逃れた。そもそも軍部は、政治局が決めた侵攻に反対だった。一九八五年三月以前にも、ソヴィエト指導部は撤退の可能性を探っていた。一九八二年には国連主導の調停を受け入れる姿勢を示した。一九八四年には和平合意の案が、ほぼまとまりかけた。だが撤退の時期や、アメリカやパキスタンなどムジャヒディンを支持する外国がどの段階で手を引くかという課題が相互に絡み合い、解決に至らなかった[85]。

ゴルバチョフも戦争終結の決意を固めていたようだ。緊急に「実行するべき」課題のリストの最初のほうに、「アフガニスタンからの撤退[86]」と記載がある。アルバートフによれば、ゴルバチョフは「この混沌から脱出しなければならない[87]」と理解していた。コルニエンコは一九八五年六月、「アフガニスタン問題の解決」について提案をまとめるようゴルバチョフから指示を受けた。国民は指導部における潮流の変化を敏感に読み取り、同時にそれを支持した。中央委員会と主要な新聞各紙に投書が殺到した。それらはアフガニスタンでの戦いについて、「なぜ我々にそれが必要なのか？　いつ終わるのか？」という共通の疑問を投げかけていた。女性たちは夫や息子が傷つき、命を落とすのではないかと心配していた。兵士たちは戦う理由を見いだせなかった。士官たちは部下に「なぜここにいるのか」説明できなかった。同じ苦悩を投書で吐露した将軍も一人いた。戦車兵やヘリコプターの操縦士も手紙を寄せた。彼らは英雄的な戦いぶりを報じた「プラウダ」紙を非難し、「実際に戦っている俺たちから見れば、［記事は］全く間違っている」と言い立てた。チェルニャーエフが最も驚いたのは、これまでとは異なり、匿名の手紙がほとんどなかった事実である。「大部分は本当の署名があった[88]」

バブラク・カルマルは、ゴルバチョフが書記長になって最初に会談した外国首脳の一人である。カルマルは三月一四日、ソヴィエトとアフガニスタンは「人類史において比類のない[89]」関係を築いた、と述べた。ゴルバチョフは一〇月にカルマルを呼び寄せて再び会談した。この時にチェルニャーエフが進言のため用意した文書は、極めて厳しい調子で貫かれていた。「毎日、同胞の少年が一〇人死んでいる。アフガニスタン国民が自らの革命を守りきる希望は全くない」。結論も極めて明確だった。「迅速に撤退して自由選挙を実施させるべきである。アフガニスタンがイスラム教の価値観を取り戻し、反政府勢力を加えた統治機構を組織しなければならない。武装勢力の参加も排除はしない」。ゴルバチョフはこうした立場を「とても穏やかに」カルマルへ伝えたが、「理解は得られなかった」。ゴルバチョフは一〇月一七日の政治局会議で、カルマルとの会談について説明した。ゴルバチョフは「終わりにしよう」と持ちかけたが、カルマルは「ソヴィエトがアフガニスタンを必要としていると思い込んでいる。そして明らかに長期駐留を願っている。もちろん永遠にいてほしいとは考えていない」。ゴルバチョフは「最大限の明瞭さをもって彼に伝えた。一九八六年夏までに、あなた自身の革命をどのようにして防衛するか検討していただきたい。我々は今後も支援を継続するが、陸上部隊は置いておけない。航空機、野戦砲、その他の装備は提供する。あなたが生き残りたいと望むのなら、体制を支える社会基盤を拡大しなければならない。社会主義のことは忘れ、権力を共有するべきだ」。ゴルバチョフはカルマルの同意が得られようが、得られまいが、「断固としてアフガニスタンからできるだけ早く撤退する」方針を明らかにした。国防相のセルゲイ・ソコロフ元帥は、撤退の時期は熟したと同意した。グロムイコは反対した。チェルニャーエフによれば、「彼に近い政治局員はもちろん、ゴルバチョフを支持する政治局員でさえ、皮肉な表情を浮かべていた」。彼らは無言だったが、顔はこう語っていた。「何をばかげたことを言うのか？　ひどいじゃないか？　俺たちをこんなめちゃくちゃな状況へ追い込んでおいて、お前たちみんなに責任があると言うのか[90]」

政治局はこの日の会議でアフガニスタンから撤退する方針を承認した[91]。ゴルバチョフは第二七回党大会で、アフガニスタンでの戦いを「出血が止まらない傷[92]」に例えた。それでもソヴィエト軍がアフガニスタンからすぐに消えたわけではない。ソヴィエトが軍事介入してから最大の激戦は、ゴルバチョフが政権を握ってから起きた。駐留軍の規模も一九八六年前半は、チェルネンコ時代に一〇万人から一二万人に増えたままで推移した[93]。モスクワはアフガニスタンの指導者を、カルマルからナジブラに代えた。そして「国民和解」の運動を組織しつつ、アメリカ、パキスタン、アフガニスタンを加えた四者協議の枠組みを通じ、和平の条件を探った。最後のソヴィエト軍部隊がアフガニスタンを離れたのは一九八九年二月一五日だった。

アメリカの元駐ロシア大使ジャック・マトロック・ジュニアが語る。「それは「ゴルバチョフの」戦争ではなかった。だが終結させられないでいるうちに、それは彼の戦争となった[94]」。アルテミー・カリノフスキーは、アフガニスタン撤退の表裏を詳細に描いた著書で、ゴルバチョフは西側の帝国主義から「第三世界を守る庇護者という地位が揺らぐ事態を恐れていた[95]」と述べる。前任者たちが残した第三世界とのいざこざに、ゴルバチョフは辟易していた。それでもこのような懸念に悩まされた。リビアの独裁者ムアンマル・アル＝カッザーフィーは、「世界的な革命家」として振る舞った。だがゴルバチョフに言わせれば、「彼は幼稚園児の代表と渡り合っているようなものだった。声が大きければ大きいほど革命も立派になると思い込んでいる[96]」。シリアは「我々に命令するようになっていた……我々から資金援助を受けているというのに。我々は自分の政策ではなく、彼らの政策を遂行していた[97]」（アメリカの三〇年前〔ベトナム戦争を指す〕と同じではないか？）。良かれと続けた支援も「今や巨額の資金が無意味となった[98]」。ゴルバチョフが第三世界のパートナーとして評価したのは、帝国主義と戦う過激な指導者ではなく、穏健で教養があるインドのラジーヴ・ガンディー首相だった。二人の会話を通訳したパーヴェル・パラシチェンコが語る。「ゴルバチョフはラジーヴ・ガンディーを信頼していた。計画や意見……そして疑問まで共有していた」。「相性は申し分なく良かった[99]」

ゴルバチョフの信念は揺るがなかった。あるいは、そのように見せかけねばならないと感じていた。彼は一九八六年四月の政治局会議で、「我々はいかなる状況に置かれようとも、アフガニスタンから出ていかねばならない。さもなければ、非常に多くの友好国との関係を損なってしまうだろう」と述べた。念頭にはキューバ、東ドイツ、イラクなどがあった[100]。一方でゴルバチョフは、アフガニスタンの親ソ勢力を見捨てることはできない、とも公言した。そう言わざるをえなかっただけかもしれない。一九八六年六月二六日の政治局会議では、「二年か三年で引き揚げる」と述べた。だが「膨大な数の若い兵士を失った挙句に降参し、恥辱にまみれて撤退したという印象を与えてはならない」[101]と条件を付けた。ゴルバチョフは後年、はるか昔を振り返りながら、もっと迅速に事を運ぶべきだった、と語っている。そして何と、ベトナムの失敗に学ばなかったとも言った。[102]アメリカがベトナムに軍事介入したのは、ニクソン大統領の言葉を借りれば、「頼りにならない哀れな大男」と見下されたくなかったからだ。一九八五年のアフガニスタンでは、地元指導部の腐敗、頼りにならない現地軍、歯止めがかからない国民の離反が、ソヴィエトを苦しめていた。パキスタンとの国境地帯は敵の聖域となり、諸勢力の和解は進まなかった。撤退期限も守れそうになかった。確かに三〇年前のベトナムでアメリカを悩ませた多くの問題と似ていた。

国内要因もゴルバチョフの動きを縛っていた。政治局ではグロムイコが率いる「アフガン・ロビー」をまだ排除できていなかった。軍とKGBがアフガニスタン共産党を支援していた。アフガニスタンの共産主義勢力には様々な派閥があった。それぞれがソヴィエトの金づると関係を結び、ソヴィエト軍とKGBの対立を誘った。好ましい時期に撤退を終えるためには、アメリカの協力が必要だった。

だがアメリカにとって、それは義務ではなかった。パキスタンがムジャヒディンへの支援を続ける限り、撤退の時期を具体的に決めることはできなかった。逆にパキスタンはソヴィエトが撤退時期を決めない限り、ムジャヒディン支援をやめないという立場だった。アメリカはパキスタンに資金を与え、ムジャヒディンには武器を渡していた。冷戦下にあってレーガン政権は、ソヴィエトとの対決姿勢を崩していなかった。あるいは、そのように見せかけていた。

「我々は彼らなしには何もできない。彼らも我々なしでは何もできない」。ゴルバチョフは一九八六年四月三日の政治局会議でこう語った。[103]「彼ら」とはアメリカである。念頭にあったのは、冷戦下の軍縮のみならず、ワシントンとの関係改善により、国家の軸足を軍事から民生へ移す思惑だった。だがレーガン大統領は、モスクワとの関係改善より対決を追求する姿勢を変えていなかった。

ワシントンで観察していたドブルイニンは、レーガンの罪を列挙した長いリストを作成した。デタントの打ち切り、軍縮の放棄、急速な軍備拡大、東ヨーロッパとモスクワを切り離す試み、中国との軍事協力、中東におけるソヴィエトの影響力への挑戦、キューバへの威嚇、アフガニスタン和平への無関心を挙げた。ソヴィエトを「悪の帝国」と決めつけた悪口は言わずもがなだった。レーガンに言わせれば、ソヴィエトの指導者は懲りもせず、「いかなる犯罪にも手を染め、嘘をつき、世界革命を扇動するいかさま行為を働く」連中だった。レーガンは戦略防衛構想（SDI）も推進した。ソヴィエトは核戦争で報復の能力を奪われる、と警戒した。ドブルイニンは大使として既に長くアメリカに滞在していた。それでも本国の指導部が「アメリカの大統領に対する姿勢を、これほど真剣に転換したのは初めてだった。最高首脳同士の関係に大きな変動が起きた」[104]。

レーガンには別の顔もあった。ブレジネフへ宛てた私的な肉筆書簡には、感傷的とさえ言える善意がにじみ出ている。ブレジネフの死去に際しては、ワシントンのソヴィエト大使館に赴き弔意を表した。ネバダ州選出の上院議員で側近のポール・ラコルトを通じドブルイニンに、自分がゆくゆくは「ともに合意を達成できるパートナー」となるだろうと伝えた。レーガン本人もドブルイニンにこう語った。「おそらくソヴィエトの国民は、私を頭のおかしい戦争狂とみなしているだろう。だが我々の間で戦争は望まない。戦争が数知れない惨事をもたらすことを知っているからだ。我々は新たなスタートを切るべきだ」。公式の発言とは食い違っている。ドブルイニンは困惑した。モスクワの上層部は「手の込んだ二枚舌と敵意」[105]の現れと解釈した。

レーガンは一九八四年の大統領選挙へ向けて、米ソ関係の〝雪解け〟を演出しようと試みた。だがクレムリンがレーガンを見る目は変わらなかった。レーガンは一九八四年一月一六日、経済と軍事力の再建を果たしたので、ソヴィエトとの対立点を解消する用意がある、と公表した。九月にはホワイトハウスへグロムイコ外相を招き、自分の個人的な夢は「核兵器のない世界」である、と告げた。ドブルイニンによれば、「まるで大変な秘密」を打ち明けるような様子だった[106]。

レーガンのソヴィエトに関する考え方には、全く一貫性がなかった。彼によれば、「世界革命と社会主義、あるいは共産主義の世界統一国家」を頑なに追求しない者は、「革命後のソヴィエトの指導者に誰一人としていなかった」。ソヴィエトの指導者は「『我が闘争』のヒトラーのように単純な言葉で語ってきた」とも述べた。レーガンは「直感」も働かせ、「ソヴィエトが諸国家の家族の一員となれば、ソヴィエト国民は物質的な利益に恵まれることを説得できる」と言い、チェルネンコと「二人だけ」で会う可能性に含みを持たせたりもした。ソヴィエト国民は「攻撃を受けるという被害妄想にとらわれている」と考え、唯一の治療法は対話である、と考えていた。「我々には攻撃の意図がないと分かってもらえるかどうか、まさに彼らのほうにも、そのような気持ちがあるかどうか、会って話をすれば分かる。疑念の空気を吹き払うことができれば、彼らも軍備削減交渉を不可能とは思わないだろう」[107]。しかし、ソヴィエトの国民が本当の被害妄想患者であるのなら、いくら大丈夫と言われたところで、ごまかしとしか受け止めないはずだった。

核兵器をめぐるレーガンの立場も一筋縄ではなかった。彼が核廃絶論者であることは秘密ではなかった。二期に及んだ任期の間に一五〇回以上、核廃絶に言及した[108]。だが補佐官や同盟国の指導者がほとんど誰も同意しないのに、何を根拠に、核廃絶が望ましく、かつ可能であると考えたのだろうか？ 彼らは核の抑止力が平和を守ると信じていた。レーガンはSDIが攻撃的な核ミサイルを無力化できると考えた。たとえ計画段階であっても、ソヴィエトにミサイル放棄を迫る切り札になる、と思い込んだ。だがほとんどの軍事専門家は、スター・ウォーズを現実的な計画とは受け止めていなかった。

レーガンがいくら核軍縮を唱えても、夢物語との見方が一般的だった。ジャーナリストのフランシス・フィッツジェラルドは、俳優から手練れの商人となった男が路上に並べた売り物のようだと評した。レーガンはアーサー・ミラーが戯曲で描いたセールスマン、ウイリー・ローマンを連想させた。「靴をぴかぴかに磨き上げ、にこにこ笑いながら、はるかかなたの青空に浮遊している人間」のようだった[109]。売り口上が滑らかだったのは、彼自身がそれを信じていたからだろう。彼は一九八六年の秋、ようやく探し物を見つけた。ゴルバチョフに完璧なパートナー像を見出した。ゴルバチョフもまた、両国の合意は可能であると考えていた。核廃絶も構想していた。気が合う者同士なら、奇跡を成し遂げられると信じていた。

ところが最初は、なかなかうまく事が運ばなかった。一九八五年三月一二日、ゴルバチョフが書記長になった翌日のことだ。彼はレーガンとの来るべき会談に備えて、ヤコヴレフにレポートの作成を命じた。ヤコヴレフはレーガンの強硬姿勢に大きな変化がないことを前提に、首脳会談を緊張緩和の単なる糸口と位置づけるよう進言した[110]。チェルネンコの葬儀の当日、ゴルバチョフは午後一〇時にブッシュ副大統領をクレムリンに招いて会談した。グロムイコとシュルツ国務長官が同席した。ブッシュはレーガンからの親書を手渡した。それが重要な出発点となった。親書はゴルバチョフにアメリカ訪問を求めていた。ゴルバチョフは政治局で議論してから決めねばならないと伝えた。彼は、ソヴィエトが「アメリカと戦おうと意図したことは一度もありません」、「そのような狂人は指導部にいたためしがないし、現在でも存在しない」と述べた。そして単刀直入に尋ねた。「アメリカは本当に、会談で成果を達成するつもりがあるのですか？　会談の成果を軍縮計画の実現につなげる必要性を感じているのでしょうか？」

会談に臨んだゴルバチョフの態度は、従来の指導者とは異なっていた。分厚い書類の束を持参したが、横に置いて見向きもしなかった。シュルツによると、ゴルバチョフは「天性の話し上手だった。話しながら考えているように見えた」。その態度から「長く厳しい一日の終わりにあっても、精神が躍動している様子がうかがえた。幅広い識見と活力があった」。シュルツの目に映ったゴルバチョフは、これまで会ったソヴィエトの指導者たちより「反応が早く、斬新で、魅力があり、幅広く関心を持ち、知識も豊富だった」。彼は「自分もくつろぎ、周囲の気持ちも和らげた。グロムイコと冗談を交わす様子は、知識や政治家としての能力に根ざす揺るぎない自信に満ちていた。彼はたった今、指導者となったばかりの男ではなく、その地位で既に一定の経験を積んだ人物のように振る舞えた」。シュルツは後で記者たちに、「ゴルバチョフは、私がこれまで見たソヴィエトの指導者とは、全く異なる人物です」と語った。シュルツはワシントンへ戻り、レーガンを相手にゴルバチョフを絶賛した。ドブルイニンも三月一九日、ブッシュからゴルバチョフ称賛の言葉を聞いた。ドブルイニンは、レーガンがゴルバチョフを招待しておきながら、「マルクス・レーニン主義者」と批判したことに苦情を言った。ブッシュはレーガンの物言いは時に「不注意」であると認めた。そして「レーガンは相変わらずレーガンなのです」[11]と述べた。

ゴルバチョフもまた、相変わらずゴルバチョフであった。当初は世界の指導者に畏怖を覚えていたかもしれない。しかし間もなく、自分のほうが優れていると感じるようになった。シュルツによれば「ゴルバチョフは誰にでも好い印象を与えた」。だが誰もがゴルバチョフに好い印象を抱いたわけではない。ミッテランは宇宙軍拡の問題でソヴィエトと同じ立場をとった。ゴルバチョフは中央委員会の書記たちに、ミッテランは「病気のように見えた。話にも支障が出ている」と語った。西ドイツのヘルムート・コール首相も会談を切望した。彼はイギリス、フランス、イタリア、その他のNATO諸国が、「ボンを出し抜いてモスクワとの関係を修復してしまうのではないか」と心配していた。ゴルバチョフはブッシュとシュルツについては、二時間話した結果、「二流だ。それほど強力なチームではない」と見下した。ブッシュはゴルバチョフが想定外の話を持ち出すたびに、「落ち着きを失った」。ブッシュたちは、レーガンがゴルバチョフとの会談を望んでいる、と盛んに述べたてた。だがレーガンの書簡は「冗長で具体性に欠けた[112]」。

レーガンもゴルバチョフも、首脳会談を望んでいた。だが双方の政府に懐疑論があった。クレムリンは伝統的に、首脳会談は重要な合意を伴わねばならないとの立場だった。だがゴルバチョフは三月二四日、レーガンへの返答で、首脳会談では「必ずしも重要な文書を幾つも調印する必要はない[113]」との考えを伝えた。ゴルバチョフは政治局から譲歩を引き出さねばならなかった。彼は政治局の面々に言った。成果が事前に約束されなければ首脳会談はしないという立場に固執すれば、「首脳会談の開催までに二、三年かかってしまう。あるいは全く実現しないかもしれない。今や時間は限られている[114]」。ゴルバチョフは会談の実現にこだわりつつ、取引の前提条件として、スター・ウォーズ計画の断念をワシントンに求める方針を定めた。グロムイコの意見を採用したのである。チェルニャーエフの考えでは、「グロムイコの条件を受け入れることではなく、自分の立場から逸脱［傍点は原文通り］」することが、ゴルバチョフにとっては問題だった。五月五日付のチェルニャーエフ日記は、「外交の滑り出しは順調ではなかった。この分野において我々のやり方は、内政に比べて革命の様相を帯びていた[115]」との記述が見える。

一方でレーガンは「国防長官のキャスパー・ワインバーガーや他の強硬派の影響を受けて、ゴルバチョフとの会談へと気持ちが傾いていた[116]」。少なくともレーガンがシュルツに、そのように伝えたのは事実である。シュルツは五月上旬にウィーンでグロムイコと会談した。シュルツは首脳会談の時期を話し合うつもりだった。だが、グロムイコが「代償として何らかの譲歩を求めてくる」と懸念も抱いていた。二人は六時間協議を続けた。この間、全く首脳会談には触れなかった。そして部屋を出た。

グロムイコは「レーガン大統領がモスクワに来れば、歓迎を受けるでしょう」と言った。シュルツは「今度はあなた方がワシントンに来る番です」と応じた。

グロムイコはヨーロッパで首脳会談を開催しようと提案した。シュルツはジュネーヴを示唆した。

グロムイコは「ジュネーヴと言われたら、私はヘルシンキと言わざるを得ない」と語気を強めた。いつもと同じで、ユーモアにも愛想がなかった。[117]

合意は六月に成立した。首脳会談は一一月一九―二〇日にジュネーヴで開催する運びとなった。ゴルバチョフはソヴィエト流の古い戦術を駆使して下準備にかかった。NATO加盟国がアメリカより熱心に東西合意を求めるように画策して、アメリカの「軟化」を引き出そうと目論んだ。ゴルバチョフは初の公式訪問国にフランスを選んだ。フランスはドゴール以来、伝統的にアメリカとは距離を置く国柄だった。[118]

西ヨーロッパは東ヨーロッパを挟みソヴィエトと陸続きで、アメリカとの貿易よりソヴィエトとの貿易のほうが多かった。西ヨーロッパ諸国の共産党は、ソヴィエト共産党と長い付き合いがあった。非共産主義の諸政党も、レーガンやアメリカの共和党ほどソヴィエトが嫌いではなかった。ミッテランにもソヴィエトの新指導者を招く重要な理由があった。ミッテランには次のような戦略的目標があった。「西ヨーロッパの独立性を段階的に認めさせ、東ヨーロッパと相互補完的な関係を深める。ソヴィエトが「ヨーロッパ」共同体諸国と信頼を醸成するように働きかけ……その代償として「モスクワ」は、ヨーロッパがソヴィエトに対する戦争マシーンとならない確証を得る」[119]。高尚な言葉使いがゴルバチョフの琴線に触れた。だがゴルバチョフが一九八五年一〇月二日、ライーサを伴いパリへ飛んだ時、彼は現実の厳しい制限を受けていた。それはミッテランにしても同様だった。ゴルバチョフはデタントの再生を求めた。ミッテランは、デタントを葬った挑戦的態度を改めるべきはソヴィエトである、と切り返した。ゴルバチョフはミッテランに、SDI反対で歩調をそろえようと提案した。またアメリカとソヴィエトによる核削減の直接交渉を支持するよう求めた。ミッテランはいずれも拒否した。共同声明の発表にも同意しなかった。[120]

フランス訪問は悪しき過去の日々へ逆戻りした印象も与えた。ゴルバチョフの公式発言は生気に欠けた。ミサイルのヨーロッパ配備を凍結するよう求めても、ブレジネフ時

フランソワ・ミッテランとゴルバチョフの共同記者会見＝1985年10月4日、パリ

代のプロパガンダを思い出させるばかりだった。国会議員たちと会って、「ヨーロッパ共通の家」にも言及したが、反応は鈍かった。議会での演説はフランス側が消極的で、実現しなかった。[121] ソヴィエトの駐フランス大使ユーリー・ウォロンツォフは、エリゼー宮でミッテランとの共同記者会見に臨んだゴルバチョフを、「素晴らしい」出来栄えと称賛した。質問はゴルバチョフへ集中し、ミッテランは「手持ち無沙汰で座ったまま」だった。ゴルバチョフは「機転をきかせ、微笑みを浮かべながら言った。〝いえ、いえ、これは彼の会見ですから、彼に尋ねて下さい。私はここに座って待たせてもらいましょう〟」。[122] チェルニャーエフの目には、ミッテランの表情が「不機嫌で高慢」に映った。ミッテランは「ロシアで幾世紀もの歴史を持つヨーロッパへの親近感が新たに高揚した事態」に直面し、「皮肉で冷たく、礼儀正しいが、どこか人を見下した反応」を示した。[123] 西側指導者との共同記者会見の場で、ゴルバチョフは文字通り汗だくになってデビューを果たした。ゴルバチョフはグラチョフに、「背中が汗でびっしょりだった」と明かした。「コンバインを運転して収穫作業を終えた後のようだ」[124]と言った。

フランス大衆の暖かい歓迎はゴルバチョフ夫妻を喜ばせ

た。テレビのインタビュアーはソヴィエトの人権侵害を問いただした。しかし「ゴルバチョフの流儀」についても質問をして機嫌をとった。ゴルバチョフは特別な流儀などない、と答えた。自分はこれまでの人生でやってきた通りに働いているだけだ、と応じた。自分だけではなく、多くの同僚も同じだ、と説明した。[125] ライーサは、フランスを前回訪問した時から気に留めていたロダン美術館を訪れた。仏ソ友好協会で演説もした。ソヴィエト大使館で婦人のグループと懇談した。どこに行っても彼女の周りは人垣ができた。大統領夫人のダニエル・ミッテランは、ライーサをエリゼー宮に招き晩餐をともにした。その席には最良の知識人たちが招かれた。

ライーサのフランスでの日程づくりは、ヴィタ—リー・グセンコフが助けた。外交官としてパリで八年の経験を積んだ後、一九七九年に中央委員会国際部に籍を移した人物である。ゴルバチョフ夫妻が一九七七年にパリを訪れた際、グセンコフと夫人リュドミラが案内をした。ゴルバチョフは一九八五年の訪仏を控え、グセンコフに電話をして再び支援を求めた。グセンコフによると、ライーサは儀礼を最小限に抑え、「人々との触れ合い」をなるべく増やしてほしいと要望した。ライーサは「とても綿密に準備をした。何か疑問が生じると電話で質問してきた。どんな些細な事でも、突き詰めないと気がすまなかった。彼女はいつも準備万端で、どんな質問にも答えられた。それは驚嘆に値した。真に見事と言うほかなかった。彼女は決して演説草稿をそのまま読み上げなかった。いつも事前に複数の覚書を作成した。私がそれを助けた。だがどの覚書を使うかを決めるのは彼女だった。覚書を棒読みすることはなかった[126]」。

ミッテラン夫人はライーサに、自分には数人の補佐官や秘書がいると話した。彼らが必要な背景を説明し、書簡のやり取りも手伝ってくれると聞いて、ライーサは驚愕した。代々のアメリカ大統領夫人や西ドイツの首相夫人も独自のスタッフを抱えていると後で知った。[127] グセンコフによれば、ライーサには「そのようなものはなかった。私がたった一人いるだけだった。彼女から頼まれれば、いつでも助けた。何回か外国へも同行した。もう一人の男がいた。彼は著述家で、彼女が本を執筆する時に支援した。ほかには誰もいなかった。秘書さえいなかったのだ」。

アルバートフによれば、ゴルバチョフはジュネーヴ首脳会談の前夜、「神経質になっていたが、それを外に出すまいとしていた」[128]。ドブルイニンはゴルバチョフが「強い不安に苛まれていた」[129]と証言する。冷戦の最中に五年ぶりで実現する首脳会談だった。現地では一種の興奮が渦巻いていた。ゴルバチョフは多大な必要性と低い期待がないまぜとなった複雑な心理状態にあった。冷戦の緊張を緩和し、ソヴィエト社会を再建するためには、レーガンの協力が不可欠である。だがレーガンとの間で所期の目的を達成できる確信はなかった。

ゴルバチョフは一一月三日、モスクワでシュルツと会談した。ゴルバチョフの前には壁が立ちはだかっていた。ドブルイニンによれば、会談の前から「動揺していた」。ゴルバチョフは「懐疑的な政治局員たちを相手に、首脳会談の価値を納得させねばならなかった」。彼はドブルイニンとシェワルナゼに、「アメリカ人は一般論しか言ってこない」と愚痴をこぼした。シュルツはやる気満々だったが、レーガンの補佐官の多くは違った。シュルツの観るところ、ゴルバチョフは根本的な変革を構想していた。シュルツはゴルバチョフの背中を押すつもりで、「情報化時代」について彼に話をしようと考えた。それは「金融の世界、製造業、政治、科学研究、外交を変えてしまう」はずだった。ソヴィエトは「今の経済政治システムを変えなければ、世界から永久に取り残され絶望の淵へと沈むだろう」。国務省の同僚はシュルツに警告した。「クレムリンで教師のように振る舞うと、相手を見下した印象を与える。ソヴィエトの人間はそのような所作を深く恨むだろう」[130]

だがシュルツの判断は正しかった。彼は社会科学の理論の枠組みに当てはめて、思うところを伝えた。ゴルバチョフはこの種の議論に加わるのが好きだった。シュルツは「閉鎖的な」社会は「情報化社会に乗り遅れる」、だからソヴィエトのシステムは「新しい時代へ適合するために根本的な変化を遂げねばならない」と論じた。ゴルバチョフは怒りもせず、「瞳を輝かせて、〝あなたはモスクワで国家計画を策定する責任者となるべきだ……なぜなら我々のスタッフより豊かな着想に恵まれているからです〟と述べた」[131]。

シュルツが意を強くした理由は、ほかにもあった。ゴルバチョフは言葉を遮られても怒らなかった。鋭いやり取りを楽しんでいるかのように見えた。「自ら多くを語ったが、相手の言い分にも耳を傾けた」。それでもドブルイニンに言わせれば、会談は「長くて困難だった」。ゴルバチョフはSDIに強い不満をぶちまけた。シュルツはできるだけの説明をした。ドブルイニンは、ゴルバチョフが

「〔SDIに関して〕やりすぎた。レーガンはますます計画の重要性を認識するだろう[132]」と考えた。シュルツはゴルバチョフが「演技と態度で、自分がいかに毅然としているか見せようとしている[133]」と感じた。ゴルバチョフは、シュルツが「首脳会談へ向けて何ら重要な土産を持ってこなかった[134]」と失望して会談を終えた。

ジュネーヴ首脳会談へ準備の一環として、外務省、国防省、KGBが慣例に従い、いずれの組織も大きな成果は期待していなかった。このレポートを基礎に政治局は、首脳会談への対処方針を策定した。一方でジュネーヴへ随伴する公式代表団には、「新思考の持ち主たち」も含まれていた。ヤコヴレフ、アルバートフ、科学者のヴェリホフ、サグジェイエフの面々である。ヤコヴレフを除く三人は、知識人による先遣隊としての役割を担っていた。このうちの一人は、自分の仕事を「ソヴィエト代表団の政治的コールガール」と位置づけていた。彼らは世界中から集まったメディアの質問に答えるため、首脳より早く現地へ乗り込んだ[135]。

ロシア問題でレーガンを補佐したジャック・マトロック・ジュニアによると、レーガンは首脳会談に向けて「かってなく広範囲に」準備を進めた。「アメリカの歴代大統領でここまでやった人物は、おそらくいなかっただろう」。準備は夏場から始まった。マトロックや他の補佐官たちは「大学の課程に匹敵する」進講を繰り返し、レーガンに知識を植え付けた。二〇を超える文書が作成された。レーガンはその著者たちと話し合い、民間の識者と会い、CIAが制作したゴルバチョフの映像資料を見た。マトロックによれば、最盛時には「週に二、三時間（ほかの大統領なら一五分の時間をもらうのも至難の技だ）も彼と話せた」。レーガンは話が細かくなると、聴く意欲が減退した。だが「我々がゴルバチョフの人間性について語っている時は、決して退屈しなかった[136]」。準備の過程でレーガンが会った人物の一人に、スザンネ・マッシーがいた。『不死鳥の大地　古きロシアとパヴロフスクの美しさ』の著者である。レーガンは在任中、彼女と一八回会った[137]。レーガンにとって、マッシーを通じてロシアの歴史に触れた経験は極めて有益だった。だが軍縮問題で最後の調整に取り組んでいた補佐官たちとの論議は、そう簡単ではなかった。一時は長い空白の期間が生じた。レーガンは心ここにあらず、という様子だった。「私は一八三〇年にいる」と彼は言った。「サンクトペテルブルクで一八三〇年に、小商いをしていた人々にいったい何が起きたのか？　そしてロシアの企業家精神はどうなってしまったのか？　いったいなぜ、それは消えてしまったのか？」[138]

首脳会談は議事録や結果から判断すると、突破口を開くには至らなかった。だが双方の主役は、それを成し遂げたと信じた。会談は一一月一九日朝、レマン湖畔のフルールドー城で始まった。一九世紀の優雅な建築である。冷たい風が湖面を波立たせていたが、七四歳のレーガンは外套を着ずに、屋外の階段を元気よく降りてゴルバチョフを迎えた。ゴルバチョフは灰色の外套、格子柄のウールの襟巻、いつもの中折れ帽という身なりだった。彼はレーガンより二〇歳若かったが、それほど年の差があるようには見えなかった。ゴルバチョフは気さくな態度で「あなたは軽装ですね。風邪を引かないようにして下さい。話し相手に困りますから」[139]と声をかけた。外套なしで出迎えたレーガン側の演出が功を奏した。[140]ドブルイニンによれば、ゴルバチョフは「それを記憶に留めた。レーガンがソヴィエト側の宿舎へ来た時は、ゴルバチョフが外套を着ないで外に出迎えた」[141]。ライーサもいつもの通り最大限の注意を払って、静かに、そして優雅に、西側の流儀に従って振る舞った。だが服装だけは、書記長夫人でも克復できないソヴィエトの限界を感じさせた。彼女は首周りにリボンを結んだベージュ色のブラウスを二回着て登場した。ナンシー・レーガンは二回の晩餐会で、有名デザイナーに発注した夜会服と宝石に身を包んで参加者の目を奪った。ライーサの夜会服はスカートの裾が床まで届いた。男性たちはダークスーツだった。ソヴィエトでは礼服を「ブルジョア」の服と蔑んできたが、この日はその伝統を破った。

第一回目の会談は午前一〇時に始まった。淡い青系で色調を整えた居間で、レーガンとゴルバチョフ、それぞれの通訳一人ずつが向かい合った。会談は一五分の予定だったが、一時間を超えても終わらなかった。双方数人ずつの補佐官は、控室の華美な装飾に包まれ、机を挟んで座ったまま、落ち着かない時間に耐えた。[142]レーガンの言葉は選挙の遊説を思わせた。両国を相互不信に陥れたのは互いの軍備ではなく、相互に不信があるからこそ軍備を強化したのだ、と論じた。「武器を製造したのは国民ではなく政府である」とも言った。彼はソヴィエトが「社会主義革命を世界へ拡散」させるため軍事力を使っていると批判しつつも、この会談が「相手への疑念を相互に拭いさる」よう願う、とも述べた。ゴルバチョフはもっと現実的だった。「両国の間には非常に多くの相違があり、関係改善を語る

腕時計の時間を合わせるゴルバチョフとレーガン＝1985年11月18日

ジュネーヴで会談し、暖炉の前で談笑するゴルバチョフとレーガン＝1985年11月19日

のは、それほど簡単ではない」と語った。報道陣を招き入れ写真撮影に応じた時、ゴルバチョフは緊張を隠せなかった。椅子の肘掛けを手でしっかり握り、しきりに瞬きをして、そろそろプレスを退場させようと合図を送っていた。レーガンは足を組んで、くつろいだ様子だった。ゴルバチョフも一連の会談の最後は足を組むようになった。最初よりは自信を深め、くつろいで話しやすい印象を与えた[143]。

首脳に代表団を加えた最初の全体会合は、冷戦の一場面でしかなかった。ドブルイニンによれば、「レーガンが大統領となって五年の間に、ソヴィエトの指導者と繰り返した応酬の再現」だった。「互いに感情的にならない実務的な雰囲気[144]」が唯一の進歩と言えた。ゴルバチョフは抑えていたいらだちを、会談の後で補佐官たちに解き放った。ゴルバチョフによれば、「レーガンは私が言わんとすることを、聴いていないようだった。補佐官が用意したメモに深く埋もれていた。彼こそ現代の恐竜だ[145]」。

昼食を挟んで始まった第二回の全体会合でも事態は好転しなかった。両首脳はSDIをめぐり主張をぶつけ合った。ドブルイニンによれば、「白熱して感情的」な議論となった。機を見てレーガンが、湖畔のプールハウスへ場所を移そうと提案した。レーガンは前日、ナンシーと一緒に別棟を下見し、大きな暖炉に火を入れておくよう、あらかじめ命じておいた。グラチョフをはじめ何人もの人物が一致して語るように、そこで通訳のみを交え七五分語り合った間に厚い氷が割れたのだった[146]。しかし、議事録を読んでも、その様子は分からない。記録の上では、両者はまだSDIをめぐり激論を続けたことになっている。レーガンは宇宙で防衛兵器を共有しようと持ちかけ、ゴルバチョフは大統領の言葉が信用できるという証拠を示してほしい、と迫っていた[147]。

その後の協議は、いくらか楽に進んだ。議題はSDIからアフガニスタン、ニカラグア、人権問題へ移った。だがレーガンは何かの弾みで、SDIは防衛手段であり攻撃手段ではないと繰り返した。ゴルバチョフは怒りで顔面を紅潮させ、「我々が馬鹿だと思っているのですか?[148]」と言い返した。その日の晩餐会で、レーガンはぎこちなく乾杯の音頭を取った。彼は宇宙人がハレー彗星に乗って地球へ攻めて来ると分かれば、「世界中の人々が団結するだろう」と言った。会場の雰囲気は冷めたままだった。しかし、両首脳は「核戦争に勝者はいない。決して起こしてはならない」との認識で一致した。それは重要な合意だった。両国は互いに長い間、核戦争について相手は異なる考えを持っているのではないか、という疑念を捨てきれなかったからだ。二人はプールハウスから戻る途中で、一九八六年にワシントンで、一九八七年にモスクワで会談を重ねることを約束した。

レーガンの首席補佐官ドナルド・リーガンによると、レーガンは部下の助けを借りずに自力で成果を出した「個人外交の手腕」に、「誇りと達成感を感じていた」。レーガンは「善意の人物が二人で、互いに人間として対話を重ねれば、一緒に世界を動かせる[149]」と信じていた。ゴルバチョフとの会談はレーガンの信念を裏付けたようにも見えた。レーガンは回想録の前書きで、ゴルバチョフとの初会談に言及している。「世界は新たな日を迎えようとしていた。より安全でより素晴らしい世界を、実現するチャンスがあった。……解決すべき課題は多かったが、我々はジュネーヴで礎石を置くことに成功した[150]」

ゴルバチョフも会談で「突破口[151]」が開けたと考えた。チェルニャーエフは一一月二四日の日記に「根本にかかわる事が起きた」と記した。「国際関係における転換点」が実像を結ぼうとしていた[152]。ドブルイニンによれば、ジュネーヴ会談を経験したゴルバチョフは、「最高レベルのアメリカ人との直接対話[153]」に、いっそう重きを置くようになった。グラチョフによれば、ジュネーヴでゴルバチョフは自信が目にみなぎっていた。グラチョフはトルストイの人物描写を思い出していた。ゴルバチョフは「成功を楽しみ、誰もが自分の成功を認めてくれると信じて疑わない[154]」表情をしていた。

ジュネーヴでは確かに何か重大な事が起きた。だが、いったい何が起きたのか？　二人の指導者が、それぞれの能力を超える仕事をしたわけではない。レーガンは体調管理に特別の注意を払った。彼とナンシー夫人は時差ぼけの影響を緩和するために、ゴルバチョフより一日早く現地入りした。彼は無理に食べたり、食べなかったりして、現地の食事の時間に胃袋の働きを合わせた。「私の時間を彼に合わせるためだ」と補佐官に語った。ロシア問題で大統領を補佐するジャック・マトロックにゴルバチョフの役割を演じさせ、会談へ向けてリハーサルを繰り返した。それでもレーガンは、ゴルバチョフが言うところの「固定観念」に取り憑かれていた。事実関係も誤認していた。例えば第二次大戦でナチス・ドイツを爆撃したアメリカ軍機が、帰途にソヴィエトへ燃料を補給を求めたが拒否された、と思い込んでいた。「あなたの大統領には、全く困ったものです」。コルニエンコはシュルツに不満をぶつけた。「あなたがたの爆撃機が着陸して燃料を入れた基地には、私がいたのです」。シュルツの回想録を引く。「それは大統領お気に入りの物語だったが、私は幾度も事実は違うと忠告した。しかし効果はほとんどなかった。彼の頭に何かが事実として定着すると、それを追い出すのは至難の技だった[155]」

ゴルバチョフは会談が終わるまで、高揚感に支配されていた。補佐官たちと午前四時まで協議を続け、七時に起床した。だが彼の出来も、決してはかばかしくなかった[156]。マトロックによれば、ゴルバチョフは貿易拡大に固執しすぎた。その結果、移民や人権の問題でモスクワが軟化しない限り、「貿易問題では絶対に譲歩しないというレーガンの決心を固めてしまった」。ゴルバチョフは、アメリカがソヴィエトの経済や技術についてありもしない問題を論じていると批判しすぎて、自らの弱点へ注意を向けさせてしまった[157]。ドブルイニンによれば、ゴルバチョフはＳＤＩに「固執」した。アメリカがＳＤＩを断念することが、「首脳会談を成功させる前提条件」であると主張した。このため「我々は袋小路に追い込まれ」、「自分たちで出口を探さねばならなかった[158]」。

ジュネーヴ会談は政略の場でもあった。両首脳は互いに相手が、限定的な軍備管理ではなく、その先に本格的な核軍縮を構想していることを感じ取った。レーガンはプールハウスで、「戦略攻撃兵器の五〇パーセント削減」を提案した。ゴルバチョフはそれを受け入れると、間髪を入れずＳＤＩの制限を要求した。レーガンは飲まなかった。二人が相性の良さを確認したことは、合意の可否よりもっと大切だった。ゴルバチョフは自然でくつろいだ態度でレーガンに接した。人を惹き付ける力もあり、ユーモアのセンスも優れていた。大統領首席補佐官ドナルド・リーガンによると、レーガンが小話を披露すると、ゴルバチョフは「心から楽しそうに笑った」。時には「爆笑して喜んだ」。ゴルバチョフは演劇少年だったので、レーガンがハリウッドの映画スタジオの仕組みや、ジミー・スチュワート、ジョン・ウェイン、ハンフリー・ボガードら顔見知りの映画スターについて語ると、「夢中で」聴き入った[159]。プールハウスへ向かう途中で、レーガンが出演して評価が高かった映画『嵐の青春』を「とても気に入った[160]」と褒めた。

ゴルバチョフは相手の気持ちを察して穏やかに対処できた。一一月一九日午前、ゴルバチョフは二人だけの会談で「アメリカと大統領へ敬意を払い、静かに話し合いたい」と告げた。彼はのちに「人間としての大統領が理解できた。戦略防衛構想がいかに彼の創造力をかきたてたかも分かった」と回想している。レーガンはフルールドー城で最初にゴルバチョフを出迎え、相手の笑顔を見た時、「急に楽観的な気持ちになれた」と語っている。とげとげしい応酬の最中でさえ、ゴルバチョフは「相手の意見に喜んで耳を傾けた」[161]。ある時二人は資料に目を走らせる随員たちを尻目に、ソファに深々と腰を下ろし、ロシアのお茶を飲みながら、雑談に夢中になっていた。リーガンが、そろそろ休憩を終えて会談を再開してはどうかと言うと、レーガンは「どうでもいいだろう？　ミハイルと私はここで話し込んでいるのが好きなんだ」[162]と答えた。

リーガンによれば、レーガンとゴルバチョフは「たままクラブで出会って、多くの共通点を見つけた男同士のようだった」。実際二人は多くの点で共通していた。最初に二人だけで会談した時、レーガンはゴルバチョフと自分は「出自が似ている」と言い出した。ともに「小さな農村」で生まれ、今や「いわば世界の運命をその手に握っている」。だがほかにも類似点はいくらでもあった。二人とも過酷な時代に、幸せと言える幼少期を過ごした。二人とも両親の片方だけを愛着を込めて回想した。ゴルバチョフは父に、レーガンは母に愛着があった。レーガンの父はアルコール依存症だった。二人とも楽観主義者だった。レーガンの伝記を書いたルー・キャノンの表現を借りれば、「成功がそこにあって、見つけてくれと言っている。そして彼は必ず見つける」。二人とも禁酒主義者でもなければ、酒好きでもなかった。ともに若い時から読書家だった。それぞれ中学校で既に目立つ存在だった。レーガンは生徒会の会長だった。学生芝居で主役を演じた。レーガンはフィリップ・バリーの「あなたと私」で舞台を踏んだ。二人とも主演の女性に恋した。レーガンの場合は若いマグス・クリーヴァーが相手だった。二人はともに田舎町の気風を身にまとっていた。イリノイ州でレーガンの故郷の近くに育った「ワシントン・ポスト」記者ダン・バルツによれば、田舎町では「人々は基本的に善人で、好意には好意で応える」。二人とも大学で運命を決める体験をした。レーガンは一九八二年一〇月、母校のユーリカ大学で「この場は私の心に深く残っている。我が人生で良きこととの全ては、ここから始まった」[163]と述べている。ゴルバチョフも同じ気持ちに違いなかった。

結婚をめぐっても、二人には共通点が多かった。フランシス・フィッツジェラルドの記述を引く。「ナンシーは献身的に夫に尽くした。……二人は本当に幸福な結婚生活を送った。二人の気質は極端に異なっていた。彼は楽観的で自信家だった。彼女は神経質で心配性だった。彼は人生を楽しみ、彼女は心配し、苛立ち、最悪の事態を警戒した。彼は周囲の人々を信頼した。彼女は他人の下心を疑い、夫を裏切るわずかな兆しも見逃すまいと身構えた。彼女は多くの人々を疲れさせた。だがレーガンはいつも陽気で、大らかで無頓着だった。彼女がどんなに〝難しい〟女性であるか気がつかない様子だった[164]」

もちろん、ゴルバチョフとレーガンの間にも相違はあった。レーガンは大雑把だったが、ゴルバチョフは細部にこだわった。リーガン首席補佐官は、ゴルバチョフのほうが情熱的であるとの印象を受けた。ゴルバチョフは「手の縁で机を叩き、声を荒げ、答えを要求した」。レーガンは声や表情、身振りが「静かで控えめ」となるように制御していた。二人はともに俳優だった。リーガンの目は舞台俳優としてのゴルバチョフ、映画俳優としてのレーガンの姿を正確にとらえた。ゴルバチョフは高校時代に演劇の舞台に立ち、観客へ訴えるすべを学んだ。レーガンは演技を抑制し、カメラに物語を委ねた。ところが、似た者同士が互いに親近感を覚えるとは限らなかった。とりわけ、片方あるいは双方が、互いの共通点に自信を持てず、しかも相手かそれを言われると、なお始末が悪い。ライーサ・ゴルバチョフとナンシー・レーガンの場合がそうだった。二人はジュネーヴで最初に会った時から、しっくりいかなかった。

ライーサとナンシーは生い立ちも来歴も違っていた。ナンシーの母は女優だった。「いつも本当の父と思っていた」という継父は、シカゴの有名な神経外科医だった[165]。ライーサのような学術的な素養が、ナンシーには全くなかった。ナンシーは、「私たちには同じところがほとんどなかった。世界の見方も全く違っていた[166]」と語るが、必ずしもそうではなかった。ナンシーはサンフランシスコの占星術師に、首脳会談が成功する日付を相談した。先遣団はサルディン・アーガー・ハーンが所有するベルリヴ城を宿舎に選定していたが、ナンシーはカリム・アーガー・ハーン四世が所有するソシュール館に宿泊すると言い張った。こちらのほうが確かに地の利が良かった[167]。ナンシーとライーサは面会について気を揉んでいた。だがナンシーの回想によれば「実は心配の必要はなかった。会った瞬間から、彼女は喋って喋りまくったので、私は一言も口を挟めず、どうにも、こうにもならなかった」。ライーサはマルクス主義やレーニン主義について論じ、アメリカの政治システムがはらむ幾つもの欠陥を指摘した。ナンシーは「そのような話をする準備はできていなかったし、したいとも思わなかった」。一一月一九日、ナンシーは午後のお茶にライーサを招いた。ナンシーによれば、ライーサは「自分の意見には誰でも従うべきだ、という態度だった」。座った椅子が気に入らなければ、KGBの随員を呼んで別の椅子を持ってこさせた。それも、しっくりしないと、さらに別の椅子を要求した。ナンシーが語る。「私は目を疑った。私は多くのファーストレディー、王女、女王と会ってきたが、誰もこのような振る舞いはしなかった」。翌日はソヴィエト側宿舎のお茶会に招かれた。ライーサは壁に飾ってあった子供の肖像画一枚一枚について、うんちくを傾けて説明をした。ナンシーは「見下されているような」気持ちになった。ライーサが言う「典型的なロシアのお茶席」には、「キャビアを乗せたブリヌイ、キャベツのロール、ブルーベリーのパイ、クッキー、チョコレート、蜂蜜とジャム」が並んだ。ナンシーには「味見だけでも全部は無理だった」。彼女は極細のスタイルが自慢だった。「もしこれが普通の主婦のお茶菓子なら」、「私はエカテリーナ大帝のようになってしまう[168]」。

一一月二〇日は、ナンシーが晩餐会を催す番だった。ドナルド・リーガンによると、ライーサは「晩餐会の首席指揮者のようだった。夫が一つの話題を長く喋りすぎると、新しい話題を持ち出したり、別の話の輪に加わったりした。「ほかの国家元首や政府首班の夫人なら、このような席では、レーガン夫人を相手に、官邸の家事やその他の当たり障りない話題を選んで過ごすはずだった」。だがライーサには、そのような気持ちはなかった。ゴルバチョフ夫妻が会場を辞した後、ナンシーは「あのご婦人は自分を一体何様と思っているのかしら[169]」と言った。

ライーサはアメリカのプレスに出回った「ナンシー・レーガンと私の確執」を否定した。一九九一年の回想録では「本当の話と受け止めなかったし、今でもそう思っている」と記している。ナンシーが感情を害したことに気がつかなかったらしい。一年前に出版されたナンシーの回想録も読んでいなかったようだ。あるいは、夫たちが達成した成果から、注意をそらせたくないと考えたのかもしれない。ライーサは首脳会談の結果について、例によって大げさな表現で称賛した。首脳会談に同席できて「ナンシー・レーガンと私は幸福だった」。「それは私たちの二つの国を代表する指導者による最も偉大で最も重要な歴史的会談だった。私たちの気持ちや不安と懸念などは、会談で生まれ、世界中の人々が感じ取った希望の大海の一滴にすぎない。平和と全人類の未来へ希望が生まれたのだ[170]」

レーガンはジュネーヴ会談の結果を受けて、ソヴィエトとの関係改善に熱心な姿勢を見せた。会談の一週間後、カリフォルニアに所有する大牧場で休暇を過ごしながら、ゴルバチョフに宛て肉筆で長文の手紙をしたためた。ジュネーヴで会談できて嬉しかったと伝え、ゴルバチョフが抱くSDIへの懸念を軽減する配慮を払いつつ、「ソヴィエトの安全を損なわないように[171]」、アフガニスタン撤退の環境を整えようと持ちかけた。その直後、シュルツはドブルイニンに、ゴルバチョフが一九八六年六月にワシントンを訪問するよう提案した。

ゴルバチョフも熱意ではレーガンに優るとも劣らなかった。だがレーガンや政治局が、それに気づかないように振る舞った。政治局は首脳会談を控えたゴルバチョフに、「多大な成果を上げるまでは、ジュネーヴを離れてはならない[172]」と釘を刺していた。ゴルバチョフは一カ月ほどレーガンの手紙に返事を出さなかった。ようやく出した書簡では、SDIに多くの紙数を費やしてレーガンの論拠に反駁した。六月にワシントンを訪れる招請に対しては、全く何も書かなかった。一九八六年二月の第二七回党大会の準備で忙しいという事情は確かにあった。だが政略とプロパガンダで圧力をかけ、ワシントンを交渉の席に引きずり出そうというソヴィエト一流の駆け引きでもあった[173]。ゴルバチョフは具体的な成果を首脳会談開催の前提条件に据えようとした。ジュネーヴ会談とは異なる考え方だった。

一九八六年一月一五日、彼は核兵器を二〇世紀末までに三段階に分けて削減する提案を公式に明らかにした。戦略核兵器の五〇パーセントを最初の五年から八年で廃絶しようと持ちかけた[174]。

ソヴィエトは従来も「包括的かつ完全な軍縮」を掲げてきたが、プロパガンダにすぎなかった。ゴルバチョフが発表した大幅な核兵器削減案を進言したのは、グロムイコ外相時代からの次官であるコルニエンコとアフロメイエフ参謀総長だった。二人はアメリカが拒否するだろうと踏んでいた[175]。だがゴルバチョフは、大胆な提案にレーガンは心を動かされるだろうと考え、真剣に取り組む意向を固めていた。チェルニャーエフが語る。「私はゴルバチョフがアメリカの指導者との直接対話に賭けた時期を正確に特定できる」。「それは一九八六年の初頭だった」。ゴルバチョフは「核なき世界を二〇〇〇年までに実現しよう[176]」と宣言した。ドブルイニンによれば、その計画は実際に「適切で現実的」であり、「広範な種類の兵器」を対象としていた。「具体的な行程」を、「アメリカによる最近の提案に配慮して」描いていた。「交渉は確かに必要だったが、目に見える現実的な妥協の基礎があった[177]」。グラチョフによれば、「伝統的なソヴィエトの言い回しで、新たな内容を盛り込むための代償を示していた[178]」。

ゴルバチョフは党大会の前に提案を発表した。まずは党大会で公にするのが、これまでのやり方だった。アメリカへ内々に伝達するのではなく、世界に向けて公表したので、ワシントン（そしてモスクワ）の多くの者がプロパガンダとみなした。しかしシュルツよれば、「我々はソヴィエトが〝ゼロ〟へ向けた段階的なプログラムに関心があるらしい、と初めて感づいた」。レーガンはソヴィエトの提案に同意するのみならず、さらに事を先へ進める意欲を示した。「核なき世界を実現するのに、なぜ二〇世紀末まで待たねばならないのかね？」。彼はシュルツに尋ねた。シュルツはその夜の日記に記した。「もちろん彼の言うことには、いくらか新味があるので、我々は検討しなければならない。だが、どう控えめに言ったところで、それは忌まわしいプロパガンダ行為にすぎない[179]」

だがアフガニスタンには、依然としてソヴィエト軍がいた。ニカラグアにはキューバの軍人がいた。一九八六年四月五日、アメリカ兵で賑わう西ベルリンのディスコが爆破され、アメリカはリビアの関与を主張した。レーガンがいくら戦略防衛を共有する構想を持ちかけても、ゴルバチョフは見向きもしなかった。ゴルバチョフとの首脳会談にかけたレーガンの熱意は薄れつつあった。マトロックによれば、「レーガンの関心は簡単に失せてしまった[180]」。ゴルバチョフはレーガンが、ジュネーヴ会談の成果から「後退」してしまうのではないか、と懸念した[181]。アメリカはゴルバチョフが休暇を過ごしているクリミアから数キロの沖合へ、二隻の軍艦を派遣した。アメリカに滞在するソヴィエト外交官五〇人に、情報工作員であるとの理由で国外退去を求めた。西ベルリンのディスコ爆破に対する報復として、トリポリを空爆した[182]。ゴルバチョフは、アメリカの軍需産業界が「レーガンを脅したのか？」と勘ぐった。「ソヴィエトの指導者にたらしこまれたと批判されて、気にしているのではないか？」。（そう考えると、ゴルバチョフは悪い気がしなかったのではないか）。あるいは「ソヴィエトへあまりに多くの譲歩をする[183]」ことに恐れをなしたのだろうか、と疑った。

ゴルバチョフはアメリカの指導者とどのように渡り合う

べきか、時々分からなくなっていた。彼は実際、追い込まれてもいた。もしレーガンがSDIを脅しの道具に使っているのなら、正面から強く反対すると、ますます敵の術中にはまるのではないか？　ゴルバチョフは五月八日の政治局会議で、保身の論陣を張った。「我々が何か譲歩をしたというのか？　何一つしてはいない！」[184]。気安めの理屈に身を委ねもした。ワシントンはソヴィエトが経済で成功する事態を最も恐れている。だから我々を金がかかる軍備競争に引きずり込もうとしているのだ[185]。彼は自分の責任は棚上げにして、ソヴィエトの交渉担当者が「古いやり方にしがみついている」と不満を漏らした[186]。「うろたえ、びくつき、扇動されてはならない。理由は何もないではないか。既定方針を貫くのが我々の仕事である」[187]と同僚に警告した。だが動揺しているのはゴルバチョフ自身だった。

しびれを切らしたのは、レーガンではなくゴルバチョフだった。ミッテランと、ほかならぬリチャード・ニクソンがゴルバチョフの神経をなだめた。ミッテランは一九八六年七月にモスクワを答礼訪問した。ミッテランはこれに先立ち、ゴルバチョフが最も気にしている幾つかの問題について、アメリカに問いただした。ソヴィエトが軍事予算を削減して経済発展に資力を投入することを、アメリカは本当に望んでいるのか？　あるいは「アメリカは軍備拡張競争を通じてソヴィエトを疲弊させようとしているのか？」。ミッテランはレーガンに、第一の選択肢は「平和」であり、「戦争」は第二の選択肢であると説いた。ミッテランは、レーガンが「掛け値なしに、ジレンマから脱出する道を見出そうと願っており」、「アメリカの政治家に多いロボットとは異なり、レーガンは人間である」との確かな印象を受けた。ゴルバチョフはミッテランの考えを聞いて、「それは極めて重要である」と応じた。「特に胸に留めておきたい」[188]

ニクソンとゴルバチョフは七月一八日にモスクワで会った。ニクソンは「私はレーガン大統領を昔から知っている。三〇年を超える付き合いです」と言った。「私にはよく分かるのだが、彼はソヴィエトとの関係改善を自分の責務だと考えています」。ニクソンによれば、レーガンはジュネーヴ会談で目覚めた。「彼はあなたとの会話や、二国間の平和にかけるあなたの熱意に、非常に強い感銘を受けました。彼はあなたと一定の個人的な関係を構築できた、と思っている。もしあなたの協力があれば、その関係を基礎に合意を達成できる、と期待しているのです」[189]

ゴルバチョフは八月後半、休暇中であるにもかかわらず、同行していたチェルニャーエフを頻繁に電話で呼び出した。チェルニャーエフは事実上、「全能の秘書であり、あらゆる政治分野を補佐する存在」だった。彼は昼食の直前に、ベランダか執務室でゴルバチョフと面会した。一緒に手紙に目を通し、海外から暗号で送られてきた報告を読んだ。ゴルバチョフはモスクワとつないだ電話で、決定を下し、指示を出した。その間もチェルニャーエフはそばにいた。目の前でゴルバチョフが、レーガンから来た手紙への返事を起草するよう外務省に命じた。草案が届いたが、ゴルバチョフは「くずだ」と吐き捨て、チェルニャーエフに言った。「書き取ってくれ。アメリカ大統領に対する私の返書を至急準備し、九月後半にロンドンか［ひと呼吸入れて］レイキャヴィクで会談したいと提案せよ」

「なぜレイキャヴィクなのですか?」。チェルニャーエフは驚いて質問した。

「妙案だろう。こちらと向こうの、ちょうど中間点にある。どの主要国も気を悪くしないだろう」[190]

ゴルバチョフは九月一五日付でレーガンに出した書簡で、「二人だけの会談を至急開催」するよう提案した。会談は「おそらく一日限り」で、「細部に及ぶ議論はしない」。だが「二、三の特定の問題に関し、私がアメリカを訪問する際、あなたと私が署名できる合意書案」[191]を準備したい。シェワルナゼが書簡をアメリカ側に渡したのは九月一九日だった。すぐにレーガンの手元に届いたに違いない。だが冷戦の障害がまたも立ちはだかった。それが片付くまで、レーガンは返書を書かなかった[192]。KGBがアメリカのジャーナリストであるニコラス・ダニーロフを逮捕するという問題が持ち上がった。これに先立ちFBIは、国連職員を装いつつソヴィエトのスパイとして活動していたゲンナージー・ザハロフを逮捕していた。ダニーロフ逮捕は報復措置だった。米ソはダニーロフとザハロフの身柄交換で合意した。ソヴィエトは反体制物理学者ユーリー・オルロフの釈放にも踏み切った。米ソ首脳は九月三〇日、レイキャヴィクで一〇月一一日の土曜日に会談すると発表した。

「冗談だろう」。ジミー・カーター大統領のもとで国家安全保障担当補佐官だったズビグニュー・ブレジンスキーは、鼻でせせら笑った。「二週間前の通告で首脳会談だって? 議題も決めずに?」。ヘンリー・キッシンジャーは、超大国同士の緊張は「二人の指導者の個人的関係では解消できない。彼らにその力があるという印象を与えるのは、我々の利益ではない[193]」と述べた。

レーガンにしても二つか三つの合意を前提に、ゴルバチョフをワシントンでの正式会談へ誘い出せれば儲けもの、との打算があった。性急な首脳会談に合意した理由の一つである。彼は有り得べき最大限の収穫として、ヨーロッパとアジアで中距離核ミサイルを相互に削減したい、と考えていた[194]。しかし、ゴルバチョフがこの会談を予備的な機会と位置づけたのは、実は罠だった。彼の真の狙いは「レーガンの足をすくう」ことだった。そして「全く新たなアプローチ」と「拒否できない提案[195]」を、レーガンに突きつけるつもりだった。ゴルバチョフには「譲歩」の心づもりがあった。彼はそれを政治局会議で明かした。KGBのチェブリコフは「譲歩」という言葉そのものに異議を唱えた。ゴルバチョフの「最終目標」は核兵器の廃絶だった。そのためには「レーガンに刺激を与えて突破口を開く」必要があった。彼は長距離ミサイルを五〇パーセント削減してもよいと考えていた。削減対象には複数の大型弾頭を搭載したSS18も含まれる。SS18はアメリカが最も危険視する兵器だった。レーガンが提案した欧州配備ミサイルの「ゼロ・オプション」も選択肢だった。アジアへ配備した中距離ミサイルの数を削減する用意もあった。INFの交渉でソヴィエトはこれまで、アメリカのみならずイギリスとフランスのミサイルも削減対象とするよう要求してきた。ゴルバチョフはそれを取り下げた。レーガンが固執するSDIについても、今後一〇年間は「研究」のみに限定する条件を相手が飲めば、あえて容認する選択肢を考えていた。ゴルバチョフは政治局の会議で、もしレーガンが歩み寄らなければ、「全世界に向けて」、平和を希求する男の仮面を引き剝がし、「ゴルバチョフはアメリカを訪問しない」と通告するつもりだ、と説明した。「それがレーガンを引っ張り込む仕掛け[196]」だった。

ゴルバチョフはSDIを研究段階に留める提案が、突破口を開くかもしれないと考えていた。二月の段階で彼は補佐官らに、「SDIを怖がるのは、そろそろやめてもいいのではないか」と漏らしていた。ソヴィエトがSDIへの対応で追われるように、アメリカが仕向けているのではないかと危惧していた。そうなれば、ソヴィエトの技術の遅れが露呈するばかりでなく、国内の経済にも深刻な悪影響を及ぼす。だがソヴィエトの科学者たちはゴルバチョフに、アメリカの十分の一の予算で、SDIを「破壊、あるいは無力化」できると説明した[197]。仮にそれが失敗しても、攻撃ミサイルと弾頭を量産すれば、アメリカがいかなる防衛措置を講じても圧倒できる、と主張した。

ゴルバチョフはなぜ、いかなる代償を払ってでもＳＤＩを阻止しようとしたのだろうか？ ドブルイニンによれば、ゴルバチョフは「軍需産業複合体」から圧力を受けていた。だが随分と後になって、軍需産業界を代表する二人の人物は、自分たちはゴルバチョフほどＳＤＩを恐れてはいなかったと主張している。ＫＧＢ議長だったウラジーミル・クリュチコフは、「ＳＤＩの実現は不可能であり、アメリカのはったりである、というのが我々の結論だった」と語っている。一九八六年当時、原子力担当だったオレーク・バクラーノフも、「国防会議の席で、それについて特に懸念が表明されたことはなかった[198]」と証言している。しかし、そのころソヴィエトで宇宙計画の責任者だったロアリド・サグジェイエフによれば、ソヴィエトの軍事専門家たちは「最悪のシナリオ」として、「ＳＤＩの真の目的は、水爆の宇宙配備であり、ＳＤＩは隠れ蓑[199]」ではないかと推測していた。一九八六年一〇月の時点でゴルバチョフには、このような被害妄想を打ち消すだけの自信がなかったのではないか？ それともアメリカの技術的優越に、打ちひしがれていたのであろうか？ 理由はともかく、ゴルバチョフはＳＤＩを断固として阻止しようと決めていた。一方でレーガンも、毅然としてＳＤＩを守り抜こうと決意していた。それでもなお二人はレイキャヴィクにおいて、想定の範囲で最大限の合意へ限りなく近づいた。全ての核兵器を一〇年以内に廃棄するという合意へと手が届きかけていた。

首脳会談の場となったホフディ・ハウスは、湾岸に立つ小さな二階建ての館である。第一回会談は午前一〇時四〇分に始まった。肌を刺すような風が吹く朝だった。一階の小さな部屋で両首脳は、茶色の革の肘掛け椅子に、机をはさんで座った。二人に加えて通訳や記録係だけが座るには、不釣り合いなほど大きな机だった。シュルツとシェワルナゼは会談半ばで入室した。両外相は机をはさんで対角線上に席を占めた。首脳にささやいたり、メモを渡したりできる位置だった。机の向こうには横長の窓があった。荒れ模様で灰色の海が見えた。窓と反対側の壁には、岸に打ち寄せる波を描いた油絵が掛かっていた。窓の外の海と似ていた。随員たちは二階の窮屈な部屋に陣取っていた。アメリカの随員は階段を昇って左、ソヴィエトの随員は右の部屋に入った。左右の部屋の間には、双方の打ち合わせに使う一室があった。アメリカの代表団は翌日、浴槽の上にある板に、重要な提案を慌ただしく列挙した。両国の技術

レイキャヴィク首脳会談でのゴルバチョフとレーガン=1986年

要員は地下室をあてがわれた。お互いあまりに近くにいたので、KGBやFBIは喜んだり、冷や汗をかいたりした。レーガンは市街地の大使公邸、ゴルバチョフは港に係留したソヴィエトの艦艇が宿舎だった。両首脳は当初、あえて慎重な姿勢を示し、合意を急ぐ本音を隠した。レーガンは、この会談が「次回の会談を生産的にする」よう願う、と述べた。ゴルバチョフは今ここで二人が会っていること自体が、両国間の「協力」が「持続している」事実を示している、と語った。間もなく核削減に関する言葉が、両者の唇から漏れた。レーガンは「核ミサイルのない世界」に言及した。ゴルバチョフは「核兵器の全廃」に触れた。

ゴルバチョフによれば、入室した時のシュルツは「性急で短気だが、自信に満ちていた。自分が議題を設定し会談の運営を取り仕切る、という感じを漂わせていた」。レーガンは「くつろいで思慮深い雰囲気で、その場の緊張を和らげ、所作にも余裕があった」[200]。ゴルバチョフはソヴィエトが大型ミサイルを削減するのは「譲歩」である、と主張した。イギリスとフランスのミサイルを削減対象から切り離すのも、大きな一歩であると述べた。SDIに関する自分の提案は、「アメリカの取り組みを考慮した妥協である」

とも語った。レーガンはソヴィエトの歩み寄りに「元気づけられた」と歓迎した。だがすぐに、SDIはガスマスクのようなもので、その成果は双方に有益である、と無邪気な主張を繰り返した。[201]

第一回会談が終わった。アメリカ代表団は大使館へ引き揚げ、防音措置を施し盗聴の心配がない小さな箱部屋に集まった。シュルツによれば「誰もが驚いた。［ゴルバチョフは］我々の足元に贈り物を置こうとしていた」。ポール・ニッツは軍縮交渉で豊かな経験を持ち、ソヴィエトの意図を疑っていた。彼ですら「ソヴィエトはこの二五年間で最も良い提案をした」と思った。箱部屋の透明な壁、床、天井は、水槽を連想させた。レーガンはそれらを見ながら「ここに水を入れたら金魚が飼えるかな？[202]」と言った。

午後の会談が始まった。レーガンはまず、ゴルバチョフの譲歩を称賛した。だがゴルバチョフの「懸念」に対しては、お笑い草の反応を見せた。もしソヴィエトの指導者がSDIで攻撃されると心配しているのなら、「そのような目的で開発したものではない」と、自分が「保証」すると言った。ゴルバチョフがSDIを懸念する理由は明らかなはずだった。彼はアメリカの第一撃に対して報復する能力が、SDIでそがれてしまう事態を恐れていた。レーガンは「我々はそのような能力を備えていないし、そのような目的も持っていない」と述べた。もちろん、レーガンが嘘をついたわけではない。当時のアメリカには、確かにその能力がなかった。レーガンは愛想よく、ゴルバチョフに限らず将来のソヴィエト指導者も安心できる、と請け合った。だがゴルバチョフがどうして、それを信じることができたであろうか？

レーガンはゴルバチョフが午前中の会談で提起した問題に一つ一つ触れた上で、「信じてもらえますかな」と、にこやかに言った。ゴルバチョフは「既に我慢の限界まで達していた」。レーガンが難問を両国の専門家に委ねようと言った時、ゴルバチョフは堪忍袋の緒が切れた。彼は「それは長年食べ飽きた粥のようなものです」と言った。もしアメリカが何とかして「裏をかこうとするなら、交渉は終わりです」。「アメリカにヨーロッパからミサイルを撤去したくない本音がある」なら、言を左右にしてごまかさず、「正直にそう言うべきです」と迫った。レーガンも言い返した。SDIより「良い解決策」がソヴィエトにあるのなら、「それを提示できるはずでしょう」。

この時点でゴルバチョフは、SDIを共有する条約をレーガンに迫ることもできたはずだ。だがレーガンが合意すれば、ワシントンのみならず同盟諸国でも非難の炎が燃え盛り、彼は後始末に追われていただろう。爆発したのはゴルバチョフだった。彼は「大統領は信用できない」と言った。アメリカは「原油採掘機器、自動化機械はおろか、牛乳工場さえ提供しようとしない」。ましてSDIを譲り渡せば、「アメリカで第二の革命が起きてしまうので、そんなことはできないのでしょう」と嫌味を言った。レーガンは「利益が他国にも及ばないような計画なら、私が中止を命じるでしょう」と反論した。ゴルバチョフは、レーガンが「計画の中身を知らないのではないか[203]」と疑った。

二回目の会談は、このような不快なやり取りで終わった。会談は様子の探り合いから、本格的な交渉へ移行した。両首脳は補佐官同士が午後八時に会って、相違点を調整することで合意した。ゴルバチョフは代表として軍人のアフロメイエフ参謀総長を指名した。その選択はアメリカ代表団を驚かせた。アフロメイエフが従来の交渉を担当した文民より、前向きで柔軟な姿勢をしたことも意外だった。彼は後でシュルツに「私は最後のモヒカン族です」と言った。第二次大戦でナチス・ドイツと戦った最後の現役指揮官だと言いたかったのだ。シュルツはアフロメイエフに、モヒカン族のことはどこから知ったのか、と尋ねた。アフロメイエフは「ジェイムズ・フェニモア・クーパーの冒険小説を読んで育ちました」と答えた。アメリカの調整担当者であるニッツは仮眠をしていたシュルツを午前二時に起こし、交渉の進捗を報告した。ニッツは「アフロメイエフは一級の交渉上手です」と告げた。ニッツは七五歳だった。彼は翌朝に心地よい目まいを感じながら、「こんな面白い経験は何年もなかった」とシュルツに話した。「アフロメイエフは非常にしたたかです。大した男だ。良い意見交換ができました[204]」。

補佐官同士の折衝では、長距離ミサイルの五〇パーセント削減や、ヨーロッパ配備のミサイルをそれぞれ一〇〇基まで減らす合意案をまとめた。「我々は素晴らしい合意を達成しようとしていた」とレーガンが回想している。「一日が終わる頃には、何か画期的な事態が到来しようとしていると感じた[205]」。だがゴルバチョフはまだ半信半疑だった。彼はまだSDIの放棄に固執していた。それは「五分五分の妥協をする意思が、アメリカにあるかどうかの試金石」だった。だがレーガンは言った。「国民にSDIは軍縮と平和に貢献すると約束してしまいました」。だから「約束を破るわけにはいかないのです」。もうレーガンも怒りを隠さなかった。核兵器を時代遅れにするかもしれないSDIに、なぜゴルバチョフは反対するのか？「冗談ではない！」とレーガンは叫んだ。「これから一〇年も世界を核兵器の脅威にさらしたままにしろと言うのですか？」[206]

日曜日午前中の会談は合意に至らなかった。当初の予定では、これが最後の会談だった。だが両首脳はその日の午後にも会談することで合意した。どちらも、まだ相手を説得する余地がある、と考えていた。午後三時二五分、ゴルバチョフが最後の提案として、以下の項目を示した。一〇年間はABM条約を破棄しない。SDIの実験は研究施設に限る。「戦略攻撃兵器」を一九九一年末までに五〇パーセント削減する。残りの五〇パーセントは一九九六年までに全廃する。レーガンは「アメリカの立場とは、わずかな隔たりがあります」と応じた。シュルツは「重要な隔たり[207]」と修正した。レーガンが示した提案は次の通りである。「戦略的攻撃手段」を五年間で五〇パーセント削減する。「攻撃的弾道ミサイル」は一〇年間で全廃する。研究施設におけるSDIの実験は制限しない。両国は一〇年後に「防衛措置を自由に導入できる」。

双方が攻撃的兵器の削減を打ち出した。アメリカは大陸間弾道弾の削減を欲した。特にこの種の兵器では、ソヴィエトが優れていた。ソヴィエトはアメリカが優位に立つ爆撃機や巡航ミサイルの削減を求めた。取引が可能だった。SDI実験を研究施設に制限するゴルバチョフの提案が、交渉の行方を左右しようとしていた。アメリカ側の議事録によれば、レーガンが不意に質問を発した。「大統領はゴルバチョフに、最初の五年間とその後の五年間を通じて、巡航ミサイル、戦術的兵器、潜水艦などが搭載するミサイルを含め、全ての核兵器を廃棄する意向であるのか、とただした。［傍点は筆者による］」。ゴルバチョフは「我々にはそれができます。我々はそれらを全廃できます」と答えた。

「では、そうしようではありませんか[208]」。シュルツが言った。

レイキャヴィク首脳会談は最高潮を迎えた。核廃絶論者は奇跡が起きたと思った。核を必要と考える人々は珍事と受け止めた。核兵器全廃をめぐる交渉は何十年も空転してきた。核兵器の数をいくらかでも制限する複雑な合意は幾つもできた。米ソの指導者や専門家は、平和を維持するためには核兵器の存在が好ましい、と渋々認めるようになっていた。世界中で多くの人々が、核兵器は今後も決して消えないのだ、と諦念を交えて追認していた。ところが突然、一〇年間で核兵器を全廃する合意が、ゴルバチョフとレーガンによって達成されてしまったのだ。ゴルバチョフの「新思考」とレーガンの柔軟な発想が、いかに並外れたものであったかが分かる。

だが事はうまく運ばなかった。SDIが合意を間近に引き寄せ、そして葬り去った。科学小説に登場する魔法の力を備えた怪人のようでもあった。レーガンの考えでは、SDIによって核兵器は時代遅れの遺物となるはずだった。ゴルバチョフは、SDIが核兵器廃絶の合意を不可能にするとみなした[209]。SDIをめぐる議論は、感情的で非生産的だった。ゴルバチョフは「原則的」な立場を崩さなかった。レーガンは「譲歩」できない、とはねつけた。彼は自国の右翼が「私の頭から脳みそを蹴り出してしまうでしょう」と言った。ゴルバチョフはレーガンが「あと三歩踏み出せば、偉大な大統領になれます」と迫った。二人が意見の相違を乗り越えれば、レーガンを批判する者たちは全て「口をつぐみ」、「全世界が喝采するでしょう」とも言った。レーガンは「問題はたった一語」、つまり研究所という言葉なのだ、と指摘した。ゴルバチョフは、もし自分が宇宙空間でのSDI実験を許せば、「モスクワへ戻れないでしょう」と言った。「馬鹿者呼ばわりされ、指導者とは認められないでしょう」とも吐露した。それでもレーガンは「研究所」という言葉を、ゴルバチョフが個人的な「好意」で取り下げるよう迫った。ゴルバチョフは「宇宙空間での実験禁止で合意できれば」、「二分以内に署名します」と答えた。彼は「努力した」。ゴルバチョフの「誠意」は「大統領とその随員の目にも明らか」だった。彼は「できるだけのことはした[210]」。

既に六時半となっていた。両国の代表団は隣室に控えていた。チェルニャーエフによれば、「緊張が高まっていた」。「我々はもう何も話す気がしなかった。窓際に立ち、暗い海原を眺めていた。待ちに待った。希望を抱きながら[211]」。二人の指導者は立ち上がり、書類をまとめていた。ゴルバチョフによれば、このような結果は「政治的、倫理的な敗北」であると、双方が理解していた。ホフディ・ハウスの玄関扉が開き、二人が姿を見せた時の雰囲気は、「陰鬱」だった。レーガンは明るい色のレインコートを着ていた。帽子はかぶっていなかった。ゴルバチョフは暗い色のコートに身を包み、中折帽をかぶっていた[212]。二人とも打ちひしがれた様子だった。

「我々は合意を達成できるという気が、今もします」。別れ際にレーガンが言った。

「あなたが合意を望んでいるとは思えないのです」とゴルバチョフは答えた。「これ以上、何が私にできたでしょう」

レーガンは「あなたはイエスと言えばよかったのです[213]」と応じた。

レーガンは車に乗り込む際、親指と人差し指の間を一センチほど空けて、リーガン首席補佐官に言った。「我々はこれくらい合意に近づいたのだ[214]」。レーガンは宿舎のアメリカ大使館へ戻ると、サンルームの肘掛け椅子に身を沈めた。「悪い知らせだ」。彼は言った。「くだらないたった一言のせいだ」。レーガンは記者会見も開かずに、帰国のためケプラヴィークのアメリカ空軍基地へ向かった。記者団への説明を担当したシュルツは、「私も消耗し、疲れ切っていた[215]」と回想している。

ゴルバチョフも意気消沈していた。最後の会談でアメリカ側の速記係を務めたトーマス・サイモンズによれば、ゴルバチョフは所期の成果が得られないと分かると、「短気と焦燥」を露わにした。「まるで交通渋滞に巻き込まれた感じだった。全てがＳＤＩのてっぺんで踊っていた[216]」。シュルツの側近、チャールズ・ヒルによれば、ゴルバチョフは「狼狽し」、「自信を失い」、「自制」が利かなくなっているように見えた[217]。ゴルバチョフは会談を終えて、何千人もの記者が待ち受ける市街地へ向かった。警護官のメドヴェージェフは、ゴルバチョフの様子について、まるで「断頭台[218]」へ向かうようだったと語る。車に同乗したドブルイニンは、「彼はひどく怒っていた」と証言している。「彼は記者会見でレーガンを批判するつもりだった。一緒にいた我々は落ち着かせようと努めた[219]」。ゴルバチョフは政治局で、レーガンが提案を拒否した場合は、彼こそ世界平和の主要な障害であると批判する、と約束していた[220]。だがそんなことをすれば、米ソ関係の打開はさらに遅れるだけだった。ゴルバチョフの計画は全て、両国の関係が改善するかどうかにかかっていた。さらにレーガンが妥協しないことは、容易に予想できたはずだった。ゴルバチョフの誤算は、大方のソヴィエト国民の目にも明らかだった。言い訳は難しかった。

だが次の展開は、まさにゴルバチョフならでは、と言えた。彼によれば、オペラ劇場に入ると、「無慈悲で、ひねくれ者が多く、ずうずうしくさえある」「数千人の記者」が立ち上がり、無言のまま懸念の表情を浮かべていた。ゴルバチョフは「興奮状態だった。あるいは、それ以上だっ

1980年代のゴルバチョフ夫妻

たかもしれない。私は愕然とした。記者たちはまるで全人類を代表して、運命の行方を知ろうとしているかのようだった」。その時初めて「私はレイキャヴィクで何が起きたか、そして、今自分が何をなすべきか、を理解した」[221]。

ゴルバチョフは自分の提案について概要を説明し、レーガンが拒否した、と告げた。それでもゴルバチョフは会談の結果を称賛した。二人が合意の寸前まで接近したのは事実である。「最終的な形を整える」のに失敗しただけだった[222]。彼は「レイキャヴィクの出来事は全て、会談は失敗したのではなく突破口を開く成果を上げたことを示している」とのメッセージを発した。記者たちは「拍手を轟かせ、誰もが椅子から飛び上がった」。その席にはライーサもいた。ゴルバチョフは回想録で、彼女の様子を観察していた記者の記事を引用している。「書記長がレイキャヴィク会談を敗北ではなく大勝利と言った時、ライーサ・ゴルバチョワは歓喜の表情で夫を見上げた。そして涙が彼女の頬を伝わって落ちた」[223]

ライーサはレイキャヴィクに来たが、ナンシーは姿を見せなかった。この事実は、二人の関係をさらに緊張させただけでなく、夫同士の交渉にも影響を及ぼした可能性がある。ナンシーは最初から、「実務的な会談に夫人同伴はふさわしくない」と考えていた。お気に入りの占星術師と会い、夫がアイスランドへ出発するのに、最も縁起が良い日付を尋ねた。レーガンはその後で、一〇月九日の出発を「日程表に書き込んだ」[224]。ライーサが会談の直前になって随行を決めた時、ナンシーはそれを「人を出し抜く行為」と受け止めた。ナンシーの息子ロンは「時間の無駄遣い」と言った。ナンシーは、ゴルバチョフがレイキャヴィクで「ロニーを試している」ように、ゴルバチョフ夫人も「私が降参して気持ちを変えるかどうか試している」と思った。ナンシーはテレビで、ライーサが子供たちと会う光景を見た。「彼女が子供と接する場面を初めて見た」。ライーサはレーニンのバッヂを配っていた。「ちょっとやり過ぎではないかと思った」。インタビュアーがライーサに、なぜナンシーは来なかったのかと質問した。ライーサは答えた。「たぶん何か用事があったのでしょう。もしかしたら体調がすぐれないのかもしれないわ」。ナンシーはテレビの前で「まあ！　いい加減にしてよ」[225]と吐き捨てた。

レーガンの補佐官でロシアの専門家であるジャック・マトロックは、夫人同士のエピソードを、単なる幕あいの余興と一笑に付する気にはなれなかった。最後の決定的な首脳会談が休憩に入った時、ある案を口にした者がいた。二人の主役は疲れているので、明日もう一度会談を設定し、それまでに補佐官たちが合意文書の文言を徹夜で調整したらどうか、とその人物は示唆した。

「ふざけるな！」とレーガンは言った。マトロックの考えでは、もしレーガンが説得されて滞在を延長していたら、彼はゴルバチョフと合意したかもしれなかった。だが誰も大統領を引き留めようとはしなかった。もしナンシーがいたら、「彼はおそらく、翌日の会談を喜んで受け入れていただろう。女房がいないとだめな指導者はゴルバチョフだけではない[226]」。

年末まで、さらに時間があった。ゴルバチョフは前向きの姿勢を維持しようと努めた。アイスランドから帰る機中で、「失望してはならない」と補佐官たちを諭した。会談をしたおかげで「合意は可能である」と分かったので、「レイキャヴィクの後でも私は大いに楽観している[227]」と語った。ゴルバチョフは二日後の政治局会議でレーガンを酷評した。「並外れて幼稚で、世界を知らない。知性が低い」。首脳会談の「最後に、私と目を合わせられないような」人物だった。一方でゴルバチョフは、「成功は近い。それは極めて重要な意味を持つだろう」とも述べた。二週間後の政治局会議では「急ぐ必要はない。時の経過は我々に有利に働く[228]」と語った。

だが時間の経過につれて、事態は悪化した。レイキャヴィクで諸々の合意を達成できなかったことが、あまりにも多くの問題で進展を妨げる結果を招いた。経験豊かな補佐官であるボルディンは、ゴルバチョフがアメリカ人に、「猫とねずみのゲームで猫の役割を演じさせてしまった」と考えた。そのような見方をした者はボルディン一人ではなかった。気難しいボルディンは随分と時間が経ってから、「偉大な外交家になりたがっている農村育ちの男[229]」に何が期待できたであろうか、とゴルバチョフを酷評した。

一九八六年末になると、レーガンの立場はレイキャヴィク会談よりさらに後退していた。会談で彼が大陸間弾道ミサイルの廃棄、そして、おそらくはあらゆる核兵器の全廃を視野に入れていたことが明らかになってしまった。このためレーガンはワシントンのみならず至る所で、何らかの説明をしなければならなかった。一〇月二七日、国家安全保障計画を策定する会合があった。統合参謀本部議長のウイリアム・J・クロウ・ジュニア海軍大将はその場でレーガンに、弾道ミサイルを全廃すれば、「国家の安全保障に大きな危険を及ぼす[230]」と警告した。クロウはレイキャヴィク会談の準備段階で、事前に相談を受けていなかった。核兵器の抑止力を強く信奉するイギリスのマーガレット・サッチャーも、核兵器全廃を目指す話には「愕然とした[231]」。彼女は一一月にワシントンでレーガンに会い、さんざん持論を展開した。折から共和党は議会選挙で敗北し、上院で過半数を割っていた。さらにイラン・コントラ事件が発覚した。アメリカは極秘裏にイランへ武器を輸出、その代金をニカラグアの反共ゲリラに提供して左翼政権を倒そうと工作していた。レーガンはこれらの問題の対処で手一杯となった。さらに、安全保障問題担当の補佐官、ジョン・ポインデクスターが、イラン・コントラ事件で辞任へと追い込まれた。彼はレイキャヴィクでレーガンが貫いた強硬姿勢の黒幕とも言える存在だった。ポインデクスターの後任には、フランク・カールッチが就いた。マトロックが語る。「軍縮を進めようという気持ちは失せてしまった。イラン・コントラが政治に及ぼした影響を排除するだけで手一杯だった[232]」。それでもレーガンは、ＳＤＩの何がソヴィエトと共有できるか研究を指示した。官僚たちは為すすべを知らなかった。

「アメリカは何が欲しいのか?」。ゴルバチョフは一〇月三〇日の政治局会議で、苛立った様子を見せた。「彼らは背信的だ。レイキャヴィクの成果をへし曲げ、逃げ出そうとしている」。ジュネーヴで進行している軍縮交渉で彼らが言っていることは、「倉庫にたまったクズ[233]」ではないか。ゴルバチョフは交渉の袋小路を脱するために、という譲歩を迫られた。SDIの試験を研究所に限らず、「大気圏、地上の実験場でも認めるが、宇宙では実施しない」という立場に転じた。シェワルナゼはウィーンでシュルツと会い、交渉の継続を持ちかけた。「許されること、許されないこと」を話し合おうと提案した。しかしシェワルナゼによると、「許されないこと」についてアメリカは「話す気持ちがなかった[234]」。ゴルバチョフはシェワルナゼとシュルツの会談が終わった後、「クズを追いかけるのはやめよう」と言った[235]。彼は一一月七日、チェルニャーエフに、「我々が袋小路にいるという事実が明るみに出てはならない」と語った[236]。ゴルバチョフの焦燥感は募るばかりだった。ソヴィエトの国民は何らかの進展を望んだ。だが軍部の将軍たちは、指導部が「国を武装解除している[237]」と不満の声を上げていた。

一九八六年はこのようにして暮れた。ゴルバチョフはソヴィエトの世界観を革命的に変えた。だが世界を変えるには至っていなかった。彼は東ヨーロッパ諸国と新たな関係を築こうと願ったが、まだほんの手始めにすぎなかった。アフガニスタンでの戦争を終わらせようと欲したが、和平にはほど遠かった。軍事支出を大幅に削減しない限り、国の立て直しはできない。だがアメリカの協力は得られなかった。内政と外交が相互に依存していることを、ゴルバチョフはよく理解していた。書記長就任から二一カ月が経過した。だが内政にも外交にも、満足できるような進展はなかった[238]。

第8章 瓶の中の二匹のサソリ
一九八七年

ゴルバチョフは一九八六年末、既に行き詰まりを感じていた。だが年が明けると、内政で三つの突破口が開けるかに見えた。一九八七年一月、彼は新たな民主化政策を打ち出した。さらに六カ月後には、経済改革を一層深化させる姿勢を示した。彼は何十年も忌み嫌われてきた「改革」という言葉を、はっきりと用いるようになった。一九八七年一一月、ボリシェヴィキ革命七〇周年に際し、ソヴィエトの歴史に関する大演説をして、スターリンの犯罪を真っ向から批判した。フルシチョフも一九五六年の秘密報告でスターリン批判をしたが、ゴルバチョフは世界に向けて独裁を否定した。

これら一連の措置は、数カ月に及ぶ準備の成果だった。一つ一つが困難で微妙な問題である。ソヴィエトの歴史的成果を称えながら、一方では政治状況を見極めつつ、因習を打破しなければならなかった。何かを変えるたびに、クレムリンの同僚と妥協が必要だった。彼らも最後には、あらゆる変革を支持するかのように見えた。ゴルバチョフは当時の日々を、すべて決定的な転機ととらえていた。彼は「ペレストロイカはいずれ成就するだろう、と誰もが言うようになった」と回想している。しかし完全に実現した変革は一つもなかった[1]。民主化にしても、行程と到達点を示せなかった。経済改革は中途半端だった。革命七〇周年の記念演説では、「現実をあるがままに語った」。だが言及を避けた事柄も多かった。

革命記念日の前夜、祝賀行事が始まろうとしていた。ボリース・エリツィンが突然、異議を申し立てた。エリツィンはこの機会を狙っていた。標的はリガチョフと思われた。リガチョフには、ゴルバチョフも次第に距離を置くようになっていた。ゴルバチョフは自ら公言した改革を推進するより、エリツィンの排斥に力を入れるようになった。エリツィンはゴルバチョフにとって、厄介な存在となっていた。ゴルバチョフが彼を追い詰めた結果にほかならなかった。

エリツィンを登用したのはゴルバチョフ本人だった。ゴルバチョフの寛容な態度がエリツィンを増長させた。ゴルバチョフはとうとうエリツィンを罰した。だが、やり方がまずかった。一九八七年のエリツィンは、まだ粗雑な批判者にすぎなかったが、やがて破壊力を備えた敵対者へと変貌を遂げる。ゴルバチョフはなぜ自ら、狡猾な敵を創造してしまったのだろうか？　それもまた「謎」である。

アナトーリー・チェルニャーエフはその年を振り返り、上司であるゴルバチョフについて、感情が目まぐるしく変わる様子を記録している。一九八七年は一見する限り、「ペレストロイカの絶頂期」だった。ゴルバチョフも「まだ極めて楽観的」だった。一方で「彼が自分の成功に一抹の不安を抱き始めた」年でもあった。ゴルバチョフは「得体の知れない勢力がもたらす不安」を、「最も自分に近い人々」にしか漏らそうとしなかった。[2]

一九八七年一月の中央委員会総会では、大幅な人事異動が予定されていた。事がうまく運ばない時は、能力の欠如を理由に担当者を更迭するのが長い伝統である。総会は二回延期されていた。ゴルバチョフは民主化を主な議題に据えようとしていた。文書を用意する中央委員会の事務局には、ごく限られた権限しか与えなかった。ゴルバチョフは一九八六年一一月九日に側近（ヤコヴレフ、メドヴェージェフ、ルキヤーノフ、ボルディンら）を招集した。ゴルバチョフは「政治の転換」、「決定的変革」、「全体性から社会的関係への移行」、さらに「日常のあらゆる局面を包括する」変革を目指す、と語った。「構造転換の意識向上」を図り、究極的には国民に「人間としての全き自覚」を植え付ける、と説いた。ヤコヴレフとルキヤーノフは言葉を選びながらも、あまりに抽象的であると指摘した。ゴルバチョフは答えた。「何を恐れるのだ。民衆か？　それは社会主義ではない」[3]

たしかにロシア、ソヴィエトの歴代指導者は民衆を恐れた。ゴルバチョフの周囲にも、その畏怖がないわけではなかった。中央委員会総会に先立ち、側近との議論が白熱したのも、このためだった。会合の場は、かつてスターリンの別荘があったモスクワ郊外のヴォルィンスコエである。党の幹部を複数候補による秘密投票で選出する可能性について議論した。それが「全能かつ全権を有する党幹部」を制御する唯一の方法である、との認識で一致した。ゴルバチョフはライーサと一緒に、モスクワからさらに離れた狩猟地ザヴィードヴォに腰を落ち着け、報告書の起案に没頭した。メドヴェージェフによれば、側近グループもこの場に集まり、共産党の単独支配から複数政党制へ移行する計画をめぐり議論を重ねた。[4] 議論は白熱し、ライーサの前でも「声を荒げるほど」だった、とゴルバチョフが回想している。そのような時は、結論を翌日へ持ち越すしかなかった。

ザヴィードヴォで作成した草案は、複数政党制のもとで共産党が政権を争う考え方を明記しなかった。それでもゴルバチョフは一九八七年一月一九日の政治局会議で、どのような反応が出るか不安を感じていた。彼は首相のルイシコフ首相と外相のシェワルナゼの支持を当てにしていた。ヤコヴレフはまだ政治局員ではなかった。他の政治局員は支持しないだろう、と踏んでいた。だから全員が支持を表明したことは嬉しい驚きだった。

エリツィンはゴルバチョフが発言を求めるまで黙っていたが、口を開くと二〇項目に及ぶ批判を展開した。度を越した楽観主義、世界を変えた一九一七年革命とペレストロイカの違い、党指導部における「自己批判」の欠如、グラスノスチと社会正義の限界、などについて意見を述べた。

ゴルバチョフはしばらく我慢して聴いていた。だがエリツィンがいつまでもやめないので、「終わりにしろ」と命令した。ゴルバチョフはこの時、エリツィンを「あなた」ではなく「お前」と呼び、「騒がしくて空虚、極左主義者の言い草」を拒絶した。報告書の草案が特に楽観的というわけでもなかった。自己批判もふんだんに盛り込まれていた。エリツィンが指摘した「指導部の誤り」については、「何が言いたいのかね？　ボリース・ニコライエヴィチ」と問い詰めた。エリツィンこそ自己批判が必要であり、同僚もそれを求めているのだ、とほのめかした。

ゴルバチョフの啖呵が効いたようだった。エリツィンが引いた。「私はまだ政治局では新参者です。今日は良い勉強になりました。分かるのが遅すぎたとは思いません」。ゴルバチョフは謝罪を受け入れた。「君と私は以前にも同じような話をした。対話が必要だったからだ。君は感情的な人間だ。今日の言葉で、我々の君に対する態度が変わるとは思わない。我々は君の仕事を高く評価している。だが、みんなが一緒に仕事をしなければならないことを覚えておいてほしい。批判にも慣れてほしい。私がそうであるように。……もう攻撃はやめようではないか。一緒に働こう。今後も我々は君を支援する[5]」

中央委員会総会は一週間後に開催された。ゴルバチョフの長い演説は、ジャーナリスト流の言い回しを使えば、「要点は後回し」だった。ソヴィエトの過去の罪状を列挙して、その結果としてペレストロイカが「客観的に必要」となった、と述べた。ペレストロイカは「国民生活のあらゆる面を深層から刷新する」と言った。これまでいやというほど繰り返してきた定義である。そして必ず成功する、と請け合った。演説が随分と進み、ゴルバチョフはソヴィエトの選挙制度について、「より効果的でなければならない。選挙のあらゆる過程に有権者が、真の意味で参加するべきである」と主張した。国民は「空気のように」民主主義を求めている、それがなければペレストロイカは「窒息して死んでしまう」と訴えた。[6]

総会は全会一致でゴルバチョフの報告を承認した。彼らはゴルバチョフがどこへ行こうとしているのか、そして、まだそこへ到達していないことも分かっていた。決して到達しないだろう、と疑ってもいた。ゴルバチョフのある補佐官によれば、「中央委員の大多数はゴルバチョフを支持していなかった」。「だが彼を恐れていたので、沈黙をもって抵抗した」。[7] グラスノスチが批判の自由を認めた以上、グラスノスチ自体も非難の対象となった。ゴルバチョフの懐刀とみられていたイワン・ポロスコフは、プレスが「かさぶたをつつき」、「心を荒廃させている」と批判した。繊維工場で働く女性は、「恒常的な品不足が、あまりに長い間続いている」と訴えた。有名な俳優ミハイル・ウリヤーノフが間髪を入れず、ゴルバチョフを擁護した。中央委員会の席で、このように議論が沸騰するのは初めてだった。[8]

ゴルバチョフはすぐに、総会が承認した「新たな段階」には、まだ達していない実態を思い知った。だが高揚した気持ちで総会を終えた。彼は批判を浴びても、冷静さを失わなかった。草稿なしで総括の演説をした。「ソヴィエツカヤ・クリトゥーラ」紙の編集者は強い感銘を受けた。[9] 政治局員のウォロトニコフは次第に幻滅を深めたが、まだ敵に回るほどではなかった。彼は総会が「ゴルバチョフの権威を高めた」と感じた。その見方は正しかった。二月初め、ゴルバチョフを支持する手紙が大量に中央委員会へ届いた。[10] 総会はブレジネフ体制の生き残り二人の降格を承認した。カザフスタンの第一書記ディンムハメド・クナーエフと、中央委員会書記ミハイル・ジミャーニンである。ゴルバチョフの盟友ヤコヴレフが政治局員候補、ルキヤーノフが中央委員会書記へ昇格した。総会は全党代表者会議を早急に開催し、民主化を目指す新たな方針を採択することも決めた。これらの成果を祝うためゴルバチョフとライーサは、ヤコヴレフ、メドヴェージェフ、ボルディンをクレムリンへ招き、晩餐をともにした。夫妻がこのような配慮をするのは珍しかった。メドヴェージェフによれば、その場の会話は「温かく、くつろいでいた」。「陶酔感」さえ漂っていた。[11]

一月総会が終わるとすぐに、経済改革の計画策定が始まった。二月中旬、ゴルバチョフはラトヴィアとエストニアで数日を過ごした。バルト諸国でやがて激変が起きる兆候は、まだ感じられなかった。だが一九四〇年に強制編入され、戦後は再占領されたこの地域では、体制への潜在的な反感が強かった。事情は十分に承知していた。ゴルバチョフは、あと二、三年は苦しいが、その後のソヴィエト経済には成長の弾みがつく、と請け合った。そして「最終的な復活」を予言した。これら諸国の「復活」がのちに自分を追い詰めるとは、まだ自覚していなかった。[12] そして抜本的な改革の必要性を訴えた。

ゴルバチョフは一九八六年、経済の不調を幾度も嘆いたが、最終的な結果は悪くなかった。特にその後の数年と比べれば、まだそこそこの実績を上げていた。ルイシコフによると、国民所得は四パーセント増、生産性は四・九パーセント増、工業生産も四・九パーセント増だった。[13] しかし一九八七年一月には、極度に悪化した。国家計画委員会と国家供給委員会が、二月一二日に政治局へ提出した報告は以下の通りである。機械製造業は製品の六七パーセントしか「合格」の基準を満たしていない。三〇億ルーブル相当の軽工業製品が売れ残った。三二の鉄道網のうち二九は計画を達成できなかった。国内で生産した金属のうち半分が、事故で失われた。[14] ゴルバチョフはこれらの数字を見て、一九八七年の経済計画は「トランプ札で組み上げた家のように壊れてしまうのではないか」[15] と危惧した。

ゴルバチョフは三月九日から黒海沿岸のピツンダで休暇を過ごす予定だった。休暇明けに中央委員会総会を開き、経済問題を討議すると決め、数人の部下に準備を指示した。[16]「休暇」の間、ゴルバチョフは大量の書類を丹念に読み、政府の担当者や学者を呼んで話し合った。モスクワに戻ると、ルイシコフ、ヤコヴレフ、メドヴェージェフ、ボルディン、経済学者のアガンベギャン、アバルキンらを集めた。自由な討議が四時間続いた。誰もが抜本的な改革の必要性では一致していた。だが具体的に何から手を着けるかという話になると、意見が別れた。何十年もの間、国家計画の担当者が生産目標を定め、供給を統制し、生産量の多寡によって工場を表彰したり罰したりしてきた。何を実際に売ったか、何を生産したかは問題にしなかった。ルイシコフは、政府が経済を制御するためには「量の指標」を示し、供給や価格の統制を維持する必要がある、と主張した。経済学者たちは、行政による統制を思い切って弱める方策を説いた。企業自体が生産目標を定め、独自の供給網を整え、売上と利益で評価を受けるべきだ、と訴えた。アバルキンは「改革によって影響を受ける集団「政府の経済計画担当者たち」に、改革を委ねてはならない[17]」と注意を促した。

二つの立場は溝が深かった。経済学者たちは、相手を見下したような態度を隠さなかった。のちにゴルバチョフの経済担当補佐官となるニコライ・ペトラコフは、「競争は確かにあります。だがそれは消費者が品物を手に入れるための競争なのです。馬鹿げた話だ！　互いに競争しなければならないのは生産者なのです。生産者が追い求めるべきは消費者であり、ほかの何者でもありません[18]」と論じた。ルイシコフは、国と党の中央機関から機能や権限を奪うのは危険である、と主張した。良し悪しはともかく、現に経済を動かしているのはこれらの機関である、と説いた。ルイシコフは、自分と配下の閣僚には経済が利益を上げるように仕向ける責任がある、と述べた。経済学者が言うような改革を進めれば、利益を保証する能力を行政から奪ってしまう、と言った。

経済学者とルイシコフら政府の官僚は、六月の中央委員会総会へ向けて、別々に準備を進めた。経済学者は改革の包括的概念に集中し、官僚はそれを実現するための提案と具体策を検討した。経済学者たちは、スピーチライター、タイピスト、技術者を引き連れ、ヴォルィンスコエに引きこもった。そこへは頻繁に、ヤコヴレフ、メドヴェージェフをはじめとするゴルバチョフの補佐官たちが合流した。ゴルバチョフ自身も「ほとんど毎日」訪れた。あるいは彼らを自分の執務室に呼んだ[19]。ルイシコフのチームは古い形態の統制に代わる新たな仕掛けとして、省庁の求めに応じて工場が生産する「国家発注」制度などを考案した。ルイシコフは段階的に改革を進めるよう提言した。しかしゴルバチョフは、迅速に動くべきだと考えていた[20]。

総会が近づくにつれて、緊張が高まっていった。ルイシコフは「社会主義の境界を逸脱する」行為は許されない、と警告した。ゴルバチョフは、その境界が「社会を抑圧し、自主性や、やる気を削いできたのだ[21]」と反論した。ルイシコフとゴステフ蔵相が四月二三日にまとめた報告書によれば、経済は惨憺たる状況にあった。財政赤字は深刻の度を増し、物価は高騰し、成長率は鈍化していた。だがゴルバチョフの認識は、さらに厳しかった。どこもかしこも「経済の文盲」ばかりだと言って、以下のような実態に言及した。ソヴィエトはアメリカやフランスから穀物を輸入しているが、国内生産にかかる費用の五倍の代価を支払っている。国産の「がらくた」が、高品質の海外製品より値段が高い[22]。ゴルバチョフは五月一四日の政治局会議で、総会演説の概要を明らかにした。政治局員たちは同意の気持ちを示した。だがエリツィンだけは、総会で報告するのはゴルバチョフではなくルイシコフになりそうだ、と示唆して不満を匂わせた。五月二一日の会議では、会話が激する場面もあった。ルイシコフは「中央省庁の利益を守る考えを隠さなかった」。ゴルバチョフは中央省庁が放棄する権限は何か、と具体的に尋ねた。ルイシコフは「ありません[23]」と答えた。

ゴルバチョフは六月、草案に手を入れたり、一部を書き換えたりして過ごした。六月二〇日、最終稿を完成させるために、ゴルバチョフ、ルイシコフ、幾人かの書記長補佐官がヴォルィンスコエに集まった。ゴルバチョフによると、ルイシコフはゴルバチョフの最終案を受け入れるか拒否するか、揺れ動いていた。ゴルバチョフ自身にも全く迷いがなかったわけではない。その夜の一〇時、党や政府の高官だけが使える特別な電話でチェルニャーエフに連絡をとり、ヴォルィンスコエへ招いた。チェルニャーエフは経済の専門家ではなかったが、ゴルバチョフにとっては、リベラルな良心とでも言うべき存在だった。ゴルバチョフはチェルニャーエフを隣に座らせると、報告草案を手渡した。そして幾度も「どうだい？」と尋ねた。ヤコヴレフが机をはさんで座っていた。彼もまた経済担当ではなかったが同席していた。ヤコヴレフは「アナトーリー、そこに書いてあるのは国の運命だよ」と冗談を言った。ゴルバチョフは笑い、また「どうだい？」と質問した。チェルニャーエフは真正面からの返答を避けようとした。ゴルバチョフは苦々しげに言った。「つまり、そこには君にとって新しいものはない、というわけだね？[24]」

ゴルバチョフは会合のほとんどの時間を費やして、企業に対する行政の統制を残そうとするルイシコフの試みに抵抗した。だがチェルニャーエフによると、ゴルバチョフは「誰の感情も害さないように気をつけていた」。そして遂に妥協が成立した[25]。企業の生産目標を定める権限は省庁に残すが、達成を「義務」とはしないことで話がついた。しかし曖昧な妥協は、両陣営の紛争が継続する結果を招いた。生みの苦しみは、かつて演劇少年だったゴルバチョフに「最初は一つの筋書きでも、途中で幾つもに分かれ、予期しないねじれが生じ、主役同士がみさかいもなく衝突して最高潮を迎え、やがて大団円を迎える劇」を思い起こさせた。「全ての参加者が作者であると同時に役者であった」。物語の辻褄が合わなくても当然だった。ゴルバチョフ自身も役者として自信に欠けた[26]。彼はかつてペトラコフに「経済が大好きで、興味が尽きない」と語ったことがある。だが総会の直前になると、不安にかられてチェルニャーエフに漏らした。「私も完全には理解できないでいるのだ[27]」。ペトラコフによるとゴルバチョフは、「ある見解に遭遇すると、それを自分の中に吸収し同化する人物だった。物事をすぐには信じず、言葉の表面上の意味を受け入れなかった。相談相手である経済学者の意見に深い敬意を抱きながらも、その性癖は変わらなかった」。たとえ相手の見解が気に入っても、「本音は決してすぐに表へ出さなかった[28]」。誇りと不安がないまぜとなっていたのだ。ゴルバチョフがペトラコフを経済顧問に登用したのは、一九八九年一二月になってからだった。既に手遅れだった。彼の性格が災いした一例である。

　中央委員会総会は六月二五日から二六日まで開かれ、ゴルバチョフの提案を全会一致で承認した。それを受けて最高会議は「企業に関する法律」を採択して、変革の法的基盤を整えた。チェルニャーエフの考えでは、内戦で荒廃したソヴィエトで革命を救った一九二一年の新経済政策（ネップ）と比べても、この総会は「より重要な出来事」だった[29]。補佐官たちはヴォルィンスコエで、成功を祝って乾杯した。ゴルバチョフ夫妻は翌日、ヤコヴレフ、メドヴェージェフ、ボルディンを、一月と同じようにクレムリンへ招いて夕食をともにした[30]。ゴルバチョフは七月一日の政治局会議で、一月と六月の中央委員会総会により、政治、経済の秩序に新たな基盤が生まれ、ペレストロイカは「新たな段階[31]」へ入った、と豪語した。一〇日後には編集者や記者を前に同様の気炎を吐いた。

　総会の結果は非常に複雑な様相を帯びていたが、ゴルバチョフは最良の面だけを誇張した。議論は総花的で興味を引かなかった。ゴルバチョフもそれは分かっていた。中央委員たちが改革を承認したのは、惰性に従ったにすぎない。その機会をとらえてエリツィンだけは、ペレストロイカは「二年間で見るべき成果を上げていない[32]」と述べた。総会はヤコヴレフを正式の政治局員へ昇格させる人事を承認した。ゴルバチョフとルイシコフの親密な関係は幻滅を招いた。経済改革で企業は独自の権限を得たが、省庁から切り離されたわけではなかった。企業は新たな権限を、消費者ではなく自分たちのために使った。企業は品質の向上は追求せず、単に従来より高価な製品を生産するようになり、一部の富裕層を除き、消費者から選択の余地を奪った。新企業法は経営に対する労働者の発言権を強めた。労働者は賃上げを要求し、インフレを悪化させた。

　ゴルバチョフは、これらの問題が今後も起きると感じた。総会が終わって一定の時間が経過した。閣僚たちは、自分たちが決めた生産目標を達成できない事実を認めざるを得なかった。ゴルバチョフは彼らを叱責した。「君たちに警告する。この問題に関して、次回も君たちと話をするつもりはない。もし何も変わらなければ、次回は別の人々と話をすることになるだろう」。しかしゴルバチョフはその後も、同じ問題で同じ相手と話を繰り返すしかなかった[33]。彼はのちに「問題を掌握して着手する」ことが大切だった、と語っている。「そうすれば自ずと進む方向が見えてくるし、どのような変化が必要であるかも分かってくる」[34]。チェルニャーエフには、ゴルバチョフにのしかかる重圧が分かっていた。ゴルバチョフはチェルニャーエフに、「私はひどく疲れた」と漏らした。「毎日夜遅くまで働いて、まるで自分が自分でなくなったような感じがする。仕事は増える一方だ。だが成し遂げねばならないのだ、アナトーリー。何という難事業に手を着けてしまったのだろう！　退却する場所はどこにもない。……動揺しないことが大切だ。躊躇するそぶりを見せてはならない。疲労や不安も感づかれてはならない。……私は私利私欲ではなく、正義のため力を尽くしている。それを誰も分かってくれないのが辛い。彼らは嫉妬しているのだ。嫉妬という感情ほど始末が悪いものはない[35]」

　政治と経済の改革は、一九八七年になってようやく公式に宣言された。一方でグラスノスチは既に、燎原の火のごとく拡大していた。一月のチェルニャーエフ日記によれば、ジャーナリストは「肩越しに背後を振り返りもせず、何者をも恐れず、まさに書きたい放題だった」。今や「悪徳、失敗、侮辱が暴露された。それらが新聞に出ない日はない」。もちろん「文学、映画、演劇の場でも嵐」が吹き荒れていた[36]。ゴルバチョフはこのような爆発を歓迎し、「ペレストロイカを進めるため、強力でまたとない武器」とみなした。他の分野ではペレストロイカの進捗はおもわしくなかった。ゴルバチョフは六月中旬、チェルニャーエフに、「グラスノスチだけがプロセスを支えている」と語った[37]。グラスノスチはペレストロイカの支持者を発掘し、動員した。グラスノスチは偏狭な党機構の頭越しに国民へ浸透した。「ロシアで、自由な男や女」が生まれた。だがゴルバチョフによれば、「〝ロシア的な自由〟は、その特異性でペレストロイカに重大な損害も及ぼした[38]」。

ゴルバチョフが言う「ロシアの自由」こそ、ロシアで改革に取り組んだ数多くの先人を悩ませたジレンマの本質を突いていた。ロシアで長い間、自由が根付かなかった事実は、それがいかに難しい試みであるかを示している。自由に接した経験がない大衆が、自由の享受には責任も伴うことを理解できるだろうか？　ロシアの歴史を顧みれば、自由はしばしば制御を失い、過激主義を生んだ。あまりに多くを、あまりに性急に求めた。グラスノスチの実践者の中には、まさにその危険を冒している者がいた。ゴルバチョフは彼らを懸念の目で見ていた。彼は一九八七年を通じて、政治局会議で幾度もグラスノスチを擁護した。だが、その論理は分裂気味でさえあった。一月二九日の会議では、国民がグラスノスチを求めているのは、「我々が彼らにまだ何も与えていないからだ[39]」と述べた。二月五日には、政治の領域で組織化された「野党」がまだ存在しない現状も、グラスノスチの必要性を高めている、と説明した。前任者たちが全力を注いで築き上げた一党独裁制を否定するような発言だった[40]。ゴルバチョフは同時に、グラスノスチは「センセーショナリズム」を排除し、「完全に客観的でなければならない[41]」とも強調した。彼は親しい補佐官に「我々は社会主義の山を築いてきたが、今や何一つ残っていない[42]」とぼやいた。だが社会主義の大義のために、数知れない国民が自らを犠牲に捧げ、命までも投げ出した歴史と、今も多くの人々がその大義を信じる現実を踏まえ、社会主義を冒瀆するような態度は慎むべきだ、とも説いた[43]。

ゴルバチョフがグラスノスチの限度について、明確な一線を定めるつもりがあったかどうかはともかく、クレムリンの同僚の幾人か、というより大部分は、野放し状態を防ぐために線引きが不可欠だ、と考えていた。序列でゴルバチョフに次ぐリガチョフは、イデオロギー担当でもあり、とりわけ引き締めに熱心だった。彼の目には「歪曲と中傷」が、「過激なプレス」にあふれていると映った[44]。一方でヤコヴレフは公式の宣伝担当としてマスメディアと文化を管轄し、グラスノスチの最も力強い推進者だった。リガチョフによると、ゴルバチョフは一九八七年、「個人的にヤコヴレフに従う人々に、次第に包囲されつつあった」。しかしヤコヴレフは、自分に対するゴルバチョフの支持が、まだ十分ではないと感じていた。ゴルバチョフはレーニン生誕記念日や革命記念日に先立ち、ヤコヴレフに公式な場での演説を許さなかった。ボルディンによれば、ヤコヴレフはそれが理解できず、ボルディンにゴルバチョフへのとりなしを、しきりに頼んだ[45]。

リガチョフによれば、政治局員たちがそろって記者会見に臨んでも、「しゃべるのはゴルバチョフだけだった。我々は付け足しの脇役にしかすぎなかった」。会見は「ゴルバチョフの長いおしゃべりの場と化した。彼は批判を展開し、指示を飛ばし、強弁した。……だが誰も興味を示さなかった」。そして「過激なプレスは……我々の過去をばらばらに引き裂いた[46]」。ヤコヴレフに言わせれば、ゴルバチョフのグラスノスチ擁護は「限定的」だった。党の機構に根強い反対があったからだ。このためヤコヴレフ自身が、時には秘密裏に動いて、リベラルな記者や映画人を守った。ヤコヴレフはある時、保守的な編集者をアルコール依存症の疑いで調査する決定を裁可した。ゴルバチョフは大声でヤコヴレフを叱責した。「君が偏見にとらわれていることは知っている。知っているのだ。調査をやめさせたまえ！」。ゴルバチョフは保守派のウォロトニコフを怒らせないように、このような態度をとったのだった。ヤコヴレフは後で事情を知った。

ヤコヴレフが語る。政治局員たちがグラスノスチを批判すると、ゴルバチョフは「しぶしぶ同意するか、沈黙を決め込んだ[47]」。リガチョフは不満を募らせていた。ゴルバチョフは「記事やテレビ番組を見て怒った」。だが「全ては言葉の上だけで、実際には何もしなかった[48]」。リガチョフとヤコヴレフの対立は、部下の官僚たちを混乱させた。彼らは党の一つの方針に従うことに慣れていたが、二つの相反する指示には、どう対処していいか分からなかった[49]。リガチョフとヤコヴレフのいさかいを、ゴルバチョフは望んでいたのだろうか？　二人を切り離して支配しようとしたのだろうか？　ゴルバチョフが「狡猾さに欠けた」ために対立が生じたのだろうか？　ボルディンは首をかしげるばかりだった[50]。ルキヤーノフによれば、ゴルバチョフは二人の考えを「比べた上で、正しい決定を導き出す」つもりだった[51]。だが意見を自由に交換して、正しい方向を見出す知的な自由市場の伝統はロシアになかった。ましてソヴィエトにあるはずもなかった。ゴルバチョフは二つの見解の間で揺れ動いていたわけではない。ゴルバチョフは明らかにヤコヴレフ寄りだった。ゴルバチョフは二人の意見を聴きつつ、双方の政治的影響力を見極め、両陣営をともに自分に従わせる道を探っていた。ゴルバチョフは自分が一貫性に欠けると見られていることに気づいていた。しかし彼のゲームが勢力均衡の上に成り立つ以上、避けて通れない代償だった。

ゴルバチョフは一九八七年九月の休暇を利用して、「ペレストロイカの範囲と進捗」に関する覚書を作成した。そしていつものように、リガチョフとヤコヴレフに、この問題に関する政治局決議案を共同で準備するよう命じた。二人は対立し、相手が用意した文言が決議に入らないように工作を展開した。リガチョフはゴルバチョフに、ヤコヴレフが「プレスのセンセーショナリズムを批判する部分と、社会が達成した全ての成果をプレスが汚していると指摘するくだりを、全て削除した」と訴えた。ゴルバチョフは手書きで返答をしたため、ヤコヴレフと「もう一度会って静かに話し合ってほしい」と要請した。二人はリガチョフの執務室で九〇分間会談したが、折り合いはつかなかった。「我々は立場が違った」とリガチョフは振り返る。「歴史、党、民主化のプロセスについて見解が異なった」。ヤコヴレフは「私を説得できなかった。ことわざにあるように、鎌で石を叩き続けたのだ」[52]。

グラスノスチの光が照らし出した事象の中で、最も大きな起爆力を秘めていたのはソヴィエトの歴史であった。ゴルバチョフはブレジネフ時代のあら探しを繰り返した。改革の正当性を裏付けるためだった。プレスも追従した。ゴルバチョフ自身やクレムリン指導部にも、「停滞の時代」を担った責任があった。だが、そこからは目をそむけ通した。レーニンが基礎を築いた体制はおろか、スターリンの犯罪ですら批判しなかった。だが知識人たちを中心に、スターリンや体制を批判する気運が醸成されていた。一方でそのような気持ちがない歴史家も多かった。彼らはその種の問題は避けて通る訓練を受けてきたし、そのように自分たちを律してきた。歴史の空白へ最初に挑んだのは文学だった。農業集団化を扱ったボリース・モジャーエフの『農村の男女』、粛清の時代を描いたルイバコフの『アルバート街の子供たち』、戦争中の少数民族強制移住を主題とするアナトーリー・プリスタフキンの『黄金の雲は宿った』、スターリン主義者の官僚体質をえぐったアレクサンドル・ベクの『新しい職務』、ソヴィエト遺伝学の虚妄を告発したドゥジンツェフの『白衣』、ダニール・グラーニンの『野牛』が続々と世に出た。長らく発禁処分になっていた二つの長詩、人気詩人アンナ・アフマートワによる「レクイエム」と、アレクサンドル・トワルドフスキーの「記憶の権利によって」も解禁された。いずれもテロルの時代について、犠牲者の母子ら家族の視点で綴っている。アフマートワの詩と、「新ソヴィエト人」を創造しようとした初期のボリシェヴィキを風刺したミハイル・ブルガーコフの短編「犬の心臓」を除き、これら一連の作品は文学史上の傑作との評価が定着しなかった。だがどの作品も新聞や雑誌で話題となり、読者が編集部に大量の手紙を寄せた。その手紙がまた新聞や雑誌に掲載され、議論がさらに熱を帯びた[53]。

ゴルバチョフは一九八七年一月、革命七〇周年を記念する演説の準備に着手した。いつものように「原点へ立ち戻り」、一九一七年からの数年間について考察した。「私は体系的な手法を駆使した」。彼は後年になって誇らしげに語っている。「私は対象に内在する論理を理解した後でなければ、分析したり、語ったり、書いたりすることができない」。彼はまたもレーニンを読んだ。自分が始めた革命の行く末を憂える晩年の著述を特に重視した[54]。四月になった。ゴルバチョフと補佐官たちは演説の素案づくりに入った。政治局の二回の会議で、演説の機微な性格が露呈した。KGBのチェブリコフ議長は、不特定の敵意に満ちた勢力が「ペレストロイカを失敗させるため、グラスノスチを利用している」と指摘した。歴史の研究は党のマルクス・レーニン主義研究所に委ね、その他の「何者にも」個人的な見解を述べる権利を与えるべきではない、と主張した[55]。ゴルバチョフは不満だった。「我々はまだスターリンにさえ触れていない。彼のほかに語るべき人物は多い。特にフルシチョフはその一人である。西側へ行ってみたまえ。歴史上の人物は直近の時代を含め、全て議論の対象だ。それなのに、この国では誰についても論じていない。二〇年、三〇年という歳月を、国民は生きて働いてきた。だが指導者がどのような人物であるのか、語ることさえできなかったのだ[56]」

ゴルバチョフは七月、チェルニャーエフを相手に、またも嫉妬混じりの批判を受けた、と愚痴を言った。チェルニャーエフは、それはスターリン主義が残した負の遺産である、と答えた。「また、いつもの持論だね」とゴルバチョフは言った。「でも君の言うことは正しい。スターリン主義は［テロルが吹き荒れた］一九三七年だけの問題ではなく、経済から人間の意識に至るまで全てにかかわる体系なのだ。……それは今も存在している。全てがそこから派生している。我々が克服すべき全ての根源なのだ」

だがチェルニャーエフ日記によれば、ゴルバチョフには「あまり一貫性がなかった」。「過去の冒瀆という批判を、彼は恐れていた……」。政治局は第二次世界大戦でヒトラーがソヴィエトへ侵攻した六月二二日に合わせ、会議を開いた。リガチョフはいつものように、過去を「汚す」輩を批判する口火を切った。ウォロトニコフ、ソロメンツェフ、グロムイコが味方だった。ゴルバチョフも同調した。「国を建設し、ファシズムから守り、思想のために戦った」普通の人々に敬意を払わねばならない、と語った。彼らは「飢えに苦しみ、弊衣（へいい）をまとい、シャツしか着るものがなくとも、そして、シラミがたからないように頭髪を刈り上げ、自らのためには何も残さず、困難な労働の成果さえ放棄して」国に尽くした。「その全てを冒瀆し、〝君たちの所業は全て誤りである〟と言えるほど、我々は賢明であろうか？　否、我々は注意深くあらねばならない。人民に敬意を払わねばならない」

チェルニャーエフは「聴いているうちに、怒りが湧いてきた」。彼は執務室へ戻り、憤慨に身をまかせたまま口述筆記で、スターリンがいかに国民に「敬意を払ったか」、五ページの文書をつくった。どのようにしてスターリンが最も勤勉な農民層を破壊したか、ヒトラーをなだめるため数百万人の兵士を犠牲にした張本人は誰であったか、そして「革命を成し遂げ、ロシアで社会主義の建設に乗り出した人々をことごとく粛清した」所業を列挙した。チェルニャーエフはこの文書をゴルバチョフへ送った。ゴルバチョフは反応を示さなかった。(57)チェルニャーエフはやり過ぎたのかもしれない。ゴルバチョフが言及した「長く苦しんだ人々」には、彼自身の両親や祖父母も含まれていた。彼らのような人々を、ゴルバチョフがどうして非難できただろうか？　チェルニャーエフにしたところで、それは変わらなかった。彼が矛先を向けたのは、スターリンと無慈悲なシステムにほかならなかった。それこそが、膨大な数の犠牲者を出した元凶であったからだ。だが国民の多くは、苦しみつつも耐え抜いた歴史に自分を同化させていた。特にスターリン体制のもとで達成した国の工業化や戦争の勝利は、人生の証そのものになっていた。このため、過去の価値を卑しめる行為、あるいは、そのように見える態度に接すると、自分たちが払った犠牲がないがしろにされるような気持ちになるのだった。怒りの矛先は、まだ成果をほとんど上げていないペレストロイカへと向きかねなかった。

ゴルバチョフは八月後半から、クリミヤ半島のヤルタに近く、黒海を臨むニージニャヤ・オレアンダの別荘で一カ月ほどの休暇に入った。もちろん休んでばかりいられなかった。日々の業務や雑事からは逃れられなかった。彼は自分のように勤勉に働かない者を批判した。「我々の社会は、あまりに怠惰だ」とチェルニャーエフに言った。「ボス連中も例外ではない。いったん権力を握ると、それをむさぼり、お茶を飲み（お茶ばかりではない）、自分の上に立つ親分の悪口を言って過ごしている」。記念演説まで二カ月の時間があった。ゴルバチョフは過去の冒瀆という印象を避け、建設的な批判をするには、どうしたらよいか考えあぐねていた。演説は歴史に関する議論を巻き起こすだろうが、「制御」できる範囲と程度に収めねばならないと考えた。彼はマルクスが一八四四年に書いた『経済学・哲学草稿』を読んだ。そしてチェルニャーエフに、かの偉大な人物でさえ私有財産を完全には否定しなかった、と話した。さらにマルクスの「疎外論」に関する自分の考えも語った。ゴルバチョフは、消費の水準ではなく、人々の自己発展の程度によって社会を評価するべきだ、と論じた。この見解は党の理論誌「コムニスト」で発表するつもりだった。[58]

ゴルバチョフは「休暇」のほとんどの時間を、自著『ペレストロイカ　新しい思考　我が国と世界のために』を執筆して過ごした。知的な仕事では疲れを感じなかった。依頼したのはアメリカの出版社だった。ヤコヴレフとドブルイニンは演説集がいいと勧めたが、ゴルバチョフは書き下ろしを選んだ。その春、チェルニャーエフが率いるチームがゴルバチョフのために、彼の演説、政治局会議や私的な会談の記録から材料を集めた。ゴルバチョフは夏になって、チェルニャーエフとともに「情熱を傾けて」執筆に取り組んだ。草案を二回も三回も口述筆記させた。テラスに何時間も陣取り、重要な部分の議論を重ね、全体の「流れ」をどうするかを検討した。ゴルバチョフは日向に、チェルニャーエフは日陰にいた。初稿を完成させるため、クリミア滞在を一週間以上延長した。それは内外政に関するゴルバチョフの考え方を、包括的にまとめた内容となった。国内では新局面を開く契機とはならなかったが、西側においては一九八七年から八八年にかけて数百万部が出版され、大きな反響を呼んだ。彼の外交理念に対する理解は大いに広がった。同時に彼の自尊心もくすぐった。ゴルバチョフは著書が、「彼自身や変革を遂げる彼の国について、新しいイメージを生み出し、西側の信頼を醸成する」と期待していた。その結果、「各国との関係を刷新する」[59]助けになる、と考えていた。ゴルバチョフはこのような個人的な仕事が、政治局でどう受け止められるか気にかかった。そこで何人かに草稿を見せた。ルイシコフが小さな修正を求めたが、批判的な意見はほとんどなかった。同時に「熱烈な支持」[60]もなかった。

ゴルバチョフと補佐官たちは黒海から戻り、ザヴィードヴォで記念演説の仕上げに没頭した。政治局は一〇月一五日、一二〇ページに及ぶ演説の内容を事前に検討した。全員が賛同した。恥ずかしげもなく媚びる者もいた。アリエフは、「哲学的、政治的、イデオロギー的に深遠で、非常に客観的です。均衡がとれていて明確です。革新的で伝統を超えています」と言った。しかし大方の政治局員は部分的な修正を求めた。リガチョフは、スターリンによる「トロツキー主義者」との闘争をもっと強調するべきだ、と言った。グロムイコは、農業集団化なくして、ソヴィエトが第二次世界大戦を乗り切れただろうか、と疑問を呈した。彼は「階級的な敵の存在を決して忘れてはならない」と付け加えた。チェブリコフは皮肉を込めて、反スターリン主義者の著作がどうして「マルクス・レーニン主義の基本文献」になり得るのか、と問いかけた。ソロメンツェフは、戦後の輝かしい「刷新」だけでなく、戦争中の英雄的な行為をもっと強調しなければならない、と主張した。戦時中の行為が「英雄的でなかった、とでも言うのでしょうか?」と文句をつけた。数百万人に達する農民の命を奪った「富農排除」についてソロメンツェフは、もちろん一部に一定の行き過ぎがあっただろう、だが全ての地区ではない、と言い張った。ゴルバチョフは幾分むきになって反論した。「祖父が集団化をどのように評価したか、私は覚えている」。「何と恐ろしい憎悪だろう! 兄弟が兄弟を、息子が父を憎み、家族がまるごと引き裂かれた。何人の富農を追放するか、上からの命令で割り当てられた。誰もが命令を遂行しようと必死になった。相手が富農であろうがなかろうが、どうでもよかったのだ。同じ事が一九三七年に起きた。この時は銃殺に処すべき人数を、例外なく、ありとあらゆる地区と村に割り当てたのだ」[61]

奇妙なことにエリツィンは、のちの過激な姿勢と比べれば保守的な意見を吐いた。一九一七年の光輝ある一〇月革命より、二月の「ブルジョア民主革命」に記述が偏っている、と指摘した。レーニンにもっと温かい賛辞が必要である、「トロツキー主義の打倒」にもっと注意を払うべきだ、とも述べた。一方では、いつもペレストロイカの「段階的」推進を唱え、達成には時間がかかると言うゴルバチョフの癖をとらえ、「段階には言及しないほうがいい」と注文をつけた。成果がなかった時に国民を失望させるからだ、と説明した。エリツィンは、「目前の課題は何々であり、その次は何々である、と単純に語るべきだ」と論じた。[62]

一九八七年一一月二日、党中央委員会、ソヴィエト最高会議、ロシア共和国最高会議の特別合同総会が、大理石とガラスに覆われたクレムリン大会宮殿で開催された。ゴルバチョフはこの場で待望の演説をした。総会は二日間続いた。同盟国の指導者や各国共産党の代表も演説をした。一一月七日には赤の広場で大規模な祝賀行事が催された。指導部の面々はレーニン廟の上から、強力な兵器を誇示する軍事パレードと市民の行進を見守った。その晩は大会宮殿で祝宴があった。

ゴルバチョフは「一〇月［革命］とペレストロイカ、革命は続く」と題して演説をした。政治局におけるそれまでの発言や、特にチェルニャーエフとの私的会話とは異なり、演説の内容は慎重だった。意見が錯綜したトロツキー評価は、準備の最終段階で削除した。スターリンの人格を否定する逸話、スターリン時代に粛清された犠牲者の数、「複数政党制」を公に承認する文言も意識的に避けた。[63] ゴルバチョフは当然ながら、革命とレーニンを称賛した。しかし、スターリンはもはや絶対視の対象ではなかった。ゴルバチョフはスターリン時代の無法状態を、「際限がなく許容し難い」と批判した。ゴルバチョフの祖父は、スターリンの名のもとに何が為されたのかスターリン自身は知らなかった、と信じていた。多くの国民もそう考えていた。だがゴルバチョフは演説で「スターリンは知っていた」[64]と断言した。

保守派は演説を行き過ぎと受け止め、改革派は物足りないと感じた。ゴルバチョフ自身も決して満足はしていなかった。彼は回想録で「沈黙を守らねばならない問題もあった」と認めている。「まだ数多くのことを理解する必要が我々にはあった。我々は心理的な障壁を乗り越えねばならなかった。数々の〝空白〟について、さらに調査が求められていた。このような場合、よく言われるように、身の丈を超えて跳んではならない」[65]。これは必ずしも本音ではない。演説を曖昧な内容に留めたことを、打算の結果とみられたくないので、言い訳をしたにすぎない。実際の思考は、はるか先まで進んでいた。だがこの段階では、十分な成果を達成した演説とも言える。スターリンの犯罪については、何十年も真実を語れず、正面から見据えることもできなかった。ゴルバチョフは全容解明への道をついに開いた。グラスノスチ、特に祖国の歴史をめぐり、政治局の足並みは乱れた。しかし表向きは、クレムリンが一致して事に当たっている印象を与えることに成功した。

実のところ政治局の一体性は、演説の二〇日前に崩れていた。演説の概要を承認するため開いた中央委員会総会の席で、エリツィンが議事を遮った。エリツィンはこの行為により、ゴルバチョフとの関係を修復不能とした。四年後のゴルバチョフ失脚へと連なる運命的なプロセスを起動させたのだった。

エリツィンは一九八五年を通じて、目ざましく台頭した。四月にスヴェルドロフスク州の第一書記から中央委員会建設部長へ転身した。さらに中央委員会書記へ昇格し、一二月にはモスクワ市の第一書記となった。だがエリツィンは不満だった。ゴルバチョフの基盤だったスタヴロポリ地方、リガチョフの地元であるトムスク州に比べ、スヴェルドロフスク州は規模も大きく、連邦全体にとっての重要性も高かった。しかもエリツィンの前任者二人は、アンドレイ・キリレンコが一九六二年に、ヤコフ・リャボフが一九七六年に、いずれも州の第一書記からそのまま中央委員会書記となっていた。ニコライ・ルイシコフもスヴェルドロフスク州の第一書記だったが、今や首相の地位にあった。

一九八五年四月、エリツィンはモスクワで中央委員会建設部長への転身を告げられ、スヴェルドロフスクに戻った。彼は失望を隠さなかった。珍しく会議に遅れて来ると、鉛筆を三つにへし折った。いらだった時の癖だった。エリツィンは連邦の指導部をののしり、「よぼよぼした［ブレジネフ時代の］間抜け連中」になぞらえた。当時の同僚は「みんな凍りつき、青ざめてしまった」。「何が起きたかは明らかだった」。エリツィンは単なる「部長」にしかなれなかった。「彼は、はっきりそう言った」[66]

エリツィンが遺恨を抱いた時期は、さらにさかのぼる。ゴルバチョフとの関係は、二人が地方の第一書記であった頃は良好だった。だがエリツィンの伝記を書いたティモシー・コルトンによると、ゴルバチョフがモスクワで中央委員会書記となると、エリツィンは彼を「支配欲が強く恩着せがましい」と疎むようになった。ゴルバチョフは格下の者を「君」と呼んだ。エリツィンはゴルバチョフより、あけすけな性格だった。それでも部下を「あなた」と呼んだ。だからゴルバチョフから「君」呼ばわりされるのが耐え難かった。スヴェルドロフスク時代の同僚の証言によると、エリツィンは頻繁に「ゴルバチョフを蔑視する言葉」を漏らすようになった。[67]

ソヴィエト共産党中央委員会、ソヴィエト最高会議、ロシア共和国最高会議の合同会合に勢揃いした指導部。ゴルバチョフの左にエゴール・リガチョフ、右にアンドレイ・グロムイコ、二列目左端にエリツィン

エリツィンのモスクワ進出を後押ししたのはリガチョフだった。ゴルバチョフも当初は、モスクワでのエリツィンの仕事から良い印象を受けていた。エリツィンはモスクワ市の党協議会で、前の市指導部が腐敗にまみれていたと批判した。ゴルバチョフは「勢いがあって心地よい新鮮な空気」を党に吹き込んだ、と歓迎した。だがエリツィンによれば、その時のゴルバチョフは「笑みも浮かべず無表情だった」[68]。一カ月後の第二七回党大会でエリツィンは、政治改革をもっと大胆に進めるべきだ、と訴えた。その一環として指導部に「定期報告」を求めたりした。微妙な疑問が生じた。エリツィンはなぜこれまでの党大会で沈黙していたのか？ のちに彼自身が答えている。「以前は十分な勇気と政治経験がなかったからだ[69]」

エリツィンはモスクワに嵐を巻き起こした。地下鉄、路面電車、バスに乗り、普通の市民との連帯を宣伝した。このようにして、大衆の人気に依存する政治手法を体得していった。食料品店やカフェ、学生寮も訪れた。市民と雑談に興じ、不心得者を罵倒し、その場で解雇したり、高潔な市民に自分の腕時計を贈ったりした。警護担当のアレクサンドル・コルジャコフが外套のポケットに、予備の腕時計を忍ばせていた。前任者のグリーシンに仕えた副官は全て排除した。地区党委員会の指導者は、その三分の二を入れ替えた。市行政府の幹部は、九〇パーセントを追い出した。在籍二三年の市長は解雇し、一日半の間に退去しろ、と通告した。エリツィンの要請を受けて、モスクワ市党委員会の機関紙は、エリートたちの特権を暴き出した。幹部夫人たちが運転手付きの高級車で訪れる特別な店、レストラン、別荘を公表した。幹部が口をきけば、総合大学や専門学校に優先的に入学できる実態も記事になった。一方でエリツィンは政治局や書記局に、食料品をモスクワに追加供給するよう、しつこく要請した。実現しないと分かると、不満をぶちまけた。外国のジャーナリストの取材に応じるようにもなった。一九八七年五月、彼はＣＢＳテレビのダイアン・ソイヤーと会見した[70]。

クレムリンの同志たちは、エリツィンの行動を自己宣伝と受け止めた。エリツィンは、自分が彼らから軽蔑されたと思った。書記局を切り回していたリガチョフも、エリツィンのやり方が気にくわなかった。リガチョフはエリツィンの後ろ盾であっただけに、いったん敵対すると攻撃も激しかった[71]。ゴルバチョフもエリツィン不信を募らせていた。エリツィンはモスクワ市の第一書記になった時、政治局員にも昇格すると思い込んでいた。彼だけでなく周囲も、そのように予想していた。従来のモスクワ市第一書記は、政治局員も兼任してきたからだ。だがゴルバチョフは政治局員候補の地位しか与えなかった。一九八六年半ばに「プラウダ」紙がエリツィンを記事に取り上げようとした時、ゴルバチョフは企画を握りつぶした。ヴィタ―リー・トレチャコフは鋭い見識を持つジャーナリストである。彼によれば、エリツィンは当初、「ゴルバチョフが求めていることに取り組み、他の者より立派に、しかも早くやり遂げた」。だが、いったんゴルバチョフが「エリツィンの熱意を考慮せず、奇策も歓迎しない」と見てとるや、エリツィンの「建設的な積極性」は「破壊的」な性格を帯びるようになった[72]。

エリツィンが一九八七年前半の政治局会議で、ことさらゴルバチョフと対立した背景には、このような事情があった。エリツィンが苛立ちを募らせ、疎外感を深めた理由も元をたどれば同じだった。エリツィンはクレムリンの会議で、「消極的な抵抗」をするようになった。複数の証言によれば、仏頂面をしたまま長い沈黙を貫いた。一方で彼の体調も悪化していた。「私のように頑丈な男でも」、「自分の限界に近づいていた」。彼は「午前七時から深夜まで働いた。時には午前一時、二時まで働いた。土曜日は通常の労働日と同じように過ごした」。日曜日は市内を視察したり、演説草稿や手紙を書いたりした。「車が自宅に着き、警護員がドアを開けても、車から出る力が残っていない日もあった。五分か一〇分間、車内に座ったまま気持ちを落ち着けている私を、妻が玄関に立ったまま心配そうに見ていた。あまりに疲労が深くて、手を上げることさえできなかった(73)」。

エリツィンは一九八六年の末、とうとう病院を訪れた。神経が過度に緊張し、不安感に苛まれ、医師は仕事のしすぎによる過労が原因と診断した。また「鎮静剤と睡眠薬をみだりに服用し、アルコールに依存している」と注意した。エリツィンは仕事を減らす必要はない、と言い張った。「説教はやめてくれ(74)」と医師をどなりつけた。ところが一九八七年一〇月、エリツィンはゴルバチョフを相手に、自分が拒んだはずの説教をしてしまった。結果は重大だった。

一九八七年九月一〇日に政治局が会議を開いた時、ゴルバチョフはまだクリミアに滞在していた。このためリガチョフが議長を務めた。リガチョフはエリツィンを厳しく批判した。ロシアの民族主義者やクリミア出身のタタール人に、モスクワでの街頭行動を許可したのは誤りであると追及した。タタール人はスターリンによってクリミアから中央アジアへ追放された民族である。彼らは故郷への帰還を訴えていた。エリツィンはモスクワ東部にあるイズマイロヴォ公園での集会を認めた。だがクレムリンの指導部に事前の説明をしなかった。政治局で叱責された日の夜、エリツィンはゴルバチョフへ手紙を書き、「政治局員と中央委員会書記の幾人か」を非難した。彼らはエリツィンの仕事に「冷酷な個性」と「無関心」を以て接し、とりわけリガチョフは「組織的な迫害」を加えた、と訴えた。エリツィンは、自分の仕事の流儀、直言癖、政治局における経験不足をめぐり、「私は不器用な男です。自分でも分かっています」と自己批判の言葉を連ねつつ、ゴルバチョフにも文句をつけた。ペレストロイカに関し、同僚たちが明らかに間違った対処をしているのに、ゴルバチョフは誠実な行為と歓迎している、と指摘した。「それが彼らには好都合なのです。もしこういう言い方が許されるのなら、あなた自身にも好都合なのです」。エリツィンは自分と他の政治局員との関係が緊張しているので、ゴルバチョフに迷惑をかけ、「あなたの仕事の邪魔をしています」と認めた。手紙の最後でエリツィンは、モスクワ市の第一書記と政治局員候補の職から「私を解放していただきたい」と申し出た。中央委員会へ彼の辞任問題を持ち出せば厄介な事になるとも述べ、「中央委員会総会に直接、私の要請を提出する必要があるとは考えません」[75]と記した。

ゴルバチョフはエリツィンから九月一二日に来た書簡を気にかけ、彼に電話を入れた。チェルニャーエフがその場に居合わせた。彼の目の前でゴルバチョフは、「待ってくれ、ボリース。自制心を失ってはいけない。この問題を話し合おうじゃないか」と説いた。そして、二カ月後に迫った革命七〇周年の後まで待つよう求めた。ゴルバチョフは受話器を置いて言った。「なんとか彼を説き伏せた。祝賀行事が終わるまで、面倒な問題で難癖をつけたり、騒ぎを起こさないと合意した」[76]

ゴルバチョフは問題を先送りできたと考えた。だがエリツィンは違った。エリツィンの回想によると、ゴルバチョフは「後で話し合おう」と語った。エリツィンは会談の時期を、一〇月二一日に開く次の中央委員会総会の前と理解した。「私は待った」とエリツィンは語る。「一週間がたち、二週間が経過した。だが話し合いの申し出はなかった。彼は話し合う気持ちをなくし、私の解任を中央委員会に提起するだろう、と結論を出した」。エリツィンはゴルバチョフからの連絡を待ちながら、総会の場で自分を批判し解任するつもりではないか、と懸念を深めた。エリツィンによれば、彼はいつでも「かの人々の中にあって、部外者であり異端者である」と感じていた。エリツィンはゴルバチョフが斧を振り下ろすのを待たずして、総会で自分が演説しようともくろんだ。同時に、その後で生じるであろう「最悪の事態に備え、心の準備をした」。彼は一枚の紙に七つの項目を書き出した。演説草稿を書いたり、書き直したりする習慣はなかった。それでもまだ退路が絶たれたわけではない、と「心のどこかで感じていた」[77]。

総会はクレムリンのスヴェルドロフスキー広間で開会した。コリント様式の柱が並び、頭上約三〇メートルに壮大な丸屋根と狭いバルコニーがあった。政治局員は演説者が立つ台の後方に席を占めた。壇上から中央委員や来賓の席を見下ろす位置である。エリツィンら政治局員候補たちは、壇上を見上げる一列目の席に並んだ。この日の最大の議題は、ゴルバチョフによる革命七〇周年記念報告の承認だった。報告案は事前に配布され、意見があれば書面で提出するよう求められていた。異論は出ないと予想されていた。議長のリガチョフは形式的に、「会場から意見はありませんか?」と発言した。誰かが「異議なし! 承認を！」と叫んだ[78]。

この時、エリツィンがためらいがちに片手を上げたが、すぐに降ろした。ゴルバチョフが気づいて、「見たまえ。エリツィンが何か述べたがっている」と言った。「それでは」とリガチョフが引き取り、「会場から意見を募るかどうか決めようではありませんか」と呼びかけた。今度は何人もが「やめよう」と叫んだ。「やめよう」とリガチョフが反復した。エリツィンはまたも、片手を半分あげて下ろした。ゴルバチョフが「同志エリツィンが何か発言をするようです」と言った。リガチョフがエリツィンを演壇へ招いた。エリツィンは壇上への階段を昇った。ゆっくりした足取りだったが、動揺もうかがわれた。演壇に立ち、しばらく沈黙した後、口を開いた。最初は感情を抑えていたが、徐々に自信がにじみ出てきた[79]。

エリツィンは、リガチョフが「弱い者いじめ」をしている、と批判した。さらに、名指しは避けたが、ゴルバチョフへも矛先を向けた。曰く、ペレストロイカが最初の二、三年で上げた成果が吹聴されているが、全て空虚な嘘である。それでもまだ、次々と新たな約束をしている。「国民の目には決して触れない」文書の作成に時を費やし、国民はペレストロイカから得たものが「皆無」と分かり、大いに困惑している。にもかかわらず、政治局員の中には、書記長の「栄光を称える」者たちがいる。現代の合言葉は民主化であり、その観点から容認できない。これまで「全く批判が許されなかった」指導者たちの過去の誤りを、ゴルバチョフが攻撃したのは正しかったが、「個人崇拝」が再び頭をもたげている。エリツィンの発言は四～五分に及んだ。彼は最後をこう締めくくった。「政治局において、諸々の事情が私に味方しなかった。理由はさまざまだが、一つは私の経験不足です。だが支持が得られなかったことも事実なのです。特に同志リガチョフの支持が欠けた。……私は既に辞表を提出しました。モスクワ市の第一書記としての進退は、モスクワ市党委員会が決定するでしょう[80]」

ゴルバチョフがリガチョフと議長を代わった。ゴルバチョフは感情を抑えつつ、エリツィンの発言は「真剣」である、と述べた。エリツィン発言の概略を繰り返し、最後の部分を取り上げて嘲笑した。モスクワ市党委員会がエリツィンの進退を決めるというのは、「ちょっと新しい」考えである、と言った。モスクワ市委員会を中央委員会に対抗させようと言うのか？　中央委員会のほうが強い権限を有することは、誰でも承知しているではないか？　彼は中央委員会と闘争するつもりだろうか？　エリツィンは既に着席していたが、反論しようと勢い良く立ち上がった。ゴルバチョフはエリツィンを「お前」呼ばわりして、「座れ、座れ！」とたしなめた。いかにも乱暴で馬鹿にしたような言葉遣いだった。犬や幼児に命じるような感じを与えた。ゴルバチョフは「同志諸君の意見を聴こうではありませんか」と提案した[81]。

その場にいた中央委員会職員のカレン・ブルテンツによれば、「狂乱の騒ぎは五時間続いた[82]」。エリツィンは「私と一緒に長い間仕事をしてきた人々、私の友人だった者たちが……私を罵倒した」と振り返っている。「議事録から削除すべき四文字の罵り言葉、それがエリツィンである、とまで言われた。……どうして耐えられたか分からない[83]」。一九人の政治局員、一五人の官僚、二人の労働者代表が、エリツィン批判を繰り広げ、ゴルバチョフに媚びへつらった。

リガチョフ「エリツィンは極左の工作員であり、政治的にも知性的にも期待できません」、「政治的ニヒリスト」である。「正真正銘の名誉毀損」により、有罪である。

アストラハン州第一書記のレオニード・ボロディン「ミハイル・セルゲイエヴィチを心の底から尊敬しています。彼への称賛を禁じ得るでしょうか？」

御用組合であるソヴィエト労働組合の議長ステパン・シャラエフ「ミハイル・セルゲイエヴィチが政治局を率いていることを、我々は喜ぶべきです［割れるような拍手］。彼は自分の〝栄光〟を称えることを決して人に許しません」

スヴェルドロフスクでエリツィンの部下だった駐フランス大使のヤコフ・リャボフ「傲慢で悪意に満ちた誇大妄想狂」

ルイシコフ「我々は政治局で七時間も八時間も話し合いをして、汗びっしょりになって出てくるのです。その間ずっと、我々がゴルバチョフの偉大さを称えている、とでも言いたいのでしょうか？　まさか！［エリツィンは］外国のプレスに取り上げられることが大好きです」。「彼はどうして政治局の会議では黙っているのでしょうか？」

鉱山労働者のアレクサンドル・コレスニコフ「我々はあなたを信じています、ミハイル・セルゲイエヴィチ、我々はあなたが大好きです」

KGB議長のチェブリコフ「祝日が近づいています。国中が祝賀気分に浸りつつある」。それにもかかわらずエリツィンだけは「自分のことを考えています」。彼は書記局で「迫害されていると言うが、いじめがあるのはモスクワ市の党ではないでしょうか。そこの人々は建設現場の狭い足場を歩かされているかのように感じているのです」

エリツィンを守ろうとする者もいたが、限界があった。ウクライナのポルタワ地区第一書記、フョードル・モルグンはエリツィンの異議について、モスクワで十分な食料を供給できない責任へ言及しつつ、ペレストロイカの正常な「産物」である、と述べた。アルバートフは、エリツィンがこのような演説をできること自体がグラスノスチの成果を示している、と指摘した。ヤコヴレフは「我々は誰も天使ではない」と述べる一方で、エリツィンは「個人的野心に支配されている」と批判した。シェワルナゼは状況を「過度に劇的にとらえたり、単純化してはならない」と警告し、エリツィンの「裏切り」[84]を非難した。

ゴルバチョフは相次ぐ発言を止めようとしなかった。「止めようがなかった」。あるいは「止める理由もなかった」。エリツィンを攻撃する発言が続く間、ゴルバチョフはエリツィンの心理を、表情から読み取ろうとしていた。「彼が何を考えているのか、私には分からなかった」。「彼は支離滅裂の状態に陥っていた」[85]。「憤怒と不安、そして悔悟が奇妙に混じり合った表情を浮かべていた。均衡がとれない男に典型的な症状を呈していた。昨日まで仲良くしていた連中が、今や容赦なく彼を攻撃している。我々はその行為が得意中の得意なのだ」[86]。ゴルバチョフはついに、エリツィンに何かまだ言いたいことはあるか、と尋ねた。エリツィンは自分の弁護を試みた。今度はゴルバチョフがエリツィンに襲いかかった。エリツィンが「個人崇拝」を語れるはずがないではないか？　それが既に過去の遺物であることを知らないのだろうか？　どうも知らないようだ。「天賦のオとオムレツ」を一緒くたにしている。エリツィンは「政治的文盲」である。「初級の教科書」を読まねばならない。エリツィンは自分のことしか考えていない。ペレストロイカは今、微妙な段階にある。それなのにエリツィンの「脱線」や「肥大化した自尊心と過度の自己評価」のおかげで、中央委員会は「極めて重大な」報告について審議ができなかった。このようにゴルバチョフは言い立てた。

ゴルバチョフは再びエリツィンに発言を促した。エリツィンは小声で、中央委員会を「台無しにしてしまった」、今日の自分の発言は「誤り」であった、と認めた。

ゴルバチョフはいよいよ、とどめを刺しにかかった。あたかも憐れみをかけるように、「君には仕事を続ける力がありますか?」と尋ねた。会場から「だめだ、彼はだめだ、解雇せよ!」と叫び声が上がった。ゴルバチョフは「待て待て。私は彼に質問しているのです。民主的にやろう。決定を下す前に彼の意見を聴きましょう」と言った。エリツィンは「私の要請を繰り返します。政治局員候補とモスクワ市の党指導者の職を解いていただきたい」と言った。

エリツィンは敗北を認めた。ゴルバチョフが本当に自分の報告を審議する気があれば、矛を納めるべきだった。だが彼は討論抜きで報告案の承認を求めた。報告案は全会一致で承認された。ゴルバチョフはエリツィン批判を再開した。「このような背信」や「エゴイズム」は、予想もしなかった。エリツィンは「無責任」で、「軽率」かつ「未熟」である。彼は全てに「文句をつけ」、「自分を目立たせようとしている」。ゴルバチョフは、中央委員会としてエリツィンを非難する決議を採択し、政治局とモスクワ市党委員会が、彼の地位について検討するよう提案した。エリツィンも、自分を非難する決議に賛成票を投じた(87)。

一〇月二一日の対決は、エリツィンだけでなくゴルバチョフにも痛手となった。エリツィンの発言が公になるのは二年後である。だが噂はまたたく間に広がったので、ゴルバチョフの記念報告に影を落とした。エリツィンの挫折は、グラスノスチがクレムリンの壁を突き破れない限界を示していた。ゴルバチョフとエリツィンの緊張関係は、深い怨嗟へと転化した(88)。

和解の機会がなかったわけではない。モスクワ市党委員会は中央委員会総会の直後に会合を開いた。エリツィンから進退について事前に説明を受けていなかった、と彼を批判しつつも、市の第一書記としてとどまるよう求めた。エリツィンが任命したモスクワ市長がクレムリンに赴き、市党委員会の立場を説明する運びとなった。ゴルバチョフは面会を拒否した。エリツィンは一〇月三一日の政治局会議で謝罪した。「利己心」が道を誤らせた、と述べた。そしてモスクワ市の第一書記として仕事を継続したい、と頼んだ。ゴルバチョフは、エリツィンを「ペレストロイカの敵対者」とみなしてはいない、と述べた。だがエリツィンを許そうとはしなかった(89)。エリツィンは一一月三日付の書簡で、再び市の第一書記として留任したい、と告げた。ゴルバチョフはエリツィンの申請を却下した。彼は補佐官に「彼は自分が大衆の英雄だと思っている」と言った。一一月一〇日、チェルニャーエフはゴルバチョフに、改革陣営の味方としてエリツィンを引き留めておくべきだ、と進言した。エリツィンの評伝を書いたティモシー・コルトンは、エリツィンはモスクワの第一書記にとどまることができたら、政治局からの追放も納得できただろう、と記している。「彼が九月以来求めていたのは、復権への足掛かりだった」[90]

一一月一〇日、事態が急転した。その前日、エリツィンは執務室で血まみれとなって発見された。ハサミで自分の胸や腹を切り刻んでいた。傷は浅く、縫合するだけで済んだ。コルトンは「憤怒と失意、そしておそらくは自己嫌悪のあまり」発作的に及んだ行為であり、自殺の意思はなかったと判断している。エリツィン自身はのちに、単なる「自暴自棄」であった、と述べている。彼の妻は夫が病院から戻る前に、自宅にあった狩猟ナイフ、銃、ガラス製品を片付けてしまった。さらに夫が薬を飲みすぎないように気を配った。[91]

「何という男だ！」。ゴルバチョフは内心で叫んだ。「執務室を血まみれにするとは」[92]。ゴルバチョフとリガチョフは、市党委員会の総会を一一月一一日の夜に開催し、エリツィンを正式に解任するつもりだった。ゴルバチョフによれば、医師団はエリツィンの容態は安定している、と報告した。ゴルバチョフは病院のエリツィンに電話をかけ、市党委員会の総会へ出席するよう求めた。しかし医師のチャゾフは、エリツィンの健康を危険にさらす、とゴルバチョフへ警告した。エリツィンはゴルバチョフに、介助がなければトイレへも行けないと訴えた。ゴルバチョフは態度を和らげ、総会への「招待」を取り下げた。そして、閣僚級の地位は提供できるが、最高指導部には決して復帰させない、と付け加えた。その言葉をエリツィンは決して忘れなかった。[93]

エリツィンは結局、出席に同意した。ＫＧＢの要員たちが訪れ、彼を総会の場へ連行しようとした時、ナイーナが抵抗したが無駄だった。エリツィンは包帯を巻いた姿で会場に現れた。紫がかった青白い顔色だった。医師が処方した鎮痛剤と痙攣を止める薬を服用していた。エリツィンは「意識が朦朧としていた」と回想している。ゴルバチョフはのちに、新しい時代を迎える時なので、「エリツィン騒ぎ」をめぐり「喧嘩」だけは避けよう、と心に決めていたと語っている。ゴルバチョフは総会で、心にもない態度をとった。エリツィンの「良い面」を取り上げ、政治局や書記局、さらに「個々の同志」を批判する権利を認めた。グラスノスチの基準に照らせば、全く「正常な」行為である、と述べた。ただ「我々の発展に関する理論的、実際的な原則問題」を決すべき「重大な局面」では、そのような行為は受け入れられない、と断じた。では、どのような局面なら許されたというのであろうか？　指導部を批判する権利を守らないグラスノスチが、いったい何を守るというのだろうか？　ゴルバチョフは演説で、エリツィンについて、「建設的な考えは一つもない」、「理論的、政治的に救いがたい」、「限りない虚栄心の持ち主である」と述べ、さらに攻撃を加えた。[94]もう遠慮する者はいなかった。次々とエリツィンを批判する発言が続いた。

発言者はあらかじめ決まっていた。彼らのために、KGBの要員が演檀に近い最初の三列の椅子を確保してあった。エリツィンによれば、彼らはまるで「狩りの前の」猟犬のようだった。「顔を紅潮させ、身震いをしていた」。ある地区委員会の第一書記だった人物は、「あなたは全てを砕いて塵と灰にしてしまった」とかみ付いた。別の地区の第一書記は、「党に対する犯罪」であり、「冒瀆」である、と言い募った。反共主義者がエリツィンを「社会の刷新と民主主義に対する恐るべき革命的愛情のゆえに迫害されたイエス・キリスト」に仕立ててしまった、という説を展開する者もいた。[95]

発言が一通り終わると、エリツィンが体を引きずるようにして登壇した。ゴルバチョフが彼の肘を支えた。エリツィンは打ちのめされ、卑屈になっていた。彼は「ミハイル・セルゲイエヴィチ・ゴルバチョフは、我々の組織、我が国、全世界において、非常に高い権威を誇っている」と言った。自分は「野心を克服しようと努力した」が、「成功しなかった」と述べた。モスクワ市の党委員会はエリツィンを解任し、レフ・ザイコフを後任に据えた。一〇月二一日に開いた中央委員会総会の内容が公開されなかったため、エリツィンの自殺まがいの行為をめぐり様々な憶測が流れていた。そこで「プラウダ」紙は市党委員会の総会のやり取りを編集した上で掲載した。タス通信は一一月一七日、エリツィンが国家建設委員会の第一副議長に任命されたと報じた。その三カ月後、ザイコフは「エリツィンの時代は終わった」[96]と豪語した。

もちろん、エリツィンの時代はまだ終わっていなかった。それまでの経過をたどれば、ゴルバチョフに問い質したい疑問が幾らでも湧いてくる。ゴルバチョフはなぜ、エリツィンをモスクワ市の第一書記に据えた後も抑圧し続けたのだろうか？　九月一二日のエリツィン書簡に直ちに回答しなかった理由は何か？　エリツィンの功績を認めた上で引退させる方法もあったのに、なぜ、そうしなかったのか？　一〇月二一日の中央委員会総会への出席をエリツィンに強要し、発言までさせた真意はどこにあったのか？　エリツィンが何か言うと、なぜ過剰な反応を示したのか？　中央委員会総会の後、争いを止め、互いに攻撃をしない取り決めを結ばなかったのは何故か？　なぜエリツィンを乱暴に市党委員会の会合へ引きずり出したのか？　たとえエリツィンが回復しても、復権は絶対に許さないと言い渡したのは、どうしてか？　政敵を海外の小国や遠国に追いやったフルシチョフやブレジネフの前例に習うこともできたのではないか？

仮にゴルバチョフがエリツィンをペレストロイカの完全な盟友として扱い、リガチョフと入れ替えたとしても、結局はエリツィンの反逆を招いたであろう。二人の間には改革について、どこまで進め、どのような速さで取り組むかをめぐり、決定的な見解の相違があった。政治をめぐる立場や見解だけではない。性格や生き様にも、互いを蝕む深い溝があった。エリツィンの政敵が流布させた誇張もあろうが、彼は妥協ができない男だった。それは自分自身が認めている。加えてゴルバチョフにも、エリツィンに対してだけは、悪意を制御できない傾向があった。ブルテンツによれば、ゴルバチョフは「エリツィンに対してとる全ての行動が、たとえ、それがエリツィンの見苦しい所作に原因があるにしても、自らの権威をおとしめ、エリツィンの人気を高める実態」を「理解しようとしなかった。その意味でゴルバチョフは、エリツィンを「政治家たる自分の墓穴を掘る人物」へと、「仕立て上げて」しまった。[97]まるでシェイクスピア劇のような深い因縁は、いったいどのような深層心理から生まれたのだろうか？　ゴルバチョフの性格とは一見して無縁に見える彼の態度を見ていると、実はこれが彼の本性の一部を成しているのではないか、とさえ疑いたくなる。

ゴルバチョフによれば、エリツィンには一九八五年以前から「懸念」を抱いていた。中央委員会がスヴェルドロフスク州の農業を調査する要員を派遣したことがあった。エリツィンは調査の後でゴルバチョフに、批判的な調査結果を中央へ報告せずに、スヴェルドロフスク州当局に自ら誤りを正させてほしい、と要望した。ゴルバチョフは同意した。だがエリツィンはそれを実行しなかったので、調査担当者とエリツィンの間で非難の応酬を招いた。ゴルバチョフは、エリツィンが「自分に対する意見に適切な反応をしなかった」と記している。このような遠回しな言い方をエリツィンは好まない。ゴルバチョフもエリツィンが酔った状態で最高会議に現れたと聞いた時、嫌悪感を催した[98]。ゴルバチョフは禁欲的な人物だった。

アンドロポフがエリツィンを評価していたので、ゴルバチョフも一定の影響を受けた。エリツィンを中央委員会建設部長に推挙したのはリガチョフだった。アンドロポフは死の数週間前に、その人事を裁可したが、チェルネンコ書記長のもとでは実現しなかった。アンドロポフがエリツィンへ寄せた期待は限定的だった。アンドロポフにとってエリツィンは、特に優れた地方指導者でもなく、ソヴィエトの将来を担う逸材でもなく、「優秀な建築家」でしかなかった。ゴルバチョフはモスクワ市第一書記に据えたエリツィンを、「活動的で決断力があり、革新の気概を持つ」部下として当初は評価した。エリツィンはグリーシンが残した混乱も見事に収拾した。グラチョフによれば、ゴルバチョフは「エリツィンを政治のチェスで重要な駒とみなしてはいなかった」。グラチョフはいかにして、そのようなゴルバチョフの胸中を知ったのだろうか？　ゴルバチョフ家では毎晩のように、クレムリンの政治家たちをめぐり人物談義が交わされていた。娘のイリーナがグラチョフに語ったところによると、その場でエリツィンの名は、ごく稀に出る程度だった[99]。

ゴルバチョフは要人深く慎重だった。エリツィンは衝動的で危険を恐れなかった。ゴルバチョフの所作は穏やかだった。あるいは穏やかに見えた。エリツィンは好き嫌いが激しく、それを隠さなかった。ゴルバチョフは生来の民主主義者だった。エリツィンは権威主義的なポピュリストだった。ゴルバチョフは人文科学に造形が深く、哲学者と結婚した。エリツィンは建設畑で鍛えられ、技師と結婚した。ゴルバチョフは如才なく、エリツィンは荒々しかった。ゴルバチョフは説得に長け、エリツィンはすぐに怒鳴り散らした。ゴルバチョフは饒舌で話が長かった。一つの主題の周囲を幾度も巡り、自説を繰り返した。喋りながら考えをまとめているような印象を与えた。エリツィンは多くを語らなかった。しばしば「第一に、そして第二、第三に」と要点のみを挙げた。ゴルバチョフは妻との長い散歩を好んだ。エリツィンは若い時は優れたバレーボールの選手で、最初の心臓発作を起こした後もテニスを楽しんだ。音楽の趣味も異なっていた。ゴルバチョフは交響楽やオペラを愛した。民謡を上手に歌った。エリツィンはポップスが好きだった[100]。

このような相違が、二人の相互理解を強く妨げた。だが、共通点もあった。二人とも農村の出身だった。ソヴィエトの指導者は大部分が地方出身者だった。モスクワ出身者は賢明すぎて政治家には向かないのかもしれない。二人とも祖父がスターリン時代にテロルの犠牲となった。[101] 二人ともほぼ同じ年頃に、親の暴力を自力で阻止した。ゴルバチョフの場合は相手が母で、エリツィンは父だった。しかし、これらの共通点は二人を結ぶ絆にならず、むしろ互いに反発を強める方向へ作用した。互いに高め合うこともなく、不快感ばかりが募った。

エリツィンが九月一二日付で出した書簡に、なぜゴルバチョフはすぐに反応しなかったのだろうか？　エリツィンは、ゴルバチョフが何らかの行動を起こす、と期待していた。「電話で面会を求めてくるだろうか？　今の仕事をそのまま続けてほしいと、電話越しに告げるのではないか？」。あるいはゴルバチョフが「緊急的措置」に踏み切り、「政治局で健全で建設的な態度をとる」のではないか？[102] エリツィンは、ゴルバチョフが自分とリガチョフを交代させるとでも考えたのだろうか？　ゴルバチョフは上位に立つ者の視線で、エリツィンの書簡は彼とリガチョフの間の「つまらぬ揉め事」に起因する、と片付けてしまった。「革命七〇周年へ向けて、重要で機微に触れる準備」[103] に取り組んでいる時、そのような雑事は構っていられない、と考えた。

栄光を夢見たエリツィンの白日夢とは対照的に、九月の時点でゴルバチョフには、もっとマキャヴェリ的な思惑が働いていた、との指摘もある。改革派のエリツィンをリガチョフと拮抗させ、理性的な中道路線を歩む環境を整えるためだった、との見方もある。ゴルバチョフはのちに、ヤコヴレフがまさに、そのような策を進言した、と証言している。[104] また一説によれば、保守派に恩を売るため、さらに時期を待ってから大々的にエリツィンを排除したほうが、静かに引退させるより得策との判断があったともいう。しかし、怒りやすく手に負えないエリツィンに構っている余裕が、ゴルバチョフにはなかった。それが実態である。致命傷を負わずに事を片付けられる時機を、彼は逃してしまった。ゴルバチョフは一〇月二一日、なぜエリツィンが自分の非を認めるだけではなく、リガチョフを陥れる発言をするように仕向けたのだろうか？　エリツィンが自分の非を認めるだけではなく、リガチョフを陥れる発言をすると期待した、という見方もできる。[105] 事実、ゴルバチョフの同僚には、この説を唱える者もいる。ゴルバチョフがそのように考えても不思議ではなかった。エリツィンがゴルバチョフに深い痛手を負わせられる状況ではなかった。とすれば、中央委員会での発言を禁じる必要が果たしてあったであろうか？

一〇月二一日のエリツィン発言に、ゴルバチョフがあれほど激した理由はどこにあるのだろうか？　その後のゴルバチョフは、エリツィンの言動が攻撃的であろうがなかろうが、いつも過剰な反応を示した。それはいかなる理由によるのだろうか？　一〇月二一日のゴルバチョフは、こみ上げてくる怒りを制御しようと努力した。それでも憤怒が顔を「紫色」に染めた。ボルディンによれば、ゴルバチョフはしばらくの間は「落ち着きを保っていた」。だが、その後で逆上した[106]。グラチョフが語る。エリツィンに「政治の第一線」へもう戻さない[107]と言い渡した時のゴルバチョフは、既に感情の虜となっていた。

今に至るもゴルバチョフがエリツィンに抱く怒りは収まっていない。改革はゴルバチョフの旗印だった。エリツィンはそれを奪って、自分のものにしようとした。ゴルバチョフの欠陥を、あからさまに指摘した。はっきりと戦略を示さず、説明に明確さが欠ける、と批判した。話が長く、できない約束までしてしまう、と非難した。ゴルバチョフはエリツィンと接して、かつてスタヴロポリ時代に軽蔑した粗野な同僚たちを思い出した。だが二人には共通の欠陥があった。傲慢で虚栄心が強く、誇り高かった。ゴルバチョフは自分の欠点を十分に知り、隠そうと努めていたのに、エリツィンが全て暴露してしまった。ゴルバチョフはエリツィンの行為を、ペレストロイカの大義を傷つける許しがたい暴挙とみなした。だが怒りの一部は自分自身に向いてもいた。

エリツィンがライーサに示した態度、ライーサのエリツィンに対する姿勢も事態を険悪にするばかりだった。ライーサは、赤の広場に面するデパートのGUMを、美術館に変えようと提案した。モスクワ市の第一書記だったエリツィンは、すげなく却下した。そして夫のゴルバチョフを相手に、ライーサの行為をなじった。ゴルバチョフは激怒した[108]。ライーサのエリツィン嫌いが、ゴルバチョフの怒りをさらに煽った。ゴルバチョフは感情が激しやすい性格だった。映画を見て泣くような男だった。だが政治に取り組む時は、感情に流されて判断を誤ってはならない、と厳しく戒めてもいた。だからエリツィンへの怒りも抑制しようと努力し、実際の態度でも示した。例えば一〇月二一日にエリツィンを招いて、発言の機会を与えもした。猛烈な逆襲を加える前に、たとえ短時間でも我慢をし、一一月一一日にはエリツィンの腕を自ら支えもした。回想録では、その日のエリツィン攻撃は苛烈に過ぎたと後悔の念を記し、エリツィンは「真の男」として立派に耐えた、と賞賛している[109]。

なぜゴルバチョフはエリツィンを、モスクワの政治の舞台から放逐せずにおいたのだろうか。ゴルバチョフが下した様々な判断の中でも、粗野で冷酷な指導者ばかりを見てきたロシア人が最も理解に苦しんだのは、このようなエリツィンへの処遇である。その謎は今も解けてはいない。ゴルバチョフ自身ものちになって、エリツィンは追放しておくべきだった、と認めている。グラチョフや他の補佐官は、エリツィンの排除を進言した。ゴルバチョフは、「君たち、それはだめだ。簡単に放り出すわけにはいかない」と述べた。KGBのクリュチコフ議長には「よく見ておきたまえ。奴の頭が禿げたら、君の責任だぞ[110]」と言った。ブルテンツによれば、ゴルバチョフはエリツィンを制御できる自信があったので、いかにエリツィンが自分にとって危険な政敵であるか認識が足りなかった。おそらく、それが真実であろう。だが良心と信念に照らして、最も正しいと考える選択をしたと言っても間違いではないだろう。

（下巻へつづく）

略語一覧

BBC　英国放送協会
CC　中央委員会
CIS　独立国家共同体
Comecon　経済相互援助会議
CPSU　ソヴィエト連邦共産党
CSCE　欧州安全保障協力機構
d.　ロシア公文書で「ファイル」を意味する delo
f.　ロシア公文書で「コレクション」,「書庫」を意味する fond
FRG　ドイツ連邦共和国
GANISK　国立スタヴロポリ地方現代史文書館
GARF　国立ロシア連邦文書館
GATT　関税及び貿易に関する一般協定
GDR　ドイツ民主共和国（東ドイツ）
Gensek　書記長
GFA　ゴルバチョフ基金文書
INF　中距離核戦力
KGB　国家保安委員会
Kompromat　敵を陥れるための情報．事実より虚偽である場合が多い．
l.　ロシア公文書でページを意味する list
ll.　ロシア公文書で複数ページを意味する listy
MTS　機械トラクターステーション
MGU　モスクワ国立大学
NKVD　内務人民委員部
OECD　経済協力開発機構
op.　ロシア公文書で「目録」を意味する op's'
PREM　イギリス首相官邸ファイル
PRO　イギリス国立文書館
NSA　国家安全保障文書館
RCP　ロシア共産党
READD—RADD　ロシア・東ヨーロッパ文書データベース
RSFSR　ロシア・ソヴィエト社会主義連邦共和国
SCUD　ソヴィエトの戦術核ミサイル
SDI　戦略防衛構想
TSAOPIM　モスクワ社会政治史中央公文書館
TSRRT　BBC インタビュー「ロシア，第二の革命」

原注

作者から

（1）Archie Brown, *Seven Years That Changed the World: Perestroika in Perspective*（Oxford: Oxford University Press, 2007）, x-xiv.

はじめに◆「ゴルバチョフは謎だ」

（1）Archie Brown, *The Gorbachev Factor*（Oxford; New York: Oxford University Press, 1996）, 309.
（2）Dmitrii Furman, “Perestroika glazami Moskovskogo gumanitariia,” in V. Kuvaldin, *Proryv k svobode*（Moscow: Al’pina Biznes Buks, 2005）, 333.
（3）Nikolai Ryzhkov の言葉，Archie Brown, *The Myth of the Strong Leader: Political Leadership in the Modern Age*（New York: Basic Books, 2014）, 173.
（4）Brown, *Gorbachev Factor*, 88.
（5）同, 316.
（6）Georgii Shakhnazarov, *S vozhdiami i bez nikh*（Moscow: Vagrius, 2001）, 409.
（7）Andrei Grachev, *Gorbachev*（Moscow: Vagrius, 2001）, 443.
（8）Jerrold M. Post, “Psyching Out Gorbachev: The Man Remains a Mystery,” *Washington Post*. December 17, 1989.
（9）“Twenty Questions to Mikhail Gorbachev on the Eve of His Seventieth Birthday,” in *A Millennium Salute to Mikhail Gorbachev on His 70th Birthday*（Moscow: R. Valent, 2001）, 10.
（10）Olga Belan, “Mnogikh oshibok Gorbachev mog by izbezhat’,” *Sobesednik*, November 1992.
（11）Olga Kuchkina, “Neuzheli ia dolzna umeret’, chtoby zasluzhit’ ikh liubov’,” *Komsomol’skaia pravda*, October 29, 1999, in *Raisa: Vospominaniia, dnevniki, interv’iu, stat’i, pis’ma, telegrammy*（Moscow: Vagirus/ Petro-n’ius, 2000）, 293.
（12）“Twenty Questions to Mikhail Gorbachev,” 10.
（13）George Kateb による.
（14）“Mikhail Gorbachev: Zhenit’sia ia ne sobiraius’,” *Komsomol’skaia pravda*, March 2, 2001.
（15）Aron Belkin, “Kto zhe takoi Gorbachev?,” *Kul’tura*, October 19, 1991; バルキンの見解について詳しくは，*Vozhdi i prizraki*（Moscow: Olimp, 2001）, 176–93; アナトーリー・チェルニャーエフによるバルキンの見解に対する「90％の同意」については，*Sovmestnyi iskhod*（Moscow: Rosspen, 2008）, 1002 掲載のチェルニナーエフ日記，1991 年 10 月 20 日付記述

(16) Jerrold M. Post, "Assessing Leaders at a Distance: The Personality Profile," in *The Psychological Assessment of Political Leaders* (Ann Arbor: University of Michigan Press, 2003), 83.

(17) Mikhail Gorbachev, "Slishkom chasto proshchal," *Novaia gazeta*, December 25, 2003, in Karen karagez'ian and Vladimir Poliakov, eds., *Gorbachev v zhizni* (Moscow: Ves' mir, 2016), 64–65.

(18) Aleksandr yakovlev, *Sumerki* (Moscow: Materik, 2005), 462.

第1章◆幼少期と青少年時代　1931-1949年

(1) David Remnick, *Lenin's Tomb: The Last Days of the Soviet Empire* (New York: Random House, 1993), 52.

(2) Don P. McAdams その他, "When Bad Things Turn Good and Good Things Turn Bad: Sequences of Redemption and Contamination in Life Narratives and Their Relations to Psychosocial Adaptation in Midlife Adults and Students," *Personality and Social Psychology Bulletin* 27, no. 4 (April 2001): 474–85.

(3) Mikhail Gorbachev, *Zhizn' i reformy*, 2 vols. (Moscow: Novosti, 1995), 1: 57.

(4) Don P. McAdams, *The Person: An Introduction to Personality Psychology* (Fort Worth, TX: Harcourt Brace, 1994), 354–58. 母や祖父母はゴルバチョフに「期待」と「庇護」の態度で接した．心理学者によれば，そのような環境は，順応力を備え自尊心が高く社会的責任感が強い人物を育てる傾向がある．しかしマッカダムスによれば，過度の辛辣さを身に付ける場合もある．

(5) Mikhail Gorbachev, *Dekabr'-91: Moia pozitsiia* (Moscow: Novosti, 1992), 138.

(6) Gorbachev, *Zhizn'*, 1: 33.

(7) 筆者によるミハイル・ゴルバチョフへのインタビュー，2007年4月19日，モスクワ．

(8) 同．

(9) Gorbachev, *Zhizn'*, 1: 41.

(10) Boris Kuchmaev, *Kommunist s bozhei otmetinoi: Dokumental'no-publitsisticheskii oeherk* (Stavropol, 1992), 17; Nikolai Zenkovich, *Mikhail Gorbachev: Zhizn' do Kremlia* (Moscow: Olma-Press, 2001), 11.

(11) 筆者によるミハイル・ゴルバチョフへのインタビュー，2007年4月19日，モスクワ．

(12) Mikhail Gorbachev, *Naedine s soboi* (Moscow: Grin strit, 2012), 47.

(13) 筆者によるミハイル・ゴルバチョフへのインタビュー，2007年4月19日，モスクワ．

(14) Kuchmaev, *Kommunist s bozhei otmetinoi*, 11.

(15) 筆者によるゴルバチョフへのインタビュー，2007年4月19日，モスクワ．別のゴルバチョフへのインタビュー "Nado idti po puti svobody," *Eskvair*

［the Russian edition of *Esquire*］, no. 81, October 2012, in Karagez'ian and Poliakov, *Gorbachev v zhizni*, 583 も参照.

（16）筆者によるゴルバチョフへのインタビュー，2007 年 4 月 19 日，モスクワ.

（17）同.

（18）Mikhail Gorbachev, *Sobranie sochinenii*, 25 vols.（Moscow: Ves' mir, 2008–15）, 8: 323.

（19）Kuchmaev, *Kommunist s bozhei otmetinoi*, 21.

（20）同 , 22.

（21）筆者によるゴルバチョフへのインタビュー，2007 年 4 月 19 日，モスクワ；Oleg Davydov."Rozdenie Androgina," *Nezavisimaia gazeta*, February 22, 2001.

（22）Gorbachev, *Zhizn'*, 1: 38.

（23）筆者によるゴルバチョフへのインタビュー，2007 年 4 月 19 日，モスクワ.

（24）Gorbachev, *Naedine s soboi*, 36.

（25）Gorbachev, *Zhizn'*, 1: 57.

（26）Zenkovich, *Mikhail Gorbachev*, 23.

（27）筆者による A・A・ゴノチェンコへのインタビュー，2005 年 7 月 5 日，スタヴロポリ.

（28）Zenkovich, *Mikhail Gorbachev*, 28.

（29）Gorbachev, *Naedine s soboi*, 33.

（30）筆者によるゴルバチョフへのインタビュー，2007 年 4 月 19 日，モスクワ.

（31）同.

（32）Zenkovich, *Mikhail Gorbachev*, 19.

（33）筆者によるゴルバチョフへのインタビュー，2007 年 4 月 19 日，モスクワ.

（34）筆者によるゴルバチョフへのインタビュー，2007 年 5 月 2 日，モスクワ.

（35）Olga Kuchkina, "Raisa Gorbacheva: 'Neuzheli,'" in *Raisa: Vospominaniia*, 297.

（36）筆者によるゴルバチョフへのインタビュー，2007 年 5 月 2 日，モスクワ；Gorbachev, *Naedine s soboi*, 30–31.

（37）Kuchkina, "Raisa Gorbacheva", 297.

（38）Gorbachev, *Zhizn'*, 1: 42.

（39）Kuchmaev, *Kommunist s bozhei otmetinoi*, 22.

（40）同.

（41）Sheila Fitzpatrick, *Stalin's Peasants: Resistance and Survival in the Russian Village after Collectivization*（New York: Oxford University Press, 1994）, 296–312.

（42）Gorbachev, *Zhizn'*, 1: 38.

（43）同, 40.

（44）Gorbachev, *Sobranie sochinenii*, 18: 67, 1990 年 1 月 3 日の補佐官らとの会話.

（45）ゴルバチョフ基金事務局長で社会学者のオリガ・M・ズドラヴォムイスロワへの筆者によるインタビュー，2015 年 10 月 18 日，モスクワ.

(46) Gorbachev, *Naedine s soboi*, 34.

(47) Gorbachev, *Zhizn'*, 1: 45; Mikhail Gorbachev, *Memoirs* (New York: Doubleday, 1995), 28.

(48) Gorbachev, *Zhizn'*, 1: 42.

(49) 同, 43; Gorbachev, *Memoirs*, 28; Gorbachev, *Naedine s soboi*, 37; Valentina Lezvina, "Razgovor s zemliakom," *Stavropol'skaia pravda*, March 2, 2011, in Karagez'ian and Poliakov, *Gorbachev v zhizni*, 54.

(50) Gorbachev, *Naedine s soboi*, 39–40.

(51) 同, 41.

(52) Gorbachev, *Zhizn'*, 1: 44.

(53) 筆者によるゴルバチョフへのインタビュー, 2007年4月19日, モスクワ.

(54) 筆者によるイリーナ・ヤコヴレワ（故エゴール・ヤコブレフ夫人）へのインタビュー, 2007年5月7日, モスクワ.

(55) Gorbachev, *Zhizn'*, 1: 44; Gorbachev, *Naedine s soboi*, 38.

(56) Gorbachev, *Memoirs*, 29.

(57) Gorbachev, *Zhizn'*, 1: 45.

(58) 筆者によるゴルバチョフへのインタビュー, 2007年4月19日, モスクワ.

(59) 同.

(60) Gorbachev, *Naedine s soboi*, 44–45.

(61) Gorbachev, *Zhizn'*, 1: 46–47: 筆者によるゴルバチョフへのインタビュー, 2007年4月19日, モスクワ.

(62) Gorbachev, *Zhizn'*, 1: 47–48; Gorbachev, *Memoirs*, 31–32.

(63) 筆者によるゴルバチョフへのインタビュー, 2007年4月19日, モスクワ.

(64) 筆者によるゴルバチョフへのインタビュー, 2007年5月2日, モスクワ.

(65) Gorbachev, *Naedine s soboi*, 59.

(66) 筆者によるライーサ・グダレンコへのインタビュー, 2008年7月31日, スタヴロポリ.

(67) Gorbachev, *Zhizn'*, 1995, 1: 49; Gorbachev, *Naedine s soboi*, 49.

(68) 筆者によるゴルバチョフへのインタビュー, 2007年4月19日, モスクワ.

(69) Gorbachev, *Memoirs*, 33–34; Gorbachev, *Zhizn'*, 1: 50; Gorbachev, *Naedine s soboi*, 50–52; interview with Mikhail Gorbachev in *Bild*, November 9–10, 2009, in Karagez'ian and Poliakov, *Gorbachev v zhizni*, 77.

(70) Lezvina, "Razgovor s zemliakom," 53.

(71) Gorbachev, *Zhizn'*, 1: 51.

(72) Kuchmaev, *Kommunist s bozhei otmetinoi*, 26.

(73) Gorbachev, *Zhizn'*, 1: 51; Lezvina, "Razgovor s zemliakom," 53.

(74) Mikhail Gorbachev and Zdeněk Mlynář, *Conversations with Gorbachev: On Perestroika, the Prague Spring, and the Crossroads of Socialism*, trans. George Shriver

（New York: Columbia University Press, 2002）, 15.
（75）Gorbachev, *Zhizn'*, 1: 51.
（76）Kuchmaev, *Kommunist s bozhei otmetinoi*, 27.
（77）同, 30.
（78）Grachev, *Gorbachev*, 310; *Neokonchennaia istoriia: Tri tsveta vremeni*（Moscow: Mezhdunarodnye otnosheniia, 2005）, 12; ジョージ・メーソン大学におけるゴルバチョフ講演，2009 年 3 月 25 日.
（79）Gorbachev, *Zhizn'*, 1: 52.
（80）同.
（81）Brown, *Gorbachev Factor*, 26–27; Zenkovich, *Mikhail Gorbachev*, 35.
（82）Zenkovich, *Mikhail Gorbachev*, 35; Lezvina, "Razgovor s zemliakom," 53.
（83）筆者によるゴルバチョフの同級生へのインタビュー，氏名不詳，2005 年 7 月 6 日，クラスノグヴァルジェイスク，ロシア.
（84）Kuchmaev, *Kommunist s bozhei otmetinoi*, 32.
（85）*Neokonchennaia istoriia*, 12.
（86）Remnick, *Lenin's Tomb*, 156.
（87）Gorbachev, *Zhizn'*, 1: 53.
（88）Remnick, *Lenin's Tomb*. 156.
（89）Gorbachev, *Zhizn'*, 1: 53.
（90）同, 54.
（91）同.
（92）Zenkovich, *Mikhail Gorbachev*, 43.
（93）Gorbachev, *Zhizn'*, 1: 53, 55.
（94）同, 55.
（95）Remnick, *Lenin's Tomb*, 152.
（96）Kuchmaev, *Kommunist s bozhei otmetinoi*, 30–31.
（97）Gorbachev, *Zhizn'*, 1: 56.
（98）Zenkovich, *Mikhail Gorbachev*, 43–44.
（99）Remnick, *Lenin's Tomb*, 157; Ruslan Kozlov's interview with Karagodina in "Ia zashchishchaiu nashu iunost'," *Sobesednik*, 1991, no. 21.
（100）Zenkovich, *Mikhail Gorbachev*, 38–39; Remnick, *Lenin's Tomb*, 157.
（101）Zenkovich, *Mikhail Gorbachev*, 39–40.
（102）Remnick, *Lenin's Tomb*, 156, 158; Kuchmaev, *Kommunist s bozhei otmetinoi*, 34.
（103）Zenkovich, *Mikhail Gorbachev*, 44.

第2章◈モスクワ国立大学　1950-1955年

（1）Gorbachev, *Memoirs*, 41; Gorbachev, *Zhizn'*, 1: 59.
（2）Vladislav Zubok, *Zhivago's Children: The Last Russian Intelligentsia*（Cambridge,

MA: Belknap Press of Harvard University Press, 2009), 22–24.

(3) Gorbachev, *Zhizn'*, 1: 59; 筆者によるゴルバチョフへのインタビュー，2007年4月19日と5月2日，モスクワ.

(4) 筆者によるゴルバチョフへのインタビュー，2007年4月19日と5月2日，モスクワ.

(5) 同.

(6) 筆者によるゴルバチョフへのインタビュー，2011年11月14日，モスクワ.

(7) 筆者によるゴルバチョフへのインタビュー，2007年4月19日と5月2日，モスクワ.

(8) Gorbachev, *Naedine s soboi*, 67.

(9) "Molotovkskii raion VKLSM—Delo po priemu kandidatom v chleny VKP (b) Gorbacheva, M.S.," in Gosudarstvennyi arkhiv noveishei istorii Stavropol'skogo kraia (GANISK), f. 34, o. 3, khran, 647.

(10) 筆者によるゴルバチョフへのインタビュー，2007年4月19日，モスクワ.

(11) Gorbachev, *Naedine s soboi*, 67.

(12) Gorbachev, *Zhizn'*, 1: 60; Gorbachev, *Naedine s soboi*, 69.

(13) Lewis Feuer, ed., *Marx and Engels: Basic Writing on Politics and Philosophy* (Garden City, NY: Anchor Books, 1959), 11, 18.

(14) 筆者によるドミートリー・ゴロヴァーノフへのインタビュー，2006年7月29日，モスクワ.

(15) 筆者によるゾーヤ・ベコワへのインタビュー，2006年4月1日，モスクワ.

(16) 筆者によるゴロヴァーノフへのインタビュー，2006年7月29日，モスクワ.

(17) 筆者によるナジェージダ・ミハリョーワへのインタビュー，2008年8月11日，モスクワ.

(18) Rudolf Kolchanov, "Ot Stromynki do Mokhovoi," in Karagez'ian and Poliakov, *Gorbachev v zhizni*, 86.

(19) Gorbachev, *Zhizn'*, 1: 75–76; Gorbachev, *Memoirs*, 55.

(20) Elena Zubkova, *Russia after the War: Hopes, Illusions and Disappointments, 1945–1957*, trans. Hugh Ragsdale (Armonk, NY: M.E. Sharpe, 1998), 138.

(21) Gorbachev, *Zhizn'*, 1: 62.

(22) Zubok, *Zhivago's Children*, 30, 33–34.

(23) 筆者によるゴルバチョフへのインタビュー，2007年4月19日，モスクワ.

(24) Marina Shakina, "'V 1991 godu ia byl slishkom samouveren,'" *Nezavisimaia gazeta*, December 12, 1995.

(25) Gail Sheehy, *The Man Who Changed the World: The Lives of Mikhail S. Gorbachev* (New York: HarperCollins, 1990), 63.

(26) "Protokol obshchego sobraniia partorganizatsii iuridicheskogo fakul'teta MGU, marta 1953," in Tsentral'nyi arkhiv obshchestvenno-politicheskoi istorii Moskvy

(TSAOPIM), f. 487, o. 1（3), d. 488（191), l. 29.

(27) 筆者によるゴルバチョフへのインタビュー，2007年5月2日，モスクワ．

(28) 筆者によるガリーナ・ダニュシェフスカヤへのインタビュー, March 2007, Moscow.

(29) ゴルバチョフがハーバード・ケネディスクールのフォーラムで回想，2007年12月3日．

(30) Gorbachev, *Zhizn'*, 1: 62–63; Gorbachev, *Memoirs*, 44–45; 筆者によるゴルバチョフへのインタビュー，2007年5月2日，モスクワ．

(31) Gorbachev, *Zhizn'*, 1: 61; Gorbachev, *Naedine s soboi*, 84.

(32) Sheehy, *Man Who Changed the World*, 66.

(33) ベコワへの筆者インタビュー，2006年8月1日，モスクワ．

(34) Sheehy, *Man Who Changed the World*, 68–70.

(35) Gorbachev, *Zhizn'*, 1: 68.

(36) Zubok, *Zhivago's Children*, 35.

(37) Raisa M. Gorbacheva, *Ia nadeius'*（Moscow: Novosti, 1991), 51–52; ゴルバチョフへの筆者インタビュー，2007年5月2日，モスクワ．

(38) Zdeněk Mlynář, *Nightfrost in Prague: The End of Humane Socialism*, trans. Paul Wilson（New York: Karz, 1980), 20.

(39) Nina Mamardashvili's recollections in *Raisa Gorbacheva: Shtrikhi k portretu*（Moscow: Gorbachev-Fond, 2009), 24.

(40) ゴロヴァーノフへの筆者インタビュー，2006年7月29日，モスクワ．

(41) Zubok, *Zhivago's Children*, 35.

(42) Gorbachev, *Zhizn'*, 1: 60; Gorbachev, *Memoirs*, 42; Kolchanov, "Ot Stromynki do Mokhovoi," 86.

(43) Sheehy, *Man Who Changed the World*, 66.

(44) N.M. Rimashevskaia, "Pod zvuki vnutrennogo golosa," *Narodoselenie*, no. 1（2006).

(45) Sheehy, *Man Who Changed the World*, 70.

(46) Kolchanov, "Ot Stromynki do Mokhovoi," 86.

(47) Gorbachev, *Zhizn'*, 1: 62, 64; Sheehy, *Man Who Changed the World*, 71.

(48) Sheehy, *Man Who Changed the World*, 70.

(49) 同, 75.

(50) ゴルバチョフへの筆者インタビュー，2007年5月2日，モスクワ．

(51) Grachev, *Gorbachev*, 22.

(52) Sheehy, *Man Who Changed the World*, 76–77.

(53) Grachev, *Gorbachev*, 22.

(54) ゴロヴァーノフへの筆者インタビュー，2006年7月29日，モスクワ．

(55) Zdeněk Mlynář, "Il mio compagno di studi Mikhail Gorbachev," *L'Unità*, 1985,

trans. in Kevin Devlin, "Some Views of the Gorbachev Era," RAD Background Report (Radio Free Europe Research, 1985).

(56) Mlynář, *Nightfrost in Prague*, 1, 5, 8–9.

(57) 同, 10–14, 19–20.

(58) Sheehy, *Man Who Changed the World*, 72.

(59) Gorbachev and Mlynář, *Conversations with Gorbachev*, 17.

(60) Sheehy, *Man Who Changed the World*, 73–74.

(61) 同, 66–67, 75–77.

(62) Gorbachev and Mlynář, *Conversations with Gorbachev*, 21.

(63) Mlynář, *Nightfrost in Prague*, 25–26.

(64) Gorbachev, *Zhizn'*, 1: 66.

(65) 同, 66–67; Mlynář, *Nightfrost in Prague*, 27.

(66) Gorbachev, *Zhizn'*, 1: 68; Mikhail Gorbachev, "My prosto byli drug dlia druga. Vsiu zhizn'," *Obshchaia gazeta*, November 29, 1999.

(67) Mamardashvili recollections in *Raisa Gorbacheva: Shtrikhi*, 18–39.

(68) Gorbachev, *Naedine s soboi*, 93.

(69) Gorbachev, "My prosto byli drug dlia druga. Vsiu zhizn'."

(70) Gorbachev, *Naedine s soboi*, 94.

(71) 同, 95; Gorbachev, "My prosto byli drug dlia druga. Vsiu zhizn'" も参照.

(72) Gorbachev, *Zhizn'*, 1: 67–70; Gorbachev, *Naedine s soboi*, 95–99.

(73) Gorbachev, *Naedine s soboi*, 99; Maria Fedorina, "Slezy pervoi ledi," *Moskovskii komsomolets*, February 14, 1998.

(74) *Raisa Gorbacheva: Shtrikhi*, 37–38.

(75) 筆者によるゴルバチョフへのインタビュー，2007年5月2日，モスクワ.

(76) Raisa Gorbachev, *I Hope* (New York: HarperCollins, 1991), 11–19.

(77) Irina Bobrova, "Posledniaia ledi SSSR," in *Raisa: Vospominaniia*, 284.

(78) R. Gorbachev, *I Hope*, 21.

(79) 同, 22, 46–47; Bobrova, "Posledniaia ledi," 285 も参照.

(80) Grachev, *Gorbachev*, 26.

(81) Sheehy, *Man Who Changed the World*, 78.

(82) Grachev, *Gorbachev*, 26.

(83) ライーサがのちに夫へ語ったところによると，物理学部の学生の部屋が最も汚れていた．埃やごみが一杯で，ほぼ全員のズボンに穴が空いていた．物理学部の学生にもユーモアのセンスがあって，"汚れは殺菌のため"，"埃は宇宙塵"と書いたメッセージを部屋に残した．ゴルバチョフへの筆者インタビュー，2007年5月2日，モスクワ.

(84) Sheehy, *Man Who Changed the World*, 78.

(85) E. Kiselev, "Nashe vse: Programma o vydaiushchikhsia liudiakh Rossii za

poslednie sto let. Raisa Gorbacheva," n.d., http://www.gorby.ru/rubrs.asp?art_id=25650&rubr_id=21&page=1.

(86) R. Gorbachev, *I Hope*, 53.

(87) Sheehy, *Man Who Changed the World*, 80.

(88) 同.

(89) Katrina vanden Heuvel and Stephen F. Cohen, "Gorbachev on 1989," *Nation*, October 28, 2009, http://www.thenation.com/article/gorbachev-1989.

(90) Grachev. *Gorbachev*, 29.

(91) "Slovo o Dzheffersone," *Nezavisimaia gazeta*, April 15, 1993.

(92) Sheehy, *Man Who Changed the World*, 81.

(93) R. Gorbachev, *I Hope*, 57–58.

(94) Grachev, *Gorbachev*, 28–29.

(95) ミハリョーワへの筆者インタビュー，2008年8月11日，モスクワ．

(96) Gorbachev, *Zhizn'*, 1: 70.

(97) R. Gorbachev, *I Hope*, 61–62.

(98) Gorbachev, *Naedine s soboi*, 103–4.

(99) Gorbachev, *Zhizn'*, 1: 71; Gorbachev, *Naedine s soboi*, 104.

(100) Grachev, *Gorbachev*, 30–31. ゴルバチョフへの筆者インタビュー，2007年5月2日，モスクワ．ゴルバチョフがモスクワ大学を卒業して10年後，筆者は米ソの交換留学生として1965–1966年まで同大で学んだ．筆者はゴルバチョフが居た第5区域に住んだ．筆者の部屋は1715号だったが，ゴルバチョフは自分の部屋番号を記憶していなかった．

(101) R. Gorbachev, *I Hope*, 69. ゴルバチョフはのちに自らの論文について，"弁明書にすぎなかった．他者が既に論じている内容を再び書いただけだった．しかし私は資料を実際に読んだ．図書館でブルジョワの著述もわずかながら読んだ．その他の資料はキエフ地区のソヴィエトで集めた．私はそこで党常設委員会と彼らの活動を研究した"と述べている．筆者が1965–1966年にモスクワ大で学んだ時のテーマは，ゴルバチョフとほとんど同じだった．ソヴィエトのプロパガンダに言う"大衆参加"は虚言でしかないことは筆者も知っていた．当局が認めるであろうテーマを選ばねばならなかった．

(102) Gorbachev, *Naedine s soboi*, 105; Bobrova, "Posledniaia ledi," 286 も参照.

(103) Gorbachev, *Naedine s soboi*, 106–8.

(104) 同, 114; Bobrova, "Posledniaia ledi," 287–88 も参照.

(105) Gorbachev, *Zhizn'*, 1: 75; 筆者によるゴルバチョフへのインタビュー，2007年4月19日，モスクワ．

(106) Gorbachev, *Zhizn'*, 1: 72–73.

(107) R. Gorbachev, *I Hope*, 66–67.

(108) ゴルバチョフへの筆者インタビュー，2007年5月2日，モスクワ．

(109) Gorbachev, *Zhizn'*, 1: 74.
(110) Grachev, *Gorbachev*, 32.
(111) Gorbachev, *Zhizn'*, 1: 74; Gorbachev, *Memoirs*, 53.
(112) ゴルバチョフへの筆者インタビュー，2007年5月2日，モスクワ．
(113) Grachev, *Gorbachev*, 32.
(114) Gorbachev, *Zhizn'*, 1: 74–75.
(115) 同, 75.
(116) R. Gorbachev, *I Hope*, 70, 75.
(117) 同, 70.
(118) 同, 70–71.
(119) Gorbachev, *Memoirs*, 51.

第3章◆出世の階段　1955-1968年

(1) R. Gorbachev, *I Hope*, 81.
(2) Gorbachev, *Zhizn'*, 1: 79; Kuchmaev, *Kommunist s bozhei otmetinoi*, 38.
(3) Gorbachev, *Naedine s soboi*, 120.
(4) Kuchmaev, *Kommunist s bozhei otmetinoi*, 39; Gorbachev, *Zhizn'*, 1: 77–78. ゴルバチョフがクレムリンに君臨した1980年代後半，ペトゥホフはゴルバチョフへ手紙を書き，1955年に彼の行く道を妨げなくて良かったと述べた．
(5) Kuchmaev, *Kommunist s bozhei otmetinoi*, 39.
(6) 同, 40.
(7) ゴルバチョフへの筆者インタビュー，2007年5月4日，モスクワ．
(8) Grachev, *Gorbachev*, 37–38.
(9) R. Gorbachev, *I Hope*, 77.
(10) Gorbachev, *Zhizn'*, 1: 78; Gorbachev, "My prosto byli drug dlia druga. Vsiu zhizn'."
(11) R. Gorbachev, *I Hope*, 78.
(12) 同, 76–77.
(13) Gorbachev, *Memoirs*, 56–57.
(14) Gorbachev, *Zhizn'*, 1: 78.
(15) 同, 1: 78–79; ゴルバチョフへの筆者インタビュー, 2007年5月2日, モスクワ. Gorbachev, "My prosto byli drug dlia druga. Vsiu zhizn'." も参照.
(16) R. Gorbachev, *I Hope*, 84; Gorbachev, *Naedine s soboi*, 119.
(17) Gorbacheva, *Ia nadeius'*, 76–77; R. Gorbachev, *I Hope*, 78.
(18) Grachev, *Gorbachev*, 35.
(19) R. Gorbachev, *I Hope*, 79–80; Gorbacheva, *Ia nadeius'*, 78.
(20) R. Gorbachev, *I Hope*, 88–91.
(21) リュボーフィ・ドリンスカヤへの筆者インタビュー，2008年8月7日，ス

タヴロポリ.

（22）ゴルバチョフへの筆者インタビュー，2007年5月2日，モスクワ.

（23）Gorbachev, “My prosto byli drug dlia druga. Vsiu zhizn’.”

（24）リディヤ・ブドゥイカへの筆者インタビュー, 2008年8月3日, スタヴロポリ.

（25）Gorbachev, *Naedine s soboi*, 136.

（26）イリーナ・ゴルバチョワへの筆者インタビュー, 2010年3月18日, モスクワ.

（27）ゴルバチョフへの筆者インタビュー，2007年5月2日，モスクワ. Gorbachev, *Naedine s soboi*, 138.

（28）Orlando Figes, *The Whisperers; Private Life in Stalin's Russia*（New York: Metropolitan Books, 2007）, 174–86.

（29）R. Gorbachev, *I Hope*, 85–86.

（30）同, 85（傍点は筆者による）.

（31）ブドゥイカへの筆者インタビュー，2008年8月3日，スタヴロポリ；イリーナ・ゴルバチョワへの筆者インタビュー，2010年3月18日，モスクワ.

（32）R. Gorbachev, *I Hope*, 77.

（33）Zubok, *Zhivago's Children*, 67–70. この部分は多く同書による.

（34）Brown, *Gorbachev Factor*, 339–40, n. 51を参照.

（35）Andrei Grachev, *Gibel' Sovetskogo* “*titanika*”*: Sudovoi zhurnal*（Moscow, 2015）, 82.

（36）Nikolai Shmelev, *Pashkov dom: Kartinki iz zhizni*（Moscow: Interdialekt, 2001）, 259.

（37）Aleksander Bovin, *XX vek kak zhizn': vospominaniia*（Moscow: Zakharov, 2003）, 189.

（38）Grachev, *Gibel' Sovetskogo* “*titanika*,” にも引用.

（39）Zubok, *Zhivago's Children*, 484.

（40）GANISK, f. 63, 0, 2, d. 1102.

（41）GANISK, f. 52, 0. 81, ed. khran 586, ll. 24–28.

（42）Gorbachev, *Zhizn'*, 1: 81; Gorbachev, *Memoirs*, 59.

（43）Gorbachev, *Memoirs*, 60; Gorbacvhev, *Naedine s soboi*, 123.

（44）Gorbachev, *Zhizn'*, 1: 81.

（45）Quoted in Brown, *Gorbachev Factor*, 39.

（46）Gorbachev, *Memoirs*, 61.

（47）同, 62.

（48）GANISK, f. 63, op. 2, ed. khran 1011, ll. 48, 53.

（49）Gorbachev, *Zhizn'*, 1: 84; Gorbachev, *Memoirs*, 62; Gorbachev, *Naedine s soboi*, 127.

（50）Gorbachev, *Memoirs*, 63; Gorbachev, *Zhizn'*, 1: 85.

（51）GANISK, f. 63, 0p. 2, ed. khran. 1315, 1. 53.

(52) Gerd Ruge, *Gorbachev: A Biography* (London: Chatto & Windus, 1991), 55, cited in Brown, *Gorbachev Factor*, 41.
(53) GANISK, f. 52, op. 81, ed. khran. 538, ll. 32, 35.
(54) Gorbachev, *Memoirs*, 63–64; Gorbachev, *Zhizn'*, 1: 86–87.
(55) Gorbachev, *Memoirs*, 64–65.
(56) Kuchmaev, *Kommunist s bozhei otmetinoi*, 42.
(57) Grachev, *Gorbachev*, 34–35; Kuchmaev, *Kommunist s bozhei otmetinoi*, 44.
(58) Kuchmaev, *Kommunist s bozhei otmetinoi*, 44.
(59) Gorbacheva, *Ia nadeius'*, 103–4.
(60) Gorbachev, *Zhizn'*, 1: 90.
(61) ニコライ・エリョーミンへの筆者インタビュー，2005年7月5日，スタヴロポリ．
(62) ライーサ・バジコフへの筆者インタビュー，2005年7月4日，スタヴロポリ．
(63) V・V・カリャーギン，A・A・ゴノチェンコに対する筆者インタビュー，2005年7月5日，スタヴロポリ．
(64) V・V・カリャーギン，A・A・ゴノチェンコに対する筆者インタビュー，2005年7月5日，スタヴロポリ．
(65) V・V・カリャーギン，A・A・ゴノチェンコに対する筆者インタビュー，2005年7月5日，スタヴロポリ．
(66) Viktor Kaznacheev, *Intriga—velikoe delo* (Stavropol: Knizhnoe izdatelstvo, 1997), 7, 12–13; Kaznacheev, *Na perekrestkakh sud'by*, 28, 32.
(67) Kaznacheev, *Na perekrestkakh sud'by*, 52–54.
(68) ゴルバチョフへの筆者インタビュー，2007年5月2日，モスクワ．
(69) Vitalii Mikhailenko, *Kakim ty byl...* (Nalchik: Izdatelskii tsentr El'-Fa, 1997), 49.
(70) Kuchmaev, *Kommunist s bozhei otmetinoi*, 55–56.
(71) Gorbachev, *Naedine s soboi*, 150–51.
(72) Grachev, *Gorbachev*, 36–37.
(73) Gorbachev, *Naedine s soboi*, 150.
(74) Stavropol region Komsomol conference, January 16–17, 1962, GANISK, f. 63, op 2, ed. khran. 1385, ll. 198–204.
(75) Gorbachev, *Zhizn'*, 1: 100–101, 106.
(76) ホテル側は，ゴルバチョフが期限付きの居住権しか持っていないとの理由で，宿泊を拒否した．ゴルバチョフはウクライナのコムソモール指導者に訴えた．Gorbachev, *Naedine s soboi*, 142–43.
(77) 同, 152–53.
(78) Grbachev, *Zhizn'*, 1: 109; Leonid Yefremov, *Renegat Gorbachev—Al'ians dvurushnikov—iadovitaia chasha Iakovleva* (Stavroppol: Izdatelstvo Gosudarstvennogo arkhiva Stavropolskogo kraia "Krestograd," 1996), 242.

(79) Kuchmaev, *Kommunist s bozhei otmetinoi*, 63–67.

(80) Gorbachev, *Naedine s soboi*, 164–65. クラコフとの電話，及び，それに対するエフレイモフの反応についてゴルバチョフが述べたくだりは，ロシア語版には見当たらない．だが筆者がゴルバチョフの補佐官たちから受け取った英訳には，このくだりがある．

(81) Gorbachev, *Zhizn'*, 1: 103–5.

(82) Gorbachev, *Naedine s soboi*, 161; Kuchkina, "Posledniaia ledi," 292–93; Gorbacheva, *Ia nadeius'*, 113. も参照.

(83) オリガ・ズドラヴォムイスロフへの筆者インタビュー，2007年4月2日，モスクワ．

(84) R. Gorbachev *I Hope*, 94–99.

(85) Gorbachev, *Naedine s soboi*, 173–74.

(86) 例えば，ライーサはある村について，350の家族と590人の一人暮らしを記録している．彼女の論文で印象的なのは，実証的な性格である．統計が結論を裏づけている．Raisa M. Gorvacheva, "Formirovanie novykh chert by ta kolk hoznogo krest'ianstva（po materialam sotsiotatsii kandidata filosofskikh nauk," Moskva—1967.

(87) ゴルバチョフへの筆者インタビュー，2007年5月2日，モスクワ．

(88) 同; Gorbachev, *Naedine s soboi*, 178; Zoia Eroshok, "Irina Virganskaia-Gorbacheva: O roditeliakh i semeinykh tsennostiakh," *Novaia gazeta*, February 25, 2011, in Karagez'ian and Poliakov, *Gorbachev v zhizni*, 113.

(89) Brown, *Gorbachev Factor*, 43; Lezvina, "Razgovor s zemliakom," in Karagez'ian; Poliakov, *Gorbachev v zhizni*, 55.

(90) ゴルバチョフへの筆者インタビュー，2007年5月2日，モスクワ．

(91) Gorbachev, *Naedine s soboi*, 178, 追加的情報は英訳版にしかない．

(92) Gorbachev, *Zhizn'*, 1: 117–18.

(93) Gorbachev and Mlynář, *Conversations with Gorbachev*, 29–30.

(94) 同, 2, 63.

(95) 同, 30.

(96) Gosudarstvennyi arkhiv Rossiiskoi Federatsii（GARF）f. M-1, op. 19（1）, d. 425, l. 11.

(97) ブドゥイカへの筆者インタビュー，2008年8月3日，スタヴロポリ．

(98) ゴルバチョフへの筆者インタビュー，2007年5月4日，モスクワ．

(99) Gorbachev, *Zhizn'*, 1: 112–13.

(100) 同, 119. ゴルバチョフへの筆者インタビュー，2007年5月4日，モスクワ．

(101) スタヴロポリ地区党活動家の会合，July 19, 1968, GANISK, f. 1, op. 27, d. 28, ll. 50–51.

(102) Gorbachev, *Naedine s soboi*, 165.

(103) Gorbachev, “My prosto byli drug dlia druga. Vsiu Zhizn’.”

第4章◆地方を牛耳る党のボス　1969-1978年

(1) Grachev, *Gorbachev*, 40.
(2) Mikhailenko, *Kakim ty byl*, 50.
(3) Gorbachev, *Zhizn’*, 1: 121.
(4) ゴルバチョフへの筆者インタビュー，2007年5月4日，モスクワ.
(5) Gorbachev, *Zhizn’*, 1: 147–48.
(6) 同, 123; Evgenii Chazov, *Zdorov’e i vlast’* (Moscow: Novosti, 1992), 11 も参照.
(7) Grachev, *Gibel’ Sovetskogo “titanika,”* 102–3.
(8) Gorbachev, *Naedine s soboi*, 182.
(9) Grachev, *Gorbachev*, 41.
(10) GANISK, f. 1, op. 27, d. 28.
(11) スタヴロポリ地方党ビューロー議事録，同, d. 76, korobka 5.
(12) Gorbachev, *Zhizn’*, 1: 119.
(13) ゴルバチョフへの筆者インタビュー，2007年5月4日，モスクワ.
(14) Gorbachev, *Zhizn’*, 1: 119.
(15) Kuchmaev, *Kommunist s bozhei otmetinoi*, 194.
(16) GANISK, f. 1, op. 32, d. 36, ll. 75–78, 82.
(17) Gorbachev, *Zhizn’*, 1: 119–20; Gorbachev, *Memoirs*, 83. サドゥイコフの生涯と仕事については，Rustem Vakhitov, “The Life and Work of F. B. Sadykov,” http://nevmenandr.net/vaxitov/sadykov.php.
(18) Kozlov, “Ia zashchishchaiu nashu iunost’.”
(19) Shakhnazarov, *S vozhdiami i bez nikh*, 406.
(20) Gorbachev, *Zhizn’* 1: 122.
(21) ゴルバチョフへの筆者インタビュー，2007年5月4日，モスクワ.
(22) Gorbachev, *Zhizn’*, 1: 142–45; Gorbachev, *Memoirs*, 93–95.
(23) 同.
(24) スタヴロポリ地方党委員会総会，October 6, 1970, GANISK, f. 1, op. 34, d. 5, l. 5.
(25) スタヴロポリ地方党委員会活動家委員会, June 8, 1977, 同, op. 44, d. 56, ll. 6–7.
(26) 第18回スタヴロポリ地方党大会，20/71, 同, op. 35, d. 2, ll. 46, 56.
(27) Brown, *Gorbachev Factor*, 47.
(28) Gorbachev, *Memoirs*, 88–89.
(29) Mikhailenko, *Kakim ty byl*, 77.
(30) Gorbachev, *Memoirs*, 90.
(31) Gorbachev, *Zhizn’*, 1: 126–27.
(32) Gorbachev, *Naedine s soboi*, 192.

(33) Kuchmaev, *Kommunist s bozhei otmetinoi*, 89, 106–7, 111.
(34) Gorbachev, *Naedine s soboi*, 194.
(35) Gorbachev, *Zhizn'*, 1: 131–32.
(36) Kuchmaev, *Kommunist s bozhei otmetinoi*, 101–6.
(37) Zhores Medvedev, *Gorbachev* (New York: W.W. Norton, 1986), 81–87 に依拠.
(38) カリャーギン，ゴノチェンコへの筆者インタビュー，2005 年 7 月 5 日，スタヴロポリ.
(39) V. Pankratov, "Upravliaia zhatvoi: Rasskazyvaem ob opyte stavropol'skikh zemledel'tsev," *Pravda*, July 17. 1977.
(40) "Vstrecha piataia," *Zhurnalist*, no. 12 (1991).
(41) マーク・アンダーソン製作 BBC ドキュメンタリー，*The Second Russian Revolution*, VHS, 8 回続きの初回 "Enter Gorbachev" に収録. (Northbrook, IL: Coronet Flim & Video, 1991).
(42) Medvedev, *Gorvachev*, 82, 85.
(43) Kuchmaev, *Kommunist s bozhei otmetinoi*, 138.
(44) Brown, *Gorbachev Factor*, 45.
(45) Gorbachev, *Sobranie sochinenii*, 1: 183–205.
(46) Gorbachev, *Naedine s soboi*, 217.
(47) Grachev, *Gorbachev*, 42.
(48) イワン・ズベンコへの筆者インタビュー，2005 年 7 月 7 日，スタヴロポリ.
(49) カリャーギンへの筆者インタビュー，ゴノチェンコが同席，2005 年 7 月 5 日，スタヴロポリ.
(50) 引用は Zenkovich, *Mikhail Gorbachev*, 166–68, 170, 177–79, 181–83.
(51) Kuchmaev, *Kommunist s bozhei otmetinoi*, 121, 165.
(52) 引用は Zenkovich, *Mikhail Gorbachev*, 165, 173, 184.
(53) 同, 171, 181–82, 229–30, 271, 274; A.A. Korobeinikov, *Gorbachev: Drugoe litso* (Moscow: "Respublika," 1996).
(54) 筆者によるイワン・ズベンコへのインタビュー，2005 年 7 月 7 日，2008 年 8 月 1 日，スタヴロポリ.
(55) グリゴーリー・ゴルロフの証言，Zenkovich, *Mikhail Gorbachev*, 158.
(56) ニコライ・パルツェフへの筆者インタビュー，2005 年 7 月 5 日，スタヴロポリ.
(57) ヴィターリー・ミハイレンコへの筆者インタビュー，2005 年 7 月 8 日，ジェレズノヴォツク；Mikhailenko, *Kakim ty byl*, 71–72.
(58) ミハイレンコへの筆者インタビュー，2005 年 7 月 8 日，ジェレズノヴォツク.
(59) 同.
(60) 同; Mikhailenko, *Kakim ty byl*, 81.
(61) 同, 79–80.
(62) 同, 83–85.

(63) Kuchmaev, *Kommunist s bozhei otmetinoi*, 198.

(64) Gorbachev, *Zhizn'*, 1: 148; Gorbachev, *Memoirs*, 95–96.

(65) Gorbachev, *Naedine s soboi*, 210.

(66) ゴルバチョフへの筆者インタビュー，2007年5月4日，モスクワ．

(67) Roi Medvedev, *Andropov* (Moscow: Molodia Gvardiia, 2006), 24.

(68) Georgii Arbatov, *Moia epokha v litsakh i sobytiiakh* (Moscow: Sobranie, 2008), 40.

(69) オレーク・ボゴモーロフへの筆者インタビュー, 2007年4月11日, モスクワ.

(70) R. Medvedev, *Andropov*, 77.

(71) Arbatov, *Moia epokha v litsakh i sobytiiakh*, 44–45; Medvedev, *Andropov*, 77–79; Fyodor Burlatsky, *Russkie gosudari—epokha reformatsii* (Moscow: Firma "SHARK," 1996).

(72) Chazov, *Zdorov'e i vlast'*, 73–75, 115–17, 125–32.

(73) Iu. クラーシンの証言，Medvedev, *Andropov*, 142.

(74) William Taubman, *Khrushchev* (New York: W.W. Norton, 2003), 296–97.

(75) Arbatov, *Moia epokha v litsakh i sobytiiakh*, 52–54.

(76) R. Medvedev, *Andropov*, 56–57; Arbatov, *Moia epokha v litsakh i sobytiiakh*, 54.

(77) Pikhoia, *Sovestskii Soiuz*, 275.

(78) サハロフは回想録で1967年と1968年8月のアンドロポフとの電話に言及している，*Vospominaniia: V dvukh tomakh*, vol. 1 (Moscow: Prava cheloveka, 1996), 382–83, 407; アンドロポフによるピョートル・ヤキール，V・クラーシンとの面会については，Roi Medvedev, *Neizvestnyi Andropov: Politicheskaia biografia Iuriia Andropova* (Moscow: Prava cheloveka, 1999), 128–30; アンドロポフは当初，知識人たちに人気があった．彼はタガンカ劇場の支配人ユーリー・リュビーモフや，詩人エヴゲーニー・エフトゥシェンコ，アンドレイ・ヴォズネセンスキーら多くのリベラル派と会っていた．同，89–90を参照．

(79) R. Medvedev, *Andropov*, 76.

(80) R. Medvedev, *Neizvestnyi Andropov*, 187.

(81) Chazov, *Zdorov'e i vlast'*, 76–79.

(82) Gorbachev, *Naedine s soboi*, 211.

(83) Gorbachev, *Zhizn'*, 1: 148–52: Gorbachev, *Naedine s soboi*, 212.

(84) Zenkovich, *Mikhail Gorbachev*, 200.

(85) 同, 179.

(86) 筆者によるゴルバチョフへのインタビュー，2007年5月4日，モスクワ．

(87) Gornbachev, *Zhizn'*, 1: 159–60.

(88) 筆者によるゴルバチョフへのインタビュー，2007年5月4日，モスクワ．

(89) Grachev, *Gorbachev*, 51.

(90) Anatoly Chyernyaev, *My Six Years with Gorbachev*, trans. and ed. Robert D.

English and Elizabeth Tucker（University Park: Pennsylvania State University Press, 2000), 4.

（91）筆者によるゴルバチョフへのインタビュー，2007年5月4日，モスクワ．

（92）Gusenkov's recollections in *Raisa Gorbacheva: Shtrikhi*, 106.

（93）筆者によるゴルバチョフへのインタビュー，2007年5月4日，モスクワ．

（94）Gorbachev, *Zhizn'*, 1: 167–68.

（95）同, 169.

（96）カリャーギンへの筆者インタビュー（ゴノチェンコが同席），2005年7月5日，スタヴロポリ．

（97）ブドゥイカへの筆者インタビュー，2008年8月3日，スタヴロポリ．

（98）Gorbachev, *Zhizn'*, 1: 169–70.

（99）Gorbachev, "My prosto byli drug dlia druga. Vsiu zhizn',"; Natalia Kraminova, "Mama," *Obshychaia gazeta*, September 21, 2000; Kuchkina, "Raisa Gorbacheva: 'Neuzheli,'" 66, in *Raisa: Vospominaniia*, 294.

（100）R. Gorbachev, *I Hope*, 109, 112.

（101）筆者によるゴノチェンコへのインタビュー（カリャーギンが同席），2005年7月5日，スタヴロポリ．

（102）R. Gorbachev, *I Hope*, 109–10.

（103）イリーナ・ゴルバチョワへの筆者インタビュー，2010年3月18日，モスクワ．

（104）R. Gorbachev, *I Hope*, 109–10.

（105）イリーナ・ゴルバチョワへの筆者インタビュー，2010年3月18日，モスクワ；Zoya Eroshok, "Irina Virganskaia-Gorbacheva: O roditeliakh I semeinykh tsennostiakhm," *Novaia gazeta*, Fegbruary 25, 2011, in Karagez'ian and Poliakov, *Gorbachev v zhizni*, 113.

（106）Grachev, *Gorbachev*, 43.

（107）Eroshok, "Irina Virganskaia-Gorbacheva," 114.

（108）Kuchmaev, *Kommunist s bozhei otmetinoi*, 195; also see Kraminova, "Mama."

（109）イリーナ・ゴルバチョワへの筆者インタビュー，2010年3月18日，モスクワ．

（110）ブドゥイカへの筆者インタビュー，2008年8月3日，スタヴロポリ．

（111）R. Gorbachev, *I Hope*, 105.

（112）Grachev, *Gornbachev*, 43–44; Kuchkina, "Raisa Gorbacheva: 'Neuzheli,'" in *Raisa: Vospominaniia*, 294.

（113）R. Gorbachev, *I Hope*, 105–6.

（114）Kuchmaev, *Kommunist s bozhei otmetinoi*, 195, quoting Iu. Kucherenko, deputy head of education department.

（115）同, 196.

（116）同, 197.

（117）Eroshok, "Irina Virganskaia-Gorbacheva," 114; R. Gorbachev, *I Hope*, 116–20.

第5章◆再びモスクワへ　1978-1985年

(1) Gorbachev, *Memoirs*, 3–5; Gorbachev, *Naedine s soboi*, 255.

(2) Gorbachev, *Memoirs*, 6–9.

(3) Gorbachev, *Zhizn'*, 1: 22.

(4) Gorbachev, *Memoirs*, 11–13.

(5) 同; Grachev, *Gorbachev*, 67–68; Gorbachev, *Naedine s soboi*, 329–30.

(6) Gorbachev, *Memoirs*, 14–15.

(7) Gorbachev, *Dekabr'*-91, 139–40, 148.

(8) Vadim Medvedev, *V kommande Gorbacheva* (Moscow: Bylina, 1994), 16.

(9) Grachev, *Grbachev*, 55.

(10) Gorbachev, *Zhizn'*, 1: 171.

(11) Grachev, *Gorbachev*, 56.

(12) Gorbachev, *Zhizn'*, 1: 170–75.

(13) ブドゥイカへの筆者インタビュー，2008年8月3日，スタヴロポリ.

(14) Gorbachev, *Naedine s soboi*, 258–59.

(15) Gorbachev, *Zhizn'*, 1: 176–77.

(16) Gorbachev, *Naedine s soboi*, 259.

(17) 同, 260.

(18) Grachev, *Gorbachev*, 69.

(19) Gorbachev, *Zhizn'*, 1: 176; Grachev, *Gorbachev*, 70.

(20) Gorbachev, *Naedine s soboi*, 261.

(21) V.I. Boldin, *Krushenie p'edestala* (Moscow: Respublika, 1995), 46–47.

(22) ブドゥイカへの筆者インタビュー，2008年8月3日，スタヴロポリ.

(23) Gorbachev, *Naedine s soboi*, 261.

(24) Gorbachev, *Zhizn'*, 1: 190–91; Gorbachev, *Memoirs*, 124–25.

(25) Grachev, *Gorbachev*, 70.

(26) R. Gorbachev, *I Hope*, 124.

(27) Anatolii Cherniaev, *Moia zhizn' i moe vremia* (Moscow: Mezhdunarodnye otnosheniia, 1995), 327–28.

(28) オットー・ラツィスへのBBCインタビュー，"The Second Russian Revolution" transcripts (TSRRT).

(29) Ed A. Hewett, *Reforming the Soviet Economy: Equality versus Efficiency* (Washington, DC: Brookings Institution, 1988), 32.

(30) これら3つの段落に引いた統計等の出典は Yegor Gaider, *Collapse of an Empire: Lessons for Modern Russia*, trans. Antonina W. Bouis (Washington, DC: Brookings Institution, 2007), 75–105.

(31) Raymond Garthoff, *Détente and Confrontation: American-Soviet Relations*

from Nixon to Reagan（Washington, DC: Brookings Institution, 1994）, 556–1119; Raymond Garthoff, *The Great Transition: Amerian-Soviet Relations and the End of the Cold War*（Washington, DC: Brookings Institution, 1994）, 7–194. ジャック・マトロック・ジュニアは，レーガン大統領のもとで1983年から1986年まで，国家安全保障担当の特別補佐官を務め，1987年から1991年まで駐ソヴィエト大使を務めた．彼に対してなされた説明によると，パーシングⅡの射程距離はモスクワのわずか手前までしかなかった．ソヴィエト政権が同ミサイルを"破壊的兵器"とみなさないように配慮したとみられる．しかしソヴィエトの見方は変わらなかった．2016年1月24日のマトロックとの個人的会話による．

（32）ヴォルフとフッシャーの証言は Jonathan Haslam, *Russia's Cold War: From the October Revolution to the Fall of the Wall*（New Haven, CT: Yale University Press, 2011）, 333.

（33）Gordon Barrass, *The Great Cold War: A Journey through the Hall of Mirrors*（Stanford, CA: Stanford University Press, 2009）, 277.

（34）同, 1–2, 298–305.

（35）Chazov, *Zdorov'e i vlast'*, 85–87, 115–19.

（36）Shakhnazarov, *S vozhdiami i bez nikh*, 228–35.

（37）Grachev, *Gibel' Sovetskogo "titanika,"* 109.

（38）Grachev, *Gorbachev*, 62–63. ブレジネフは身心が衰えていたが，2冊の本を残した．いずれもゴースト・ライターが書いた『マーラヤ・ゼムリャー』と『処女地』である．第2次世界大戦中の黒海沿岸で彼が果たしたささいな役割を臆面もなく誇大化し，処女地開拓に残した業績を強調している．ソヴィエトの高学年生徒は，これら2冊を授業で読まされ，大学入試にも出題された．在外のソヴィエト大使は，これらブレジネフの"画期的な理論業績"についてセミナーを開催する訓令を受けた．ピョートル大帝以前のモスクワ大公園で，弱いツァーリに代わり国を支配した寡頭政治については次を参照．Edward L. Keenan, "Muscovite Political Folkways," *Russian Review* 45, no. 2（April 1986）: 115–81.

（39）Cherniaev, *Moia Zhizn' i moe vremia*, 267.

（40）K.N. Brutents, *Nesbyvsheesia*（Moscow: Mezhdunarodnye otnosheniia. 2005）, 24.

（41）Robert D. English, *Russia and the Idea of the West: Gorbachev, Intellectuals and the End of the Cold War*（New York: Columbia University Press. 2000）, 134, 289–90, n. 75.

（42）Gorbachev, *Naedine s soboi*, 278.

（43）Grachev, *Gibel' Sovetskogo "titanika,"* 123.

（44）Eduard Shevardnadze, *Moi vybor v zashchitu demokratii i svobody*（Moscow: Novosti, 1991）, 62.

（45）NSA, READD-RADD collection.

（46）Rudol'f Pikhoia, *Moskva—Kreml'—Vlast'*, vol. 2（Moscow: Rus'-Olimp: AST:

Astrel', 2007), 648.

(47) Svetlana Savranskaya of the National Security Archive in Washington.

(48) "Zasedanie Sekretariata TsK KPSS," June 2, 1981, NSA, READD-RADD collection.

(49) "Zasedanie Politburo TsK KPSS," August 19, 1982, ibid.

(50) Gorbachev, *Zhizn'*, 1: 177.

(51) 同, 189; Gorbachev, *Memoirs*, 122; Gorbachev, *Naedine s soboi*, 263.

(52) Gorbachev, *Memoirs*, 97.

(53) 同, 121; Gorbachev, *Naedine s soboi*, 262.

(54) Gorbachev, *Memoirs*, 16.

(55) Gorbachev, *Zhizn'*, 1: 186–88.

(56) 同, 183.

(57) Medvedev, *Gorbachev*, 94–118 に依拠.

(58) 同, 95.

(59) Gorbachev, *Zhizn'*, 1: 184.

(60) Medvedev, *Gorbachev*, 113–14.

(61) Shakhnazarov, *S vozhdiami i bez nikh*, 354; Anatoly Dobrynin, *In Confidence: Moscow's Ambassador to America's Six Cold War Presidents* (New York: Times Books, 1995), 617.

(62) V.I. Boldin, *Ten Years That Shook the World* (New York: Basic Books, 1994), 31–37.

(63) Gorbachev, *Sobranie sochinenii*, 18: 153.

(64) Gorbachev, *Memoirs*, 131.

(65) Gorbachev, *Zhizn'*, 1: 213; Gorbachev, *Memoirs*, 131–32.

(66) Gorbachev, *Zhizn'*, 1: 214–16.

(67) 同, 218–22: Vitaly Marsov, "Mikhail Gorbachev: Andropov ne poshel by daleko v reformatsii obshchestva," *Nezavisimaia gazeta*, November 11, 1992.

(68) Gherniaev, *Moia zhizn' i moe vremia*, 443–48.

(69) Markus Wolf, *Man without a Face: The Autobiography of Communism's Greatest Spymaster* (New York: Public Affairs, 1997), 219.

(70) Brutents, *Nesbyvsheesia*, 50–54.

(71) シチェロコフは 1982 年 12 月に解任され，刑事訴追を受けた後，自殺した. Medvedev, *Andropov*, 312–13; Grachev, *Gibel' Sovetskogo "titanika,"* 123 も参照.

(72) Gorbachev, *Zhizn'*, 1: 229–33.

(73) Grachev, *Gibel' Sovetskogo "titanika,"* 133.

(74) Gorbachev, *Zhizn'*, 1: 235.

(75) 同, 234.

(76) Grachev, *Gorbachev*, 78.

(77) 同, 81.

(78) Gorbachev, *Zhizn'*, 1: 236.

(79) Iakovlev, *Sumerki*, 270.

(80) 同, 316–19; Loren Graham, *Moscow Stories* (Bloomington: Indiana University Press, 2006), 223–36.

(81) Jim Wright in Christopher Shulgan, *The Soviet Ambassador: The Making of the Radical behind Perestroika* (Toronto: McClelland & Stewart, 2008), 257.

(82) ゴルバチョフはこの牧場がソヴィエトの農場と同様に国の補助金を受けていると聞いて安心した．しかしソヴィエトの農業補助金はカナダの場合より相当に多かった．ウィーランはゴルバチョフに"近代の農業部門は国家の支援がなければやっていけない"と述べた．同, 252–72; Eugene Whelan and Rick Arbold, *Whelan: The Man in the Green Stetson* (Toronto: Irwin Publishing, n.d.), 253–60; Gorbachev, *Zhizn'*, 1: 238.

(83) Iakovlev, *Sumerki*, 370; Shulgan, *Soviet Ambassador*, 266.

(84) Iakovlev, *Sumerki*, 381.

(85) ザスラフスカヤは間もなく肺炎に倒れ，2カ月間入院した．BBCによるザスラフスカヤとアガンベギャンへのインタビュー，TSRRT.

(86) Yegor Ligachev, *Inside Gorbachev's Kremlin*, trans. Catherine A. Fitzpatric, Michele A. Berdy, and Dobrochna Dyrzc-Freeman (New York: Pantheon Books, 1993), 256.

(87) 同, 16, 26.

(88) Grachev, *Gibel' Sovetskogo "titanika,"* 132.

(89) Nikolai Ryzhkov, *Perestroika: Istoriyia predatel'stva* (Moscow: Novosti, 1992), 33.

(90) Gorbachev, *Sobranie sochinenii*, 16: 370.

(91) Ryzhkov, *Perestroika*, 42.

(92) Boldin, *Ten Years That Shook the World*, 56–57.

(93) Boldin, *Krushenie p'edestala*, 36–37.

(94) "Soveshchanie sekretarei TsK KPSS," January 1, 1983, NSA READD-RADD collection.

(95) "Zasedanie Sekretariata TsK KPSS," April 20, 1993, ibid.

(96) Pikhoia, *Moskva—Kreml'—Vlast'*, 2: 683–85; Remnick, *Lenin's Tomb*, 518.

(97) "Zasedanie Politbiuro TsK KPSS," September 2, 1983, in NSA READD-RADD collection; See Barrass, *Great Cold War*, 295–96; Dobrynin, *In Confidence*, 537.

(98) Medvedev, *Andropov*, 398: Gorbachev, *Naedine s soboi*, 349.

(99) Gorbachev, *Memoirs*, 152; Dmitrii Bykov, "Est' prostoi i nadezhnyi variant peremen sverkhu," *Sobesednik*, February 22, 2011, in Karagez'ian and Poliakov, *Gorbachev v zhizni*, 16 も参照.

(100) Brown, *Gorbachev Factor*, 67–68; 1983年に中央委総務部第1副部長となったアナトーリー・ルキヤーノフは，アンドロポフがゴルバチョフを後継者に指名したという説を否定している．*Gorbachev*, 93–94; BBCによるアルカージー・ウォリスキーとアナトーリー・ルキヤーノフへのインタビュー，TSRRT; Gorbachev, *Memoirs*, 154; Remnick, *Lenin's Tomb*, 192.

(101) Haslam, *Russia's Cold War*, 347.

(102) Gorbachev, *Naedine s soboi*, 357.

(103) Grachev, *Gorbachev*, 94.

(104) 筆者によるゴルバチョフへのインタビュー，2007年5月4日，モスクワ．

(105) Gorbacheva, *Ia nadeius'*, 125.

(106) Medvedev, *V Kommande Gorbacheva*, 16–17.

(107) "A View of Chernenko," July 4, 1984, PRO PREM 19/1934.

(108) Grachev, *Gorbachev*, 86–87.

(109) Ryzhkov, *Perestroika*, 60.

(110) Gorbachev, *Zhizn'*, 1: 251.

(111) Brown, *Gorbachev Factor*, 72–73; Grachev, *Gorbachev*, 86–87; Ligachev, *Inside Gorbachev's Kremlin*, 45–46.

(112) Gorbachev, *Naedine s soboi*, 363.

(113) Chernyaev, *My Six Years with Gorbachev*, 13–14.

(114) Vitalii Vorotnikov, *A bylo eto tak... iz dnevnika chlena Politbiuro TsK KPSS* (Moscow: Sovet veteranov knigizdaniia, 1995), 40–41.

(115) Iakovlev, *Sumerki*, 382; Gorbachev, *Zhizn'*, 1: 254.

(116) Iakovlev, *Sumerki*, 382–85.

(117) Gorbachev, *Sobranie sochinenii*, vol. 2, 77–114.

(118) Iakovlev, *Sumerki*, 386.

(119) BBC interview with Leonid Dobrokhotov, in TSRRT.

(120) Medvedev, *V kommande Gorbacheva*, 22; Iakovlev, *Sumerki*, 386.

(121) "Dialogue: The Musgrove Conference, May 1–3, 1998," p. 12, part of a Critical Oral History Conference, "The End of the Cold War in Europe, 1989: 'New Thinking'and New Evidence," organized by the National Security Archive at the George Washington University, Musgrove, St. Simon's Island. Georgia, May 1–3, 1998.

(122) Andrei Grachev, *Gorbachev's Gamble: Soviet Foreign Policy and the End of the Cold War* (Cambridge, UK: Polity Press, 2008), 49–50.

(123) Gorbachev, *Zhizn'*, 1: 253–54.

(124) ロドリック・ブレイスウェイトとの個人的会話，2015年7月28日．

(125) Archie Brown, "The Change to Engagement in Britain's Cold War Policy: The Origins of the Thatcher-Gorbachev Relationship," *Journal of Cold War Studies* 10, no.

3（Summer 2008）. ブレイスウェイトによると，当時モスクワのイギリス大使館にいた面々は，最初にゴルバチョフを見い出し，イギリスへの招待を提案したのは他ならぬ自分たちであると信じていた．イギリス外交官に関するサッチャーの辛辣な言葉は「気取りの一側面」であり，実際は重用する人物には多くの時間を割いた，とブレイスウェイトは語る．

（126）同, 13–16.

（127）同, 19–22.

（128）Chernyaev, *My Six Years with Gorbachev*, 15–16.

（129）Grachev, *Gorbachev's Gamble*, 50–51.

（130）Charles Moore, *Margaret Thatcher: At Her Zenith: In London, Washington and Moscow*（New York: Alfred A. Knopf, 2016）, 237.

（131）筆者によるチャールズ・パウエルへのインタビュー，2007年7月21日，ロンドン．

（132）Margaret Thatcher, *Downing Street Years*（New York: HarperCollins, 1993）, 459.

（133）同, 461–62.

（134）同, 460–61; Moore, *Margaret Thatcher*, 238.

（135）Bryan Cartledge, British Diplomatic Oral History Project, 2007, Churchill College Archives, Cambridge, UK, https://www.chu.cam.ac.uk/media/uploads/files/Cartledge.pdf.

（136）*Raisa Gorbacheva: Shtrikhi*, 72.

（137）Gorbachev, *Memoirs*, 161.

（138）ジェフリー・ハウへの筆者インタビュー，2008年7月22日，ロンドン．

（139）"Mikhail Sergeevich Gorbachev: A Personal Assessment of the Man during His Visit to the United Kingdom, 15–21 December 1984," by K. A Bishop, PRO, PREM 19/1394 part 7.

（140）Constantine Pleshakov, *There Is No Freedom without Bread!: 1989 and the Civil War That Brought Down Communism*（New York: Farrar, Straus and Giroux, 2009）, 136; Brown, "Change to Engagement in Britain's Cold War Policy," 33; Moore, *Margaret Thatcher*, 250.

（141）Gorbachev, *Zhizn'*, 1: 259.

（142）Chazov, *Zdorov'e i vlast'*, 210.

（143）Gorbachev, *Zhizn'*, 1: 263–64.

（144）Grachev, *Gibel' Sovetskogo "titanika,"* 135.

第6章◆何をなすべきか？　1985-1986年

（1）「何をなすべきか？」（ロシア語では，「Chto delat?（シュト・ジェーラチ）」）は，レーニンが1902年に作製した政治冊子の中にある言葉．この冊子でレーニンは，労働者階級を一夜にして政治的に動員することはできないと説いてい

る．そしてマルクス主義者は，政党あるいは“前衛”を組織して，労働者を急進化させねばならないと主張している．

(2) 会議召集の時刻は証言者によって異る．

(3) Gorbachev, *Zhizn'*, 1: 266.

(4) 筆者によるゲオルギー・コルニエンコへのインタビュー，2005年6月17日，モスクワ．

(5) Ryzhkov, *Perestoroika*, 80.

(6) 同, 78.

(7) Boldin, *Ten Years That Shook the World*, 57.

(8) A. V. Shubin, *Ot "zastoia" k reformam: SSSR v 1917–1985 gg.* (Moscow: Rosspen, 2001), 594, リガチョフを引用．

(9) Gorbachev, *Zhizn'*, 1: 265; Pikhoia, *Moskva—Kreml'—Vlast'*, 2: 14. 会議の直前，ゴルバチョフはグリーシンに葬儀委員長をやらないかと尋ねた．グリーシンの後日談によると，ゴルバチョフはグリーシンが断わることを知りながら，あえて尋ねた．アレクサンドル・プロホノフによるグリーシンへのインタビューを参照，*Nachalo*, no. 20, 1992.

(10) Anatolii Gromyko, *Andrei Gromyko: V labirintakh Kremliia* (Moscow: Avtor, 1997), 83–94: Iakovlev, *Sumerki*, 458–59; 筆者によるコルニエンコへのインタビュー，2005年7月17日，モスクワ．

(11) Gorbachev, *Naedine s soboi*, 383.

(12) Gorbachev, *Zhizn'*, 1: 264–65.

(13) BBCによるアナトーリー・ルキヤーノフへのインタビュー，TSRRT; Boldin, *Ten Years That Shook the World*, 58; Cherniaev, *Sovmestnyi iskhod*, 608.

(14) BBCによるルイシコフへのインタビュー，TSRRT.

(15) Gorbachev, *Zhizn'*, 1: 265; R. Gorbachev, *I Hope*, 4–5.

(16) 筆者によるゴルバチョフへのインタビュー，2015年10月19日，モスクワ．

(17) Gorbachev, *Naedine s soboi*, 395.

(18) 1990年6月16日のモスクワ大学法学部同窓会にゴルバチョフが寄せた言葉，TSRRT.

(19) Gorbachev, *Zhizn'*, 1: 267.

(20) "Zasedanie Politburo TsK KPSS," March 11, 1985, NSA, READD-RADD collection.

(21) BBCによるルキヤーノフへのインタビュー，TSRRT.

(22) BBCによるウラジーミル・ドルギフへのインタビュー，TSRRT.

(23) Gorbachev, *Sobranie sochinenii*, 2: 158.

(24) 1985年3月11日付のチェルニャーエフ日記，*Sovmestnyi iskhod*, 608.

(25) 1985年3月11日の中央委総会におけるチェルニャーエフの言葉，GFA, f. 2, op. 2.

(26) Gorbachev, *Zhizn'*, 1: 270.
(27) 1985年3月11日付のチェルニャーエフ日記, *Sovmestnyi iskhod*, 608.
(28) Boldin, *Ten Years That Shook the World*, 63.
(29) Gorbachev, *Sobranie sochinenii*, 2: 158–63.
(30) David E. Hoffman, *The Dead Hand: The Untold Story of the Cold War Arms Race* (New York: Doubleday, 2009), 205.
(31) Gorbachev, *Sobranie sochinenii*, 2: 257.
(32) Gorbachev, *Zhizn'*, 1: 315–16.
(33) 1985年5月22日付のチェルニャーエフ日記, *Sovmestnyi iskhod*, 628.
(34) R. Gorbachev, *I Hope*, 135.
(35) Gorbachev, *Zhizn'*, 1: 270.
(36) Mikhail Gorbachev, *Poniat' perestroiku... Pochemu eto vazhno seichas* (Moscow: Al'pina Biznes Buks, 2006), 26.
(37) ブドゥイカへの筆者インタビュー, 2008年8月3日, スタヴロポリ.
(38) Gorbachev and Mlynář, *Conversations with Gorbachev*, 98.
(39) 例えば, the section "Gorbachev, Lenin and Leninism" in Brown, *Seven Years That Changed the World*, 284–94を参照.
(40) Boldin, *Ten Years That Shook the World*, 95.
(41) Gorbachev, *Poniat' perestroiku*, 15–16.
(42) William E. Odom, *The Collapse of the Soviet Military* (New Haven, CT: Yale University Press, 1998), 105.
(43) ボゴモーロフへの筆者インタビュー, 2007年4月11日, モスクワ.
(44) Gorbachev, *Poniat' perestroiku*, 17.
(45) George Katebによる.
(46) Brown, *Myth of the Strong Leader*, 177.
(47) Grachev, *Gorbachev*, 122.
(48) Gorbachev and Mlynář, *Conversations with Gorbachev*, 65, 67.
(49) アガンベギャンへのBBCインタビュー, 1990年6月19日, TSRRT.
(50) Gorbachev, *Zhizn'*, 1: 289; Grachev, *Gorbachev*, 101.
(51) Gorbachev, *Zhizn'*, 1: 289–90.
(52) 同, 288.
(53) Grachev, *Gorbachev*, 102.
(54) 1985年12月8日付のチェルニャーエフ日記, *Sovmestnyi iskhod*, 658.
(55) Gorbachev, *Zhizn'*, 1: 291–92; see also Bykov, "Est' prostoi I nadezhnyi," in Karagez'ian and Poliakov, *Gorbachev v zhizni*, 16.
(56) A. M. Aleksandrov-Agentov, *Ot Kollontai do Gorbacheva: Vospominaniya diplomata, sovetnika A. A. Gromyko, pomoschnika L. I. Brezhneva, Iu. V. Andropova, K. U. Chernenko i M. S. Gorbacheva* (Moscow: Mezhdunarodnye otnosheniia, 1994),

290; Brown, *Gorbachev Factor*, 98.

(57) 1985年6月9日付のチェルニャーエフ日記，*Sovmestnyi iskhod*, 622, 630.

(58) Brown, *Gorbachev Factor*, 98.

(59) 同, 101.

(60) Shakhnazarov, *S vozhdiami i bez nikh*, 276–77.

(61) 同, 283.

(62) R. Gorbachev, *I Hope*, 142.

(63) Nikolai Efimovich and Saed-Shakh, "Raisa Gorbacheva: 'Ia nikogda ne vmeshivalas' v ego dela,'" in *Raisa: Vospominaniia*, 160.

(64) Brown, *Gorbachev Factor*, 35.

(65) Efimovich and Saed-Shakh, "Raisa Gorbacheva," 160.

(66) 筆者によるアナトーリー・チェルニャーエフへのインタビュー，2005年6月29日，モスクワ.

(67) 筆者によるヴィターリー・グセンコフへのインタビュー，2007年3月21日，モスクワ.

(68) Vladimir Medvedev, *Chelovek za spinoi* (Moscow: Russlit, 1994), 201, 207.

(69) Belan, "Mnogikh oshibok Gorbachev mog by izbezhat'."

(70) Aleksandr Likhotal's recollection in *Raisa Gorbacheva: Shtrikhi*, 198.

(71) Giulietto Chiesa and Fiammetta Cucurnia, "Edinstvennaia: Istoriia liubvi Gorbachevykh," *Itogi*, September 28, 1999, in *Raisa: Vospominaniia*, 253.

(72) Irina Bobrova, "Posledniaia ledi," ibid., 287.

(73) Shubin, *Ot "zastoya" k reformam*, 613–14.

(74) Grachev, *Gorbachev*, 104–5.

(75) ワレンニコフへの筆者インタビュー，2006年2月28日，モスクワ.

(76) ゴルバチョフへの筆者インタビュー，2010年3月17日，モスクワ；パーヴェル・パラシチェンコとの個人的会話，2016年1月25日.

(77) Yakovlev, *Sumerki*, 460; クリュチコフの言葉は，Grachev, *Gibel' Sovetskogo "titanika,"* 134.

(78) チェルニャーエフ日記の1985年の後書き，*Sovmestnyi iskhod*, 661–62.

(79) Gorbachev, *Sobranie sochinenii*, 2: 165.

(80) 1985年3月18日付のチェルニャーエフ日記，*Sovmestnyi iskhod*, 612.

(81) "Soveshchanie sekretarei TsK KPSS," March 15, 1985, NSA, READD-RADD collection.

(82) クラフチェンコへのBBCインタビュー，TSRRT.

(83) 1985年6月20日付チェルニャーエフ日記，*Sovmestnyi iskhod*, 635.

(84) 同, 648–49.

(85) Medvedev, *Chelovek za spinoi*, 208.

(86) Medvedev, *V kommande Gorbacheva*, 32.

(87) 同, 32–34; Boldin, *Krushenie p'edestala*, 113–16; Iakovlev, *Sumerki*, 436–37.

(88) Gorbachev, *Zhizn'*, 1: 338–39; Gorbachev, *Naedine s soboi*, 427.

(89) "Zasedanie Politburo TsK KPSS, April 4, 1985," NSA, READD-RADD collection.

(90) Roi Medvedev, *Kak nachalas' perestroika* (Moscow: Prava cheloveka, 2006), 39, 43.

(91) BBCによるドルギフへのインタビュー, TSRRT.

(92) Shakhnazarov, *S vozhdiami i bez nikh*, 295.

(93) Grachev, *Gorbachev*, 130.

(94) 筆者によるニコライ・シメリョフへのインタビュー, 2006年7月26日, モスクワ.

(95) "Stranu nel'zia lomat' cherez koleno, po-kovboiski," *Obshchaia gazeta*, April 4, 1996.

(96) Gorbachev, *Poniat' perestroiku*, 56, 58.

(97) Grachev, *Gorbachev*, 131; Marina Zavada and Yurii Kulikov, "Mikhail Gorbachev: My s Raisoi byli priviazanny drug k drugu na smert'," *Izvestiia*, January 12, 2007, http://izvestia.ru/news/320650; also see Bobrova, "Posledniaia ledi."

(98) ライーサ・グダレンコへの筆者インタビュー, 2008年7月31日, スタヴロポリ.

(99) "Rabochee soveshchanie u Gorbacheva," April 5, 1985, GFA, f. 10, op. 2.

(100) Gorbachev, *Sobranie sochinenii*, 2: 174–80.

(101) 同, 2: 181–88.

(102) 1985年4月18日付チェルニャーエフ日記, *Sovmestnyi iskhod*, 622.

(103) Boldin, *Ten Years That Shook the World*, 68–69.

(104) Gorbachev, *Sobranie sochinenii*, 2: 305.

(105) Ryzhkov, *Perestroika*, 87; BBCによるルイシコフへのインタビュー, TSRRT.

(106) Gorbachev, *Sobranie sochinenii*, 2: 311.

(107) 1985年4月23日付チェルニャーエフ日記, *Sovmestnyi iskhod*, 622–23.

(108) Gorbachev, *Sobranie sochinenii*, 3: 286–392, 407–12.

(109) Vorotnikov, *A bylo eto tak*, 66–67.

(110) Gorbachev, *Sobranie sochinenii*, 4: 576, n. 204.

(111) Gorbachev, *Zhizn'*, 1: 343.

(112) チュメニにおける1985年9月6日の演説, Gorbachev, *Sobranie sochinenii*, 2: 473, 481.

(113) Gorbachev, *Sobranie sochinenii*, 3: 69–70.

(114) 同, 400.

(115) 同, 415.

(116) 同, 420.

(117) 同, 433.

(118) Daniel Yergin, *The Prize: The Epic Quest for Oil, Money and Power* (New York: Free Press, 1991), 731.
(119) Pikhoia, *Moskva—Kreml'—Vlast'*, 2: 20–26; Gaidar, *Collapse of an Empire*, 100–109.
(120) N. Y. Petrakov, *Russkaia ruletka* (Moscow: Ekonomika, 1998), 96–98.
(121) Gorbachev, *Sobranie sochinenii*, 3: 174–77.
(122) 同, 415.
(123) 同, 420.
(124) 1986年3月20日の政治局会議でチェルニャーエフが発言, March 20, 1986, GFA, f. 2, op. 2.
(125) Gorbachev, *Sobranie sochinenii*, 3: 488.
(126) 同, 4: 52.
(127) Gorbachev, *Memoirs*, 188.
(128) Gorbachev, *Zhizn'*, 1: 298.
(129) ソヴィエト資源電力省第一次官A・N・マフーニンによる緊急報告, NSA READD-RADD collection.
(130) Hoffman, *Dead Hand*, 242–53に簡明で的確な説明.
(131) Gorbachev, *Sobranie sochinenii*, 4: 92.
(132) Gorbachev, *Naedine s soboi*, 442.
(133) 1986年5月22日の政治局会議におけるゴルバチョフの発言, *Sobranie sochinenii*, 4: 121.
(134) Gorbachev, *Zhizn'*, 1: 301.
(135) 1986年7月3日の政治局会議における発言, GFA, f. 2, op. 2.
(136) グラチョフによる言い換え, Grachev, *Gorbachev*, 160.
(137) Gorbachev, *Zhizn'*, 1: 299.
(138) Grachev, *Gorbachev*, 161.
(139) 1986年5月29日の政治局会議における発言, GFA, f. 2, op. 2.
(140) 1986年6月5日の政治局会議における発言, GFA, f. 10, op. 2.
(141) 1986年6月13日の政治局会議における発言 GFA, f. 2. op. 2.
(142) 1986年6月23日に催された中央委書記, 中央委各部長, 補佐官らとの会合について, GFA, f. 10, op. 2.
(143) Gorbachev, *Sobranie sochinenii*, 4: 338.
(144) 同, 416.
(145) 1986年9月25日の政治局会議について, GFA, f. 2, op. 2.
(146) Gorbachev, *Sobranie sochinenii*, 5: 119.
(147) 1986年10月30日の政治局会議での発言, GFA, f. 2. op. 2.
(148) Gorbachev, *Zhizn'*, 1: 306.
(149) Cherniaev, *Sovmestnyi iskhod*, 704.

（150）Gorbachev, *Zhizn'*, 1: 337.
（151）1986年6月20日の政治局会議における発言，GFA, f. 2, op. 2.
（152）1985年6月29日付チェルニャーエフ日記，*Sovmestnyi iskhod*, 637.
（153）Gorbachev, *Sobranie sochinenii*, 5: 178.
（154）Aleksandr Yakovlev, *Perestroika: 1985–1991–Neizdannoe, maloizvestnoe, zabytoe*（Moscow: Demokratiia, 2008）, 14.
（155）同, 28–38.
（156）アレクサンドル・ヤコブレフへの筆者インタビュー，2005年5月31日，モスクワ．
（157）Yakovlev, *Sumerki*, 471.
（158）Gorbachev, *Sobranie sochinenii*, 2: 160.
（159）Gorbachev, *Zhizn'*, 1: 318–19.
（160）"V Politbiuro TsK KPSS," November 26, 1985, NSA READD-RADD collection.
（161）Gorbachev, *Sobranie sochinenii*, 3: 71.
（162）BBCによるグリゴーリー・バクラーノフへのインタビュー，TSRRT.
（163）*Sovetskoe kino*, nos. 1–2（1933）: 10.
（164）マーヤ・トゥロフスカヤへのインタビュー，Liubov' Arkus, *Kino i kontekst*, vol. 4, *1986–88*（St. Petersburg: SEANS, 2002）, 59.
（165）エレム・クリモフへのインタビュー，同, 68.
（166）同.
（167）同, 119.
（168）Shevardnadze, *Moi vybor*, 250.
（169）BBCによるアレーシ・アダモーヴィチへのインタビュー，TSRRT.
（170）Richard Sakwa, *Gorbachev and His Reforms, 1985–1990*（New York: Prentice-Hall, 1990）, 75.
（171）Chernyaev, *My Six Years with Gorbachev*, 37–38, 72–74.
（172）Gorbachev, *Memoirs*, 206.
（173）Gorbachev, *Sobranie sochinenii*, 5: 547, n. 53.
（174）同, 548.
（175）Chernyaev, *My Six Years with Gorbachev*, 73–74.
（176）Andrei Sakharov, *Memoirs*, trans. Richard Lourie（New York: Alfred A. Knopf, 1990）, 599–603.
（177）"Zasedanie Politburo TsK KPSS," August 29, 1985, NSA, READD-RADD collection. 政治局の会議で，ミハイル・ジミャーニンはボンネルを"スカートをはいたメスのけだもの，帝国主義の手先"とののしった．
（178）Sakharov, *Memoirs*, 614–16.

第7章◆世界の檜舞台へ　1985年3月-1986年12月

(1) オハイオ州立大マーション国際安全保障研究センター，ロシア科学アカデミー，総合歴史研究所によるオーラル・ヒストリー会議“二極化世界の崩壊：ミハイル・ゴルバチョフに抗した旧ソヴィエト高官らの見解”テープ2．1999年6月21-22日，マルコ・ポーロ・プレスニカ・ホテル．

(2) Grachev, *Gorbachev's Gamble*, 52, 62.

(3) BBCによるウォロンツォフへのインタビュー，TSRRT.

(4) コルニエンコへの筆者インタビュー，2005年6月17日，モスクワ．

(5) ジャック・F・マトロック・ジュニアへの筆者インタビュー，2004年11月23日，ニュージャージー州プリンストン；Jack F. Matlock Jr., *Reagan and Gorbachev: How the Cold War Ended*（New York: Random House, 2004）, 136-37.

(6) Grachev, *Gorbachev's Gamble*, 30.

(7) Roald Z. Sagdeev, *The Making of a Soviet Scientist*（New York: John Wiley & Sons, 1994）, 264.

(8) Artemy Kalinovsky, *A Long Goodbye: The Soviet Withdrawal from Afghanistan*（Cambridge, MA: Harvard University Press, 2011）, 77.

(9) Svetlana Savranskaya, Thomas Blanton, and Vladislav Zubok, eds., *Masterpieces of History: The Peaceful End of the Cold War in Europe, 1989*（New York: Central European University Press, 2010）, 104-5.

(10) Grachev, *Gorbachev's Gamble*, 14, 34.

(11) Anatolii Cherniaev, *1991 god: Dnevnik pomoshchnika prezidenta SSSR*（Moscow: Terra, 1997）, 617.

(12) 同, 623.

(13) Brutents, *Nesbyvsheesia*, 127.

(14) 筆者によるチェルニャーエフへのインタビュー, 2005年6月29日, モスクワ.

(15) Gorbachev, *Zhizn' i reformy*, 2: 7.

(16) Grachev, *Gorbachev's Gamble*, 47-48.

(17) Dobrynin, *In Confidence*, 565.

(18) 1985年4月12日付と5月30日付のチェルニャーエフ日記，*Sovmestnyi iskhod*, 617-21; 629.

(19) Gorbachev, *Zhizn'*, 2: 708.

(20) Aleksandrov-Agentov, *Ot Kollontai do Gorbacheva*, 287-88.

(21) 1985年2月22日，12月8日のチェルニャーエフ日記，1985年の目次と後書き，*Sovmestnyi iskhod*, 603-4, 659, 663.

(22) Grachev, *Gorbachev's Gamble*, 55.

(23) Gromyko, *Andrei Gromyko*, 110.

(24) Dobrynin, *In Confidence*, 571.

(25) 1985年7月1日のチェルニャーエフ日記，*Sovmestnyi iskhod*, 637.

(26) 筆者によるゲオルギー・コルニエンコへのインタビュー，2005年6月17日，モスクワ．

(27) Gorbachev, *Memoirs*, 180; Grachev, *Gorbachev's Gamble*, 76 も参照．

(28) Gorbachev, *Memoirs*, 180.

(29) マトロック・ジュニアがベススメルトヌイフを引用，*Reagan and Gorbachev*, 129.

(30) Gorbachev, *Memoirs*, 180–81.

(31) Eduard Shevardnadze, *The Future Belongs to Freedom*, trans. Catherine A. Fitzpatrick (New York: Free Press, 1991), 1–40.

(32) Grachev, *Gorbachev's Gamble*, 87–88; Anatolii Kovalev, "Iskustvo vozmozhnogo" 出版年不明，ピーター・レッダウェイが筆者に提供した未刊行原稿．

(33) Gorbachev, *Zhizn'*, 2: 482; Dobrynin, *In Confidence*, 619.

(34) Dobrynin, *In Confidence*, 620.

(35) グラチョフが引用したゴルバチョフの言葉，*Gorbachev's Gamble*, 88.

(36) 同, 76–77, 88.

(37) Cherniaev, *Moia zhizn' i moe vremya*, 46.

(38) 1986年5月29日付のチェルニャーエフ日記，*Sovmestnyi iskhod*, 683–84.

(39) R. Gorbachev, *I Hope*, 165–66. アメリカの駐ソ大使マトロックによると，ソヴィエト要人は礼服を"ブルジョワ的"とみなしていたので，例外が認められた．

(40) チェルニャーエフへの筆者インタビュー，2005年6月29日，モスクワ．

(41) パーヴェル・パラシチェンコ，アンドレイ・グラチョフによる回想，*Raisa Gorbacheva: Shtrikhi*, 50, 90.

(42) V. Shevchenko, *Povsednevnaia zhizn' Kremlya pri prezidentakh* (Moscow: Molodaya gvardiia, 2004), 115–16.

(43) R. Gorbachev, *I Hope*, 167–68.

(44) グラチョフによる回想，*Raisa Gorbacheva: Shtrikhi*, 95.

(45) William Taubman, *Stalin's American Policy: From Entente to Détente to Cold War* (New York: W. W. Norton, 1982).

(46) Taubman, *Khrushchev*, esp. chaps. 15 and 19.

(47) Grachev, *Gorbachev's Gamble*, 46.

(48) 同, 47.

(49) Gorbachev, *Sobranie sochinenii*, 16: 390.

(50) Dobrynin, *In Confidence*, 477.

(51) *Otvechaia na vyzov vremeni: Vneshniaia politika perestroika: Dokymental'nye svidetel'stva* (Moscow: Ves'Mir Izdatelstvo, 2010), 37–40; Gorbachev, *Sobranie sochinenii*, 3: 238.

(52) 1985年8月9日付のチェルニャーエフ日記，*Sovmestnyi iskhod*, 642.

(53) Grachev, *Gorbachev's Gamble*, 71–72.

(54) 同, 72.

(55) Gorbachev, *Sobranie sochinenii*, 3: 290.

(56) Shevardnadze, *Future Belongs to Freedom*, 49.

(57) Dobrynin, *In Confidence*, 600.

(58) BBCによるアナトーリー・チェルニャーエフへのインタビュー, TSRRT.

(59) Gorbachev, *Sobranie sochinenii*, 4: 124–34.

(60) Vladislav Zubok, *A Failed Empire: The Soviet Union in the Cold War from Stalin to Gorbachev* (Chapel Hill: University of North Carolina Press, 2007), 267.

(61) Dobrynin, *In Confidence*, 500.

(62) *Otvechaia na vyzov vremeni*, 516.

(63) Gorbachev, *Poniat' perestroiku*, 33, 70.

(64) Grachev, *Gorbachev's Gamble*, 114.

(65) Chernyaev, *My Six Years with Gorbachev*, 61.

(66) Savranskaya, Blanton, and Zubok, *Masterpieces of History*, 124.

(67) 同, 107.

(68) Grachev, *Gorbachev's Gamble*, 114.

(69) チェルニャーエフの意見, Savranskaya, Blanton, and Zubok, *Masterpieces of History*, 163.

(70) Chernyaev, *My Six Years with Gorbachev*, 23.

(71) Gorbachev, *Zhizn'*, 2: 311–12.

(72) Savranskaya, Blanton, and Zubok, *Masterpieces of History*, 137.

(73) ゴルバチョフとソヴィエト共産党中央委書記局の会合の議事録, 1985年3月15日 : 同, 217–19.

(74) Svetlana Savranskaya, "The Logic of 1989: The Soviet Peaceful Withdrawal from Eastern Europe," 同, 5.

(75) Shakhnazarov, 同, 123.

(76) O. Vladimirov, "Questions of Theory: Leading Factor in the World Revolutionary Process," in *Pravda*, June 21, 1985, p. 3/4, trans. in *FBIS Daily Report—Soviet Union*, vol. 3, no. 122, June 24, 1985, pp. BB2-BB7.

(77) 1985年7月5日付のチェルニャーエフ日記, *Sovmestnyi iskhod*, 638.

(78) Savranskaya, Blanton, and Zubok, *Masterpieces of History*, 124.

(79) Chernyaev, *My Six Years with Gorbachev*, 36.

(80) Savranskaya, "Logic of 1989," 6; Gorbachev, *Zhizn'*, 2: 314.

(81) 1986年3月10日の中央委総会におけるゴルバチョフ演説, *Otvechaia na vyzov vremeni*, 519.

(82) 1986年6月13日の政治局会議におけるゴルバチョフ発言をチェルニャーエフが記録, Savranskaya, Blanton, and Zubok, *Masterpieces of History*, 226–27.

（83）ゴルバチョフが1986年6月26日に政治局に送った覚書と，1986年7月3日の政治局会議における発言，同, 230–35.
（84）Savranskaya, "Logic of 1989," 9.
（85）BBCによるアフロメイエフへのインタビュー，TSRRT; kalinovsky, *Long Goodbye*, 16–73.
（86）*Otvechaia na vyzov vremeni*, 599.
（87）BBCによるアルバートフへのインタビュー，TSRRT.
（88）1985年4月4日付のチェルニャーエフ日記，*Sovmestnyi iskhod*, 617.
（89）"Zapis' besedy tov. Gorbacheva M. S. s General'nym sekretarem TsK NDPA V. Karmalym," March 14, 1985, in NSA, READD-RADD collection.
（90）1985年10月16日，17日付のチェルニャーエフ日記，*Sovmestnyi iskhod*, 649–50.
（91）Kalinovsky, *Long Goodbye*, 89.
（92）同, 88.
（93）同, 53.
（94）Matlock Jr., *Reagan and Gorbachev*, 182.
（95）Kalinovsky, *Long Goodbye*, 3.
（96）*Otvechaia na vyzov vremeni*, 677.
（97）Gorbachev, *Sobranie sochinenii*, 4: 311.
（98）同, 5: 280.
（99）Pavel Palazhchenko, *My Years with Gorbachev and Shevardnadze: The Memoir of a Soviet Interpreter*（University Park: Pennsylvania State University Press, 1997）, 28, 59.
（100）A. Liakhovskii, *Tragedia i doblest' Afgana*（Moscow: Iskona, 1995）, 523.
（101）*Otvechaia na vyzov vremeni*, 601.
（102）A. ベネディクトフによるゴルバチョフへのインタビュー，ラジオ「モスクワのこだま」，2009年2月15日放送.
（103）Gorbachev, *Sobranie sochinenii*, 3: 520.
（104）Dobrynin, *In Confidence*, 480–86, 528.
（105）同, 491–92, 511–12, 517–18, 527.
（106）同, 544–58.
（107）Mark Anderson and Annelise Anderson, *Reagan's Secret War: The Untold Story of His Fight to Save the World from Nuclear Disaster*（New York: Random House, 2009）, 60, 63, 143, 156, 161.
（108）同, 94.
（109）Epigraph to Frances FitzGerald, *Way Out There in the Blue: Reagan, Star Wars and the End of the Cold War*（New York: Simon & Schuster, 2001）.
（110）Yakovlev, *Perestroika*, 11–13.

(111) George P. Shultz, *Turmoil and Triumph: My Years as Secretary of State* (New York: Charles Scribner's Sons, 1993), 528–33; Dobrynin, *In Confidence*, 567–69.

(112) "Soveshchanie sekretarei TsK KPSS sistoiavsheesia u General'nogo sekretaria TsK KPSS tovarishcha Gorbacheva M. S.," March 15, 1985, in NSA, READD-RADD collection.

(113) NSA, READD-RADD collection.

(114) Dobrynin, *In Confidence*, 569.

(115) Chernyaev, *My Six Years with Gorbachev*, 32.

(116) Shultz, *Turmoil and Triumph*, 535.

(117) 同, 563–64.

(118) Gorbachev, *Poniat' perestroiku*, 71.

(119) Frédéric Bozo, *Mitterrand, the End of the Cold War, and German Unification* (New York: Berghahn Books, 2009), 14.

(120) 同, 11–14.

(121) Grachev, *Gorbachev's Gamble*, 63.

(122) ユーリー・ウォロンツォフへの BBC インタビュー，TSRRT.

(123) Chernyaev, *Sovmestnyi iskhod*, 648; Chernyaev, *My Six Years with Gorbachev*, 40.

(124) Grachev, *Gibel' Sovetskogo "titanika,"* 218.

(125) Gorbachev, *Sobranie sochinenii*, 2: 548.

(126) 筆者によるグセンコフへのインタビュー，2007 年 3 月 21 日，モスクワ．グセンコフの回想（*Raisa Gorbacheva: Shtrikhi*, 106）も参照．

(127) R. Gorbachev, *I Hope*, 165.

(128) ゲオルギー・アルバートフへの筆者インタビュー，2006 年 5 月 27 日，モスクワ．

(129) Dobrynin, *In Confidence*, 585.

(130) Shultz, *Turmoil and Triumph*, 586–87.

(131) 同, 590.

(132) Dobrynin, *In Confidence*, 583.

(133) Shultz, *Turmoil and Triumph*, 594.

(134) Dobrynin, *In Confidence*, 584.

(135) Grachev, *Gorbachev's Gamble*, 64; Sagdeev, *Making of a Soviet Scientist*, 269.

(136) ジャック・マトロック・ジュニアとの個人的対話，2016 年 1 月 25 日．

(137) Suzanne Massie, *Land of the Firebird: The Beauty of Old Russia* (Blue Hill, ME: Heart Tree Press, 1980); マッシーには前夫ロバート・K・マッシーとの共著 *Nicholas and Alexandra*（New York: Atheneum, 1967）もある．

(138) Don Oberdorfer, *The Turn: From the Cold War to the New Era: The United States and the Soviet Union, 1983–1990* (New York: Poseidon Press, 1991), 142–43.

(139) James Graham Wilson, *The Triumph of Improvisation: Gorbachev's Adaptability,*

Reagan's Engagement, and the End of the Cold War（Ithaca, NY: Cornell University Press, 2014）, 100. ウィルソンによれば，レーガンは通訳が追いつけないペースでしゃべったので，通訳は“どう訳していいか分からなかった”.

（140）Donald T. Regan, *For the Record: From Wall Street to Washington*（San Diego: Harcourt Brace Jovanovich, 1988）, 305.

（141）Dobrynin, *In Confidence*, 587.

（142）Aleksandrov-Agentov, *Ot Kollontai do Gorbacheva*, 288; Regan, *For the Record*, 307.

（143）ロナルド・レーガン大統領文書に属する政府文書.

（144）Dobrynin, *In Confidence*, 588.

（145）グラチョフがヤコヴレフの言葉を引用，Grachev, *Gorbachev's Gamble*, 64.

（146）同.

（147）Reagan Library, Matlock MSS（Box 92137）, マーガレット・サッチャー基金が取得.

（148）Matlock Jr., *Reagan and Gorbachev*, 162.

（149）Regan, *For the Record*, 310–11.

（150）Ronald Reagan, *An American Life*（New York: Simon & Schuster, 1990）, 14.

（151）Gorbachev, *Zhizn'*, 2: 21.

（152）1985 年 11 月 24 日付のチェルニャーエフ日記，*Sovmestnyi iskhod*, 657.

（153）Dobrynin, *In Confidence*, 620.

（154）Grachev, *Gibel' Sovetskogo "titanika,"* 255.

（155）Shultz, *Turmoil and Triumph*, 600–601.

（156）ゴルバチョフの勤務時間については，Aleksandrov-Agentov, *Ot Kollontai do Gorbacheva*, 288.

（157）Matlock Jr., *Reagan and Gorbachev*, 156.

（158）Dobrynin, *In Confidence*, 591.

（159）Regan, *For the Record*, 312–13.

（160）筆者によるゴルバチョフへのインタビュー，2007 年 5 月 2 日，モスクワ.

（161）Reagan, *American Life*, 12–15.

（162）Regan, *For the Record*, 315.

（163）Ronald Reagan Presidential Library and Museum, "Address at Commencement Exercises at Eureka College, Eureka, Illinois, on May 9, 1982," *Public Papers of President Ronald W. Reagan*, May 9, 1982, http://www.reagan.utexas.edu/archives/speeches/1982/50982a.htm.

（164）FitzGerald, *Way Out There*, 54.

（165）Nancy Reagan, *My Turn: The Memoirs of Nancy Reagan*（New York: Random House, 1989）, 66.

（166）同, 336.

(167) 同, 44–54, 星占いについて ; Regan, *For the Record*, 300, on the château.
(168) N. Reagan, *My Turn*, 336–40.
(169) Regan, *For the Record*, 314.
(170) R. Gorbachev, *I Hope*, 168.
(171) Matlock Jr., *Reagan and Gorbachev*, 170.
(172) Grachev, *Gorbachev's Gamble*, 64.
(173) 同, 67.
(174) Gorbachev, *Sobranie sochinenii*, 3: 205–17.
(175) Matlock Jr., *Reagan and Gorbachev*, 177; Grachev, *Gorbachev's Gamble*, 68–69.
(176) Chernyaev, *My Six Years with Gorbachev*, 59.
(177) Dobrynin, *In Confidence*, 597.
(178) Grachev, *Gorbachev's Gamble*, 67.
(179) FitzGerald, *Way Out There*, 324; Hoffman, *Dead Hand*, 239.
(180) Jack Matlock Jr., personal communication, January 24, 2016.
(181) Gorbachev, *Zhizn'*, 2: 22.
(182) Brutents, *Nesbyvsheesia*, 140.
(183) Gorbachev, *Zhizn'*, 2: 23.
(184) Gorbachev, *Sobranie sochinenii*, 4: 105.
(185) 同, 3: 474.
(186) 同, 4: 84–85; Chernyaev, *My Six Years with Gorbachev*, 60–61.
(187) Gorbachev, *Sobranie sochinenii*, 3: 521.
(188) Chernyaev, *My Six Years with Gorbachev*, 76.
(189) Gorbachev, *Sobranie sochinenii*, 4: 562–63; Chernyaev, *My Six Years with Gorbachev*, 76–77.
(190) Chernyaev, *My Six Years with Gorbachev*, 77–78.
(191) Gorbachev letter in "The Reykjavik File," National Security Archive Electronic Briefing Book No. 203.
(192) FitzGerald, *Way Out There*, 346.
(193) Regan, *For the Record*, 342.
(194) Matlock Jr., *Reagan and Gorbachev*, 213.
(195) Chernyaev, *My Six Years with Gorbachev*, 81; Grachev, *Gorbachev's Gamble*, 81–82.
(196) レイキャヴィク首脳会談へ向け，準備作業グループにゴルバチョフが述べた言葉を，チェルニャーエフが引用，1986 年 10 月 4 日，"The Reykjavik File," National Security Archive Electronic Briefing Book No. 203.
(197) Dobrynin, *In Confidence*, 620.
(198) オーラル・ヒストリー会議"二極化世界の崩壊"のために実施されたクリュチコフとバクラーノフへのインタビュー，モスクワ，199 年 6 月 21–22 日.

(199) Sagdeev, *Making of a Soviet Scientist*, 307–8.
(200) Hoffman, *Dead Hand*, 261.
(201) U.S. and Soviet minutes of the first Reagan-Gorbachev meeting at Reykjavik, National Security Archive Electronic Briefing Book No. 203, document nos. 9 and 10.
(202) Shultz, *Turmoil and Triumph*, 760.
(203) レーガン，ゴルバチョフによる第2回会談を記録した米ソ双方の議事録，National Security Archive Electronic Briefing Book No. 203, document nos. 11 and 12.
(204) Shultz, *Turmoil and Triumph*, 762–65.
(205) Reagan, *American Life*, 677.
(206) 1986年10月12日に行われたレイキャヴィク米ソ首脳会談第3回会合のアメリカ側記録，National Security Archive Electronic Briefing Book No. 203, document no. 13.
(207) Shultz, *Turmoil and Triumph*, 769.
(208) 1986年10月12日午後3時25分から同6時に及んだ会合のアメリカ側記録，National Security Archive Electronic Briefing Book No. 203, document no. 15.
(209) N・ゴードン・レヴィン・ジュニアの示唆に感謝する．
(210) 1986年10月12日午後3時25分から同6時に及んだ会合のアメリカ側記録，National Security Archive Electronic Briefing Book No. 203, document no. 15.
(211) Chernyaev, *My Six Years with Gorbachev*, 86.
(212) Gorbachev, *Zhizn'*, 2: 31.
(213) Shultz, *Turmoil and Triumph*, 773–74.
(214) Regan, *For the Record*, 351.
(215) Shultz, *Turmoil and Triumph*, 774.
(216) 筆者によるトーマス・サイモンズへのインタビュー，2006年11月20日，マサチューセッツ州ケンブリッジ．
(217) 筆者によるチャールズ・ヒルへのインタビュー，2006年6月20日，コネチカット州ニューヘイブン．
(218) Medvedev, *Chelovek za spinoi*, 210.
(219) Dobrynin, *In Confidence*, 622.
(220) Gorbachev, *Zhizn'*, 2: 26; Grachev, *Gorbachev's Gamble*, 85.
(221) Gorbachev, *Zhizn'*, 2: 31–32.
(222) Gorbachev, *Sobranie sochinenii*, 5: 54.
(223) Gorbachev, *Zhizn'*, 2: 32; Gorbachev, *Naedine s soboi*, 470.
(224) N. Reagan, *My Turn*, 344; Regan, *For the Record*, 344.
(225) N. Reagan, *My Turn*, 344–46.
(226) Matlock Jr., *Reagan and Gorbachev*, 230.
(227) Gorbachev, *Sobranie sochinenii*, 5: 65.
(228) "Zasedanie Politburo TsK KPSS, 14 oktiabria 1986," NSA, READD-RADD

collection; Chernyaev notes on Politburo session of October 30, 1986, in National Security Archive Electronic Briefing Book No. 203, document no. 23.

(229) オーラル・ヒストリー会議“二極化世界の崩壊”のために実施されたインタビュー，モスクワ，1999年6月21-22日．

(230) Hoffman, *Dead Hand*, 273.

(231) Moore, *Margaret Thatcher*, 598-605.

(232) ジャック・マトロック・ジュニアとの個人的対話，2016年1月24日．

(233) Gorbachev, *Sobranie sochinenii*, 5: 150.

(234) 1986年10月30日の政治局会議についてチェルニャーエフが記録，NSA Electronic Briefing Book No. 203, document no. 23. マトロックによれば，アメリカ側には“合意点と不合意点”についてソヴィエト側と話し合う用意があったが，ソヴィエト側が“かたくなに拒んだ”という．2016年1月24日のマトロックとの個人的対話．

(235) Gorbachev, *Sobranie sochinenii*, 5: 181.

(236) 同, 190.

(237) 同, 262.

(238) Chernyaev, *My Six Years with Gorbachev*, 87.

第8章◆瓶の中の2匹のサソリ　1987年

(1) 筆者によるミハイル・ゴルバチョフへのインタビュー，2007年5月25日，モスクワ．

(2) Cherniaev, *Sovmestnyi iskhod*, 739.

(3) ワジーム・メドヴェージェフによる．1986年11月19日，GFA, f. 10, op. 2.

(4) Medvedev, *V kommande Gorbacheva*, 44-45.

(5) *V Politbiuro TsK KPSS: Po zapisam Anatoliia Cherniaeva, Vadima Medvedeva, Georgiia Shakhnazarova, 1985-1991* (Moscow: Gorbachev-Fond, 2008), 128-30.

(6) Gorbachev, *Sobranie sochinenii*, 5: 391-458. ゴルバチョフによる総会総括演説 GFA, f. 10, op.2 も参照．

(7) BBCによるオットー・ラツィスのインタビュー，TSRRT.

(8) Gorbachev, *Zhizn'*, 1: 310-11.

(9) BBCによるベリャーエフへのインタビュー，TSRRT.

(10) BBCによるウォロトニコフへのインタビュー，TSRRT; Vorotnikov, *A bylo eto tak*, 130.

(11) Medvedev, *V kommande Gorbacheva*, 47.

(12) Gorbachev, *Sobranie sochinenii*, 6: 36.

(13) ルイシコフは，このうわべの成果に自らの利益を見出していた（BBCインタビュー，TSRRT）．しかし，アバルキン（BBCインタビュー，TSRRT）とV・メドヴェージェフ（*V Kommnde Gorbacheva*, 48）も同じ数字を引用している．

(14) GFA, f.2, op. 2.
(15) Gorbachev, *Zhizn'*, 1: 346.
(16) 同, 334.
(17) Medvedev, *V kommande Gorbacheva*, 48–49.
(18) BBC によるニコライ・ペトラコフへのインタビュー，TSRRT.
(19) ラツィスへの BBC によるインタビュー，TSRRT; Gorbachev, *Poniat' perestroiku*, 108.
(20) ゴルバチョフは回想録で，経済改革が性急で恣意的であったとの見方を否定しているが，ルイシコフはまさにそれが実態であったと主張している：Gorbachev, *Zhizn'*, 1: 347; Ryzhkov, *Perestroika*, 167.
(21) Gorbachev, *Zhizn'*, 1: 349.
(22) Vorotnikov, *A bylo eto tak*, 139; Gorbachev, *Sobranie sochinenii*, 6: 371–75.
(23) Gorbachev, *Zhizn'*, 1: 353.
(24) Chernyaev's diary, June 20, 1987, entry, in *Sovmestnyi iskhod*, 711–12.
(25) Chernyaev, *My Six Years with Gorbachev*, 122.
(26) Gorbachev, *Zhizn'*, 1: 348.
(27) 1987 年 7 月 5 日付のチェルニャーエフ日記，*Sovmestnyi iskhod*, 713.
(28) ペトラコフへの BBC インタビュー，TSRRT.
(29) 1987 年 7 月 5 日付のチェルニャーエフ日記，*Sovmestnyi iskhod*, 712–13.
(30) Medvedev, *V kommande Gorbacheva*, 52.
(31) *V Politbiuro*, 198–99; Gorbachev, *Sobranie sochinenii*, 7: 268.
(32) *V Politbiuro*, 195.
(33) Chernyaev, *My Six Years with Gorbachev*, 127.
(34) Gorbachev, *Poniat' perestroiku*, 112.
(35) 1987 年 7 月 5 日付のチェルニャーエフ日記，*Sovmestnyi iskhod*, 715.
(36) 1987 年 1 月 10 日付のチェルニャーエフ日記，同, 705.
(37) 1987 年 6 月 14 日付のチェルニャーエフ日記，同, 709.
(38) Gorbachev, *Zhizn'*, 1: 318; Gorbachev, *Poniat' perestroiku*, 53; Grachev, *Gorbachev*, 165.
(39) 1987 年 1 月 29 日の政治局会議における発言，GFA, f. 10, 0p. 2.
(40) 1987 年 2 月 5 日の政治局会議における発言，同.
(41) 1987 年 1 月 27–28 日の中央委総会におけるゴルバチョフの発言，同.
(42) 1987 年 1 月 10 日付チェルニャーエフ日記，*Sovmestnyi iskhod*, 705.
(43) Gorbachev, *Sobranie sochinenii*, 5: 503.
(44) Ligachev, *Inside Gorbachev's Kremlin*, 284.
(45) Boldin, *Ten Years That Shook the World*, 160.
(46) Ligachev, *Inside Gorbachev's Kremlin*, 97, 100.
(47) Iakovlev, *Sumerki*, 400–402.

(48) Ligachev, *Inside Gorbachev's Kremlin*, 101.
(49) BBCによるレオニード・ドブロホトフへのインタビュー，TSRRT.
(50) Boldin, *Ten Years That Shook the World*, 159.
(51) BBCによるルキヤーノフへのインタビュー，TSRRT.
(52) Ligachev, *Inside Gorbachev's Kremlin*, 105–8.
(53) William Taubman and Jane Taubman, *Moscow Spring* (New York: Summit Books, 1989), 94.
(54) Gorbachev, *Zhizn'*, 1: 365.
(55) 1987年3月24日の政治局会議の記録，GFA, f. 2. op. 2.
(56) *V Politbiuro*, 161.
(57) 1987年7月5日付チェルニャーエフ日記，*Sovmestnyi iskhod*, 715–16.
(58) 1987年8月31日付のチェルニャーエフ日記，同, 720.
(59) 注6を参照．1987年8月31日付チェルニャーエフ日記，同，720–22; Mikhail Gorbachev, *Perestroika: New Thinking for Our Country and the World* (New York: HarperCollins, 1987).
(60) Chernyaev, *My Six Years with Gorbachev*, 126.
(61) 198年10月15日の政治局会議記録，*V Politbiuro*, 245–57.
(62) 1987年10月15日付チェルニャーエフ日記，ロシア語版はNSAのウェブサイト，nsarchive.gwu.edu/rus/text_files/Chernyaev/1987.pdf, pp. 62–63.
(63) 同.
(64) 全文は，*Sobranie sochinenii*, 8: 406–59; Grachev, *Gorbachev*, 173–74も参照．特に祖父のスターリン観やブハーリン復権について．
(65) Gorbachev, *Zhizn'*, 1: 368.
(66) Timothy J. Colton, *Yeltsin: A Life* (New York: Basic Books, 2008), 112.
(67) 同, 110.
(68) Boris Yeltsin, *Against the Grain*, Michael Glenny訳 (New York: Summit Books, 1990), 110.
(69) Colton, *Yeltsin*, 108–9.
(70) 同, 109–12.
(71) BBCによるドルギフへのインタビュー，TSRRT.
(72) Colton, *Yeltsin*, 130–32.
(73) Yeltsin, *Against the Grain*, 125–26.
(74) Colton, *Yeltsin*, 128.
(75) Yeltsin, *Against the Grain*, 178–81.
(76) Chernyaev, *My Six Years with Gorbachev*, 130–31.
(77) BBCによるゴルバチョフへのインタビュー，TSRRT; Grachev, *Gorbachev*, 231; Yeltsin, *Against the Grain*, 184–85. エリツィンはクリミアからのゴルバチョフの電話に言及していない．ワジーム・メドヴェージェフによれば，エリツィ

ンはゴルバチョフが言った“休日”を10月7日の憲法記念日と考えた．メドヴェージェフは，この日について“誰も休日とはみなしていなかった”と語る．だが，この見方にはかなり疑義がある．Medvedev, *V kommande Gorbacheva*, 64. を参照．

(78) Brutents, *Nesbyvsheesia*, 100; 1987年10月21日付チェルニャーエフ日記，ロシア語版はNSAで閲覧可．

(79) Brutents, *Nesbyvsheesia*, 100; Vorotnikov, *A bylo eto tak*, 169.

(80) Gorbachev, *Sobranie sochinenii*, 8: 516–19.

(81) 同, 519–20.

(82) Brutents, *Nesbyvsheesia*, 102.

(83) Yeltsin, *Against the Grain*, 195.

(84) 総会における演説全文は，Gorbachev, *Sobranie sochinenii*, 8: 516–80. 10月21日付チェルニャーエフ日記（ロシア語版は，nsarchive.gwu.edu/rus/text_files/Chernyaev/1987.pdf, pp. 74–92）は特に精彩を放つ言葉を記録している．

(85) 筆者によるゴルバチョフへのインタビュー，2007年5月25日，モスクワ．

(86) Gorbachev, *Naedine s soboi*, 168.

(87) ゴルバチョフとエリツィンによるやや異なる結語は，Gorbachev, *Sobranie sochinenii*, 8: 376–84, 577–80; 10月21日付チェルニャーエフ日記，ロシア語版は，nsarchive.gwu.edu/rus/text_files/Chernyaev/1987.pdf, pp. 89–92; Colton, *Yeltsin*, 146も参照．

(88) 悪影響をブルテンツが列挙している，*Nesbyvsheesia*, 105.

(89) 1987年10月31日付チェルニャーエフ日記，ロシア語版は，nsarchive.gwu.edu/rus/text/Chernyaev/1987.pdf, p. 89; Gorbachev, *Sobranie sochinenii*, 8: 405.

(90) Colton, *Yeltsin*, 147. コルトンによれば，エリツィンは2002年のインタビューで彼に，もしゴルバチョフがそのような態度を示していたら“歴史は別の方向へ動いていただろう”と述べた．

(91) 同, 148.

(92) 筆者によるゴルバチョフへのインタビュー，2011年11月14日，モスクワ

(93) Gorbachev, *Zhizn'*, 1: 374; Colton, *Yeltsin*, 148; Evgenii Chazov, *Rok*（Moscow: Izdatelstvo GEOTAR-MEDITSINA, 2000）, 224–25; Aleksandr Korzhakov, *Boris Yeltsin: Ot rassveta do zakata*（Moscow: Interbook, 1997）, 65.

(94) Gorbachev, *Sobranie sochinenii*, 8: 485–95.

(95) Colton, *Yeltsin*, 149–50.

(96) 同, 150.

(97) Brutents, *Nesbyvsheesia*, 106, 108.

(98) Gorbachev, *Zhizn'*, 1: 291–92.

(99) Grachev, *Gorbachev*, 230.

(100) 2人の対照性については多くの証言がある．Colton, *Yeltsin*, 100も参照．

（101） 同, 15–22. も参照.

（102） Yeltsin, *Against the Grain*, 182; Colton, *Yeltsin*, 140 も参照.

（103） Grachev, *Gorbachev*, 231.

（104） 筆者によるゴルバチョフへのインタビュー, 2011 年 11 月 11 日, モスクワ.

（105） ルドリフ・ピホヤが後者の説に言及している, *Moskva—Kreml'—Vlast'*, 2: 101.

（106） Boldin, *Ten Years That Shook the Wolrd*, 235–36.

（107） Grachev, *Gorbachev*, 231–32.

（108） Colton, *Yeltsin*, 130–31.

（109） Gorbachev, *Zhizn'*, 1: 375.

（110） Grachev, *Gibel' Sovetskogo* "*titanika*," 238.

登場人物一覧（人名索引）

ア行

アイトマートフ，チンギス
キルギスタン共和国の作家
アダモーヴィチ，アレーシ
ベロルシアの作家，批評家．1989年からソヴィエト最高会議代議員　267–268
アバルキン，レオニード
経済学者，ソヴィエト連邦副首相（1990–1991）　332–333
アファナーシエフ，ヴィクトル
「プラウダ」紙編集長（1976–1989）　265, 290
アファナーシエフ，ユーリー
ソヴィエト連邦人民代議員，地域間代議員グループ共同代表（1989–1991）
アフマートワ，アンナ
著名なロシア詩人（1889–1996）　105, 339–340
アブラーゼ，テンギス
グルジア映画『懺悔』の監督　266
アフロメイエフ，セルゲイ
ソヴィエト軍元帥，ソヴィエト軍参謀総長（1984–1988），ゴルバチョフの軍事顧問（1988–1991）　235, 312, 320
アリエフ，ヘイダル
アゼルバイジャン共和国共産党第一書記（1969–1982），ソヴィエト連邦第一副首相（1982–1987），政治局員（1982–1987）　196, 224, 227, 239, 252, 343
アリソン，グラハム
ハーバード大学ケネディ行政大学院教授
アルバートフ，ゲオルギー
科学アカデミー所属アメリカ・カナダ研究所の創設者で所長（1967–1995）．共産党中央委員，ソヴィエト最高会議代議員（1985–1991）．アンドロポフとゴルバチョフの側近補佐官　137–138, 156–158, 195–196, 204, 272–273, 291, 301, 303, 352
アレクサンドロフ＝アゲントフ，アンドレイ
ブレジネフからゴルバチョフに至るソヴィエト共産党書記長の外交顧問（1966–1986）　240–241, 275–276
アンドレイエワ，ニーナ
共産党の一般党員で化学教師．「ソヴィエツカヤ・ロシア」紙に1988年，ゴルバチョフ改革の行き過ぎを批判する書簡を掲載した　4
アンドレオッティ，ジュリオ
イタリア外相（1983–1989），首相（1989–1992）
アンドロポフ，ユーリー
ソヴィエト共産党書記長（1982年11月—1984年2月），KGB議長（1967年5月—1982年5月）　136, 145, 153–161, 163, 175–177, 185–186, 188–192, 194–197, 200, 203–208, 223–224, 226, 229, 234, 246, 250, 252, 272, 286, 357
イグナチェンコ，ヴィターリー
「ノーヴォエ・ブレーミャ」誌の編集者（1986–1990），ゴルバチョフの副報道官を経て報道官（1990–1991）
イワシコ，ウラジーミル

ウクライナ共和国共産党第一書記（1990），ゴルバチョフのもとでソヴィエト共産党副書記長（1991）
ヴィソーツキー，ウラジーミル
ソヴィエトの俳優，シンガーソングライター　153, 159, 188
ヴィルガンスカヤ，アナスタシア（ナスチャ）
ゴルバチョフ夫妻の孫娘．母はイリーナ
ヴィルガンスカヤ，クセーニヤ
同　219
ヴィルガンスカヤ，イリーナ
ゴルバチョフの娘　100–101, 103–104, 117, 123, 126, 129, 168–172, 180–181, 357
ヴィルガンスキー，アナトーリー
イリーナの夫　170, 181, 253
ヴェリホフ，エヴゲーニー
原子力研究所所長，ソヴィエト人民代議員（1989–1991），ゴルバチョフ大統領のもとで政治諮問委員（1991）214, 272, 303
ウォリスキー，アルカージー
中央委員会機械製作部長，ナゴルノ・カラバフ派遣特使（1988–1990）207–208
ウォロトニコフ，ヴィターリー
ロシア共和国首相（1983–1988），ロシア共和国最高会議幹部会議長（1988–1990），政治局員（1983–1990）　210, 223, 226–227, 239, 252, 262, 331, 338, 341
ウォロンツォフ，ユーリー
ソヴィエトの国連大使（1990–1991），アフガニスタン駐在大使（1988–1990），第一外務次官（1986–1989），フランス駐在大使（1983–1986）　272, 277, 300
ウスチーノフ，ドミートリー
ソヴィエト国防相（1976–1984），政治局員（1976–1984）　162, 188, 206–208, 219, 224, 274
ウラソフ，アレクサンドル
ソヴィエト内相（1986–1988），ロシア共和国首相（1988–1990）
ウリヤーノフ，ミハイル
ソヴィエトの俳優，人民代議員　41, 331
エフレイモフ，レオニード
スタヴロポリ地方党委員会第一書記（1964–1970）　124–125, 131, 134–136
エリツィン，ボリース
ロシア大統領（1991–1999），ロシア共和国最高会議議長（1990–1991），政治局員候補（1986–1988），中央委員会書記（1985–1986），モスクワ市党委員会第一書記（1985–1987）　8, 12, 15, 236–237, 240, 328, 330, 334–335, 343, 345–360
オケット，アキレ
イタリア共産党書記長（1988–1994）164

カ行

カーター，ジミー
アメリカ合衆国大統領（1977–1981）185, 192, 315
カガノーヴィチ，ラーザリ
スターリンの側近，フルシチョフのライバル　112, 206
カズナチェイエフ，ヴィクトル
スタヴロポリ時代にゴルバチョフの副官　118–120, 149, 151–152, 163, 177
カーダール，ヤーノシュ

ハンガリー社会主義労働者党書記長（1956–1988） 287, 289–290
カラゴディナ，ユーリヤ
プリヴォリノエ時代のゴルバチョフの恋人 45, 47–50, 52, 80, 141
カリャーギン，ヴィクトル
スタヴロポリ近郊地区の党第一書記 117–118, 146, 149, 167
カルマル，バブラク
アフガニスタン人民民主党指導者（1979–1986） 292–293
ガンディー，ラジーヴ
インド首相（1984–1989） 293
キッシンジャー，ヘンリー
アメリカ国務長官（1973–1977），国家安全保障問題担当の大統領補佐官（1969–1975） 315
キリレンコ，アンドレイ
政治局員（1962–1982） 136, 152, 176, 191, 345
クヴィツィンスキー，ユーリー
ソヴィエトの西ドイツ駐在大使（1986–1990）
グセンコフ，ヴィターリー
ライーサ・ゴルバチョワの首席補佐官，1970年代にソヴィエトの外交官としてパリに駐在 166, 243–244, 301
クナーエフ，ディンムハメド
カザフスタン共和国共産党第一書記（1964–1986） 223, 239, 331
グラーニン，ダニール
ソヴィエトの作家，1989年からソヴィエト人民代議員 339
クラコフ，フョードル
スタヴロポリ地方の党委員会第一書記（1960–1964），中央委員会書記（1965–1978），政治局員（1971–1978） 120–125, 130, 136–138, 144, 146–147, 149, 153, 174, 176, 180, 189
グラチョフ，アンドレイ
ゴルバチョフの報道官（1991），中央委員会国際部副部長（1989–1991），中央委員会国際情報部課長（1986–1989），ゴルバチョフの伝記を執筆 13, 66, 80, 97, 107, 137, 148, 178, 196–197, 208, 252, 260, 273–274, 279, 287, 300, 306–307, 313, 357, 359–360
クラフチェンコ，レオニード
テレビ・ラジオ国家委員会議長（1990–1991），タス通信社長（1989–1990），国家テレビ・ラジオ委員会第一副議長（1985–1988） 231, 247
クラフチュク，レオニード
ウクライナ大統領（1991–1994），ウクライナ共和国最高会議議長（1990–1991）
グリーシン，ヴィクトル
ソヴィエト共産党モスクワ市委員会第一書記（1967–1985），政治局員（1971–1986） 163, 191, 196, 208, 219, 222–224, 227, 229, 237, 240, 245–246, 346, 357
クリュチコフ，ウラジーミル
1991年8月クーデターの首謀者，KGB議長（1988–1991），政治局員（1989–1991） 246, 317, 360
クリントン，ビル
アメリカ合衆国大統領（1993–2001）
グレンコ，スタニスラフ
ウクライナ共和国共産党第一書記（1990–1991）
クレンツ，エゴン
東ドイツの社会主義統一党書記長（1989年10月—1989年12月）

グロース，カーロイ
ハンガリー社会主義労働者党書記長（1988–1989），首相（1987–1988）
グロムイコ，アンドレイ
ソヴィエト外相（1957–1985），最高会議幹部会議長（1985–1988），政治局員（1973–1988） 185, 188, 191, 208, 214, 218–219, 222–224, 226, 228–229, 237–238, 250, 272, 274–278, 292, 294–295, 297–299, 312, 341, 343, 346
ゲイツ，ロバート
CIA長官（1991–1993），国家安全保障問題担当次席補佐官（1989–1991），CIA副長官（1986–1989）
ゲネラーロフ，ヴャチェスラフ
ゴルバチョフ警護を担当したKGB第9局の副局長
ゲラシーモフ，ゲンナージー
ソヴィエト外務省情報局長 156
ゲンシャー，ハンス＝ディートリッヒ
ドイツ外相兼副首相（1974–1992）
コール，ヘルムート
ドイツ首相（1990–1998），西ドイツ首相（1982–1990） 298
コスイギン，アレクセイ
ソヴィエト首相（1964–1980），政治局員（1948–1952，1960–1980） 106, 131, 138, 148, 152, 159–161, 163, 190–191, 234
コチェマソフ，ヴャチェスラフ
ソヴィエトの東ドイツ駐在大使（1983–1990）
ゴノチェンコ，アレクセイ
スタヴロポリ時代のゴルバチョフのスピーチライター 118, 169
ゴプカロ，パンテレイ
ゴルバチョフの母方の祖父 20–21, 24–26, 28–32, 34, 40, 55
ゴプカロ，ワシリーサ
ゴルバチョフの母方の祖母 25–26, 30, 34, 83
コルチャーノフ，ルドリフ
モスクワ大学でゴルバチョフの級友 56, 60, 62–65, 78–79
コルニエンコ，ゲオルギー
ソヴィエト第一外務次官（1977–1986），中央委員会国際部第一副部長（1986–1988） 222–223, 238, 276–278, 291, 307, 312
ゴルバチョフ，アレクサンドル
ゴルバチョフの弟 29, 44
ゴルバチョフ，アンドレイ
ゴルバチョフの父方の祖父 20, 23–24, 26, 28–30, 35
ゴルバチョワ，ステパニーダ
ゴルバチョフの父方の祖母 23, 30
ゴルバチョフ，セルゲイ
ゴルバチョフの父 20, 23, 27–30, 32, 37, 39–40, 47–48, 53, 76, 80, 83–84, 169
ゴルバチョワ，マリーヤ
ゴルバチョフの母 20, 25, 28–29, 33, 35, 37–38, 169
ゴルバチョワ，ライーサ
ゴルバチョフの妻 16, 27, 37, 52, 57–58, 62, 71–88, 91, 93–97, 99–104, 109, 112, 114–115, 117–119, 123, 125–130, 137, 139–140, 148, 151–152, 154, 163, 165–169, 171–172, 178–183, 194, 205, 207–208, 214–218, 225–226, 231–233, 241–245, 249, 252–253, 260, 277, 280–281, 299, 301, 304, 310–311, 324–325, 329, 331, 359
コルビン，ゲンナージー
カザフスタン共和国共産党第一書記（1986–1989）

ゴロヴァーノフ，ドミートリー
モスクワ大学でゴルバチョフの級友　56, 63–64, 66, 245
コロベイニコフ，アナトーリー
スタヴロポリ時代にゴルバチョフのスピーチライター　149–150
コワリョフ，アナトーリー
ソヴィエト外務次官（1986–1991）　159, 214, 273, 278
ゴンサレス，フェリペ
スペイン首相（1982–1996）　241

サ行

ザイコフ，レフ
モスクワ市党委員会第一書記（1987–1989）　239, 275, 355
サグジェイエフ，ロアリド
ソヴィエトの宇宙科学者　272, 303, 317
ザグラディン，ワジーム
ゴルバチョフの顧問（1988–1991）　137
ザスラフスカヤ，タチヤーナ
ソヴィエトの社会経済学者　202–204, 272
ザスラフスキー，イリヤー
ソヴィエト人民代議員
サッチャー，マーガレット
イギリス首相（1979–1990）　212–217, 271, 280, 288, 326
サハロフ，アンドレイ
ソヴィエトの水爆を開発した核物理学者，のちに反体制の人権活動家，1986年に流刑解除，1989年に人民代議員　137, 158, 269–270
サプチャク，アナトーリー
ソヴィエトの法学者，ソヴィエト人民代議員，大統領評議員，サンクトペテルブルク市長（1991–1996）　264
シェーニン，オレーク
中央委員会書記，政治局員（1990–1991），1991年8月クーデターに参加
シェワルナゼ，エドゥアルド
ソヴィエト外相（1985–1990），グルジア共和国共産党第一書記（1972–1985）　12, 177, 188, 193, 227, 238, 250, 266–267, 276–279, 284, 286–288, 302, 315, 317, 327, 330, 352
シチェルビツキー，ウラジーミル
ウクライナ共和国共産党第一書記（1972–1989），政治局員（1971–1989）　223, 239, 244
ジフコフ，トドル
ブルガリア共産党書記長（1954–1989）
ジミャーニン，ミハイル
中央委員会書記（1976–1987）　231, 290, 331
シメリョフ，ニコライ
ソヴィエトの経済専門家，ソヴィエト人民代議員　107, 252
シャターリン，スタニスラフ
国家経済改革委員（1989），大統領評議員（1990–1991）
シャトローフ，ミハイル
ソヴィエトの脚本家
シャプコ，ワレーリー
モスクワ大学でゴルバチョフの級友　64
シャフナザーロフ，ゲオルギー
ゴルバチョフの側近補佐官，東ヨーロッパ関係とソヴィエトの政治改革を担当（1988–1991）　7–8, 15, 106, 137, 141, 156, 158, 187, 235, 241–242,

244-245, 252, 272-273, 289-290
シャポシニコフ，エヴゲーニー
ソヴィエト最後の国防相（1991 年 8 月―12 月）
ジュガーノフ，ゲンナージー
ロシア共産党党首
シュシケーヴィチ，スタニスラフ
ベロルシア共和国最高会議議長（1991-1994）
シュトロウガル，ルボミール
チェコスロヴァキア首相（1971-1988）
シュルツ，ジョージ
アメリカ国務長官（1982-1989） 276, 297-299, 302-303, 307-308, 312-313, 317-321, 323, 327
シラーエフ，イワン
ロシア共和国首相（1990 年 6 月―1991 年末）
シラク，ジャック
フランス首相（1986-1988）
スースロフ，ミハイル
中央委員会書記（1947-1982） 136, 148, 162-163, 188-191, 213, 286
スコウクロフト，ブレント
ジョージ・H・W・ブッシュのもとで，国家安全保障問題担当補佐官（1989-1993）
スターリン，ヨシフ
本姓ジュガシヴィリ，1922 年にレーニンの後継者としてソヴィエト共産党の指導者，1953 年に現職のまま死亡 13, 19, 29-31, 41, 55-57, 59, 64-65, 68-71, 79, 104-105, 110-113, 118, 140, 142, 159-160, 173, 179, 189, 197-198, 206, 224, 232-233, 235-236, 267-268, 273, 278-279, 281, 285, 328-329, 339-341, 343-344, 348
スタルコフ，ウラジスラフ
「論拠と事実」紙の編集長
スタロドゥプツェフ，ワシーリー
1991 年 8 月クーデターに参加
スタンケーヴィチ，セルゲイ
ソヴィエトの学者，ソヴィエト人民代議員，地域間代議員グループ代表
ズドラヴォムイスロワ，オリガ
ゴルバチョフ財団事務局長
ストラウス，ロバート
アメリカのソヴィエト駐在大使（1991）
ズベンコ，イワン
スタヴロポリでゴルバチョフのスピーチライター 149-150
ゼーリック，ロバート
アメリカ国務省顧問（1989-1992）
ソコロフ，セルゲイ
ソヴィエト国防相（1984-1987） 223, 292
ソロヴィヨフ，ユーリー
レニングラード州党委員会第一書記（1985-1989） 79
ソロメンツェフ，ミハイル
政治局員（1983-1988） 191, 227, 239, 250, 252, 258, 262, 341, 343

タ行

ダニュシェフスカヤ，ガリーナ
モスクワ大学でゴルバチョフの級友 59
タラセンコ，セルゲイ
シェワルナゼ外相の補佐官（1985-1990） 287
チーホノフ，ニコライ
ソヴィエト首相（1980-1985），政治局員（1979-1985） 162, 191, 195-196, 207-209, 222, 227, 229, 237

チェイニー，ディック
ジョージ・H・W・ブッシュ大統領のもとで国防長官（1989–1992）
チェブリコフ，ヴィクトル
KGB 議長（1982–1988），中央委員会書記（1988–1989），政治局員（1985–1989） 222, 227, 239, 262, 268–269, 316, 340, 343, 351
チェルニャーエフ，アナトーリー
1986 年からゴルバチョフの補佐官，外交担当首席顧問，中央委員会国際部顧問団長（1961–1986），中央委員（1986–1991） 7–9, 16, 106–107, 137–138, 165, 183, 187, 195–196, 209, 211–214, 228–229, 231, 239, 241, 243, 245–247, 254, 262–263, 268–269, 272–276, 279–280, 282, 284–288, 291–292, 298, 300, 307, 312, 315, 322, 327, 329, 334–336, 340–342, 344, 349, 353
チェルネンコ，コンスタンチン
ソヴィエト共産党書記長（1984 年 2 月—1985 年 3 月） 136, 163, 173–177, 179, 188, 191, 194–197, 207–209, 211, 216, 219–224, 228–229, 246–247, 254, 288, 293, 296, 357
チキン，ワレンチン
「ソヴェツカヤ・ロシア」紙編集長
チタレンコ，アレクサンドラ
ライーサ・ゴルバチョワの母 76–77, 95
チタレンコ，エヴゲーニー
ライーサの弟 78
チタレンコ，マクシム
ライーサの父 76, 85
チタレンコ，リュドミラ
ライーサの妹 78, 95, 115, 244, 253
チャウシェスク，ニコラエ
ルーマニア共産党書記長（1965–1989），ルーマニア大統領（1967–1989） 288–290
チャゾフ，エヴゲーニー
ソヴィエト保健相（1987–1990），クレムリンの主任医師 160–161, 219, 222, 354
チレク・ユゼフ
ポーランド統一労働者党第一書記から大統領となったヴォイチェフ・ヤルゼルスキ大統領のもとで首席補佐官
デミケリス，ジャンニ
イタリア外相（1989–1992）
デミチェフ，ピョートル
政治局員候補（1965–1988）ソヴィエト文化相（1974–1986） 191, 239
テルチク，ホルスト
ヘルムト・コール首相の安全保障問題担当顧問（1982–1990）
鄧小平
中国の指導者（1978–1990 年代初頭） 235
ドゥビーニン，ユーリー
ソヴィエトの駐アメリカ大使（1986–1990）
ドゥビーニン，リアナ
ソヴィエトの駐アメリカ大使夫人
ドゥプチェク，アレクサンデル
「プラハの春」当時のチェコスロヴァキア共産党第一書記（1968 年 1 月—1969 年 4 月） 67, 107, 133, 235
トピリン，ユーラ
モスクワ大学でゴルバチョフの級友 71–72
ドブルイニン，アナトーリー
ソヴィエトの駐アメリカ大使（1962–1986），中央委員会国際部長（1986–1988） 194, 206, 218, 274, 276–279,

282, 284, 294–295, 297, 302, 304, 306–308, 312, 317, 323, 342
ドリンスカヤ，リュボーフィ
スタヴロポリでゴルバチョフ夫妻の隣人　99
ドルギフ，ウラジーミル
中央委員会書記（1972–1988），政治局員（1982–1988）　191, 209, 227–228, 252
トルドー，ピエール・エリオット
カナダ首相（1968–1979，1980–1984）　200
トワルドフスキー，アレクサンドル
ソヴィエトの作家，「ノーヴイ・ミール」誌編集長　105, 137, 339

ナ行

ナザルバエフ，ヌルスルタン
カザフスタン共和国共産党第一書記（1989–1991），カザフスタン大統領（1991～）
ナジブラ，ムハンマド
アフガニスタン大統領（1987–1992）　293
ニクソン，リチャード
アメリカ合衆国大統領（1969–1974）　185, 294, 314
ニコノフ，ヴィクトル
農業担当の中央委員会書記（1985–1989），政治局員（1987–1989）　239–240
ニコライ２世
最後のロシア皇帝（1894–1917）
ネーメト，ミクローシュ
ハンガリー首相（1988–1990）

ハ行

ハード，ダグラス
イギリス外相（1989–1995）
ハウ，ジェフリー
イギリス外相（1982–1989）　209, 213, 216–217
ハヴェル，ヴァツラフ
チェコの反体制作家，チェコスロヴァキア大統領（1989–1992）
パウエル，コリン
レーガン大統領のもとで，安全保障問題担当の補佐官（1987–1989），統合参謀本部長（1989–1993）
パウエル，チャールズ
イギリス首相マーガレット・サッチャー，ジョン・メージャーのもとで，私設秘書と外交顧問を兼任（1983–1991）　214–216
パヴロフ，ワレンチン
ソヴィエト首相（1991年1–8月），1991年8月のクーデターに参加
バカーチン，ワジーム
ソヴィエト内務相（1988–1990），大統領評議員（1990–1991），KGB議長（1991年9月—11月）
バクラーノフ，オレーク
1991年8月クーデターに参加，軍産複合体担当の中央委員会書記（1988–1991），汎用機械製作相（1983–1988）　317
バクラーノフ，グリゴーリー
ロシアの作家　266
ハズブラートフ，ルスラン
ロシア共和国最高会議第一副議長（1990–1991），同議長（1991–1993）
パティアシヴィリ，ジュムベル
グルジア共和国共産党第一書記（1985–1989）
パラシチェンコ，パーヴェル
ゴルバチョフとシェワルナゼの英語

通訳（1985–1991），ゴルバチョフ財団で国際関係と報道を担当　280–281, 293
ビッケニン，ナイーリ
中央委員会職員　58, 248
ビリャーク，ヴァジル
スロヴァキア共産党第一書記
ビリントン，ジェイムズ
アメリカ議会図書館長（1987–2015）
ファーリン，ワレンチン
中央委員会国際部部長（1988–1991），中央委員会書記（1990–1991），ソヴィエトの駐ドイツ連邦共和国大使（1970–1978）　272–273, 284
プーゴ，ボリース
ソヴィエト内相（1990–1991），ラトヴィア共和国共産党第一書記（1984–1988），1991年8月クーデターに参加
プーチン，ウラジーミル
ロシア大統領（2000–2008, 2012–2018, 2018—），エリツィン大統領のもとで首相（1999–2000），ドミートリー・メドヴェージェフ大統領のもとで首相（2008–2012）　12, 158
フサーク，グスタフ
チェコスロヴァキア大統領（1975–1989），チェコスロヴァキア共産党書記長（1969–1987）
ブッシュ，ジョージ，H・W
アメリカ合衆国大統領（1989–1993）　288, 296–298
ブドゥイカ，アレクサンドルとリディヤ
スタヴロポリとモスクワでゴルバチョフ夫妻の友人　76, 126, 129, 132, 167–168, 171, 179, 181, 233
ブラザウスカス，アルギルダス
リトアニア共和国共産党第一書記（1988–1989），リトアニア最高会議幹部会議長（1990）
ブラックウィル，ロバート
ジョージ・H・W・ブッシュ大統領のもとで国家安全保障問題担当の特別補佐官（1989–1991）
フルシチョフ，ニキータ
ソヴィエト共産党第一書記（1953–1964），首相（1954–1964）　31, 71, 104–106, 111–112, 114, 122–124, 126–127, 135, 142–143, 158, 160, 164, 181, 198–199, 206, 208, 234, 249–250, 255, 264–265, 273, 278, 281–282, 285, 328, 340, 356
ブルテンツ，カレン
中央委員会国際部第一次長（1986–1991），同国際部副部長（1976–1986）　187, 196, 272–273, 351, 356, 360
ブルラツキー，フョードル
文学新聞の編集長　156
ブレイスウェイト，ロドリク
イギリスの駐ロシア大使（1988–1991）　212
ブレジネフ，レオニード
ソヴィエト共産党書記長（1964年10月—1982年11月）　31, 104, 106–107, 132–133, 135–138, 141, 143–145, 147–148, 152, 157, 159–163, 173–177, 181, 184–191, 193–196, 199, 202, 223, 226, 230–232, 240, 247, 249–250, 272–273, 275, 282–283, 285–286, 288–289, 295, 299, 331, 339, 345, 356
ブレジンスキー，ズビグニュー
ジミー・カーター大統領のもとで国家安全保障問題担当の補佐官（1977

−1981） 315
プレハーノフ，ユーリー
KGBでゴルバチョフの警護を担当する局長（1983−1991），1991年8月のクーデターに参加
ブロヴィコフ，ウラジーミル
ベロルシア共和国首相（1983−1986），ソヴィエトの駐ポーランド大使（1986−1990）
プロコフィエフ，ユーリー
モスクワ市党委員会第一書記（1989−1991），政治局員（1990−1991）
フロロフ，イワン
ゴルバチョフの顧問（1987−1989），「プラウダ」紙編集長（1989−1991），中央委員会書記（1989−1990），政治局員（1990−1991） 137, 242
ベイカー，ジェイムズ，3世
アメリカのジョージ・H・W・ブッシュ大統領のもとで国務長官（1989−1992），レーガン大統領のもとで首席補佐官（1981−1985），財務長官（1985−1988）
ベコワ，ゾーヤ
モスクワ大学時代のゴルバチョフの級友 56, 60
ペトラコフ，ニコライ
ゴルバチョフの経済顧問（1990） 257, 333, 335
ボーヴィン，アレクサンドル
共産党書記局の外交顧問 107, 156, 187, 195
ホーネッカー，エーリッヒ
東ドイツのドイツ社会主義統一党書記長（1971−1989） 189, 289−290
ボゴモーロフ，オレーク
経済学者，アンドロポフとゴルバチョフの補佐官，世界社会主義制度経済研究所所長 137, 156, 204, 235
ボゴリューボフ，クラウヴジー
中央委員会総務部長（1982−1985） 207, 222−223
ポジュガイ，イムレ
ハンガリーの政治家
ポノマリョフ，ボリース
中央委員会国際部長（1957−1986），中央委員会書記（1961−1986） 213, 227, 239, 275, 278, 288
ポポフ，ガブリール
モスクワ市長（1990−1992），民主派の政治家 264
ボルディン，ワレーリー
1991年8月のクーデターに参加，ゴルバチョフの補佐官（1982−1991），中央委員会総務部長（1987−1991），大統領評議員（1990−1991），大統領府長官（1990−1991） 8, 193−194, 205, 225, 230, 233, 240, 248−250, 253−254, 271, 326, 329, 331−332, 335, 338, 359
ポルトゥガロフ，ニコライ
中央委員会職員
ポルトラーニン，ミハイル
ロシア共和国情報相（1990−1992）
ポロトフ，ニコライ
スタヴロポリのコムソモールで人事部次長，ゴルバチョフの最初の上司 90−91
ボンダレフ，ユーリー
ロシアの作家
ボンネル，エレーナ
アンドレイ・サハロフ夫人 270

マ行

マスリュコフ，ユーリー
ソヴィエト副首相（1985−1988），ソ

ヴィエト第一副首相，国家計画委員会議長（1988–1991），大統領評議員（1990–1991），政治局員（1989–1990）
マゾヴィエツキ，タデウシュ
ポーランド首相（1989年8月—1990年12月）
マトロック，ジャック
アメリカのソヴィエト駐在大使（1987–1991），ロナルド・レーガン大統領のもとで，国家安全保障問題担当の特別補佐官（1983–1986）293, 303, 307–308, 313, 325–326
マトロック，レベッカ
マトロック大使夫人
ママルダシヴィリ，メラブ
モスクワ大学でライーサの級友，哲学者　78
マレンコフ，ゲオルギー
スターリンの側近，フルシチョフのライバル　112, 206
ミッテラン，フランソワ
フランス大統領（1981–1995）　271–272, 297–300, 314
ミハイレンコ，ヴィターリー
スタヴロポリでゴルバチョフの同僚 135, 151–152
ミハリョーワ，ナジェージダ
モスクワ大学でゴルバチョフの級友 56, 59–61, 78–80
ムサトフ，ワレーリー
中央委員会職員
ムタリボフ，アヤズ
アゼルバイジャン大統領（1990–1992），アゼルバイジャン共和国共産党第一書記（1990–1991），アゼルバイジャン共和国首相（1989–1990）
ムラートフ，ドミートリー
ゴルバチョフに近いロシアのジャーナリスト，ノーヴァヤ・ガゼータ紙編集長
ムラホフスキー，フセヴォロド
ソヴィエト第一副首相と国家農業委員会議長を兼務（1985–1989），スタヴロポリ地方党委員会第一書記（1978–1985）　150, 177, 245, 255
ムリナーシ，ズデネク
モスクワ大学でゴルバチョフの親友（1950–1955），チェコスロヴァキア共産党書記（1968–1970），「プラハの春」では知識人として枢要な役割を果たした　57, 61–62, 66–71, 78, 81, 85, 131–134, 139, 213, 235–236
メドヴェージェフ，ウラジーミル
ゴルバチョフの警護主任　8, 243, 248, 323
メドヴェージェフ，ロイ
ソヴィエトの反体制歴史家，ソヴィエト人民代議員　158
メドヴェージェフ，ワジーム
ゴルバチョフの顧問（1991），中央委員会書記（1986–1990），政治局員（1988–1990）　7, 8, 12, 208, 210, 239, 242, 249, 253, 262, 290, 329, 331–333, 335
メドゥーノフ，セルゲイ
クラスノダール地方党委員会第一書記（1973–1982）　175, 195
モドロウ，ハンス
東ドイツ首相（1989–1990）
モロトフ，ヴャチェスラフ
スターリン側近，フルシチョフのライバル　112, 206

ヤ行

ヤヴリンスキー，グリゴーリー

ソヴィエト，ロシアの経済専門家，ロシア共和国副首相，国家経済改革委員会副議長（1990）
ヤケシュ，ミロシュ
チェコスロヴァキア共産党書記長（1987–1989）
ヤコヴレフ，アレクサンドル
政治局員（1987–1990），中央委員会書記（1986–1990），ソヴィエトのカナダ駐在大使（1973–1983）　12, 17, 198–202, 204–205, 210–211, 214, 216, 224–225, 238, 246, 248–249, 262–264, 267–269, 272, 284, 296, 303, 329–335, 337–339, 342, 352, 358
ヤコヴレフ，エゴール
「モスコフスキエ・ノーヴォスチー」紙編集長（1986–1991）
ヤゾフ，ドミートリー
ソヴィエト国防相（1987–1991），1991年8月クーデターに参加
ヤナーエフ，ゲンナージー
ソヴィエト副大統領（1990年12月—1991年8月），ソヴィエト労組中央評議会議長（1986–1990），1991年8月クーデターに参加
ヤルゼルスキ，ヴォイチェフ
ポーランド大統領(1989–1990)，ポーランド統一労働者党第一書記（1981–1989），ポーランド首相（1981–1985）　286–287

ラ行

ライス，コンドリーザ
アメリカ国家安全保障会議のソヴィエト東欧部長（1989–1991）
ラコフスキ，ミチェスワフ
ポーランド首相（1988–1990）
ラツィス，オットー
世界社会主義制度経済研究所の研究員（1975–1986），ジャーナリスト（1986–1991）　183
ラニナ，オリガとアレクサンドロワ，タマーラ
アナトーリー・チェルニャーエフの秘書
ラプツェフ，イワン
「イズベスチヤ」紙の編集長（1984–1990），ソヴィエト最高会議連邦評議会議長（1990–1991）
ラフマーニン，オレーク
中央委員会で社会主義国共産党・労働者党関係部の第一副部長（1968–1987）　289–290
リーガン，ドナルド
レーガン大統領のもとで首席補佐官（1985–1987）　307–311, 323
リーベルマン，ワロージャ
モスクワ大学でゴルバチョフの級友　61, 64–65, 71, 79
リガチョフ，エゴール
政治局員（1985–1990），中央委員会書記（1983–1990），トムスク州党委員会第一書記（1965–1983）　203, 209, 222–223, 225–227, 231, 239–240, 252, 262, 267–269, 328, 337–339, 341, 343, 345–351, 354, 356–358
リハチョフ，ドミートリー
ロシアの学者，ソヴィエト人民代議員
リマシェフスカヤ，ナターリヤ
モスクワ大学でゴルバチョフの級友　63, 65
リャキシェワ，ニーナ
モスクワ大学でライーサの級友　73, 75, 180
リャボフ，ヤコフ

スヴェルドロフスク州党委員会第一書記（1971–1976） 345, 351
ルイシコフ，ニコライ
ソヴィエト首相（1985–1991），中央委員会経済部長（1982–1985），政治局員（1985–1990） 13, 204–205, 209, 223, 225–227, 237–240, 252, 254, 262, 330, 332–335, 342, 345, 351
ルイバコフ，アナトーリー
ソヴィエトの作家 268–269, 339
ルキヤーノフ，アナトーリー
ソヴィエト最高会議議長（1990–1991），中央委員会書記（1987–1988），1991年8月クーデターに関与 225, 228, 240, 245, 248, 253, 329, 331, 338
ルサコフ，コンスタンチン
中央委員会書記，中央委員会で社会主義国共産党・労働者党関係部の部長（1977–1986） 227, 290
ルスト，マティアス
西ドイツのアマチュア飛行機家，1987年5月28日に赤の広場に着陸
ルツコイ，アレクサンドル
ロシア副大統領（1991–1993）
レヴァダ，ユーリー
モスクワ大学でライーサ・ゴルバチョワの級友，社会学者 58, 78
レヴェンコ，グリゴーリー
ゴルバチョフのもとで大統領府長官（1991年末）
レーガン，ナンシー
レーガン・アメリカ大統領夫人（1981–1989） 16, 243, 304, 306–307, 309–311, 324–325
レーニン，ウラジーミル
1917年のボリシェヴィキ革命の指導者，ロシア・ソヴィエト連邦社会主義共和国の指導者（1917–1922），1922年から1924年の死亡までソヴィエト連邦指導者 29, 41, 55–56, 65, 68, 70, 76, 100, 105, 118, 129, 139, 163, 187, 193, 197, 232–234, 236–237, 255, 266, 281, 325, 339–340, 343–344
レベジ，アレクサンドル
ソヴィエトの将軍，1996年大統領選挙の候補者
レムニック，デイヴィッド
「ワシントン・ポスト」紙モスクワ特派員（1988–1991）
レーガン，ロナルド
アメリカ大統領（1981–1989） 185, 214, 218, 271, 274, 282, 294–299, 302–310, 312–326
ロマノフ，グリゴーリー
中央委員会書記（1983–1985），レニングラード州党委員会第一書記（1970–1983），政治局員（1976–1985） 196, 222, 227, 229, 237, 245

ワ行

ワイツゼッカー，リヒャルト・フォン
西ドイツ大統領，ドイツ大統領（1984–1994）
ワルシャフスキー，ミハイルとインナ
スタヴロポリ時代のゴルバチョフ夫妻の友人 126
ワレサ，レフ
ポーランド大統領（1990–1995），労組「連帯」創設者
ワレンニコフ，ワレンチン
ソヴィエト国防次官，地上軍司令官（1989–1991），1991年8月クーデターに参加 245

用語解説

閣僚会議：ソヴィエト政府の指導機関．主要省庁と国家委員会の長で構成．各共和国にも独自の閣僚会議があった．

クラーク：富農

検察官：西側の検察官と職責は類似しているが，より広い権限を有し，官民の法律順守を監視している．

候補：共産党は正式の党員と党員候補から成り，指導部も政治局員と政治局員候補，中央委員と中央委員候補で構成されていた．政治局員と中央委員には投票権があるが，候補には発言権しかなかった．

国家評議会：国権の最高機関として1991年9月に創設．連邦の大統領であるゴルバチョフと，この時点で連邦に所属する各共和国の最高指導者で構成．

コルホーズ：集団農場のこと．

コムソモール：全ソヴィエト連邦レーニン共産主義青年同盟の略称．

最高会議：1989年まではソヴィエト連邦の最高立法機関．形式的には連邦の議会で，各共和国にも独自の最高会議があった．いずれも実質的な追認機関だった．1989年から90年にかけて連邦や各共和国で，人民代議員大会が創設され，大会の合間の常設議会として，人民代議員による新たな最高会議を選出した．

集団農場：建前は自由な農民が自発的に集う農業組合．だが実態は国家が厳格に統制する組織．1920年代後半から農民を強制的に組み込んだ．

書記局：中央委員会の執行機関．中央委員会書記で構成．中央委員会書記を兼務する政治局員もいた．

書記長：ソヴィエト連邦共産党の最高指導者．

人民代議員大会：形式的な追認機関だったソヴィエト最高会議に代わり，1989年の選挙で成立したソヴィエト連邦の議会．連邦の各共和国でも独自の人民代議員大会を創設した．

政治局：共産党中央委員会の政治ビューロー．党の政策決定機関．理論的には中央委員会の合間に機能する指導機関だが，実際は党の全権を常時担った．ゴルバチョフが書記長になった1985年3月の時点で，政治局員は15人いた．政治局会議は週一回，木曜日に開催された．

ソヴィエト：「評議会」の意味で，連邦を構成する立法と執行の基本構造．

ダーチャ：夏の季節や休日を過ごす郊外の別荘．

大統領評議会：ゴルバチョフ大統領が1990年3月に創設した諮問機関．

地方の党委員会：地域，市，地方，州などに，それぞれの党委員があり第一書記が指導していた．

中央委員会：共産党の常設機関．定期大会の合間に党を指導する．中央委員は1917年には28人だったが，1986年には332人にまで増えた．様々な機構を備

え，党務のみならず政府機関や企業，社会団体などを統括した．

中央委員会総会：中央委員全員が出席する会議

党協議会：定期党大会の合間に，緊急を要する特定の重要問題を協議するために開催した．規模と権威は大会に匹敵した．

党大会：理論的には共産党の最高決定機関で五年ごとに定期開催した．1917 年の革命後の数年間は中央委員会が実質的な権限を有し，その後は政治局に実権が移り，書記長あるいは第一書記が最高指導者となった．

訳者略歴
松島芳彦（まつしま・よしひこ）
ジャーナリスト
主要訳書
メリデール『イワンの戦争——赤軍兵士の記録1939—45』、『クレムリン——赤い城塞の歴史　上下』（以上、白水社）

ゴルバチョフ　その人生と時代　上

二〇一九年　五　月二〇日　印刷
二〇一九年　六　月一〇日　発行

著　者　ウィリアム・トーブマン
訳　者 ©　松　島　芳　彦
装丁者　日　下　充　典
発行者　及　川　直　志
印刷所　株式会社　理　想　社
発行所　株式会社　白　水　社

東京都千代田区神田小川町三の二四
電話　営業部〇三（三二九一）七八一一
　　　編集部〇三（三二九一）七八二一
振替　〇〇一九〇・五・三三二二八
郵便番号　一〇一・〇〇五二
www.hakusuisha.co.jp
乱丁・落丁本は、送料小社負担にてお取り替えいたします。

株式会社松岳社

ISBN978-4-560-09696-3

Printed in Japan